2020年

措美年鉴

CUOMEI YEARBOOK

མཚོ་སྨད་ལོ་རིམ་མེ་ལོང་།

《措美年鉴》编纂委员会　编

方志出版社
Publishing House of Local Records

图书在版编目（CIP）数据

措美年鉴. 2020 / 《措美年鉴》编纂委员会编. --
北京 : 方志出版社, 2020.9
ISBN 978-7-5144-4589-3

Ⅰ. ①措… Ⅱ. ①措… Ⅲ. ①措美县－2020－年鉴
Ⅳ. ①Z527.54

中国版本图书馆CIP数据核字（2021）第027048号

措美年鉴（2020）

编　　者：《措美年鉴》编纂委员会
责任编辑：黄　彦

出 版 者：方志出版社
地址 北京市朝阳区潘家园东里9号（国家方志馆4层）
邮编 100021
网址 http://www.zgfzcb.org
发　　行：方志出版社图书经销中心
电话（010）65260310
经　　销：各地新华书店
印　　刷：河南金雅昌文化传媒有限公司

开　　本：889mm×1194 mm　1/16
印　　张：19.12
字　　数：574千字
版　　次：2020年9月第1版　2021年7月第1次印刷
印　　数：500册

ISBN 978-7-5144-4589-3　**定　　价：**280.00元

《措美年鉴》编纂委员会

《措美年鉴》编辑部

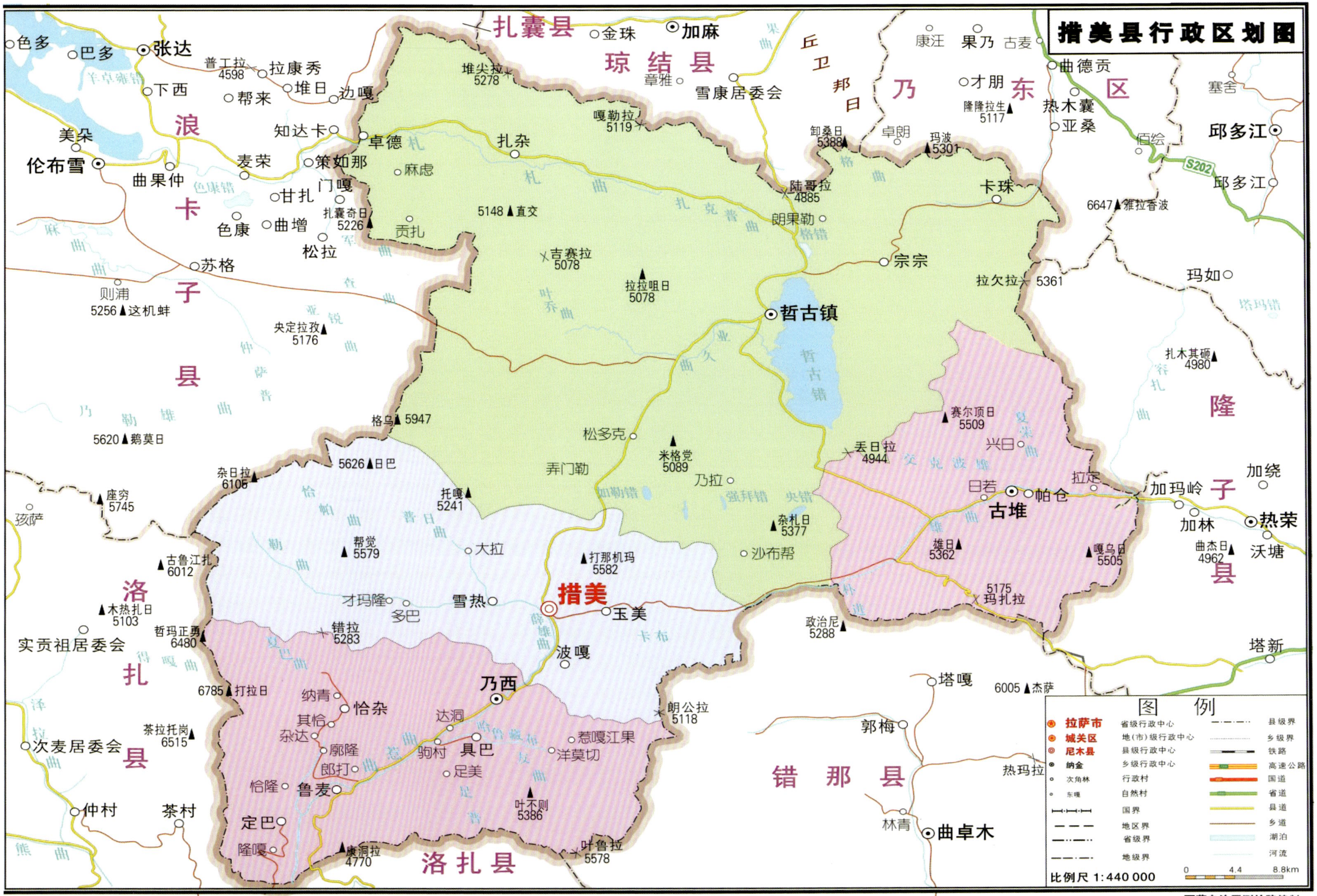
措美县行政区划图
措美
哲古镇
乃西
古堆
扎囊县
琼结县
浪卡子县
洛扎县
错那县
隆子县
乃东区
邱多江
热荣
曲卓木
伦布雪
张达
加麻
卓德
扎杂
卡珠
宗宗
朗果勒
陆哥拉 4885
堆尖拉 5278
嘎勒拉 5119
5148 ▲直交
吉赛拉 5078
拉拉咀日 5078
拉欠拉 5361
松多克
弄门勒
米格觉 5089
乃拉
沙布帮
杂扎日 5377
麻虑
贡扎
格乌 5947
5626 ▲日巴
托嘎 5241
大拉
帮觉 5579
打那机玛 5582
雪热
才玛隆
多巴
玉美
波嘎
错拉 5283
恰杂
纳青
其恰
杂达
廓隆
郎打
恰隆
鲁麦
定巴
隆嘎
达洞
驹村
具巴
足美
惹嘎江果
洋莫切
叶不则 5386
康洞拉 4770
叶鲁拉 5578
朗公拉 5118
政治尼 5288
赛尔顶日 5509
兴日
丢日拉 4944
日若
帕仓
拉定
雄日 5362
嘎乌日 5505
5175 玛扎拉
哲古错
图例
拉萨市 省级行政中心
城关区 地(市)级行政中心
尼木县 县级行政中心
纳金 乡级行政中心
次角林 行政村
东嘎 自然村
国界
地区界
省级界
地级界
县级界
乡级界
铁路
高速公路
国道
省道
县道
乡道
湖泊
河流
比例尺 1:440 000
0 4.4 8.8km
西藏自治区测绘院编制
审图号：藏S（2018）022号

3月21日，西藏自治区人大常委会副主任、山南市委书记许成仓一行4人到措美县检查督导平安创建工作。图为许成仓（左二）在哲古镇卡珠村检查督导维稳工作开展情况，山南市委常委、秘书长赫沛（右一）陪同

4月17日，西藏自治区副主席孟晓林一行工作组到措美县检查指导寺庙安全生产管理工作及寺庙文物保护工作开展情况。图为孟晓林（前右一）在乃西寺检查工作，县委常委、统战部部长普琼（左一）陪同

11月13日，山南市委副书记、市人民政府市长普布顿珠一行3人到措美县调研脱贫攻坚工作，看望慰问基层干部群众，同时慰问结对认亲贫困户。图为普布顿珠（右二）在哲古镇卓德村顿久老人家中促膝长谈身体与生活状况

3月21日，西藏自治区党委组织部副部长李凤学率工作组到措美县调研基层党建和干部队伍建设情况。图为李凤学（右三）在措美镇当许社区调研，山南市人大副主任、市委组织部常务副部长沈百存（右二）及措美县组织部相关人员陪同

8月9日，西藏自治区教育厅厅长尼玛次仁带队，西藏自治区教育厅规划处处长旺堆，山南市教育局局长赤列边巴等一行工作组到措美县调研教育工作。图为尼玛次仁（左三）在措美镇小学调研了解学校基本情况及基础设施建设情况，县委副书记、人大常委会主任洛桑次仁（右三）等相关人员陪同

5月29日，西藏自治区住建厅党组书记、副厅长余和平一行工作组到措美县调研指导县城市政工程、棚户区改造及保障性住房建设、中央环保督查整改落实情况等工作。图为余和平（前左二）在措美镇当许社区棚户区改造点调研

10月12日，西藏自治区党委第三巡回指导组常务副组长叶银川到措美县检查指导“不忘初心 牢记使命”主题教育工作开展情况。图为叶银川（左三）在措美县玉美村检查工作，市委巡回指导组常务副组长桑旦（左二），县委常委、组织部部长冉启仕（右二）等陪同

9 月 3 日，西藏自治区应急管理厅党组成员、副厅长、自治区“防风险保平安迎大庆”专项整治行动检查组组长旦巴加措到措美县检查指导各领域安全生产工作。图为旦巴加措（左一）在玛悟觉寺检查指导工作

3 月 15 日，西藏自治区文化厅党组成员、副厅长、巡视员桑布率队的自治区“扫黄打非”联合专项检查组到措美县督导检查“扫黄打非”工作。图为桑布（前左一）在宣传部查看“扫黄打非”宣传栏。山南市文化执法支队长迎春（左三）陪同

12月11日，西藏自治区生态环境厅副巡视员税燕萍率自治区生态环境第六核查组到措美县开展2019年措美县生态环境保护考核现场核查工作。图为税燕萍（右四）在乃西乡调研

6月4-5日，西藏山南市人大常委会主任王德文带队的一行4人到措美县调研指导县、乡人大工作开展情况。图为王德文（左三）在县人大办检查指导工作，县委副书记、县大人常委会主任洛桑次仁（右二）陪同

11月1日，山南市委常委、统战部部长丹增到措美县调研指导县宗教领域“不忘初心、牢记使命”主题教育及宗教事务管理工作。图为丹增（右二）在民宗局检查指导工作，县委常委统战部长普琼（右一）陪同

4月29日，由山南市政府副市长索朗曲巴带队的全市农村人居环境整治现场第二观摩组到措美县考察调研措美县人居环境整治现场。图为索朗曲巴（前右四）在措美县乃西乡恰杂村考察，县委副书记、县长巴桑欧珠（前右一）陪同

9月30日，山南市人民政府副市长牟永文一行工作组到措美县督导“国庆70周年”平安创建工作安排部署情况。图为牟永文（右二）在乃西乡定巴村督导检查，县委副书记杜祝涛（左二）陪同

5月7日，县委书记牛堃（左一）到波嘎村江久林易地搬迁点督导调研

4月20日，全县在县城主干道积极开展“世界读书日”宣传活动。图为县委副书记、县长巴桑欧珠（中）等一行在税务局宣传点现场调研指导

10 月 15-16 日，县委副书记、县人大常委会主任洛桑次仁（左一）围绕“不忘初心、牢记使命”主题教育到哲古镇、古堆乡各村（社区）、村（社区）幼儿园、卫生室及个别合作社等对基层党组织建设、脱贫攻坚、易地搬迁、产业发展、人居环境整治等工作进行实地调研。图为在古堆乡帕仓村幼儿园进行调研

7 月 24-25 日，县政协主席索朗欧珠（右一）带队，组织市、县两级政协委员和各承办单位深入实地，查看委员提案办理情况

2月24日，县文化活动中心召开中国共产党措美县第九届委员会第三次全体会议

2月28日，措美县第十二届人民代表大会第四次会议在县文化活动中心召开

2 月 24 日，措美县经济工作会议在县文化活动中心召开

6 月 18 日，措美县政府党组召开第十次理论学习会，集中学习生态文明建设重要文件精神，安排部署生态文明建设相关重点工作，进一步推进全县生态文明建设科学发展、和谐发展、协同发展

9月6日，中国共产党措美县第九届委员会第四次全体会议在县文化活动中心召开。县委常委会主持会议。县委书记牛堃代表县委常委会作报告。县委委员、候补委员在主席台就座。图为会议现场

10月10日，措美县委召开“不忘初心、牢记使命”主题教育第4次专题研讨会。会议由县委书记、县委“不忘初心、牢记使命”主题教育领导小组组长牛堃主持，在家县级领导参加会议。图为会议现场

3月22日，措美县新组建和调整的31家机构在县人民政府办公楼前举行集中揭牌仪式

10月11号，县委常委、组织部部长冉启仕一行考察组到乃西乡检查指导基层党建工作开展情况。图为冉启仕（右三）在乃西乡恰杂村考察党建工作现场

11月4日，措美县委积极响应上级号召，在全县内掀起“不忘初心、牢记使命”主题教育宣讲活动，使主题教育在基层落地生根、入脑入心。图为县委书记牛堃（主席台）讲党课活动现场

8月1日，措美县文化活动中心举办以“不忘初心、牢记使命”为主题的庆祝中国人民解放军建军92周年文艺演出活动。图为演出人员合影留念

8月8日，为纪念地方人大设立常委会40周年，措美县各级人大代表齐聚一堂，在措美县综合文化活动中心举办文艺演出。图为人大代表演出现场

8月12日，措美县召开创建全国民族团结进步示范市活动动员部署暨2019年民族团结进步表彰大会。图为县级领导与受表彰人员合影留念

8月12日，在县委三楼会议室召开第6次书记专题会，专题听取九届县委第六轮巡察工作情况汇报。会议由县委书记牛堃主持，巴桑欧珠、洛桑次仁出席会议，县委巡察工作领导小组成员参加会议

措美县相继开展20多期“局长讲座”，累计214名科级干部受教育、长见识，综合素质和服务能力同步提高。图为11月14日，县委组织部举办第20期“局长讲座”授课现场。由县纪委副书记、监委副主任徐浩讲课

国家投资 3784.05 万元，实施措美县 15 个村级组织活动场所标准化建设，于 11 月村级活动场所优化升级项目全面竣工验收，村级便民服务厅、澡堂、便民超市等项目相继投用。图为，哲古镇扎杂村标准化建设的党员群众服务活动中心

措美县委、县政府重视提高党政干部的理论水平，每周安排部署理论中心组集中学习。图为 8 月 14 日，措美县召开理论学习中心组第 10 次集中学习会，会议主要学习贯彻《习近平同志在深化党和国家机构改革总结会议上的讲话》《习近平、丁薛祥同志在中央和国家机关党的建设工作会议上的讲话》精神，由县委书记牛堃主持，在家县级干部参加

9月23日，措美县开展庆祝中华人民共和国成立70周年暨农民丰收节文艺汇演活动。图为农民代表方队从主席台前整齐的走过

1月24日，措美县大力开展党员主题活动日，充分发扬党员带头模范及互帮互助作用。图为措美县税务局为县城环卫工人送去慰问物资

4月16日，措美县各村(社区)相继开展“双语”学习培训活动，在县内掀起培训热潮。图为当许社区第一期藏汉“双语”学习培训班，由党建促脱贫指导员负责人授课

6月12-13日，县人大常委会办公室组织人大代表到措美镇行使人大监督权，为保障农牧民住房安全到实地检查扎杂村易地搬迁项目。图为县委副书记、人大常委会主任洛桑次仁一行工作组到乃西乡扎杂村易地搬迁项目施工现场

全县落实中央区、市脱贫攻坚决策部署，紧紧围绕“人满意、户脱贫、村出列、县摘帽”总体要求，年内实现县内易地搬迁66户239人，县外搬迁182户587人。图为措美镇当许社区达当组易地搬迁点

措美县大力提升群众生活水平，持续深化基层电视网络覆盖面，健全完善措美县广播电视台综合服务能力，实现县域内电视、网络全覆盖。图为措美县广播电视台大楼，2017 年 2 月开工，2017 年 8 月俊工，工程总投资 400 万元

（2019 年 1 月 7 日　摄）

国家投资 560 万元兴建的措美县双语幼儿园 2019 年在园幼儿 97 名，设置四个班级。图为措美县双语幼儿园，开工时间 2015 年 4 月，2016 年 10 月竣工投入使用

（2019 年 1 月 8 日　摄）

安徽省六安市计划外援藏项目投资 1400 万元、占地面积 1.11 公顷，温室面积 4066 平方米的措美现代农业科技示范园于 2019 年 3 月建成并交付使用，种植蔬菜品种 22 个，花卉园艺类 75 个品种、水果类 18 个品种，有效带动措美经济发展

种植基地不仅为当地群众提供就业岗位，并为县城一期搬迁点 27 户 98 名群众每户每年分红 1200 元，其中 93 人为建档立卡贫困群众。产业带动群众就业增收，帮助贫困群众转变“等、靠、要”思想，走向致富道路。图为农民工栽种苗子

措美县扶贫商业楼，总投资 1972.08 万元，建筑面积为 5065.10 平方米，有效带动措美县经济发展。图为扶贫商业楼，扶贫商业楼开工时间为 2016 年 11 月 21 日，竣工时间为 2017 年 5 月 20 日

措美县委、县政府扎实有效推动脱贫攻坚工作，聚焦增收重点，实现贫困群众掌握一技之长，提升就业和再就业服务质量，全年举办就业技能培训13期，培训人数460人。图为措美县2019年农牧民蔬菜厨师技能培训班结业典礼

措美县委、县政府扎实推动脱贫攻坚工作，将党和政府的惠民富民政策落到实处，有效增加农牧民群众的收入。图为2019年12月17日，措美镇当许社区砂石厂资源分红给群众现场

增嘎黑青稞糌粑加工合作社成立于2010年，主要经营黑青稞糌粑、豌豆糌粑、白青稞糌粑、菜籽油等农副产品。为扩大加工规模，2019年产业投资271.92万元扩建加工厂房，自项目投入运营以来合作社向全县农牧民收购黑青稞、白青稞、豌豆、菜籽等农产品，有效提升农牧民增收

11月15日，措美县举办第19届物资交流会。图为物交会上展销的民族服装现场

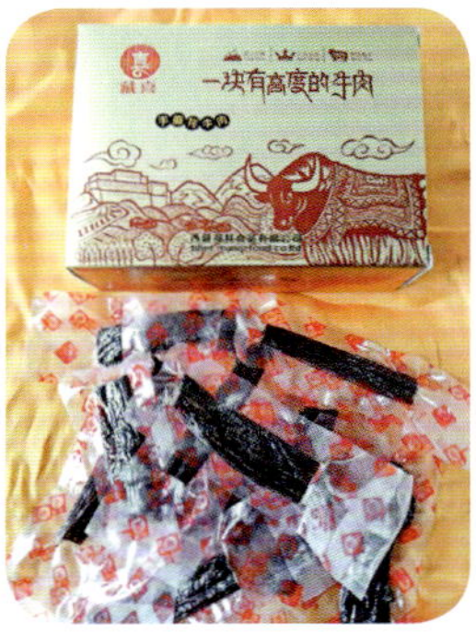

西藏漫其食品公司

西藏漫其食品公司位于措美县哲古镇卡珠村，海拔4620米。项目占地8公顷，其中建筑面积13000平方米，公司采用公司+农户的合作养殖模式。

该项目总投资7300万元，其中企业自筹2700万元，占总投资的37%，政府提供产业资金入股1800万元，占总投资的24.66%，申请项目贷款2800万元。2018年5月开工，2019年8月正式投入运行，项目建设期间54名建档立卡贫困群众务工创收8万余元，人均增收1522元，目前解决贫困群众22人就业，平均月工资2600元。

项目建设期间，招聘当地农牧民40余人，项目建设完工后预计直接用工30人以上，间接带动150人以上的农牧家庭受惠。本项目建成后，牦牛培育厂初步规模年培育量15000至20000头，年需求出栏牦牛3000至5000头，投产第一年预计实现年销售收入3000万元，年利润总额600万元。

波嘎雪菊

措美县波嘎雪菊味甘、性平，学名蛇眼菊，野生草本植物，天然生长在海拔4000米的山区，菊香浓郁，色泽红清透。由于生长环境无污染，富含多种对人体有益的成分。

雪莲花

产自海拔4300米的山岗悬崖之上，它禀喜马拉雅天地之灵气生长，具有显著的散寒除湿和祛风止痛功效，比较适宜于风湿性关节炎及类风湿关节炎。

雪莲花

十味药浴粉

菜籽油

水磨白青稞

黑青稞

黑青稞以藏民族传统生产的方式进行炒熟后水磨加工制作，生产产品有黑糌粑、白糌粑、碗豆糌粑、菜籽油，其中黑糌粑具有丰富的营养价值为纯天然产品，经常食用，可增强机体免疫力、减肥、防止感冒尤其是患有胃病、胆类病、肥胖症、糖尿病人群的最佳食品。

措美古堆绵羊

羊肉是藏族群众生活中的肉食之一，羊皮可作外衣，羊粪是很好的肥料和生活燃料。措美古堆绵羊体格中等，体重偏轻，体躯结构紧凑匀称，体质结实，是措美县优质畜牧产品之一，突出特点是肉质好、抗逆性强、繁殖率高、耐粗饲抗病，由于长期适生长在低湿地带，食用富含多种营养成分的藏香葱和当归、红景天等珍贵药材，饮用富含多种对人体有益的矿物质的高山雪水，长期攀爬于高山峡谷，悬崖峭壁觅食，造就了体格强健、抵抗力强、肉质鲜美、肥瘦适中、口感细腻、香味浓厚、营养丰富、绿色无污染，好吃不上火等得天独厚的优势和特点。

措美古堆绵羊每年出栏时间大致在11月—12月。2019年末出栏11902（包括自用）只，出栏率达当年存栏的49.8%左右，出售9521只，每年出售金额约达8569440元。2019年末存栏23625只，新生9268只。古堆绵羊以其独特的口感和鲜嫩的肉质备受广大消费者欢迎，自2019年开始逐渐推广到甘肃、河北、安徽、江苏和黑龙江等地，具有一定的知名度，已成为当地农牧民增收致富的主导产业之一。

为更好的促进措美古堆绵羊产业稳定的发展，县政府将整合措美县牧业资源，加大措美古堆绵羊开发和投资力度，助推传统产业转化为现代产业模式，把绵羊培育项目不断规模化、效益化、特色化，争取绵羊培育项目抓出典型、产出效益，逐步成为措美县农牧民经济增长的新动力。

措美县认真开展矛盾纠纷和安全隐患排查工作，想群众所想、急群众所急，夯实社会局势和谐稳定基础。图为4月11日，县委副书记、政府县长巴桑欧珠（左）在信访接待室接待来访群众

为提高全民消防意识，实现措美县社会局势持续稳定，县消防大队在措美县内相继组织人员开展消防安全实地演练。图为3月20日，县消防队员在乃西寺示范如何正确使用灭火器、灭火的正确流程、消防水带连接、水枪灭火等实战操作

措美县文化市场综合执法大队、县“扫黄打非”办联合县公安局、文化局、扫黑办等单位多次对县城周边的歌舞娱乐场所、网吧等文化市场经营单位开展“扫黑除恶”摸排检查。 图为5月28日执法检查现场

8月1日，措美县人民法院、禁毒办、县卫生服务中心等部门在乃西乡乃西村开展“送医送药”暨法制、禁毒知识宣讲活动，为乃西村群众免费送医送药，同时开展法制、禁毒宣传活动。图为宣讲现场

哲古湖上的斑头雁

哲古草原上的牛羊

措美县大力提倡植树活动，用实际行动践行“神圣国土守护者、幸福家园建设者”。图为措美县干部在雪热村植树活动现场

牢固树立“绿水青山就是金山银山”的生态理念。措美县大力开展环境卫生整治活动，奋力营造干净、整洁的居住环境。图为措美镇组织干部群众清扫垃圾

3 月 21 日，山南市 2019 年文化科技卫生法律和爱国爱教宣传服务“五下乡”活动启动仪式在措美县哲古镇扎杂村举行，标志着山南市 2019 年“五下乡”活动全面启动。图为活动仪式上扎杂村牧民们身着节日盛装跳锅庄

2月17日，措美县委宣传部牵头由统战部、政法委、法院、民间艺术团等单位组成的文化科技卫生法律和爱国爱教宣传教育“五下乡”活动在乃西乡举行。县委副书记、人大常委会主任洛桑次仁，县委常委、宣传部部长扎桑等参加活动，参与活动群众350余名

4月，措美县总工会组织干部职工在山南市第二高级中学参加山南市职工群众篮球比赛。图为比赛现场

8月6日，乃西乡定巴村隆重庆祝“望果节”

6月4日，措美县文化局联合县综合文化活动中心、县艺术团、县中学在廉政广场举办庆祝中华人民共和国成立70周年暨“非遗保护、中国践行”为主题的非遗文艺汇演

8月6日，安徽省第七批援藏工作队领队、临时党委书记，山南市委副书记、常务副市长汪华东（前排右二）一行3人，到措美县调研工作，县委书记牛堃、县委常务副书记张亚东陪同

8月2日，援藏干部、措美县常务副书记张亚东（前中），援藏干部、措美县委常委、政府副县长张乐（前右二）到措美县卫生服务中心检查指导医疗卫生工作

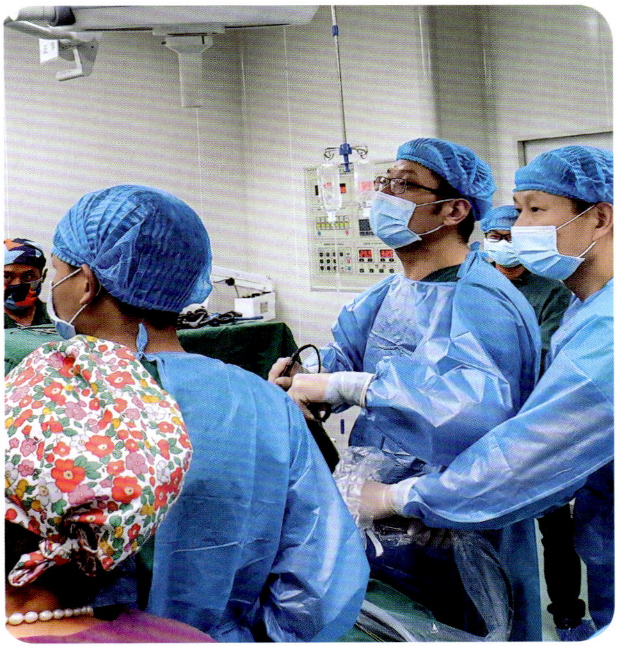

8月1日，措美县卫生服务中心外科在安徽第七批援藏医疗队的带领下，首次成功为两名胆囊结石患者进行实施“腹腔镜下胆囊切除术”。图为手术现场

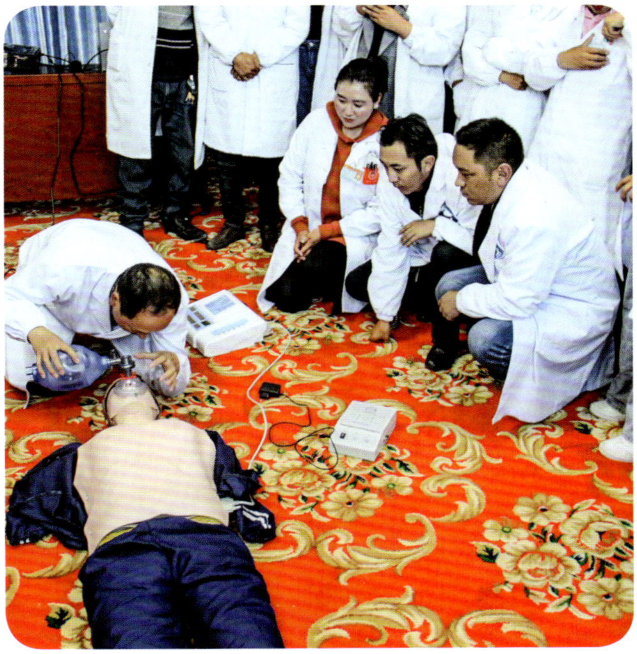

9月26日，安徽省合肥市第四人民医院急诊科主任程大义援措美卫生服务中心（现任副主任）为医护人员培训心肺复苏。图为教学现场

皋城·措美入城广场于2017年6月开工建设，2018年11月竣工。占地2.12公顷，主要包括硬化2890.29平方米、绿化16095.6平方米、公厕、管理用房及雕塑、景观、照明等。图为皋城·措美入城广场一角

编 辑 说 明

一、《措美年鉴》自2017年开始编纂，每年出版1卷，2020年为总第4卷。

二、《措美年鉴》以马克思列宁主义、毛泽东思想、邓小平理论、“三个代表”重要思想，科学发展观，习近平新时代中国特色社会主义思想为指导，坚持辩证唯物主义和历史唯物主义的立场、观点和方法。

三、《措美年鉴》记录2019年自然、政治、经济、社会发展等基本资料，该卷年鉴设特载、专辑、综述、大事记、中共措美县委员会、措美县人民代表大会、措美县人民政府、中国人民政治协商会议措美县委员会、纪律监察、人民团体、法治、军事、经济社会事业、应急管理、民族与宗教事务、教育、财政、税务、医疗卫生、农牧业、城建·环保、交通·通信、金融、乡镇、附录、索引等栏目。旨在为各级领导了解县情、实施科学决策、为社会各界了解研究措美提供基本资料。

四、《措美年鉴》分为正文与彩页两部分。正文采取分类编辑法，以类目、分目、条目为主要框架架构，个别包含多方面资料的条目，在段落间加插楷体标题提示，方便读者查阅全书。

五、《措美年鉴》所用的稿件由各乡（镇），县委各部委，县政府各局、委、办、室，各人民团体及县中区直单位负责撰写，并经撰写单位领导审核。但由于口径与统计方法不同，恐有不一致之处，使用时应以县统计局提供的数据为准。

目录

特载

专辑

综述

大事记

中共措美县委员会

组织工作

老干部工作

宣传工作

统一战线

巡察工作

档案管理

直属机关工作

国家安全

信访工作

措美县人民代表大会

综述

县人大办公室

措美县人民代表大会财经农牧城建环保委员会

措美县人民代表大会法制司法民族宗教委员会

措美县人民代表大会教育科学文化卫生和社会建设委员会

措美县人民政府

综述

措美县人民政府办公室工作

扶贫开发

强基础 惠民生

机关后勤服务中心

藏语文编译

中国人民政治协商会议措美县委员会

综述

中国人民政治协商会议措美县委员会办公室及综合委员会

纪检监察

综述

人民团体

工会

共青团

妇联

工商联

法 治

政法协调

公安

检察

审判

司法

军 事

人民武装

武警

经济社会事业

援藏工作

退役军人事务

人力资源和社会保障

科技

行政审批和便民服务

应急管理

综述

消防

民族与宗教事务

教 育

医疗卫生

卫生服务中心

卫生和健康

医疗保障

农牧业

农业农村

水利

林草

电力供应

城建·环保

生态环境保护

住房和城乡建设

交通·通信

交通运输

电信

移动

金融

农行

邮政

乡镇

措美镇

哲古镇

乃西乡

古堆乡

附 录

勘误表

索 引

特载

特 载

在第九届中共措美县委员会第四次全体会议上的报告

（2019 年 9 月 6 日）

措美县委书记　牛　堃

2019 年初以来，全县上下在市委、市政府的坚强领导下，坚持稳中求进、进中求好、找准差距、补齐短板工作总基调，贯彻落实党中央“巩固、增强、提升、畅通”八字方针，围绕稳就业、稳投资、稳预期，做了大量工作，从体制上完成了县级党政机构改革，保持了社会大局持续和谐稳定，经济社会平稳发展，民生政策落实持续深化，党的建设得到进一步加强，脱贫攻坚工作顺利通过国务院第三方核查评估，特别是在我县召开了全市人居环境综合整治现场会；等等，这些都离不开大家的辛勤付出和努力，县委对此表示肯定。但今天会议更多的还是聚焦查弱项找差距，重整行装向前看，鼓劲增压再出发。

一、形势严峻，务必正视，切实增强工作紧迫感和责任感

从上半年上级有关部门通报情况和实际调研看，综合各方面信息，我们还面临一些不容忽视的重大挑战，工作中还存在亟待解决的突出问题和明显短板，归纳起来主要有以下几个方面。

（一）主要经济指标不增反降。上半年固定

资产投资仅2.845亿元，同比增速为负增长，全市排名倒数第一，距离年初市里下达的16.5亿元任务，还有80%左右的工作量，其中招商引资3.5亿元，实际不到3000万元，占比10%都不到，完成效率很不理想。这固然与国家宏观经济形势变化、注重有效投资和上级部门的资金到位迟滞有关系，但也跟我们相关部门不重视统计工作、对上跑办不勤衔接不紧、常委分包重大项目用劲不足等密不可分。有的实际已形成投资量，但未实现应统尽统。按照如此态势发展，前景不能不令人担忧。

（二）项目工作漏洞不能掉以轻心。有的部门强调客观原因的多，年初给发改委报的项目看似多，但总量小、规模小，实际缺乏引领性、支撑性，对项目工作政治站位不高，忽视投资工作仍是引领经济发展的支配力量；有的项目部门负责人程序意识不强，项目监管不严谨，400万元以下项目交给本地施工队实施流程不规范，存在一定的审计风险。有的项目竣工后，没有严格按比例提取维修资金或质保金沉淀，个别项目甚至存在较大纠纷隐患。

（三）机改后部分单位有机融合不够。3月份机构改革后，县委对一些部门负责人进行了优化调整，单位组建和挂牌已经到位，但“三定方案”落实不到位，职能划转没有完全理顺，至今仍有几个单位仓库、文档资料、储备的项目未正式移交，对上对下衔接不及时，行业政策不熟悉、工作流程不熟练。一方面，说明承接单位思想认识不到位，适应机构改革要求不主动，不敢主动担当作为；另一方面，反映个别涉改单位靠前意识差，还没有梳理清楚相关职责清单，或多或少存在一些历史遗留问题暂未解决到位，尚未做好马上移交准备。

（四）调查研究效果不实。个别单位不注重调查研究的情况比较突出，上级有的领导来县调研，问的问题都是最基本的，但我们一些同志答不出来、甚至答非所问。这充分暴露了我们日常调研不深入、不经常，情况掌握不及时、不准确、不全面，有的同志连起码的家底和常规知识都讲不明白，自查自纠剖析原因不深刻，为党委政府提出的建议意见缺乏操作性和建设性。还有就是调研成果未体现、共享不畅，有的单位调研浮光掠影，没有形成高质量的书面调研报告；有的单位业务工作主要领导知道，其他班子成员不知晓或掌握不具体。这都在一定程度上造成了信息不对称、影响整体工作。

（五）狠抓落实的韧劲不强。前段时间，上级要求结合“不忘初心、牢记使命”主题教育，同步学习跟进，同步查找问题，从实际情况看，一些问题去年或往年已经在民主生活会中查摆出来了，也制定了相应的整改计划和措施，今年却还未彻底整改完成，有的领域甚至还出现了新问题，归根结底还是抓落实没能狠下心来一竿子插到底。当然存在一些客观原因，可以理解，但这决不能成为迟滞工作的主要理由。中央正在下大力气整治形式主义、官僚主义，不作为、慢作为已被作为整治重点，纳入重点问责范围。对此，我们一定要头脑清醒，在狠抓落实上做到无条件、无折扣。

（六）党的建设不规范。7月31日，根据市委安排，市委组织部召开了全市党建暨驻村工作推进会。会上，通报了不少突出问题，其中，涉及措美的有16个。这些既有共性问题，又有个性问题，但很多都是老生常谈的问题。比如“三会一课”①、发展党员、主题党日等等。少数党组织书记不上心不重视，个别从事具体党务的同志业务不熟、一知半解，每次检查都能发现逻辑错误、程序不严谨、

①“三会一课”：党员大会、支部委员会、党小组会；党课。

佐证材料经不起检验等诸多弊病；几轮巡察报告都反映个别单位政治意识不强，对照检查不实，整改措施不实，整改效果不理想，从深层次上讲根本还是有些党组织负责人抓党建工作站位低、不上心。

（七）群众工作差距不容小觑。一是促进增收实效有落差。有的群众增收渠道单一，技能有限，找不到很好的支撑点，难度不容低估。二是政策宣传执行有温差。有的干部对惠民政策掌握不透彻，理解有局限，在宣传时信口开河、不留余地，造成工作被动时有发生。三是思想引导有偏差。有的群众习惯于等政策靠政府要扶持，干部怕出事，法治思维弱化，毫无原则迁就群众，吊高群众胃口，造成一些工作不仅得不到群众谅解和支持，还出现了个别群众拖后腿的现象。

（八）维护稳定的压力不轻。今年是新中国成立70周年和西藏民主改革60周年。中美贸易摩擦不断；台海局势波诡云谲；近期香港又出现了暴力事件；周边印巴关系错综复杂；国外反华势力蠢蠢欲动；打掉十四世达赖集团在区内的“四个基础”任务艰巨；加之脱贫攻坚中涉及很多群众切身利益的工作正在实施，不能完全保证群众满意度，可能很不起眼的一件事都会被敌对分子无限放大。我们一定要提高政治敏锐性，把维护稳定工作放在全国全区的大局中谋划和推进，认真贯彻好习近平总书记关于治边稳藏的重要论述。

（九）生态保护的现状不乐观。措美作为山南5个生态功能区之一，按照县第九次党代会关于建设“高原生态文明建设示范县”要求，我们的生态建设的任务艰巨，环境保护的难度不小。垃圾填埋、转运和污水处理设施不完善；河道采砂对周边水系、土壤等的影响将逐渐积累；草场禁牧还没有彻底到位；河湖长制落实多停留在表面；群众对人居环境综合整治主动意识欠缺；县城自来水厂一到雨季就面临浑浊的窘状，这些离群众的期待还有不小的距离。

以上问题必须引起我们高度警觉，需要全面审视研判，并采取强有力的措施加以解决。全县各级各部门要全面贯彻落实创新、协调、绿色、开放、共享新发展理念，增强战略思维、创新思维、辩证思维、法治思维、底线思维能力，对标对表年初目标任务，针对列举的问题，对号入座，举一反三，算清时间账、任务账、责任账，抓重点、补短板、强弱项，切实把思想和行动统一到县委对当前形势的判断上来，增强做好下半年各项工作的紧迫感和责任感。

二、凝心聚力，加油增效，坚决确保既定目标圆满完成

今年已经过了8个月，实现年初目标任重道远。我们必须咬定青山不放松，拿出百倍努力和千倍拼劲，合力攻坚克难，为全年工作如期收官，交上一份满意的答卷。

（一）聚焦全面小康，全力巩固脱贫成效。我县脱贫攻坚任务虽然取得阶段性成效，但远没有到马放南山的时候，千万不能有歇歇脚、喘口气的想法。防止返贫，巩固提升仍然是我们工作的重中之重。一要抓好易地搬迁。要稳妥推进江久林、昌果、扎杂村、抵边等搬迁工作，讲清讲透国家政策，做好群众思想工作。搬迁项目实施工作不仅要在质量和进度上抓落实，更要通盘考虑配套建设，确保实现搬得出、稳得住、能致富。同时要开展好后续跟踪服务，村组干部、驻村工作队、易地搬迁组等都要全程介入，切实做到心中有数、调度有方。二要抓好产业扶贫。既要抓好计划内产业扶贫，又要抓好计划外项目；不但要重建设，而且要

看效益，形成特色鲜明、多点联动的产业扶贫格局。要加快11个光伏扶贫电站建设进程，力争早日让贫困户有收益。要精准到户到人，细致做好贫困户利益联结保障工作。三要抓好巩固提升。乡镇和各行业部门要结合各自实际，聚焦县委确定的11大类工作，抓好脱贫攻坚巩固提升，决不能有任何歇歇脚、松口气的想法。关于具体任务，已在脱贫攻坚领导小组会议上进行了分解，这里不再赘述。

（二）聚焦和谐稳定，全力坚守三条底线。今年重要节点多，大事喜事多，我们要把社会稳定放在突出位置，牢牢掌握主动权。最近，国内外形势很不乐观，各种反华势力有加剧作乱迹象。我们一定要从维护国家政治安全、政权安全的高度提高站位，居安思危，保持社会大局稳定。一要围绕新中国成立70周年开展安保工作。紧盯信访化解、矛盾纠纷排调、安全生产、宗教领域等重要事项和重点人员、扎实做好社会面防控。便民警务站、公安卡点、各类调处机构要主动担当、各司其职。各独立院子单位要按既定戒备等级做好值班备勤。关于维稳安保工作，全县上下要根据9月2日召开的专题会议要求抓好贯彻执行。二要围绕意识形态强化舆论管控。坚持在多元中立主导，在多变中把方向。要管护好措美县政府门户网站、网信措美等公众号，密切关注网络舆情，引导好网民正确发声。要发挥县电视台、广播调频台等媒介作用，加大正面宣传力度。要持续抓好保密工作，严防失泄密事件发生。三要充分依靠群众。维护稳定是一场人民战役，必须相信群众、发动群众。要认真学习借鉴“枫桥经验”，发挥基层组织作用，要用好国家安全信息员和各类联防队，通过党政军警民等渠道，搜集各类苗头性、倾向性涉稳问题，保持耳聪目明，确保一旦出现异常，能及时有效处置。

（三）聚焦家园秀美，全力实施乡村振兴。一要加快村级经济发展。要推动乡村产业振兴，紧紧围绕发展现代农业，围绕农村产业融合发展构建乡村产业体系，实现产业兴旺，大力实施以“神圣国土守护者、幸福家园建设者”为主题的乡村振兴战略，推动好乃西百亩苗圃基地、恰杂百亩藏药材、定巴百头藏香猪、具巴千只绵羊短期育肥基地建成。要推动乡村人才振兴，发挥振兴专干作用，强化乡村振兴的人才支撑，打造一支数量充足的乡村振兴人才队伍；要推动乡村组织振兴，建立健全党委领导、政府负责、社会协同、公众参与、法治保障的现代乡村社会治理体制。二要持续整治环境卫生。按照《农村人居环境综合整治三年行动方案》要求，分步分类推进我县综合整治。今年要重点实施好农村户用厕所建设，推进污水垃圾处理立项，严把设计验收和资金使用关，让群众能感受到并自觉参与到人居环境综合整治工作中。推进“六清六改”工作，努力实现农业强、农村美、农民富。

（四）聚焦人民向往，全力增进群众福祉。群众的切身利益得到有效维护、良好实现、不断发展是我们凝聚人心的关键，我们务必在“实”字上落地见效，以群众得实惠的实绩践行群众路线。一要落实好就业。要梳理今年和往届高校毕业生就业情况，在推送就业信息、鼓励自主创业上提供优质服务。增收办要强化统筹调度，全面准确掌握群众务工、维权等方面情况，协调相关部门为促进增收创造条件、提供平台。二要落实好文化惠民。要以雅砻文化节、哲古牧人节等为契机，丰富活动载体，扎实开展好送文艺下乡活动，既展示新中国成立70周年和西藏民主改革60周年来措美各项事业成就，又营造良好舆论氛围，让群众享受较高水平的文化盛宴。大力实施文化惠民工程，确保公共文化信息资源覆盖率达到85%以上。三要落实好各类惠民政策。及时足额兑现好教育、卫生、社会保障等各类惠民资金。扎实做好达当组棚户区改造。全面启动素质教育，深化教育改革“四化19项工程”、提升“五个100%”质量。加快建设健康措美，继续推行“先住院、后结算”制度和家庭医生签约服务制度。认真抓好农牧区、学校等食品药品安全监管。进一步健全城乡医疗、养老、就业、低保、救助一体化社会保障体系，力争五大保险参保率达100%。最近自治区、山南市印发了有关民生工程自查自纠通知，请相关单位结合实际认真梳理整改。

（五）聚焦优化结构，全力推进产业发展。产业是县域经济发展的重要支撑。前不久，在林芝召开了自治区深度贫困地区脱贫攻坚现场推进暨深化对口援藏扶贫工作会议，会上提出要发展河谷经济等，我们要善于捕捉和运用新的政策信号。继续夯实农牧业基础地位，在粮经饲种植增产上下功夫，在牛羊育肥出栏上做文章，在开发土地上求突破。同时，要全力推进风能、地热、光伏等能源产业有新起色，加快旅游资源发掘和价值转化，形成产业发展的四梁八柱。县发改委、商务局、投资公司等部门要挖掘资源和潜力，认真谋划和推进招商引资、入股分红等工作，实现借鸡下蛋、产业带就业，不断夯实措美产业发展根基。具体讲，要围绕打造措美镇片区“生态黑青稞”经济、哲古镇片区“高原生态牦牛”经济，力争粮食总产量达到3130吨、改良黄牛1800头以上，仔畜成活率达到95%以上、牲畜出栏率达到32%以上，肉类总产量达到2350吨。提升漫其哲古牦牛肉初深加工能力、加快12个深度贫困村（社区）扶贫光伏项目建设力度，确保年内建成投产。建设哲古镇宗宗村高原生态民俗文化体验项目、哲古景区项目，力争全年接待游客4万人次、收入62万元以上。

（六）聚焦突破藩篱，全力提升改革水平。经济长足发展始终是我们做好一切工作的基础，必须上紧发条。一要力推项目工作。投资拉动已经成为我们的共识。投资上不去，其他指标必然受影响。目前，固定资产投资不理想，卡脖子的关键是古堆地热和县城供暖等重大项目进展缓慢。各常委同志要主动掌握1000万元以上项目进展，该协同分管副县长跑办的要跑办，需要县委、县政府出面的，我和县长去汇报。各部门要充分挖掘主观能动性，积极向上对接，保持信息灵通，及时向分管领导报告相关情况，有力有礼有节调整策略和举措，集思广益推进固定资产投资有重大进展。要实行项目全周期无缝隙监管，前期要科学谋划、合理论证、强化设计，抓好招投标程序；中期要紧盯质量和进度，严防偷工减料、随意变更工程量；后期要严格验收和资金拨付，决不允许出现烂尾、豆腐渣工程。要扎实推进“十三五”项目收官，及时充实完善“十四五”项目规划。二要深化“放管服”改革。6月底，国务院召开会议，就优化营商环境进行部署。李克强总理指出，经济社会发展的动力，源于市场主体的活力和社会创造力。我们要正确处理市场和政府之间的关系。结合实际情况，我们的市场尚处在发育的初级阶段，有时还要政府这支“有形的手”拉一把，政府对各类市场主体要一视同仁。既要提高效率优化服务，又要强化监管，防止国家的政策被滥用、资金打水漂，最大程度调动社会资本积极性，弥补国家投资不足，促进群众增收就业。要积极推动互联网+政务服务，尽心竭力实行便民服务，力争让群众办事只进一扇门、最多跑一次。三要强化对口支援工作。第七批援藏工作组要迅速转变角色，主动融入措美，找准工作定位和着力点，坚持资金和项目向民生倾斜、向基层倾斜、向产业薄弱环节倾斜，围绕改革发展稳定重要环节，精准实施支援帮扶。既要抓好审定项目工作，又要创新方式方法，开展好计划外各类支援工作。要充分利用各种途径，不断提升措美干部群众和技术人才素质，持续促进两地交流交往交融向纵深发展，以对口支援的实际成效践行援藏初心和誓言，回馈两地组织的嘱托和群众的期盼。

（七）聚焦党的建设，全力加强从严治党。党建引领是干好各项工作的重要政治保证。一要旗帜鲜明讲政治。要从四个第一位来认识讲政治的极端重要性。政治意识居于“四个意识”①的第一位；政治合格居于“四个合格”的第一位；政治纪律居于“六项纪律”的第一位；政治建设居于党的建设的第一位。要对党保持彻底的、无条件的、不掺任何水分的忠诚，在政治立场、政治方向、政治原则、政治道路上始终同以习近平同志为核心的党中央保持高度一致；必须把习近平新时代中国特色社会主义思想作为我们做好一切工作的“源头活水”。二要开展主题教育。要按照“守初心、担使命、找差距、抓落实”的总要求，开展好“不忘初心、牢记使命”主题教育，实现理论学习有收获、思想政治受洗礼、干事创业敢担当、为民服务解难题、清正廉洁作表率。县委组织部要加强对主题教育的指导和检查，全县各级党组织要真找问题、找准问题，聚焦问题寻求解决之道，努力使各项工作再上新台阶。县级领导同志要积极参加所在支部组织生活，带头讲党课，带头查摆问题，自觉把自己摆进去。要高质量、严标准开好民主生活会和组织生活会。三要实施好两基②两化。从“三会一课”、发展党员、主题党日等基础做起，从党政机关、事业单位和农牧区等基层党组织软实力抓起，推动党组织建设标准化，推动党建工作规范化。各级党组织负责人要自觉落实党建工作责任制，弄清楚基本的党务知识和党内法规，以老带新，既教业务、教方法，又传精神、传作风，带出一支熟悉党务的队伍。四要提升组织力。各涉改部门要认真学习“三定方案”，深化工作融合，迅速转换角色，提升服务能力。乡镇党委要落实好乡镇干部走村入户活动，指导好村级党组织研究、推动集体经济发展，深化移风易俗工作，用好即将上岗的乡村振兴专干，将群众最大限度凝聚在党的周围。各级党组织要按照《中国共产党党员教育管理工作条例》要求，强化党员教育管理，通过规范高效的组织活动，进一步为各项工作顺利开展奠定基础。五要狠抓纪律作风建设。我们要落实全面从严治党战略，落实“两个责任”，紧紧扭住抓具体抓深入这个形式主义、官僚主义的克星，启动新一轮巡察，对上一轮巡察工作进行“回头看”。严格落实精文减会要求，在改进调研、强化学风等方面再使劲，县级领导干部要率先垂范，一级做给一级看，一级带着一级干，坚决反对形式主义、官僚主义。

三、强化领导，严督实导，全力保证各项工作落地见效

越是工作吃劲的时候，越要强化党的领导。我们干工作不仅要坚持问题导向，还要坚持结果导

①“四个意识”：政治意识、大局意识、核心意识、看齐意识。

②两基：基本实施九年义务教育、基本扫除青壮年文盲。

向，更要见到实际效果。

一要勇挑敢扛责任重担。年初确定的任务，是县委、县政府向全县人民作出的庄严承诺。各级党组织要切实担负起“党对一切工作领导”的政治责任，当好主角、抓好主业，把本领域各个环节的工作都落到实处。各级党组织书记要自觉担负起“第一责任人”责任，对重大问题亲自研究、重要工作亲自部署、重大事项亲自督办，始终冲在前、干在先、当表率。班子其他成员要履行好“一岗双责”，既做抓业务的能手，又做抓党建的好手，真正履行好分管领域责任。每一名党员干部要在全县发展大局中找准定位，恪尽职守、担当作为，努力成为措美发展的动力源、促进派。

二要较真碰硬督查考核。工作是否落实，要靠实地督查、科学考核等手段，才能真实了解。县委办和政府办要广泛深入征求各方面意见，科学制定年度考核办法，尽快印发给乡镇、部门执行。各细则制定部门要紧密结合实际，坚持依法依规制定原则，合理确定考核细化内容，真正做到公平、公正、公开，以严格考核促进责任落实。县委办、人大办、政府办、政协办要整合工作力量，创新方式，对上级和县委、县政府主要决策部署开展强有力的督查。督查结果要与年度考核、干部选任、评优工作等挂钩，确保县委、县政府对各类工作进展了如指掌，精准传导工作压力。

三要扭住典型推动落实。善于抓典型，让典型引路和发挥示范作用，历来是我们党重要的工作方法。县级领导干部要经常提醒敲打分管部门，既当“指挥员”，又当“战斗员”；既要善于发现先进典型，又要及时鞭策后进，做合力攻坚促落实的实践者、维护者。县纪委监委要抓不作为、慢作为的典型，坚持正向激励和负向倒逼双向发力，推动各项工作落实。宣传部门要注意挖掘各领域工作的闪光点，通过网络、电视等载体推广好典型经验，形成以点带面、全面发展的工作格局。

措美县人民代表大会常务委员会工作报告

——在措美县第十二届人民代表大会第五次会议上

（2020 年 1 月 15 日）

措美县人大常务委员会主任　洛桑次仁

过去一年的主要工作

2019 年，县人大常委会在市人大常委会的精心指导下，在县委的坚强领导下，全面贯彻落实党的十九大和十九届二中、三中、四中全会精神，深入贯彻落实习近平总书记关于坚持和完善人民代表大会制度的重要思想，紧紧围绕县委决策部署和全县工作大局，坚持依法履职，突出工作实效，全年召开人民代表大会 1 次，召开县委人大工作会议 1 次，常委会会议 6 次，主任会议 13 次，开展视察 4 次，作出决定决议 4 项，依法任免人员 24 人次，圆满完成了年初确定的 46 项目标任务。

一、坚持政治引领、不忘初心，同频共振服务发展大局

常委会始终把坚持党的领导贯穿于人大工作全过程，认真落实县委决策部署，确保了人大工作的正确政治方向。

围绕县委决策，依法决定重大事项。常委会立足中心、服务大局，紧紧围绕县委重大决策和全县经济社会中全局性、根本性的重大事项开展视察调研、专项调研，及时作出决议决定。先后对《关于措美县本级财政超收收入动用情况报告》《关于措美县 2019 年县财政收支预算的审查报告》《措美县人民政府 2018 年精准扶贫精准脱贫工作情况报告》《2018 年度环境状况和环境保护目标任务完成情况的报告》作出了决议或决定，为全县经济社会持续健康发展打下了坚实的基础。

坚持依法任免，加强任后履职监督。坚持党管干部和人大依法任免干部的有机统一，确保县委提

名人选通过法定程序任职，及时任命了县政府组成部门和人大常委会专门委员会负责人，为我县改革发展提供了组织保障。健全完善拟任命人员任前法律知识考试、拟任职表态发言、颁发任命证书、向宪法宣誓制度，进一步增强了被任命人员的法律意识、责任意识、公仆意识和人大意识。加强了任后履职监督，对人大办主任、县法院1名副院长、检察院1名副检察长和7名县政府组成部门负责人开展了履职评议。同时，县人大常委会加强对国家机关工作人员的任前审查，法定邀请机关“一府一委两院”的负责人和组织部门负责人，分别就拟任职人员情况在常委会会议上做说明。一年来，按照县委的提名，县人大常委会和“一府一委两院”的提请，依法任免干部24人次，其中人大2人次、“一府”20人次、“一委”2人次。

汇聚人大力量，全力助推脱贫攻坚。常委会始终把脱贫攻坚工作作为重要政治任务，集中人大力量，多层面夯实责任措施。一是开展日常监督检查。由常委会领导带队，对全县脱贫攻坚工作进行督导检查，及时反馈问题督促各乡镇各部门进行整改。二是开展对《山南市人民代表大会常务委员会关于各级人大及代表积极履职尽责聚力脱贫攻坚的决定》落实情况进行检查，确保决定措施落到了实处。三是人大机关分别向两个村派驻村工作队队长，在开展强基础惠民生工作的同时，聚力开展脱贫攻坚工作。县常委会副主任及人大办干部职工、各专门委员会主任委员落实结对帮扶措施，每季度深入自己的结对户中，通过拉家常、讲政策、问收入、慰问等方式，向结对户送去了生活物资，宣讲了脱贫攻坚政策，进一步增强了结对户脱贫的信心和决心。四是开展“三聚”“八个一”活动，发挥各级人大代表作用，助力脱贫攻坚深入开展。

聚焦维护稳定，服务全县维稳工作。牢固树立“稳定压倒一切”的思想，按照县委总体部署，常年合理安排常委会副主任参与维稳指挥部带班值班工作；在重大节点，常委会主任、副主任积极参与集体带班，有效落实维稳制度；三月安排常委会副主任蹲点乡镇开展维稳督导检查工作，同时组织区、市、县、乡四级人大代表对三月重点期和全年维稳工作开展情况进行调研。各乡镇人大主席团组织辖区代表发挥代表作用，积极参加辖区的护村队、护院队、巡逻队，构筑起坚强的战斗堡垒，发扬连续作战的优良作风，为全县社会局势持续和谐稳定提供组织保障。

二、坚持正确导向、突出重点，同步发力提升监督实效

常委会始终坚持民生问题导向、资金使用导向、司法公正导向，完善监督方式方法，突出监督工作重点，努力提升监督实效。一年来，听取和审议专项工作报告14个，开展执法检查5次，专题调研和委托调研11次，进行工作评议2次，对人大、“一府两院”被任命干部10人次开展履职评议2次，满意度测评2次。

突出民生保障监督。常委会坚持把解决好人民群众最关心、最直接、最现实的利益问题作为工作的出发点和落脚点，加强了对改善民生工作的监督力度，使改革发展成果更多地转向民生、惠及百姓。围绕卫生健康问题，听取和审议了县人民政府所作的《关于加快卫生计生事业发展推进健康山南建设的意见贯彻落实情况》的报告，督促政府突破卫生计生事业发展难题，补齐发展短板，不断加大健康山南建设力度，努力为人民群众提供高质量、高效率的健康服务。听取和审议了县人民政府所作的《关于深化教育改革推进教育事业科学发展的意见贯彻落实情况》的报告，督促政府全面贯彻落实《意见》精神，确保我县在推进教育改革，促进教育公平，提高教育质量，扎实推动教育均衡发展。

加强经济运行监督。常委会坚持把促进宏观经济平稳运行放在重要位置，加强对预算管理的监督，督促县政府强化预算法定意识，不断提高依法行政和预算管理水平。听取和审议了县政府关于2018年财政决算情况的报告、2019年上半年本级财政预算执行情况报告、2019年国民经济和社会发展计划执行情况的报告，审查了2019年财政预算，在肯定县政府有效应对经济下行压力所做工作的基础上，要求县政府及相关部门从县情出发，采取得力措施，积极培植新财源、做实地方财政收入，切实增强财政资金使用透明度。

强化法律实施监督。常委会围绕法律法规实施情况，进行了《工会法》《道路交通安全法》《宗教事务条例》执法检查，促进了各项法律法规在我县有效贯彻执行。围绕普法宣传、人大制度宣传月、千名代表送宪法、法在我身边活动，组织宣讲人员，深入基层乡镇村居开展宣传，进一步提升了广大群众尊法学法守法用法意识和人大代表尊法、守法意识。围绕改进执法工作，积极配合上级人大开展执法检查、立法调研、法律法规草案的征求意见等工作，先后配合市人大开展了《山南市砂石料开采管理条例（草案）》等条例立法调研，认真反映立法建议。听取审议县人民法院关于司法公开公正情况的报告和县人民检察院关于公益诉讼检察工作情况的报告，在分组审议的基础上开展工作评议，并进行了满意度测评，进一步推进公正司法、公益诉讼检察工作。

聚焦生态环保监督。常委会坚决贯彻新发展理念，坚持把生态环境保护摆在更加突出的位置，牢记习近平总书记关于“青山绿水、碧海蓝天”的生态文明思想，充分认识环境保护的重要性和艰巨性，进一步增强责任感、使命感、紧迫感。常委会先后开展了《关于全面加强生态保护依法推进美丽山南建设的决定》贯彻落实情况专项检查，分别听取了《措美县人民政府2018年度、2019年环境状况和环境保护目标任务完成情况报告》和《县人大常委会开展2019年度环境状况和环境目标完成情况的调研报告》，及时提出意见建议，为打好污染防治战和保护碧水蓝天提供了保障。督促环保部门大力宣传生态保护环境相关法律法规，加强对环境污染、环境破坏的生活垃圾、建筑垃圾，垃圾焚烧等方面进行重点监管，进一步提高全社会关心支持和参与环境保护的主动性和自觉性。

三、坚持创新发展、优化服务，同舟共济发挥主体作用

常委会始终重视加强代表工作，积极探索实践，保障和服务代表依法履职、发挥作用。

持续提升代表素质能力。为增强代表意识，切实履行代表职责，充分发挥代表作用，县人大常委会通过邀请市委党校老师、老人大工作人员等方式，举办了县乡两级人大代表培训，进一步提升了人大代表履职能力和水平。

竭力搭建代表履职平台。一是密切联系人大代表。通过定期与代表见面、代表向选民述职等形式，实现常委会与代表、代表与选民的直联直通。二是组织市、县、乡人大代表开展视察。组织市县乡代表赴安徽省合肥市，阿里地区开展考察学习2次，使代表们开阔了眼界，增长了见识。三是开通措美人大之声，定期不定期发送人大常识和代表履职要点，为代表们学习提供了平台。四是依托地方设立人大常委会40周年纪念活动，先后组织代表们

开展了座谈会、知识竞赛、文艺演出等活动，进一步密切了与代表之间的联系。

不断加强代表建议督办。对县十二届人民代表大会四次会议上代表提出的50件建议，常委会及时进行归纳分类，通过召开交办会，转交相关承办单位，明确办理要求和办理时限。改进督办方式，采取现场查看、办理部门现场解答，面对面向代表答复等方式，县人大常委会组成代表意见建议办理检查组，对会上代表提交的意见建议进行跟踪督办，不断推动代表意见建议的办理有效落实。

注重联系指导乡镇人大工作。一是及时制定出台措美县人大常委会联系、指导各乡（镇）人大工作办法；二是指导各乡镇人大依法召开人代会，开展代表闭会期间各项活动等；三是召开人大工作座谈会，各乡镇人大、各专门委员会交流汇报，互相学习借鉴好经验、好做法，促进乡镇人大工作提质增效；四是坚持乡镇人大兼职副主席和人大专干及县级人大代表列席常委会制度，沟通信息，加强联系，促进工作。

四、坚持强基固本、提升素质，同心同德加强自身建设

常委会始终大力加强自身建设，不断锤炼严和实的作风，提升做好新形势下人大工作能力水平。

加强思想建设，政治定力不断增强。高度重视常委会机关思想政治建设，严守党的政治纪律和政治规矩，夯实依法履职的思想基础。牢固树立西藏虽然海拔高，但全面从严治党的要求更高的思想，认真学习贯彻两个《准则》《条例》等党规党纪，班子成员党性锻炼得到进一步提升，“四个意识”和“两个维护”[①]树的更牢，在思想上政治上行动上与以习近平同志为核心的党中央保持高度一致；切实履行从严治党“一岗双责”职责，带头遵守全面从严治党和廉洁从政有关要求，在专题民主生活会上，班子成员本着对人对己认真负责的态度，不遮不掩地提出批评意见，达到了红脸出汗、咬耳扯袖的效果，促进了问题的解决，班子的凝聚力、向心力和战斗力得到进一步提升。

加强作风建设，履职能力不断提升。常委会始终把弘扬新风正气摆在自身建设突出位置，坚持把纪律和规矩挺在前面，坚持把学习教育放在首位，人大机关干部工作作风不断改进，能力素质不断提升。在脱贫攻坚、维护稳定、民生保障等工作中经受了考验，做出了贡献。严格遵守中央八项规定及其实施细则精神和自治区实施办法，不断加强和规范党内政治生活，人大常委会党组一年来共召开专题民主生活会2次、参加组织生活会2次，着力整改自身存在的突出问题，不断强化自身作风建设。

加强制度建设，内部管理不断规范。加强常委会自身建设，完善了常委会组成人员联系指导乡镇人大工作制度、深入选区向选民述职制度、联系人大代表制度，健全了各专门委员会议事规则和工作制度，使常委会组成人员更好地依法履行职责。推进人大机关“两学一做”[②]“不忘初心、牢记使命”学习常态化，重点对习近平新时代中国特色社会主义思想、特别是总书记关于坚持和完善人民代表大会制度的重要思想、关于治边稳藏的重要论述和一系列重要指示批示精神，深入学习贯彻党的十九届四中全会精神，切实强化政治统领。以“五查五增

---

①“两个维护”：坚决维护习总书记党中央的核心、全党的核心地位，坚决维护党中央权威和集中统一领导。

②两学一做：学党章党规、学系列讲话，做合格党员。

质效提升”活动为契机，认认真真、原原本本地学习了汇编中的各项内容，通过开展专题学习研讨、专题问题剖析等方式，进一步提升了人大机关工作者的能力和水平，依法履职、服务大局的能力得到进一步提升。一年来，共参加县委理论中心组学习14次，组织人大常委会党组学习会22次。

各位代表，一年来，县人大常委会紧紧围绕全县发展大局依法履职，各项工作取得明显成效。这是措美县委正确领导的结果，是全体人大代表和全县各级人大工作者共同努力的结果，也是“一府两院”及有关部门和各乡镇人大有力支持的结果。在此，我代表县人大常委会向大家表示衷心的感谢，并致以崇高的敬意！

回顾一年来的工作，我们清醒地认识到，常委会工作与新时代的目标任务、与宪法法律的要求、与各位代表和人民群众的期望相比，与人大的法定职责职能相比，还存在一定的差距，主要是监督力度有待进一步加强，监督方式有待进一步改进，各专门工作委员会的职能作用有待进一步发挥，人大工作规范化、科学化水平有待进一步提高，县乡之间、乡镇与乡镇之间、村与村之间，在开展人大工作时还存在差异，等等；这些问题和短板影响了人大工作的向前开展，影响了人大作用的充分发挥，对此，我们将自觉接受全县人民的监督，虚心听取代表和各方面意见建议，在今后的工作中不断加强和改进。

2020年主要工作

2020年是实现第一个百年奋斗目标，全面建成小康社会的收官之年。县人大常委会将以习近平新时代中国特色社会主义思想为指导，全面贯彻落实党的十九大、十九届二中、三中、四中全会精神，贯彻落实自治区党委九届七次全会、市委一届四次全会、县委九届五次全会精神，中央、自治区、市、县党委经济工作会议精神，深入贯彻落实总书记关于坚持和完善人民代表大会制度的重要思想，对地方人大及其常委会工作的重要指示，关于治边稳藏的重要论述和一系列重要指示批示精神，坚持党的领导、人民当家做主、依法治国有机统一，全面担负起宪法法律赋予的各项职责，着力提升监督、代表工作和自身建设水平，努力开创人大工作新局面。

一、聚焦新思想，始终坚持党的领导

坚持党的领导，把学习贯彻习近平新时代中国特色社会主义思想，总书记关于坚持和完善人民代表大会制度的重要思想，党的十九届四中全会提出的坚持和完善人民当家做主制度体系，发展社会主义民主政治作为人大工作的根本遵循，始终坚定人大制度自信，以人大依法履职实效充分体现对“两个维护”的坚定自觉。坚持党对人大工作的领导，切实发挥县人大常委会党组的领导核心作用，保证党的路线方针政策和县委决策部署在人大工作中得到落实。坚定坚决地在思想上认同核心、政治上维护核心、组织上服从核心、行动上紧跟核心、绝对忠诚核心，坚定坚决地在思想上政治上行动上同以习近平同志为核心的党中央保持高度一致；坚定不移贯彻落实党中央治藏方略，坚决维护祖国统一、民族团结、社会稳定，在反分裂斗争这一重大原则问题上，始终做到旗帜鲜明、立场坚定、表里如一。

二、立足新时代，主动服务发展大局

紧紧围绕全县中心工作，主动融入、积极作为，服务全局促发展，履职尽责抓落实。

一是围绕推动县委决策部署的贯彻落实，把事关全县改革发展稳定和直接关系人民群众切身利益的重大事项、重大问题适时列入常委会议题，在深

入调查和审议的基础上，依法做出决议、决定。

二是认真贯彻落实中央办公厅印发的《关于健全人大讨论决定重大事项、各级政府重大决策出台前向本级人大报告的实施意见》的通知，依法监督和支持“一府两院”开展工作，推进我县民主法治建设。

三是充分发挥县乡镇两级人大组织和人大代表的监督、履职作用，在脱贫攻坚、乡村振兴、人居环境综合整治等全县各项中心工作中发挥人大作用。

三、着眼新形势，依法行使监督职权

县人大常委会将紧紧围绕全县经济社会发展大局和人民群众普遍关心的突出问题，加大依法监督工作力度。

一是在原有听取专项工作报告、开展执法检查、代表视察、专题调研、工作评议和满意度测评的基础上，探索性运用专题询问、履职视察等监督方式，积极回应社会关切。同时继续组织开展“一府两院”有关负责人履职视察，促进依法行政和公正司法。

二是围绕经济平稳运行强化监督。审查批准县政府2020年计划和预算报告；听取和审议县政府关于2020年预算执行情况的报告；审查批准2019年县级财政决算。加强对预算外资金和部门专项资金的监督，定期不定期依法开展监督，推进公共财政建设。听取和审议县政府关于我县重点项目建设情况的报告，督促加快项目建设进度，增强县域经济社会可持续发展后劲。

三是加强生态环保工作监督。树立绿水青山就是金山银山、冰天雪地也是金山银山的理念，审议县政府环境质量状况和环境保护目标任务完成情况报告，依法认真负责地作出决议决定，努力让群众切实感受到环境质量的不断改善。

四是围绕法律法规实施强化监督。围绕“七五”普法宣传工作，听取和审议县司法局（普法办）普法宣传工作开展情况报告，找差距、补短板，落实法律七进措施，不断提升普法宣传能力和水平。

五是围绕农业农村、卫生、教育、民生保障领域开展监督。听取和审议县政府关于农村人居环境整治、乡村振兴战略、教育科学发展、健康山南建设、就医就业等工作情况的报告，不断促进我县民生领域服务水平稳步提升。

六是加大对任命人员的监督力度，继续制定好人大常委会任命干部履职评议计划，分批次开展履职评议，不断增强对被任命人员的监督，进一步提升被任命人员的责任意识和使命意识。

四、深化新实践，不断提升履职水平

一是强化代表履职服务保障。组织代表履职培训，提高代表履职能力和水平。丰富闭会期间代表活动内容和形式，加强对代表小组活动的督查和指导，扩大代表参与常委会工作的覆盖面，定期向代表通报工作情况，进一步拓宽代表知情知政的渠道。

二是加强与代表和群众的联系。探索完善常委会组成人员联系代表、代表联系群众制度，进一步发挥“代表之家”的阵地作用，支持和引导人大代表汇聚民意、反映民情、回应民声。继续开展县乡人大代表述职评议活动，虚心听取意见建议，自觉接受人民监督，促进代表积极履职。

三是加大代表建议督办力度。坚持重点建议重点督办，完善建议办理“回头看”督办机制，综合运用多种监督形式，进一步提高建议办理质量和进度。探索开展代表建议评优工作，调动代表履职的积极性。强化开展好规定动作。继续持续深入地开展好“千名代表送宪法”“法在我身边”“五查五增质效提升”“人大代表履职手册学习”等活动，不断提升代表依法履职水平。

五、落实新要求，着力增强工作本领

一是着力提升履职能力。深入学习贯彻党的十九大十九届二中、三中、四中全会精神，坚定不移地以习近平新时代中国特色社会主义思想为指导，不断锤炼人大机关干部从严从实的优良作风，切实增强做好人大工作的责任感和使命感。准确把握人大工作特点和规律，深入学习宪法、法律和人大业务知识，扎实开展人大工作调研，不断提高常委会依法、科学履职的能力。

二是着力提高工作效能。加强人大干部队伍建设，完善常委会及机关工作制度，激发工作活力，不断提高参谋服务的水平。努力加强和改进人大宣传工作，为人大工作开展营造良好社会环境。自觉接受人大代表和人民群众的监督，进一步增强人大工作的透明度和社会影响力。

三是着力增强工作合力。注重与上级人大的沟通联系和对乡镇人大工作的指导，健全工作委员会与对口职能部门工作联系机制，努力营造和谐融洽的工作氛围，形成强大工作合力。

措美县人民政府工作报告

——在措美县第十二届人民代表大会第五次全体会议上

（2020 年 1 月 15 日）

措美县委副书记、县长　巴桑欧珠

2019 年工作回顾

2019 年，是压力倍增、爬坡过坎的一年，是励精图治、攻坚克难的一年。我们始终高举习近平新时代中国特色社会主义思想伟大旗帜，全面贯彻落实党的十九大和十九届二中、三中、四中全会精神，贯彻落实总书记关于“治边稳藏”重要论述及系列重要指示批示精神，增强“四个意识”、坚定“四个自信”①、做到“两个维护”，坚决落实中央、区党委、市委和县委部署，不断统筹推进稳增长、促改革、调结构、惠民生、防风险、保稳定等各项工作，经济持续发展，社会持续稳定。全县生产总值、全社会固定资产投资、社会消费品零售总额、财政收入、农牧民人均可支配收入预计分别完成 78358.4 万元、69160 万元、9718 万元、3127 万元、12631 元，同比分别增长 8.2%、−64%、14.6%、0.9%、12.9%。金融机构存贷款余额分别达 60344 万元、53515 万元。

通过一年的不懈奋斗，我们欣喜地看到五个方面的工作取得了可喜成绩。

脱贫攻坚成效获得高度认可。“两不愁②、三保障③”突出问题得到有效解决，高寒地区饮水安全和高海拔生态搬迁取得历史性破解，951 户 3303 人贫困人口全部脱贫，先后高标准通过国务院第三方考核、复查，群众对脱贫攻坚工作认可度高达 99.02%。

农村公共服务获得大幅提升。聚焦提升便民服务、劳动就业创业、社会服务、医疗卫生服务、住房保障服务、教育服务等六大体系，探索出了措美“高海拔地区全天候便民服务模式”，作为全区唯一一个成功入选全国首批 18 个农村公共服务典型案例的单位。

养老保障服务获得一致好评。我们始终弘扬“尊老、敬老、爱老、助老”的传统美德，致力于营造优美舒适的生活环境，提供优质舒心的亲情式服务，让 128 名老人真正实现“老有所养、老有所乐、老有所学、老有所医”。县特困人员集中供养服务中心荣登“孝善央视”。

人居环境整治获得全新活力。突出规划先行、示范引领，大力整治脏乱差，破除陈规陋习，形成了“十抓十重”的人居环境综合整治典型经验，受到自治区、山南市肯定，山南市人居环境综合整治工作现场会在卓德村和恰杂村成功召开。

民族团结进步获得丰硕成果。深入贯彻落实中央治藏方略，全面落实党的民族政策，扎实推进民

① “四个自信”：中国特色社会主义道路自信、理论自信、制度自信、文化自信。

②两不愁：不愁穿、不愁吃。

③三保障：住房安全保障、医疗保障、教育保障。

族团结示范市创建工作，措美各族干部群众像石榴子一样紧紧地抱在一起，和睦相处、和衷共济、和谐发展，手足相亲、守望相助，县委和县人民政府荣获自治区级“民族团结进步模范集体”称号。

一年来，我们始终不忘初心、牢记使命，认真履行政府职责，主要做了八个方面的工作：

（一）坚持尽锐出战集火力，脱贫成效更加显著

紧扣“两不愁、三保障”突出问题，认真落实“五个一批[①]、六个精准”脱贫措施，综合贫困发生率降至0，基本消除绝对贫困。完成92户343人当许棚户区改造，升级改造21处、巩固提升48处季节性缺水隐患点。166户575人搬迁至贡嘎昌果、江久林，扎杂高海拔生态搬迁161户754人和4个县域内新增安置点34户124人达到入住条件。报销医保721人资金642.87万元、医疗救助109人次落实资金41.13万元。发放2316人生态岗位资金810.6万元，低保五保[②]、临时救助、残疾人两项补贴等资金541.67万元、草补奖资金1568.56万元、小额信贷81户367.5万元。960名机关干部结对帮扶728户2541名贫困群众，落实帮扶资金40万余元。科学健全防范返贫和稳定脱贫长效机制，为脱贫返贫保驾护航。

（二）坚持争资立项强实力，发展基础更加夯实

全年录入国家重大建设项目库190个，总投资达232546万元。录入西藏投资项目在线审批监管平台项目275个，总投资240000万元。新（续）建项目90个，完成投资114350万元。引进藏源商贸、伯爵酒店2个招商引资项目，完成投资2595万元。措美镇、乃西乡1000余亩高标准农田建设项目有序推进。小型农田水利专项县、县公共体育场、古堆乡防洪堤、县城4个新增易地搬迁安置点等重大项目投入使用。G560、G219措美段公路升级改造工程全线贯通，新建公路237公里，总里程达680公里，乡镇公路通畅率达100%，通村公路通达率、通畅率分别达到100%、87.5%，与乃东等8个县（区）实现了互联互通。鲁麦村成功纳入全国第五批传统村落保护名录。

（三）坚持提质增效激活力，产业发展更加强劲

科学调整粮经饲比例70：14：16，播种农作物940.19公顷，粮食总产量3203.14吨。全县牲畜存栏、新生仔畜分别达124553、49850（头、只、匹），牲畜出栏率、动物疫病防治疫苗接种免疫率分别达44.31%、100%，改良黄牛1632头。肉、蛋、奶产量达1753.87吨。多塘综合养殖基地、具巴绵羊短期育肥、采石采砂产业、入股项目等9个项目运行良好，解决贫困群众长期就业89人，人均增收24000元，带动1077名群众人均增收1200元。漫其食品有限公司建成投产，带动群众增收80余万元。第11届哲古牧人节、第19届物资交流会、“一措再措”徒步大会成功举办。全年接待游客8.12万人次、旅游总收入达到77.76万元，分别增长131.7%、36.9%。

（四）坚持增进福祉聚合力，人民生活更加幸福

26项惠民补助足额兑现。教育“五个100%”目标基本实现，小学初中入学率和城镇学前受教育率均达100%，农牧区学前两年受教育率达98%。落实“三包”、营养改善、大学生资助等政策，兑现各类教育补助奖励资助经费929.6万元。国家公共

①五个一批：发展生产脱贫一批、易地搬迁脱贫一批、生态补偿脱贫一批、发展教育脱贫一批、社会保障兜底一批。
②五保：保吃、保穿、保医、保住、保葬（孤儿为保教）。

文化服务体系示范区得到有效巩固，广播电视覆盖率分别达到96.8%、98.4%。农牧民群众免费健康体检完成率100%，孕产妇住院分娩率达100%，婴幼儿零死亡。128例包虫病患者得到充分救治。全年累计培训农牧民407人，劳务输出6486人，创收4577.8万元、人均增收7057.99元。措美籍97名应届高校毕业生实现全部就业。城镇登记失业率控制在2.1%以内，“五大保险”参保率达100%，使有意愿的五保户集中供养率达100%，19名孤儿全部得到有效救助。扎实做好退役军人服务保障工作，发放补贴73万元。初步建立了以城乡低保、灾害应急救助、大病医疗救助、助学救助和临时救助为主的社会救助体系。72套保障性住房建设全面完成。

（五）坚持强化监管添动力，生态环境更加良好

牢固树立和践行“绿水青山就是金山银山、冰天雪地也是金山银山”的生态理念。中央、自治区环保督察组反馈的87项问题，72项问题均已全部整改到位，15项按时序进度推进。实施了措美县雅砻河源头生态功能区项目、恰杂村水源点保护工程、县垃圾临时堆放场综合治理，新增造林面积1500亩、禁牧草场170万亩、国土绿化造林6.92万亩、封山育林1.13万亩、防沙治沙3.51万亩，海拔4300米以下“无树村”“无树户”全部消除。建有9处空气质量监测点和12处水质监测点，整治砖厂、砂石厂13家，兑现征地补偿费915.74万元。29个河湖推行了河湖长制。网上环评备案项目53个，耕地保有量在2.26万亩，基本农田保护面积1.5万亩。完成全国第二次污染源普查、扎实开展第三次全国土地调查工作，土地矿产卫片整改工作。县域空气质量保持良好以上。环保考核定为优秀等次。

（六）坚持优化环境重治力，和谐稳定更加持续

扎实开展“七五”普法、宗教事务、综合治理、“双联户”①服务管理工作，严格落实社区矫正、安置帮教人员的教育管控措施，未出现脱管、漏管及重新犯罪的现象。加强民族团结和创新寺庙管理，各民族和睦相处、和衷共济、和谐发展，寺庙和谐、宗教和睦、佛事和顺。全年整改安全生产、食品安全等隐患2000余处，纠正违法行为320起，查封单位2家，责令“三停”②1家，行政罚款12.71万元。扎实开展“扫黑除恶、打非治乱”专项行动，持续推进行业乱象治理，发现赌博案件2起，处理9人。加快推进平安措美建设，调处化解矛盾纠纷54起，化解率100%。全年未发生较大及以上生产安全事故。

（七）坚持千方百计破阻力，开放水平更加提高

政府机构改革基本完成，27家单位行政职能更加优化。加快推进“互联网＋政务服务”，49家单位接入了“电子政务网”，7家单位入驻政务服务中心，7件事项实现了网上办理。财税体制改革有序推进，政府部门预决算全部公开。大力推行“先住院后结算”、药品零差价、药品挂网采购制度。农村集体清产核资工作全面完成。推进市场主体“两证合一、多证合一、一照一码”登记工作。全年新增市场主体309户。安徽省市县党政代表团和措美党政代表团互访交流，2批37人措美干部赴皖挂职学习。安徽第七批援藏工作队储备项目5个，申请计划外援藏资金6000万元。

（八）坚持忠诚为本提效力，行政效能更加提升

---

①“双联户”：联户平安、联户增收。

②“三停”：停止施工、停止使用、停产停业。

深入开展“大调研”系列活动，形成了县、乡、村三级调研报告和数据库。强化政治理论学习，政府党组理论中心组学习20次，扎实开展“不忘初心、牢记使命”主题教育活动，围绕“五个一批”，解决问题难题500余件。加强对“三重一大”事项集体研究，全年召开政府常务会议12次，研究事项128项，提请县委审议33项。认真贯彻落实中央八项规定及其实施细则精神，县政府党组对11名同志进行了提醒谈话、2名同志进行了诫勉谈话。精简会议文件，同比下降30%、15%。严控“三公”经费，2019年同比下降3%。自觉接受人大、政协监督，并主动汇报工作，办理人大代表建议50件、政协委员提案40件，办复率和满意率均达98%以上。广泛听取工商联、社会各界人士意见，工会、共青团、妇联等人民团体更好地发挥作用。第二轮县志和综合年鉴编修工作稳步推进。

各位代表、各位委员！发展源于上下同心、成绩来自共同奋斗。一切成绩的取得，充满艰辛、殊为不易，是以习近平同志为核心的党中央亲切关怀、科学指引的结果，是区党委、政府，市委、市政府和县委坚强领导、有力推动的结果，是安徽人民无私援助、倾力奉献的结果，是历届县委、县政府打下坚实基础的结果，是县人大、县政协监督支持的结果，更是全县各族干部群众团结拼搏的结果，凝聚着社会各方面的心血与智慧。在此，我代表县人民政府，向全县1.5万干部群众，向各位人大代表、政协委员、工商联、无党派人士、各人民团体，向驻措武警官兵、政法干警和民兵预备役人员，向所有关心支持措美经济社会发展的社会各界，表示由衷的感谢，并致以崇高的敬意！

各位代表，过去一年，受国家宏观政策变化、减税降费力度加大、统计改革等综合因素影响，全社会固定资产投资、财政收入、税收收入等指标未完成2019年年初确定的目标任务。一些深层次矛盾和问题尚未完全解决，一些新的困难和挑战还在不断出现：发展滞后是最大的短板。县域经济总量不大、质量不优，不充分、不均衡的县情依然存在。活力不足是最大的差距。重大投资项目少、各类专业人才缺、龙头企业实力不强，追赶超越步伐亟待加快。产业单薄是最大的痛点。一产散、二产小、三产弱，产业效益规划化程度低，带动群众增收不明显，持续增收压力较大。财力有限是最大的困难。税源财源匮乏，发展资金筹措艰难，财政收支矛盾异常突出，稳增长、防风险的压力十分巨大。基础薄弱是最大的制约。“水电路讯网、科教文卫保”十大短板还未得到彻底根除，群众吃穿住行等方面面临不少难题。有令不行是最大的阻碍。少数部门和干部担当不足、作风不实、效率不高等问题仍然存在。这些阻碍措美前进的“绊脚石”都需要我们高度重视，认真对待，采取切实有效的措施加以解决。

2020年工作计划安排

2020年，是全面建成小康社会和完成“十三五”规划的收官之年，做好政府工作意义深远，责任重大。我们要解放思想，真抓实干，坚定信心、振奋精神，以新理念引领新发展，以新路径实现新突破，以新举措展现新作为，以新起点开创新业绩。

今年政府工作总体要求是高举习近平新时代中国特色社会主义思想伟大旗帜，紧密地团结在以习近平同志为核心的党中央周围，全面贯彻党的十九大和十九届二中、三中、四中全会及中央经济工作会议精神，坚决贯彻党的基本理论、基本路线、基本方略，深入贯彻落实习近平总书记治边稳藏重要论述，贯彻自治区第九次党代会区党委九届七次全会暨区党委经济工作会议，贯彻一届市委四次全会和市委经济工作会议，贯彻九届县委五次会议和县委经济工作会议精神，坚持稳中求进、进中求好、补齐短板的工作总基调，坚持新发展理念，坚持以人民为中心的发展思想，坚持推动高质量发展、坚持以供给侧结构改革为主线、坚持深化市场改革、扩大高水平开放，坚决落实“六稳”要求，坚持正确处理好“十三对关系”为根本方法，把握好“突出三个重点、办好四件大事”的重要指示，落实县委“聚焦扶贫、完善基础、产业培育、统筹城乡、绿色发展”的经济工作思路，统筹推进稳增长、促改革、调结构、惠民生、防风险、保稳定各项工作，继续突出脱贫攻坚和生态环境保护底线刚性目标任务，大力实施乡村振兴战略，聚力抓好生态产业，着力补齐基础设施短板，全力保障和改善民生，坚决维护社会大局稳定，大幅提升人民群众获得感、幸福感、安全感，奋力建设幸福美丽新措美。

主要预期目标是计划地区生产总值增长 9% 左右、全社会固定资产投资增长 5% 左右、财政收入增长 3% 左右、税收收入增长 3% 左右、社会消费品零售总额增长 10% 左右、农村居民人均可支配收入增长 13% 左右。

为实现上述目标，重点抓好以下八个方面的工作：

（一）聚焦高标准，精准提品质，全方位实现全面小康

全面建成小康社会是今年任务的重中之重，要深度推进，重点发力。

一是建成惠及更多群众、更高标准的全面小康。全面实现经济持续健康发展、人民民主不断扩大、文化软实力显著增长、人民生活水平全面提高、资源节约型、环境友好型社会建设取得重大进展的小康社会目标。推进经济社会持续健康发展，在转变经济发展方式取得重大进步，在发展平衡性、协调性、可持续性明显增强的基础上，实现地区生产总值和城乡居民收入比 2010 年翻一番。

二是建成能够精准脱贫、精准巩固的全面小康。以巩固提升方案为引领，围绕“六个统筹”和“五个持续”精准发力，完善产业扶贫利益联结机制，符合条件对象年分红不低于 2000 元。贫困户基本实现 1 人就业。全面完成 191 户 665 名群众的易地搬迁工作。扎实做好年人均纯收入低于 6000 元的人群防范返贫工作。建立完善稳定脱贫、防止返贫、解决相对贫困的长效机制，进一步巩固和提升脱贫攻坚工作成效。

三是建成善于深度崛起、深度发力的全面小康。聚焦基础建设、公共服务、产业发展、群众福祉、生态环保、维护稳定等重点工作，围绕让农牧民群众生产“条件好起来”，下大力气逐步补齐“水电路讯网、科教文卫保”短板，解决好群众住房、饮水、教育、医疗、增收、社保等方面的突出问题，特别是要着重解决好季节性缺水问题，确保农村安全饮水保障率达 100%，强化全面建成小康社会物质基础。

（二）聚焦补短板，精准推落地，大踏步加快项目建设

项目是经济建设的火车头，我们要采取有力措施、敢于担当、主动作为，切实打好项目攻坚战。一是强化项目储备。紧抓山南市中部地区崛起大好机遇，强化项目领导推进、责任逼进、目标递进、督查跟进机制，把前期工作、跑办项目等任务分解到每个常委、县长、局长身上，一个项目一个项目地谋划、摸排、协调和推动。抓紧启动“十四五”规划编制，入库项目总投资要达到 150 亿元以上。2020 年，争取实施项目 55 个，计划完成投资 105574 万元。全面梳理“十三五”规划项目库，确保年内实施一批未建设项目。二是强化项目建设。落实好1000万元以上项目常委包、每个项目县级干部盯的建设责任制。加快实施完成国道560、219和主干公路等级延伸和优化路网改造工程，所有建制村和自然村通畅率、通达率均达到100%，力争次玛龙至恰杂村通柏油公路开工建设，争创国家级“四好农村路”。全力推进县城供暖一期工程、供氧一期工程、农村电网升级改造、哲古水库、乃西乡35千伏变电站、山南市措美县商住楼等项目建设。实施通信网络“广覆盖”和“网络盲区消除工程”。三是强化项目监管。继续落实人大、政协监督，县级领导、“两办”督导督查、半月梳理调度等项目工作制度。严格项目预算管理，健全投资概算、施工预算、项目决算全过程评审机制，严控设计变更和追加投资，最大限度地节约资金。持续推进招投标规范化管理，继续推行400万元以下项目交由当地农牧民施工企业实施，切实带动群众增收。加强项目质量管理，严格落实项目“五制”和四级质量责任保证体系，全力打造阳光工程、精品工程、廉洁工程。

（三）聚焦挖潜力，精准优结构，宽领域推进产业发展

大力实施产业“倍增”计划，不断提升产业发展质量和效益。一是基础产业上规模。大力实施“青稞增产、牦牛增肥”行动，推动常规农牧业增产增效，加强农田水利基本建设，确保基本农田不低于1.5万亩、耕地保有量2.26万亩、完成播种面积1.5万亩，力争粮食总产达到3130吨。力争改良黄牛1800头以上，仔畜成活率达93%、牲畜出栏率达到32%以上、牲畜免疫密度达100%。肉类总产量达2320吨。积极推进特色牧业绵羊基地和牦牛基地。二是工业经济上水平。大力发展能源产业，加快措美49.5兆瓦风力发电项目、哲古镇一体化畜产品综合加工、措美县超高海拔风电开发技术研究及科技示范建设项目，11个村建设分散式光伏扶贫项目。力争古堆地热早日开工建设。大力发展民族手工业、藏医药、藏香等产业。完善“措美县电商扶贫孵化众创空间”发展体系，农村电商营业收入要达到300万元、增长20%以上。三是旅游服务上档次。积极融入藏南旅游环线，建设哲古景区游览功能提升项目，乃西乡恰拉脱岗旅游基础设施建设项目，提高旅游景点可看性和知名度。年内在哲古打造2家以上高档民宿民居。大力发展“吃、住、行、游、购、娱”一体的旅游新模式，开发“醉美人间景 · 相约哲古情”旅游精品路线一日游。力争全年接待游客9.5万人次、旅游收入达到100万元以上。举办好第12届哲古牧人节、措美县第20届物资交流会和“一措再措”徒步大会。

（四）聚焦有特色，精准可持续，全覆盖实施乡村振兴

大力实施以“神圣国土守护者、幸福家园建设者”为主题的乡村振兴战略。一要坚持面子里子并重，建设美丽农牧区。加快推进农牧区人居环境整治三年行动，实施农村厕所革命、农村生活垃圾治理、农村生活污水治理、村庄清洁、废弃物再利用、村庄编制“六项重点工作”，打造1个示范乡（镇），2个示范村。持续开展“六清六改”“六个规范”“七个统一”工作，重点推进农户厕所革命。二要坚持数量质量并举，做强现代农牧业。继续实施好“粮食单产提高四年行动”，改造中低产田1000亩以上。大力推进百千万工程，实施好乃西百亩苗圃基地、恰杂百亩藏药材、古堆万亩人工种草、措美镇千亩黑青稞，扎西松多村千只绵羊繁育、哲古千头牦牛、具巴万只绵羊短期育肥基地建设。探索农田和草场使用权流转，鼓励支持农牧业适度规模化经营，启动古堆牧业改革试点工作。三

要坚持内力外力并发，增收带富农牧民。大力开展爱国主义、文明风尚、创业意识教育，引导农牧民转变观念、增强发展意识。制定出台农牧民持续增收方案，鼓励采取土地入股、土地流转等多种经营模式，利用好务工联队、劳务输出、集体经济、联户增收等载体，确保持续稳定增加群众收入。村居集体经济保持在 5 万元以上，当许等 4 个村（社区）集体经济达到 50 万元。

（五）聚焦惠民生，精准解难题，深层次增进群众福祉

人民对美好生活的向往就是我们的奋斗目标。一要千方百计富民。认真落实自治区民生“十件实事”、山南市“十大民心工程”①，兑现 26 项惠民补助，继续实行失地农牧民生活补贴保障机制。加快建设健康措美，复审“二乙”医院工作。继续推行“先住院、后结算”制度。开展包虫病清零行动，提高结核病、艾滋病等重大疾病、地方病和慢性病防治能力，扎实做好“两降一升”、全民免费体检、先心病筛选治疗等工作。加强藏医藏药传承发展。开展好脱贫攻坚大普查、第七次全国人口普查工作。二要尽心竭力惠民。继续推进素质教育工作，认真落实 12 年免费教育“三包”、资助农牧民子女上大学等政策，强化学前教育、义务教育、高中阶段教育，做到所有适龄儿童入学率达 100%。继续抓好国家通用语言文字普及推广工作。大力实施文化惠民工程，免费开放公共文化场所，确保公共文化信息资源服务覆盖率达到 100%，力争广播电视覆盖率均达 100%。加大非物质文化遗产保护传承力度，提升国家级非遗传承扎杂服饰影响力和知名度。持续开展好皖藏文化交流活动。三要坚定不移强民。进一步健全城乡医疗、养老、就业、低保、救助一体化社会保障体系，扩大社会保险覆盖范围。认真做好城乡居民最低生活保障制度，力争五大保险参保率达 100%。做好残疾人康复和就业工作，使有意愿的五保户集中供养率达 100%。广泛推进社会保障卡发行应用，健全和落实工资支付保障制度，切实保障劳动者劳动报酬权益。扎实做好“双创”、未就业高校毕业生联系等工作，落实“八个一批”扶持政策，确保 95% 以上措美籍高校生毕业生实现就业，城镇居民最低生活保障率达 95% 以上，城镇登记失业率控制在 2.1% 以内，开发高校毕业生就业岗位 35 个以上，培训劳动力 300 人、转移劳动力 2630 人，精准开展零就业家庭“清零行动”。扎实做好国防、人防、民兵预备役等工作。

（六）聚焦破藩篱，精准促合作，高质量促进改革开放

推进改革开放创新不断向纵深发展，厚植措美发展新优势，塑造经济增长新动能。一是深化改革善攻坚。持续推进“放管服”改革，把握重点领域和关键环节机构职能调整，精简优化行政审批事项。深化要素市场化配置、投融资、财税金融、商事制度等改革。深入实施“互联网 + 政务服务”和“一网一门一次”改革，确保 80% 的事项“只跑一次”就能办理完成。大力支持非公经济发展。二是精准招商有服务。政府带头践行契约精神、诚信精神，兑现好出台的政策、承诺的事项，主动联系服务企业，帮助解决好实际困难，积极营造亲清新型政商关系。探索飞地模式，围绕高端特色农畜产品加工、能源开发等主导产业积极参加区内外各种大型的招商引资宣传推介签约活动精准招商，确保年

① “十大民心工程”：教育优先、卫生提质、社保提标、扶残助孤、幸福养老、脱贫攻坚、安居保障、失地保障、文化惠民、平安山南。

招商引资企业2个，落地项目资金8000万元以上。三是对口援藏扩成效。做好经济、教育、卫生、科技、就业全方位、高层次援藏受援工作，力争计划外援藏投资年度不少于6000万元。鼓励两地各族群众加深经商、旅游，切实加强短期人才援藏、干部培训交流、援藏扶贫等工作，努力构建藏皖两地联系更加紧密、交往更加频繁、合作更加宽广，友谊更加厚实的大好局面。党政代表团双向考察汇报不少于2次，年内不少于30名干部职工赴合肥挂职、培训、学习。

（七）聚焦保稳定，精准抓安全，强力度实现长治久安

创新社会治理体系，加强公共安全监管，为措美长足发展和长治久安提供坚强保障。一要提高维护稳定水平。不折不扣地落实自治区“十个方面”维稳措施和市维稳“十条规定”。坚持和发展新时代“枫桥经验”，狠抓社会治安综合治理、先进“双联户”创建评选、社会网格化服务管理和维稳等工作。深入开展“扫黑除恶、打非治乱”专项行动。继续推进创建“平安措美”工作。扎实开展“七五”普法、社区矫正、法律援助、安置帮教、人民调解工作。二要提高安全生产水平。强化安全生产预警通报、约谈、“一票否决”等约束机制。集中抓好道路交通、危化品领域、人员密集场所等重点领域的监管。大力开展打非治违专项行动，严厉打击非法违法生产经营建设行为，抓好道路交通、工程建设、公共消防、食品药品和危险化学品等领域的安全生产，持续抓好非法运营车辆排查整改工作，切实把安全生产监管工作做精、做细、做实、做强，确保不发生较大以上生产安全事故。三要提高促进和谐水平。全面贯彻落实党的民族政策，全面推进全国民族团结示范市工作，促进各民族和睦相处、和衷共济、和谐发展。全面贯彻党的宗教工作基本方针，继续深化“六建”“九有”“六个一”①活动，持续开展“遵行四条标准②，争做先进僧尼”教育实践活动，要发展壮大爱国统一战线，重点抓好非公经济、党外知识分子、党外代表人士等工作。

（八）聚焦强生态，精准优环境，严监管推进生态文明

牢固树立“绿水青山就是金山银山，冰天雪地也是金山银山”的理念，努力把措美建设的天更蓝、山更绿、水更清。一是持续加强生态建设。加快推进防护林体系、荒山荒地造林、土地沙化治理、水土流失治理、哲古湖治理修复等工程建设，力争完成植树造林5000亩、重点区域生态公益林816.3亩、保灌草场20万亩、禁牧草场170万亩、耕地保有量不少于2.261万亩，植被覆盖率达5%以上。巩固无树村、无树户、无树路消除的工作成效。严格落实河湖长制，河湖长要做到一季一巡、一季一报告。重点做好雅砻河源头、哲古湖等河湖水保护工作。力争县人工种草与天然草地改良、扎西松多水库、哲古社区等3个村居饲草基地灌溉等

①“六个一”：交一个朋友，每个驻寺干部要与一至几名僧尼成为知心朋友，及时了解他们的生活困难和思想动态；开展一次家访，每个驻寺干部都要到自己所联系的僧尼家中搞一次家访，深入了解僧尼家庭的实际情况；办一件实事，发挥各自优势，为每个僧尼家庭解决一个最迫切、最现实的困难和问题，让他们感受到党和政府的温暖；建一套档案，为每个僧尼建立一套档案，详细记录其个人信息和家庭状况，切实做到心中有数、底数清楚，便于管理服务；畅通一条渠道，建立起驻寺干部与僧尼家庭联系的稳定渠道，与其家人共同教育引导僧尼爱国爱教、遵规守法；形成一套机制，建立起寺庙管委会、驻寺干部、僧尼、家庭共同负责、协调联动的构建和谐寺庙的好机制。

②四条标准：政治上靠得住，宗教上有造诣，品德上能服众，关键时起作用。

项目年内开工建设。扎实做好土地增减挂钩工作。二是持续从严治理污染。持续推进“蓝天青山绿水净土保卫战”，巩固扩大中央、区党委环保督察反馈问题整改成效。推进蓝天行动，抓好项目现场扬尘管控、低空面源污染治理、县乡周边环境监测等工作。推进青山行动，依法管好森林和草场资源，抓好荒漠化治理和植树造林工作。推进绿水行动，落实河湖长责任制，抓好饮用水水源地保护和水质常态监测提质工作。力争当许河沙棘林、哲古湖湿地保护项目落地。推进净土行动，加强土地重金属污染防治，严格化学品环境管理，持续开展化肥农药使用量“零增长”行动，开展轮作休耕试点。三是持续强化生态监管。坚持党政同责、一岗双责，严格落实领导干部生态文明建设责任制。严格落实环境保护“三线一单”“一票否决”制度，严禁“三高”项目进入措美。加大对水电、矿产、旅游等资源开发和重大基础设施建设的环境执法监管，构建生态环境、水利、农业农村等部门协同联动的大环保工作格局，确保环保措施落实到位、执法监管到位、责任追究到位，用最严格的制度把控好、保护好措美的碧水蓝天。

加强政府自身建设

人民满意是政府工作的最高标准，把麻烦和困难留给政府，把便利和实惠送给群众是我们政府部门的工作要求，我们将全面贯彻落实十九届四中全会精神，不忘初心、牢记使命，不断提升履职能力和水平。

（一）旗帜鲜明讲政治，建设忠诚型政府

始终把政治建设摆在首位，深学笃用习近平新时代中国特色社会主义思想，增强“四个意识”，坚定“四个自信”，做到“两个维护”，始终在思想上、政治上、行动上同以习近平同志为核心的党中央保持高度一致。开展“不忘初心、牢记使命”主题教育，坚持党对一切工作的领导，不折不扣的贯彻落实好中央、自治区、山南市和县委各项决策部署，确保政令畅通、执行有力。进一步严肃党内政治生活，坚决落实民主集中制和“三会一课”等制度，努力营造风清气正的政治生态。

（二）依法行政提效能，建设法治型政府

坚持依法施政、依法行政，善于运用法治思维和法治方式深化改革、推动发展、化解矛盾、维护稳定。推行行政执法“三项制度”，健全规范决策咨询、专家论证等程序，提高决策科学化、民主化、法治化水平。依法接受县人大的工作监督和法律监督，坚决落实各项决议、决定并定期报告工作；自觉接受县政协民主监督，认真听取工商联、党外人士和人民团体的意见，高质量办理好人大代表建议和政协提案，定期通报办理情况。推行政府法律顾问制度，做好行政复议、行政应诉，自觉运用法治思维和法治方式推动工作、解决问题。

（三）改进作风抓落实，建设服务型政府

牢固树立以人民为中心的发展思想，加强基层调研、一线走访，广大党员干部要带头践行“一线工作法”，做给群众看、带着群众干，县级干部和中层干部每年下基层分别不少于60天、90天，真诚倾听群众呼声，真实反映群众愿望，真情关心群众疾苦，竭尽全力为群众办好事、办实事。进一步改进文风会风，精简各类文件，压缩会议数量、规模和时间，少开会、开短会，少讲话、讲短话，腾出更多精力深入基层调查研究，摸实情、出实招、办实事。

（四）勇于担当善作为，建设有为型政府

把今年作为“工作落实年”，创新改进考核方式方法，坚决整治形式主义、官僚主义。大力弘扬“老西藏”精神、“两路”精神、“列麦”精神，继续开展“大学习、大调研、大落实”活动，敢于直面矛盾、勇于承担风险，提振精气神、聚集正能量，知难而进、迎难而上，咬定青山不放松，不达

目的不罢休。对涉及经济社会发展全局的重点工作和重要事项，逐级分解细化，明确责任人，立下“军令状”，一件一件抓落实、一项一项求突破。

（五）正风肃纪树形象，建设廉洁型政府

坚定扛起全面从严治党政治责任，坚持用制度管权管事管人，持续加强党风廉政建设，扎实履行“一岗双责”。严格落实中央八项规定及其实施细则精神，聚焦公共资金、国有资产、工程建设、民生保障等重点领域，扎牢织密制度笼子，零容忍惩治腐败。牢固树立过紧日子思想，严格控制“三公”经费和一般性支出。坚持严管与厚爱相结合，激励广大干部担当作为，营造风清气正的政治生态，汇聚干事创业的强大正能量。

中国人民政治协商会议第二届措美县委员会常务委员会工作报告

（2020年1月14日）

措美县政协副主席　扎西尼玛

2019年工作回顾

一年来，县政协常委会在县委的坚强领导下，在区、市政协的有力指导和县人大、政府的大力支持下，广泛团结全县各族各界、政协各参加单位和广大政协委员，高举习近平新时代中国特色社会主义思想伟大旗帜，认真贯彻落实习近平总书记关于加强和改进人民政协工作的重要思想和治边稳藏重要论述，学习贯彻党的十九大、十九届二中、三中、四中全会、区党委九届五次、六次全会和市委一届三次全会，市委经济工作会议精神以及中央政协工作会议和区党委政协工作会议、县委九届四次会议精神，全面贯彻落实县委的各项决策部署牢牢把握团结民主两大主题，紧紧围绕全县中心工作，主动担当作为，积极履职尽责，为助推高质量脱贫、决胜全面建成小康社会作出了积极贡献。

一、加强理论武装，牢牢把握正确政治方向

常委会自觉坚持党对政协工作的全面领导，把深入学习贯彻习近平新时代中国特色社会主义思想和党的十九大、十九届四中全会精神，中共中央关于新时代加强和改进人民政协工作的意见精神，作为首要政治任务，着力加强委员队伍思想政治建设，进一步筑牢共同团结奋斗的思想政治基础。自觉服从党的领导。坚决贯彻执行中央、区党委、市委、县委的决策部署，坚定不移地在党的坚强领导下开展工作，坚决服从县委安排，切实执行重大事项向县委请示、报告制度。切实把思想和行动统一到县委的决策部署上来，把智慧和力量凝聚到县委确定的目标任务上来，确保与县委同心同向同行。2019年，向县委请示汇报11次。加强政治理论学习。以党组理论学习为平台，通过集中学习和自学的方式，认真落实政治理论学习研讨，召开主席会议、常委会议8次，深入学习贯彻习近平总书记关于加强和改进人民政协工作的重要思想，学习党的十九届四中全会、中央政协工作会议和区党委政协工作会议精神，引导广大政协委员和政协机关干部，树牢“四个意识”，坚定“四个自信”，增进“五个认同”，做到“两个维护”，夯实团结奋斗的共同思想政治基础。2019年，组织党组专题理论学习会议13次，撰写心得体会18篇、发言材料5篇；召开了政协党组民主生活会和政协办党支部组织生活会，先后4次组织党员委员参加了双重组织生活会。强抓主题教育出成效。按照县委的统一部署，在政协党组的领导下强抓“不忘初心、牢记使命”主题教育，组织学习习近平新时代中国特色社会主义思想，学习主题教育重点书籍和重要文件精神，切实让干部在思想上政治上行动上始终与党中央保持高度一致。坚持把学习教育、调查研究、检视问题、整改落实贯穿始终，开展学习活动16次，组织专题研讨8次；5名县级领导干部经常深入基层一线开展调查研究，形成调研报告8篇；坚持问题导向，对照区党委、市委、县委工作要求，深刻查找自身不足，共检视出班子存在的问题和差距11

条，成员个人的36条；列出问题清单，明确整改方向，制定整改措施，建立整改台账，限时整改，并将长期坚持。4名县级领导积极参加县电视台《我们读书吧》栏目，领学必读书目，通过主题教育，班子成员加强了党性锻炼，思想政治受到洗礼。

二、聚焦中心任务，全力助推经济社会发展

坚持人民政协是社会主义协商民主的重要渠道和专门协商机构，常委会把促进经济社会发展作为履职第一要务，把改善民生、凝聚人心作为履职的出发点和落脚点，紧扣实施乡村振兴战略、全面建成小康社会，集众智、建真言、献良策、出实招，积极助推县委、县政府决策部署的贯彻落实。积极主动参与中心工作。围绕全县中心工作，为促进全县经济社会发展出实力、干实事。在易地搬迁、棚户区改造等重点工作中，政协常委积极参与，发挥了重要作用。同时，在县政府各职能部门工作中，不当“旁观者”，力求做到既建言献策，又主动参与。脱贫攻坚巩固成果献计出力。按照县委统一部署，县政协领导以上率下，靠前协调，联系四个贫困村（社区），五名县级干部联系户就达近20户，每户入户不低于4次，大家力求真扶贫、真脱贫，在帮扶中宣传党的惠民政策，教育群众靠双手致富奔小康，寻找增收渠道，商讨致富办法，共同发力，增收致富奔小康。积极开展巡河（湖）督查工作。按照《山南市总河长办公室关于加强河湖长巡河巡湖履职》要求，县政协主席、副主席先后10次深入河湖进行了实地巡查，挑起河湖长担子全面落实河湖长制。积极参与扫黑除恶斗争。坚决贯彻执行党中央的决策部署，是我们必须履行的义务，更是义不容辞的政治责任，我们带头提高站位、带头宣传发动、带头遵纪守法、带头监督助力、带头参与支持。积极组织政协机关干部参加扫黑除恶专题考试3次，先后开展各项宣传5次，发放宣传单700余份，向委员发放了关于积极参与扫黑除恶专项斗争的倡议书60份，各级委员主动参与、积极作为，为不断增强广大群众获得感、幸福感和安全感，推动措美长足发展和长治久安作出了应有贡献。

三、做到戮力同心，积极促进社会和谐稳定

常委会坚持把维护祖国统一、加强民族团结作为履职着眼点和着力点，把维护稳定作为履职的第一政治责任，充分发挥政协独特优势，主动担当、靠前履职，为促进社会和谐稳定、凝心聚力。在维护国家安全中主动作为。政协常委会班子成员先后5次深入乡（镇）蹲点，承担维稳督导任务，并在重要时段和节点，承担县维稳一线指挥部带班值班工作，为全县持续长期全面稳定贡献了政协力量。认真开展联系村（寺庙）工作。自治区主席和各位副主席深入联系寺庙检查11次，僧尼家访活动9次，面对面聊家常，宣讲党的十九大、十九届四中全会精神，宣讲习近平总书记治边稳藏重要论述、“加强民族团结、建设美丽西藏”重要指示和给隆子县玉麦乡群众的回信精神，宣讲党的惠民政策；教育引导广大群众及寺庙僧人进一步坚定“四个意识”，做到“两个维护”，践行“四讲四爱”①，为党和国家各项事业发展作出新的贡献。同时，常委会班子成员先后8次深入联系村（社区）检查指导工作，与村居干部座谈，听取了工作开展情况汇报并下一步工作提出了意见建议。

四、注重履职实效，统筹推进经常性工作

①“四讲四爱”：“讲党恩爱核心”“讲团结爱祖国”“讲贡献爱家园”“讲文明爱生活”。

常委会紧紧围绕全县中心工作，组织委员积极开展协商、议政和监督工作，广泛凝聚智慧力量，为全县改革发展建真言、谋良策。认真做好政协委员提案办理工作。二届四次会议以来立案的40件提案的办理质量得到进一步提高，办复率达100%。同时，区、市、县政协委员分别向区、市政协提交了1件和4件提案，其中“关于继续开展优化发展环境工作的提案”被列入山南市政协重点提案，以及“关于措美县乃西乡河道治理项目的提案”已被市水利局列入规划，正在办理项目前期手续。强化自身建设，提升履职能力。一是召开5次专题议政性常委会会议。为提高委员服务质量，加强委员管理，充分发挥委员主体作用，增强委员履职实效，提高政协工作制度化、规范化、程序化水平，根据《中国人民政治协商会议章程》和全国、自治区、市政协有关规定，结合我县实际，起草《政协措美县委员会委员年度考核办法（试行草案）》《政协措美县委员会2019年协商计划（草案）》，形成《中共措美县政协党组关于党员委员联系党外委员的实施意见》，制定《中共措美县政协党组成员联系界别的制度（草案）》并组织实施。先后开展6次党员委员联系党外委员活动，开展3次党组成员联系界别与委员面对面交心谈心活动。加深党组成员与党员委员与党外委员的感情，促进互相了解，凝聚了共识；充分发挥县政协专门协商机构作用，召开了防范和治理返贫问题的专题协商会议，县政协主席、副主席及部分县政协常委、委员参加会议，组织分管扶贫工作的副县长及四个乡镇、县扶贫办、教育局、住建局、产业办等单位负责人就防范和治理返贫问题做实质性的协商，提出各自见解，结合本单位脱贫攻坚工作的现状就下一步防范和治理返贫方面提出切实可行的意见相互切合。二是开展5次专题调研视察。为了保障政协委员的知情权、参与权和监督权，进一步提升依法履职能力。围绕“二届四次会议委员提案及意见建议办理”“二届三次会议提案办理‘回头看’情况”，组织委员开展专题提案视察调研，对提高提案办理质量方面提出务实管用的意见建议。按照年初协商计划紧扣全县中心工作，聚焦产业发展、牧业转型发展情况等党委、政府中心议题，以及群众热议的话题，开展专项视察调研活动，进一步提高政协组织凝聚力，增强了委员们的履职责任感和使命感。三是开展3次委员考察学习。为了拓宽委员的视野，提高委员履职能力，组织部分区、市、县政协委员赴隆子、错那、洛扎等县，对边境少数民族地区小康示范村建设及乡村振兴战略先进经验和做法以及产业发展及“次麦模式”成功经验等方面进行考察学习并形成调研报告3篇。开展委员培训，提高各级政协委员履职建言水平。2019年，组织50余名区、市、县政协委员及乡（镇）政协联络员举办了培训班。把精准扶贫相关知识作为重点，特邀县扶贫专干作了精准扶贫专题讲座，同时就作为一名政协委员如何宣传脱贫攻坚政策及脱贫攻坚工作中民主监督方面进行了具体辅导，主动投身各项工作，不断为全面建成小康社会献计出力。切实履行民主监督职能。组织区、市、县三级政协委员50人次参加县直各单位组织生活会、听证会、咨询会、评议会、督查督导会、审判会和各类考试巡考、法院庭审观摩等，重点对惠民政策落实，精准扶贫，教育卫生就业，生态环保，公正司法，G219、G560措美段提升改造工程等进行民主监督，助推了群众利益问题解决。扎实做好文史资料工作。注重发挥文史资料在存史、资政、团结方面的重要作用，收集整理措美县成立以来文史资料1篇，完成了《措美县政协年鉴2018年卷》编纂工作，向自治区政协报送“我与人民政协”征文3篇。同时，向区、市政协报送“共商防范和治理返贫问题助力脱贫攻坚的提质增效”、加强学习“不忘初心、牢记使命”做好新时代政协人、“以习近平新时代中国特色社会主义思想为统领不断开创新时代统一战线工作新局面”等3篇委员发言材料。充分发挥政协委员主体作用。政协委员在各自岗位上带头履职尽责，彰显委员风采，特别是政协经济科技工商界委员、月光建筑有限责任公司董事长晋美，在春节、藏历新年，主动慰问县敬老院集中供养老人，发放慰问金、慰问品折合人民币共78076元；全县各界别委员也结合自身实际，发挥自身优势，先后51次宣传区、市“两会”精神，宣传党和国家惠民政策、“四讲四爱”、扫黑除恶打非治乱、精准扶贫相关知识等，5名委员积极参加演讲比赛；同时积极参加“3·28”暨民主改革60周年庆祝等有益活动，为群众办事，为党为国尽责尽力。加强信息报送工作。2019年，向区、市两级政协报送信息163期，被山南市政协微信公众号和网信措美分别采用56条、72条，及时反映了县政协工作动态，展示了我县政协工作的新进展、新成效。

五、强化作风建设，全面加强队伍管理

常委会坚持把作风建设贯穿履职工作始终，着力加强委员队伍和机关干部队伍建设，不断提升履职能力和工作实效。加强队伍建设。深化教育培训，安排政协干部、政协委员参加区内外党校学习培训7人次以上。举办委员培训班，对区、市、县政协委员进行了全面培训，提高了委员履职能力和水平。加强基层党建工作。加强基层组织建设，严格落实“三会一课”等党内制度，召开党员大会4次、支部委员会12次、党员委员学习座谈会5次；讲党课4次，按要求开展“主题党日”活动12次。组织党员干部（党员委员）专题学习《习近平谈治国理政》12次，扶贫专题学习8次、举办培训1期、组织专题考试2次、参加县委安排的扶贫知识考试3次，考试成绩均优异，机关干部和委员们综合素质大大提高。同时，组织党员集体学与个人自学为主，原原本本通读《习近平关于“不忘初心、牢记使命”重要论述选编》等重要文献，学习了习近平总书记治边稳藏重要论述和关于本领域工作的重要指示批示精神，认真学习十九届四中全会精神。积极组织全体党员轮训、重温入党誓词、接受廉政教育、开展感恩教育、召开座谈会等系列活动，使党员干部在思想上得到升华，在政治上得到淬炼，在坚持旗帜鲜明讲政治、坚决做到“两个维护”上取得新成效。加强党风廉政建设。召开了专题会议进行安排，明确责任分工，加大督促检查力度，力求做好日常提醒谈话工作，从严教育管理机关干部职工。积极配合支持县委巡察工作，持之以恒正风肃纪。认真落实基层减负的二十条举措，狠抓作风建设，积极精文简会，力戒形式主义和官僚主义，领导干部作风和机关工作作风进一步转变。2019年，组织党员集中学习15次、观看警示教育5场次。加强制度建设。制定了《中共措美县政协党组成员联系界别的制度》，为政协参政议政提供了具体制度保障；制定《委员年度考核办法（试行）》，对县政协委员履职实行量化考核，健全完善了委员履职档案，提升了政协工作制度化、规范化、程序化水平。加强委员服务管理。积极组织基层委员参加视察调研，协商议政等活动，为委员知情明政、发挥作用搭建了平台。加强委员履职登记，健全完善了委员履职档案。加强政协机构建设。加强对基层政协工作的调研指导，积极提出政协机构改革有关建议，我县政协新设综合委员会，进一步充实和加强了工作力量。

各位委员，这些成绩的取得，是在党的坚强领导下、在上级政协有力指导和县人大、政府大力支持的结果，是各级各部门积极配合和社会各界广泛参与的结果，是我县政协组织、政协各参加单位和广大政协委员共同努力的结果。在此，我代表县政协常委会表示衷心的感谢！

同时，我们也清醒地认识到，县政协工作离县委的要求和政协使命要求以及全县各界群众的期盼还存在一定差距。主要是调研、视察活动深度不够，质量有待提高；提案质量不高，对提案办理落实的跟踪督办有待继续加强；委员履职和发挥作用不够，参加政协活动、积极建言献策的主观能动性有待增强；组织基层委员外出学习考察力度有待加大；政协机关服务委员的能力有待提高。针对以上问题，我相信在今后的工作中，通过大家的共同努力，将得到逐步改进，全县政协工作将会再上一个新台阶。

2020 年工作安排

2020 年是全面建成小康社会和“十三五”规划收官之年，是西藏自治区成立 55 周年，也是山南政协成立 60 周年。在新的一年中，全县政协工作总体要求是高举习近平新时代中国特色社会主义思想伟大旗帜，深入贯彻落实党的十九大、十九届二中、三中、四中全会精神，贯彻落实习近平总书记关于治边稳藏的重要论述和“加强民族团结、建设美丽西藏”的重要指示精神，贯彻落实习近平总书记关于加强和改进人民政协工作的重要思想，坚持党对人民政协工作的全面领导，坚持以人民为中心的发展思想，按照区党委九届五次、六次、七次全会决策部署和市委、县委要求，聚焦突出稳定、发展、生态“三个重点”，办好改善民生、巩固脱贫攻坚，围绕完善基础、产业立县、推进乡村振兴、决胜全面建成小康社会作为工作主线，充分发挥政协协商民主的重要渠道和专门协商机构作用，着力助推县委、县政府各项决策部署的贯彻落实，为推进新时代措美长足发展和长治久安做出新贡献。

一、坚持政治引领，在思想建设上促深化

牢记人民政协是政治组织，必须旗帜鲜明讲政治，严守政治纪律、政治规矩；坚决维护习近平总书记的核心地位，坚决维护党中央权威和集中统一领导，以实际行动践行对党忠诚，强化为党做好政协工作的使命感、责任感和紧迫感。加强思想政治引领，用共产党员的模范行动团结凝聚、影响各族各界人士，做好凝聚共识、凝聚人心的工作，不断增强各族各界人士对中国共产党和中国特色社会主义的政治认同、思想认同、理论认同、情感认同，切实把党的领导、政治原则、廉洁自律要求贯穿于政协工作之中。坚决执行党中央、区党委、市委、县委的决策部署，自觉服从县委的坚强领导，带头落实县委的部署要求，主动向县委汇报请示重大事项，积极完成县委交办的各项任务，始终做到与县委同心同德、同心同行，确保县委决策部署在政协政令畅通、执行到位、落地见效。建立健全和落实党员委员参加双重组织生活、党员委员联系党外委员等制度，发挥好政协党组在政协工作中的领导作用和政协办党支部的战斗堡垒作用，发挥政协组织中党员的先锋模范作用，以政协党的建设新成效推动我县政协事业新发展。

二、坚持服务中心，在民生改善上添助力

自觉把政协工作放在全县工作大局中去谋划、去推进、去落实，主动维护大局、服务大局。一是助推经济社会发展。紧扣高质量发展要求，巩固

提升脱贫攻坚成效、乡村振兴、生态保护等重大问题，着眼经济社会发展和全面建成小康社会重点难点问题，积极组织开展专项视察调研和专题协商，着力在提高视察调研质量、增强协商议政实效、提出有针对性和操作性的对策建议上下功夫，助力县委、县政府决策部署落地生根、开花结果。二是助推维护社会稳定。坚决贯彻落实区党委、市委、县委维护稳定决策部署，充分发挥委员主体作用，广泛联系各界别群众，协调关系、化解矛盾、凝心聚力，坚定维护祖国统一和民族团结。发挥民族宗教界爱国人士作用，扎实推进“遵行四条标准、争做先进僧尼”教育实践活动，积极促进宗教与社会主义社会相适应。协助抓好加强和创新社会治理、安全生产等工作，选择影响稳定的重点难点问题视察调研、议政建言，主动承担起维护社会稳定的政治责任。三是助推保障改善民生。将“坐而论”与“起而行”有机结合，组织委员深入一线，围绕乡村振兴积极开展协商议政，切实保障和改善民生。积极开展基层委员帮扶活动，努力为群众办实事、办好事、办成事。

三、坚持团结联谊，在凝心聚力上下功夫

以协调各方关系为抓手，坚持发扬民主、增进团结、化解矛盾作为着力点，切实发挥统一战线组织作用，把各界人士像“石榴子那样”团结凝聚在一起，更加协调一致地开展工作。发挥联系面广、包容性强的优势，切实加强同各领域、各方面代表人士的沟通联系，搭建交流合作平台，促进共同发展。坚持“有事好商量、众人的事情由众人商量”，围绕群众思想“困惑点”、社会矛盾“易发点”，协助做好问政于民、问需于民、问计于民工作。加强与其他地市及兄弟县政协之间的交流合作，积极组织委员外出考察，学习兄弟地市县有关工作的先进经验，进一步拓宽视野、增长见识，提高建言献策水平和协商议政能力，推动政协工作联动互推。

四、坚持规范有序，在民主监督上求实效

始终坚持党对政协的领导，自觉服从服务全县工作大局，切实把方向和原则、节奏和力度把控好，在参与中支持，在支持中服务，在服务中监督，不断增强监督实效。一是规范监督工作。认真贯彻落实《关于加强和改进人民政协民主监督工作的意见》，着力推进新形势下政协民主监督制度化、规范化、程序化。二是突出监督重点。强化提案支点作用，对上一年提案进行跟踪督办，同时对本次会议的重点提案开展办理协商，不断提高提案工作实效。三是坚持正向发力。多做促进问题解决、推动落实的工作，多做增进团结、凝心聚力的事情。

五、坚持统筹推进，在日常工作上见成绩

坚持以改革创新精神做好经常性工作。一是着力提高提案质量。严格立案标准，加大审查力度，健全政协领导包案督办制度，强化提案办理协商，完善提案答复和反馈工作机制；加大提案知识培训力度，委员要吃透上情、摸清下情、悟透社情，着力提高提案质量。加强提案征集工作，及时将调研中发现的突出问题、社情民意信息中反映的焦点问题、领导在会上点到的难题等转化为提案。加强提案督办工作，及时组织委员深入实地检查提案办理情况，定期不定期听取承办单位汇报，推动提案办理落实，不断提高委员满意率。二是深入开展调研活动。把握好县委、县政府重点工作部署要求，把握好群众普遍关注的焦点问题和需要破解的难题，选准调研课题，加大调研深度和广度，通过扎实深入调研，每年至少形成2至3篇高质量的、真正管用奏效的调研报告，切实增强调研的透视力和针对性、准确性、实效性，真正做到透过现象看本质，能够找出问题的根源和症结，对症下药地提出解决问题的对策建议。三是扎实做好文史资料工作。积极协助区、市政协做好史料征集工作，深度挖掘民族优秀传统文化方面的独特史料，充分发挥“存史、资政、团结、育人”作用。四是扎实做好信息报送宣传工作。通过区、市政协网站、山南网、网信措美等宣传阵地，宣传政协工作取得的成效和政协委员履职风采，进一步扩大政协组织的影响力。五是抓好社情民意信息收集和报送工作。严格落实《政协山南市委员会关于反映社情民意信息工作的意见及相关制度》，要通过政协例会、委员来信、政协微信公众号等渠道，引导委员主动及时反映群众的愿望要求，第一时间对群众关注的焦点问题进行归纳梳理，形成高质量的社情民意信息，为县委、县政府决策提供参考。

六、坚持严实标准，在能力素质上抓提升

以党的建设统领政协建设。一是着力加强党建工作。认真领会中央《关于加强新时代人民政协党的建设工作的若干意见》，从严治党管党，严守政治纪律，严肃党内政治生活，增强政治领导本领，锤炼忠诚担当品格，以推进基层党组织标准化建设带动政协自身建设取得新成效。二是加强常委会建设。严格常委会组成人员修身律己、守法遵章，带头参加学习和调研视察等活动，认真撰写提案、社情民意信息，提高常委会履职水平。三是加强队伍建设。把“懂政协、会协商、善议政”作为标杆，把“讲政治、守规矩、重品行”作为重要抓手，加大委员学习、培训、考察和服务保障力度，探索建立委员履职活动登记通报制度，加强对委员履职的评价考核。深入开展向“时代楷模”卓嘎、央宗姐妹学习活动，强化责任意识、服务意识和效能意识，着力提升政协干部的能力素质。四是加强党风廉政建设。牢固树立政协在党风廉政建设和反腐败斗争中没有任何特殊的思想，坚决落实中央八项规定及其实施细则精神，进一步转变作风，着力营造干事创业、风清气正的政治生态。

坚持以初心使命作为政治本色和前进动力 为决胜全面建成小康措美提供坚强保障

——在中国共产党第九届措美县纪律检查委员会第五次全体会议上的工作报告

（2020 年 4 月 8 日）

措美县纪委监委副书记、副主任　索朗德吉

一、2019 年工作回顾

2019 年全县纪检监察机关坚决在思想上政治上行动上同以习近平同志为核心的党中央保持高度一致，不断增强“四个意识”、坚定“四个自信”、做到“两个维护”，忠实履行党章和宪法赋予的职责，坚持稳中求进、实事求是、依规依纪依法，持之以恒正风肃纪，一体推进不敢腐、不能腐、不想腐，全县党风廉政建设和反腐败工作取得新进展新成效。

（一）以党的政治建设为统领，严明党的政治纪律和政治规矩。把党的政治纪律和政治规矩摆在首位，在年度召开的全县党风廉政建设和反腐败工作推进会上，县委书记就推动全面从严治党进行了全面安排部署。聚焦政治生态，强化政治监督，持续开展政治纪律教育活动。紧盯重要节点时段，开展监督检查 15 次，专题调研 2 次。开展政治生态调研 1 次，形成专题调研报告 1 份。依托县委理论中心学习会，组织党员干部学习违反政治纪律典型案例通报 2 次。发放《党内政治生活警示录》150 余本，警钟长鸣，不断增强党员干部遵守政治纪律和政治规矩意识，筑牢思想防线。聚焦落实管党治党责任，强化政治监督。深入贯彻落实区党委、市委“两个责任”培训会精神。结合日常监督严把廉政意见回复关，加大对干部提拔、评优评先工作的监督力度，2019 年共回复廉政意见 96 期 1066 人次，对 12 名党员干部和 1 家单位提出取消评优评先建议，严防“带病提拔”。

（二）坚守以人民为中心的根本政治立场，坚决整治群众身边腐败和作风问题。结合“不忘初心、牢记使命”主题教育，围绕“四个紧盯”①工作要求，把推进 12 项专项整治工作作为监督的重点内容，县专项整治办和各牵头整治单位共梳理 12 项 63 个方面整治内容，推动专项整治工作落到实处。县纪委监委对牵头的四项专项整治工作开展监督检查 2 次，发现并反馈整改问题 25 个，形成专项整治报告 3 份。深化扶贫领域腐败和作风问题专项治理，召开扶贫领域腐败和作风问题线索移送工作协调会、扶贫领域腐败和作风问题专项治理联席会，建立健全各项规章制度。协调县委办、政府办、组织、财政、扶贫、乡镇纪委（派出监察室）等相关部门以交叉检查、联合检查、专项检查等方式共开展 3 轮扶贫领域监督检查，发现问题 26 个，整改完成 17 条。向市纪委监委主要领导汇报扶贫领域腐败和作风问题专项治理情况 4 次。对市纪委监委蹲点

①“四个紧盯”：紧盯“两个维护”抓整治、紧盯群众的操心事烦心事揪心事抓整治、紧盯部分党组织和党员干部的“病灶”抓整治、紧盯制度短板抓整治。

督导发现的问题认真督促整改落实。古堆乡纪委在农牧民群众中发放“廉情连心卡”，既拓宽了信访举报渠道，又增进了干群关系。持续发挥警示教育宣传作用，通过县委理论中心学习会，及时传达学习上级扶贫领域典型案例通报 14 期，设立扶贫领域专项监督举报信箱 23 个，适时在“网信措美”微信公众号公布扶贫领域腐败和作风问题举报电话及信访地址，不断拓宽专项工作治理信访渠道。严肃查处扶贫领域腐败和作风问题，2019 年共查处问责 8 人，通报曝光扶贫领域腐败和作风问题典型案例通报 1 期。对脱贫攻坚监督检查推进不力的 4 名乡（镇）纪委书记进行集中约谈。深挖彻查涉黑涉恶腐败和充当“保护伞”问题，及时成立监督执纪问责领导小组，召开工作部署会 2 次，调度会 3 次，协调小组会 1 次，扫黑除恶专题学习 5 次。建立完善《监督执纪问责组织协调工作机制》等 4 个内部机制，联合相关部门制定 3 项制度，设立举报信箱 6 个，建立问题线索登记工作台账 7 类。对 2013 年以来本级受理的 57 条问题线索和县扫黑办受理登记的 27 条问题线索逐一排查，收到相关部门情况通报 5 次。及时召开扫黑除恶推进会，主动认领、坚决整改中央扫黑除恶督导组反馈问题。聚焦“监督的再监督”职责定位，开展专项斗争工作监督检查 2 次，对发现的问题督促及时整改。严格落实“两个一律”和“一案三查”①，倒查 2018 年以来涉及“黄赌毒”案件 4 件，对 2 名农牧民党员进行谈话提醒。

（三）认真贯彻落实中央八项规定精神，驰而不息纠正“四风”。坚持纠治“四风”②作为严肃的政治任务来抓，紧盯重要节点持续发力，开展重大节日监督检查 9 次，为党员领导干部发送 1500 余条廉政短信。开展公务用车常规监督检查 6 次，对全县 45 辆公车二维码进行更换张贴。强化专项监督检查。全年开展公务用车和办公用房专项检查 15 次，发现问题 21 个，开展督促整改 3 次。深入排查“天价烟”“高档酒”“高价茶”背后的“四风”问题。扎实开展利用名贵特产特殊类资源谋取私利问题整治工作，对各单位自查中发现的 1 条问题，督促及时整改，涉及资金 9 万余元。以丁青县“矮窗”问题为镜鉴，联合有关职能部门，开展“矮窗”问题专项检查，提出改进意见 1 条。开展不作为、慢作为、文山会海等形式主义、官僚主义突出问题专项整治工作专项监督检查 1 次，专题调研 1 次，形成调研报告 1 份，发现并反馈整改问题 4 条。开展整治“景观亮化工程”过度化等“政绩工程”“面子工程”问题、人防系统腐败问题、沼气建设项目问题等监督检查工作，严肃查处原双业办单增拉姆在就业培训工作中履职不力，审核把关不严等形式主义、官僚主义问题。通报违反中央八项规定精神典型问题 1 期。严格按照《中国共产党纪律检查机关监督执纪工作规则》《监察机关监督执法工作规定》，做实做细监督，在日常监督、长期监督上探索创新，为全县 248 名科级领导干部建立廉政档案，做到底数清、情况明。

（四）深化政治巡察，推动从严治党。县委书记认真履行“第一责任人”责任，先后 4 次在县

① “一案三查”：既查办黑恶势力；又要追查黑恶势力背后的“关系网”和“保护伞”，还要倒查党委、政府的主体责任和有关部门的监管责任。

② “四风”：形式主义、官僚主义、享乐主义、奢靡之风。

委常委会上对巡察发现的问题进行分析研判，点人点事，提出明确要求。巡察工作坚持围绕党的政治建设，重点检查遵守政治纪律和政治规矩情况，2019 年进行了九届县委第六轮和第七轮巡察，两轮巡察共组建 8 个巡察组，抽调 62 人，共巡察 17 个单位、党组织，向被巡察单位反馈问题 172 条，其中立行立改问题 154 条，向县纪委监委移交问题线索 5 条。对 2 家被巡察单位党组织开展“回头看”工作，再监督、再体检，压实巡察整改主体责任，保持巡察震慑力。针对每轮被巡察党组织性质，邀请县委组织部、县财政局、县住建局、县扶贫办、县保密局等部门负责人、业务骨干，从党建工作要求、财务报销规定、扶贫相关政策、项目各项环节程序、巡察工作保密的重要性等方面进行培训。强化巡察队伍建设，2019 年县委调整充实巡察办主任、副主任、巡察组组长、副组长各 1 名，巡察干部力量得到充分保障；安排巡察办主任参加全国巡察办主任提级培训班培训，1 名常设巡察组副组长参加区党委年度 2 轮巡视工作。

（五）坚持挺纪在前、抓早抓小，不断增强监督执纪问责实效。精准运用监督执纪“四种形态”，批评教育和帮助处理 16 人次。其中，运用第一种形态，给予谈话提醒、诫勉谈话 10 人次，占“四种形态”处理总人次 62.5%；运用第二种形态，给予轻处分 5 人次，占比 31.25%；运用第三种形态，给予重处分 1 人次，占比 6.25%，达到了教育大多数、惩治极少数的目的。坚持创新监督方式，采取乡（镇）纪委交叉监督检查，共组织安排 2 轮扶贫领域腐败和作风问题专项监督检查，分批次前往县直各部门、各乡（镇）和各村（社区）交叉检查中央脱贫攻坚巡视反馈问题整改情况以及扶贫领域存在的问题，为打赢脱贫攻坚战提供强有力的纪律保证。开展“减税降费”专项监督检查 3 次，形成监督检查报告 1 份。开展受处分人员回访教育 9 人次，影响期满且表现突出的 3 名干部被组织考察培养使用，帮助跌倒的干部重新站起来，充分感受组织的关心关爱。

（六）统筹推进改革，推动纪检监察工作向基层延伸。以深化党政机构改革为契机，推动深层次、高水平“三转”①，优化机关内设机构，坚持既相互衔接又相互制衡的原则，监督检查和审查调查部门分设，使监督的再监督职责更加突出。积极推动监察工作向基层延伸，班子成员、科室负责联系指导乡（镇）派出监察室，健全完善监督范围、职责等各项制度，积极协调乡（镇）党委配强纪检监察工作人员。按照中办、国办《关于建立健全村务监督委员会的指导意见》要求，在全市率先研究制定村务监督委员会成员《教育培训制度》《培训回访制度》。通过邀请市纪委监委、县直部门相关专业人员进行专题讲解授课等方式，组织全县 48 名村务监督委员会成员开展 2 轮能力提升培训，并发放藏文版《关于建立健全村务监督委员会的指导意见》《监察法》《中国共产党问责条例》资料。县纪委监委通过召开座谈会、征求意见等方式，向乡（镇）纪委、村（社区）两委班子成员、村务监督委员成员开展培训回访 2 次，收集整理有效意见 20 余条，为做好今后培训工作积累经验；哲古镇纪委建立村务监督委员会向乡（镇）纪委月报告制度；

① “三转”：转职能、转方式、转作风。

措美镇、乃西乡纪委也切实加强了对村务监督委员会工作的指导。县政府大力支持党风廉政建设工作，全年落实村级党风廉政建设和反腐败工作经费32000元，为48名村务监督委员会成员兑现工资报酬465120元。

（七）坚持有腐必反，有贪必肃，巩固发展反腐败斗争压倒性胜利。2019年共处置问题线索27件，同比增长107%，立案审查调查4件、给予党纪政纪处分6人，同比增长33.3%、100%，收缴违纪资金40340元。强化安全责任，对党的十八大以来县纪检监察机关查处案件自查47件次，开展纪律处分执行情况“回头看”21人次，确保纪律处分的严肃性和权威性。坚持没有安全就没有执纪审查，审查纪律就是政治纪律，安全意识就是政治意识的工作要求，对谈话室标准化建设自查2次，发现并整改消防安全隐患4处，组织办案人员开展应急处突、消防、医疗安全培训3次。坚持正面引导和反面警示相结合，组织党员干部深入学习违反中央八项规定及其实施细则精神、“四风问题”、典型案例通报。在措美镇试点性开展“以案为镜、以案促改”警示教育，对扶贫办等4家单位下发监察建议书，提出有针对性的整改建议，推动主体责任落实，堵塞制度漏洞，营造正风肃纪反腐良好氛围。深入开展党风廉政宣传教育活动，邀请70余名党员领导干部参加“走进纪委监委开放日”活动，“零距离”接触纪检监察日常工作，在廉政广场，县委书记带头领学《中国共产党廉洁自律准则》，增强党员干部廉洁意识；组织800余名党员干部和公职人员参加线上廉政知识考试；积极参加廉政书法活动；组织各级党员干部观看《全面从严治党在西藏》《反腐追逃在西藏》《尽锐出战·护航脱贫攻坚》等警示教育片，使广大党员干部受警醒、明底线、知敬畏；开展廉政文化宣传，创新开展“清廉杯”足球比赛；举办提升基层纪检监察人员业务能力培训班。加强家风建设，县纪委监委联合妇联、教体局开展“倡清廉之风、建和谐家庭”家风建设活动，通过发放倡议书，树立“家风正则民风淳，民风淳则社稷安”宣传牌等方式，以家风建设促党风建设。

（八）以“忠诚、干净、担当”为规范，打造纪检监察“铁军”。纪委常委会始终高度重视思想政治建设，共召开14次纪委常委会，15次理论学习会，集中学习习近平总书记重要讲话和指示批示精神，学习中央纪委国家监委、自治区、市纪委监委和县委有关会议、文件精神，深入开展“不忘初心、牢记使命”主题教育活动，专题研讨8次，班子成员开展调查研究3次，认真检视查摆问题，结合实际制定整改措施。加强自身业务能力提升，按照中央纪委全员培训工作要求，通过集中、自学等方式，学深弄懂18门培训光盘讲义。采取职能科室轮流出题的方式，组织县乡两级纪检监察干部考试4次，参考人员累计70余人次。2019年，县纪委监委选派6人赴内地学习，24人次赴自治区纪委参加培训，9人赴市纪委跟班学习，4名乡镇纪委干部到县纪委跟班学习。带头落实基层减负各项举措。2019年，县纪委监委在全县范围内共召开4次会议，下发文件5个，同比减少50%，400%。坚持严管厚爱，完善内控机制，建立健全干部请销假制度、学习制度等。建立全县35名纪检监察巡察干部廉政档案，强化内部监督。2019年，在县委高度重视关心下，县乡两级10名纪检监察干部提拔使用或职级晋升，干部队伍调整充实11人，县、乡两级纪检监察干部实有人数达到35人；县政府年初预算121万余元，足额保障纪委监委办公办案、宣传教育、专用谈话室标准化建设等经费。

一年来，在市纪委监委和县委的坚强领导下，县乡纪检监察工作坚持稳中求进总基调，党员干部坚守使命担当，聚焦主责主业，忠诚履职尽责，面对艰巨繁重的工作任务，砥砺奋进，攻坚克难，工作取得新的进展。我县全面从严治党不断向纵深推进，反腐败斗争压倒性胜利持续巩固拓展。在总结成绩的同时，要清醒看到反腐败斗争形势依然严峻复杂，全面从严治党依然任重道远，必须保持坚强战略定力，把“严”的主基调长期坚持下去，以永远在路上的恒心和韧劲继续攻坚克难、持续巩固发展。要充分认识到，个别党组织主要负责同志对落实全面从严治党主体责任认识不足、重视不够、“一岗双责”①落实不够到位，个别单位在整治不作为慢作为、文山会海等形式主义官僚主义突出问题上仍存在变相走形等现象。纪检监察干部队伍建设还存在短板，干部素质建设有待加强。理论学习还不够扎实全面，理论学习成果转化不强，在融会贯通、知行合一上还有较大差距；纪律监督、监察监督、巡察监督协同贯通不够，监督的全覆盖和有效性不足；对政治监督内涵和外延理解不透，缺少抓手、效果不明显；业务素质参差不齐，对法律、审计、财经等专业知识了解不深，知识结构较为单一；主观能动性不强，缺乏开拓创新精神，甚至极个别干部身上存在安于现状、得过且过的现象；乡（镇）纪检监察工作开展不平衡，不同程度存在不会监督、不敢监督、不愿监督等问题；党风廉政建设教育宣传成效还有待进一步提升；减少存量、遏制增量任务仍然艰巨繁重，等等。对此，我们必须高度重视、采取有效措施加以解决。

二、2020年主要工作

2020年是全面建成小康社会和“十三五”规划收官之年，做好纪检监察工作意义重大。今年工作的总体要求是坚持以习近平新时代中国特色社会主义思想为指导，深入学习贯彻党的十九大和十九届二中、三中、四中全会精神，认真落实十九届中央纪委四次全会、自治区纪委九届五次全会、一届市纪委五次全会和九届县委五次全会精神，增强“四个意识”、坚定“四个自信”、做到“两个维护”，不忘初心、牢记使命，协助党委深化全面从严治党，坚持稳中求进和标本兼治，一体推进纪律检查体制改革、监察体制改革、纪检监察机构改革，一体推进不敢腐、不能腐、不想腐，一体推进更高水平更高层次的“三转”，全面履行监督责任，聚焦坚持和完善党的国家监督体系，加强对权力运行的制约和监督，充分发挥纪检监察机关在坚持和完善中国特色社会主义制度、推进国家治理体系和治理能力现代化中的监督保障执行、促进完善发展作用，建设高素质专业化纪检监察干部队伍，推动新时代纪检监察工作高质量发展，为决胜全面建成小康措美、决胜脱贫攻坚、维护社会稳定提供坚强的纪律保障。

（一）坚持“两个维护”，切实把“两个维护”作为政治监督根本任务来抓

聚焦“两个维护”，强化政治监督。纪检监察机关必须全面履行党章和宪法赋予的政治监督职责，全面加强政治监督必须坚持“两个维护”，切实把“两个维护”作为政治监督根本任务来抓，把思想和行动统一到习近平总书记关于强化政治监督的重要要求上来，要把学习贯彻、督促落实习近平

① “一岗双责”：既要抓好分管业务工作责任，又要抓好分管部门的党风廉政建设责任。

新时代中国特色社会主义思想、党的十九届四中全会和十九届中央纪委四次全会精神作为当前和今后一个时期纪检监察工作的主线，坚决查处学习贯彻中的形式主义、官僚主义问题。

发挥监督保障执行和促进完善发展作用，强化政治监督。切实做到党的重大决策部署到哪里，监督检查就跟进到哪里。要重点加强对党章党规和法律法规执行情况的监督检查，加强对习近平总书记重要指示批示精神和党中央、区党委重大决策部署、重大战略举措和落实情况的监督检查，加强对各领域各方面重要政策、重要任务推进情况的监督检查。深化标本兼治，做实“以案促改、以案促学”，深刻反思剖析，深挖背后的问题根源，对症下药、靶向治疗，建章立制、堵塞漏洞，更好将政治监督成效转化为检验“两个维护”全过程。要督促各级党组织特别是主要负责人，切实担负起全面从严治党政治责任，着力推进党的各项政策落地落实。要通过监督推动整改、促进改革、完善制度。

聚焦维护党纪，强化政治监督。纪检监察机关要牢牢抓住政治纪律这个最根本、最重要的纪律，坚持把严明政治纪律和政治规矩落实到具体的人和事，坚决纠正有令不行、有禁不止行为。紧盯“七个有之”①问题，严肃查处政治上离心离德、思想上蜕化变质、组织上拉帮结派、行动上阳奉阴违等问题，。紧盯对党中央、区党委、市委和县委重大决策不敬畏、不在乎、喊口号、装样子的错误表现，严肃查处空泛表态、应景造势、敷衍塞责、出工不出力等突出问题。要秉持“工匠精神”，下足“绣花功夫”，推进政治监督具体化常态化。要坚持问题导向，在工作中注意发现问题、破解难题，紧盯关键人、关键处、关键事、关键时，做到见人、见事、见物、见因、见责、见处置结果、见整改落实。

（二）坚持以人民为中心的工作导向，决胜全面小康、决战脱贫攻坚

深化扶贫领域腐败和作风问题专项治理。十九届中央纪委四次全会强调，全力保障脱贫攻坚决战决胜，集中整治群众反映强烈的突出问题。要不断增强抓专项治理的政治自觉、行动自觉，要加强与扶贫领域重点部门之间的协作配合，找准工作着力点，精准传导责任压力，推动监督力量下沉，延伸到扶贫工作一线，统筹推动脱贫攻坚和专项治理工作深入开展。要督促职能部门的监管跟着扶贫项目和资金走，聚焦巩固“两不愁三保障”成果，加强对脱贫攻坚专项巡视巡察整改、脱贫攻坚成效、脱贫政策连续性稳定性和脱贫摘帽后“四不摘”情况的监督检查，对搞数字脱贫、虚假脱贫、执行政策跑冒滴漏的坚决问责。要紧盯政策落地、项目推进、资金使用、责任落实和工作作风等监督重点，严肃查处贪污侵占、吃拿卡要、优亲厚友等问题，以最严明的纪律处理扶贫领域发生的腐败和作风问题，坚决斩断向扶贫资金伸出的“黑手”。要加强扶贫领域作风建设，坚决反对形式主义、官僚主义，减轻基层负担，让基层扶贫干部心无旁骛投入到脱贫攻坚工作中去。

严惩发生在群众身边的腐败和作风问题。坚持把惩治涉黑涉恶腐败和“保护伞”作为重大政治

① “七个有之”：搞任人唯亲、排除异己的有之，搞团团伙伙、拉帮结派的有之，搞匿名诬告、制造谣言的有之，搞收买人心、拉动选票的有之，搞封官许愿、弹冠相庆的有之，搞自行其是、阳奉阴违的有之，搞尾大不掉、妄议中央的有之。

任务，作为落实“两个维护”的实际行动，立足职责定位，坚决把“打伞破网”政治责任牢牢扛在肩上。要深化扫黑除恶打非治乱专项斗争成果，坚持把扫黑除恶专项斗争与反分裂斗争结合起来，与惩治基层腐败结合起来，确保各项部署和措施落到实处。要加大政法部门之间的沟通联系，及时梳理问题线索，紧盯重点行业重点部位，加大监督执纪力度，对上级纪委监委交办的问题线索要集中力量优先处置。严格执行与政法机关双向移送和查办案件结果反馈工作机制，坚持有伞打伞、无伞追责，健全完善长效机制。要履行好牵头抓总职责，聚焦教育医疗、环境保护、就业社保等民生领域，紧盯各类民生专项资金，会同相关职能部门深入开展损害群众利益问题集中整治。要继续加强村务监督委员会成员培训工作，继续做好县乡纪检监察干部赴市纪委各科（室）跟班培训工作，提升监督能力和水平，有效发挥乡（镇）纪委（监察室）的作用，加强对群众身边党员和公职人员的监督。

（三）持之以恒纠治“四风”，巩固拓展作风建设成果

标准不降、力度不减，坚决防止反弹回潮。要发扬钉钉子精神，一锤接着一锤敲，一个节点一个节点坚守，一个问题一个问题解决，不松劲、不停步、再出发，一刻不停歇地推动作风建设向纵深发展。要坚持日常监督与专项督查相结合，严肃查处违规吃喝、违规收送礼品礼金、违规操办婚丧喜庆事宜等老问题，对不吃公款吃老板、私车公养、收送电子红包、“错峰送礼”等隐性变异问题，要露头就打，从严从重处理。要坚持教育提醒、强化监督和追责问责多管齐下，督促党委（党组）加强作风建设，督促党员领导干部特别是“一把手”做到言传身教、敢管严管，锲而不舍纠治“四风”。要牢固树立过紧日子的思想，对没有按照要求压缩“三公经费”和一般性支出的坚决纠正，严肃问责。要继续巩固公车“二维码识别”管理成效，对恶意涂抹、不按规定粘贴的严肃追责问责。要坚持严字当头，突出问题导向，以严明的纪律筑牢纠治“四风”坚固“后墙”，把整治形式主义、官僚主义纳入巡察、监督检查、审查调查等工作重点，严肃查处漠视和损害群众利益等问题。要坚持走群众路线，从访谈和调研中掌握民意、了解干部作风动向，用加强基层党组织建设、正面激励与反面教育相结合等举措去发现和解决形式主义官僚主义问题。对隐形变异问题要密切关注、及时甄别，对典型问题要深入分析、通报曝光，做到标准不降、力度不减，坚决防止反弹回潮。

坚决整治形式主义、官僚主义突出问题，巩固拓展作风建设新成效。加强与相关职能部门协同联动，开展专项督导，重点对各级党组织和党员干部在一体推进维护稳定、环境保护、风险化解、扶贫民生、扫黑除恶、疫情防控中存在的形式主义、官僚主义问题，在落实总目标打折扣、搞变通、弄棚架，传达贯彻敷衍塞责、照本宣科、跑冒滴漏，抓工作不愿吃苦出力、办事拖沓、情况若明若暗，干事业不担当、不作为、慢作为、乱作为甚至假作为，脱离实际、脱离群众、侵害群众利益等形式主义、官僚主义集中问题，要抓住贯彻落实党中央决策部署只表态不落实、维护群众利益不担当不作为等典型问题严肃问责，以重点问题的突破带动作风问题整体向好。巩固拓展作风建设新成效，扎实制度的笼子，形成严密的作风建设的制度体系，使“四风”无缝可钻。从细微之处抓起，抓小抓早，规制防范各种领域、各个环节的“四风”问题。化风成俗，让清风正气成为常态。

（四）坚守职责定位，发挥专责机关职能作用

紧盯监督重点对象。要牢牢守住“监督的再监督”定位，处理好监督全覆盖与监督“关键少数”的关系，紧盯“关键少数”、关键岗位严格监督。要重点加强对下级党委班子成员特别是“一把手”的监督，严格落实定期向上级纪委监委报告党委（党组）班子及其成员做到“两个维护”、履行主体责任、执行中央八项规定精神、落实民主集中制、廉洁从政从业等情况的制度，做到靠前监督、精准监督。把讲政治放在首位，加强对政治生态环境的执纪监督，要规范管理问题线索，结合政治生态情况精准处置问题线索。

做深做实日常监督。要精准有力、规范有序开展问责工作，督促党委（党组）加强对问责工作的领导，强化各类问责主体责任担当，坚持以事实为依据精准问责、以纪法为准绳严肃问责、以容错为原则慎重问责。要以“四个意识”为统领，整合监督力量，持续深化“三转”，聚焦主责主业，突出履职重点，不断拓展监督执纪问责新成效。要精准运用“四种形态”，严格落实“三个区分开来”①，用好谈话函询、检查抽查、提出纪检监察建议、畅通信访举报渠道、督促巡察整改等方式，严格规范工作程序，区分不同情况，准确运用党的政策策略，激励党员干部担当尽责、遵规守纪。严把“党风廉政意见回复”关，及时核查掌握的反映问题线索，实事求是评价廉洁情况。有效整合利用各类监督资源，形成工作合力，达到事半功倍的效果。要改进纪检监察建议工作，完善干部廉政档案，规范管理使用。要不断推动监督向基层延伸，着力构建无缝监督闭环，打通权力监督“最后一公里”。

要抓住深入推进全面从严治党这个主题主线，强化政治责任感和历史使命感，适应新形势，找准新定位，把握新标准，把责任压肩上扛起来。要规范监督检查工作，强化监督检查前的政策解读和纪律教育，提升发现问题、定性问题的能力和水平。要做好纪律监督、监察监督、巡察监督协同贯通，统筹发挥三者协同作用。

（五）聚焦发现问题和整改落实关键，不断提升政治巡察实效

持续深化政治巡察。要坚守政治巡察定位，紧扣督促做到“两个维护”根本任务，紧紧扭住巡察整改主体责任“牛鼻子”，抓牢领导干部这个“关键少数”，紧盯被巡察党组织领导班子和“关键少数”，善于从业务看政治、从问题看责任，充分发挥政治监督作用。完善纪检监察机关、巡察机构信息互通、工作互动、成果共享机制，加大巡察政治体检、未巡先改、立巡立改力度。要坚持有形覆盖和有效覆盖相统一，科学谋划巡察工作安排，确保如期完成巡察全覆盖任务。要通过巡察推进各项事业持续健康发展，为决胜高水平全面建成小康社会、“十三五”规划圆满收官、不断开创措美建设新局面提供坚强政治保证。

更加注重提升巡察质量。要着力推进巡察工作高质量发展，在确保完成巡察“全覆盖”任务的

---

①“三个区分开来”：把干部在推进改革中因缺乏经验、先行先试出现的失误和错误，同明知故犯的违纪违法行为区分开来；把上级尚无明确限制的探索性试验中的失误和错误，同上级明令禁止后依然我行我素的违纪违法行为区分开来；把为推动发展的无意过失，同为谋取私利的违纪违法行为区分开来，保护那些作风正派又敢为、锐意进取的干部。

同时，更加注重提升巡察质量，进一步凸显问题导向，深入挖掘本质问题、根源问题。坚持站在政治的高度发现、分析、提炼问题，发挥政治“显微镜”和“探照灯”作用，持续提升监督成效。突出问题导向，发现并推动解决涉及扶贫、民生等领域突出问题，增强群众获得感。注重加强巡察干部能力建设，认真履行好县委赋予的光荣使命，确保权力不被滥用、利剑永不蒙尘。

做好巡察“后半篇文章”。纪检监察机关要把督促整改作为日常监督的重要抓手，精准处置巡察移交的问题线索。要立足职能职责，加强对巡察整改全过程各环节监督，着力纠治整改工作中的虚假整改、敷衍整改等形式主义、官僚主义问题。结合督查情况和整改要求，压实主体责任，推动形成整体合力，确保整改责任落实到位，确保巡察反馈问题条条改到位、事事有回应、件件有落实。组织部门要把督促整改与选人用人日常工作有机结合起来，把巡察结果作为干部考核评价、选拔任用的重要依据。对普遍性、倾向性问题，要加强综合分析，形成专题报告，为全面深化改革提供问题导向参考，堵塞机制和制度漏洞，切实发挥巡察标本兼治战略作用。

（六）坚持“三不”②一体推进，坚决维护风清气正的政治生态

持续强化不敢腐的震慑。绝不放松惩治，让利剑高悬、震慑常在，营造不敢腐的氛围。坚持无禁区、全覆盖、零容忍，坚持重遏制、强高压、长震慑，增强防范意识，提高治理腐败效能，始终保持正风反腐高压态势。整合县乡两级纪检监察机关和反腐败协调小组成员单位力量，集中精力减存量、遏增量。要聚焦权力集中、资金密集、资源富集的部门、行业和领域，紧盯国家资源和国有资产管理、工程建设、政府采购、政府投资等关键领域，严肃查处靠企吃企、设租寻租、利益输送、内外勾结侵吞国有资产等问题；加强对减税降费、寺管会工作等的持续监督；对党的十八大以来不收敛不收手，严重阻碍党的路线方针政策贯彻执行、严重损害党的执政根基，成为全面从严治党障碍的腐败问题从严查处、严加惩治，对主动投案者依规依纪依法从宽处理，对巨额行贿、多次行贿的严肃处置，坚决斩断“围猎”和甘于被“围猎”的利益链，坚决破除权钱交易的“关系网”。要加强和改进审查调查工作，深化与执法司法机关的协作配合，推动形成反腐败整体合力。

持续扎牢不能腐的笼子。把权力关进制度笼子，让腐败者无处遁形、欲腐败者无机可乘，营造风清气正的良好政治生态。要紧紧盯住党员领导干部，对“只挂帅不出征”、班子成员“一岗双责”有名无实、管党治党责任虚化空转层层递减等问题，要破解重制定轻执行的现象，维护法规制度的严肃性和权威性。要深化以案促改成效，督促相关党委（党组）查漏补缺、以案为鉴、以案促改，健全规章制度，强化制度执行，把制度笼子扎得更加严密有效。

持续增强不想腐的自觉。厚植不想腐的土壤，让不想腐在党员干部心中扎下根，增强不想腐的自觉，筑牢不想腐的堤坝。要突出廉政教育的广度、深度和功效，全面加强信仰教育、法纪教育、文化教育、家风教育和道德教育，坚持审查调查到哪里、警示教育就跟进到哪里，让教育充分体现不敢

①“三不”：不敢腐、不能腐、不想腐。

腐的震慑和不想腐的约束。做实党员干部的警示教育，用更多的身边事教育身边的人。要加强对运用“四种形态”的宣传力度，释放主动交代、主动投案就有出路，对抗组织就要严惩的强烈信号。要继续跟进受处分党员干部的思想教育工作，会同或督促相关党组织有针对性地开展思想教育、激励帮扶等工作，对影响期满真心悔过、表现良好、符合提拔使用条件的，该使用的要继续使用。及时为举报失实的干部澄清正名。

（七）坚持打铁必须自身硬，努力建设高素质专业化纪检监察干部队伍

巩固拓展主题教育成果，不断强化政治建设。纪委常委会要把深入学习习近平新时代中国特色社会主义思想摆在首位，坚持理论学习制度，持续抓好理论武装。要认真落实管党治党主体责任，班子成员履行好“一岗双责”责任。切实加强机关党组织建设，推动机关党建规范化建设，带出忠诚、干净、担当的纪检监察干部队伍。纪检监察干部要带头做表率，始终坚持不忘初心、牢记使命，筑牢对党绝对忠诚的政治品质，始终保持奋斗精神和革命精神。自觉对照先进典型和反面典型“两面镜子”，补足理想信念之钙，筑牢对党忠诚之魂。要把做到“两个维护”作为根本任务，聚焦习近平总书记重要指示批示精神和党中央重大决策部署贯彻落实情况，强化政治监督，严明政治纪律和政治规矩，增强“四个意识”，坚定“四个自信”，坚决做到“两个维护”，自觉忠诚于党，做党和人民的忠诚卫士。

巩固拓展主题教育成果，强化能力提升。补短板、建机制、强能力。依托上级纪委监委，加大干部培训力度，加强跟案锻炼，深化跟班学习成果，安排参加各级培训人员交流学习培训体会，教育培训成果共享，并将成果转化运用到实践、实战中去。坚持每季度业务知识一测评制度，以考促学，强化学习意识，提升能力水平。发挥业务骨干作用，加大帮带力度，培养一批县乡纪检监察业务能手，全面提升纪检监察干部的能力素质。

巩固拓展主题教育成果，做到严管厚爱。要严格落实“三为主一报告”①制度，强化对乡（镇）纪委（派出监察室）的直接领导和统一管理。不断健全完善纪检监察、巡察干部廉政资料，全面梳理岗位风险点。坚持刀刃向内，自觉接受各方面的监督，习惯在监督下开展工作，坚决防止“灯下黑”。通过警示教育等措施，筑牢纪检监察干部拒腐防变思想防线，发挥典型案例的反面教材作用，为纪检监察干部敲响警钟。要加大干部培养管理和使用力度，注重综合型专业化人才培养。继续加大对内轮岗交流，争取对外交流。

---

①“三为主一报告”：查办腐败案件以上级纪委领导为主；纪委书记、副书记、纪检监察组长的提名和考察以上级纪委会同组织部门为主；下级纪委日常履职情况的考核以上级纪委为主；线索处置和案件查办在向同级党委报告的同时必须向上级纪委报告。

措美县人民检察院工作报告

——在措美县第十二届人民代表大会第五次会议上

（2020 年 1 月 15 日）

措美县人民检察院检察长　洛桑

2019 年主要工作

2019 年，措美县人民检察院在县委和山南市人民检察院的坚强领导下，在县人大及其常委会的有力监督下，在县政府大力支持下，政协的民主监督和社会各界的关心支持下，坚持以习近平新时代中国特色社会主义思想为指导，认真学习贯彻落实党的十九大、十九届二中、三中、四中全会精神，紧密联系中国特色社会主义新时代检察工作，站在新的历史起点上这个最大实际，紧紧围绕服务保障措美长治久安和长足发展的目标任务，认真落实习近平总书记关于对政法工作的重要指示、全国检察长会议、全区分市院检察长座谈会以及区市县三级政法维稳会议精神，在忠实履行宪法法律赋予的职责中体现新担当、展现新作为，推动新时代检察事业发展取得新的进步。

一、围绕政治强检工作，补好精神之钙

院党组始终把政治建检摆在首位，坚决维护习近平总书记的核心地位，始终在思想上政治上行动上同以习近平同志为核心的党中央保持高度一致，确保检察工作的正确政治方向。新一届党组每次会议的第一项议程，都是传达学习习近平总书记系列重要讲话精神，这已经成为制度化安排，以此来不断引导全体干警牢牢把握人民检察院是党和人民“刀把子”的政治属性，自觉把忠诚于党、忠诚于核心放在第一位，做到思想上同心同德、政治上高度统一。坚持党对检察工作的绝对领导，严格执行重大事项请示报告制度。2019 年共向县委、人大请示报告 5 次，党组暨党支部开展“不忘初心、牢记使命”专题研讨会 8 次，理论中心组学习会议 13 次，专题民主生活会 2 次，整改查摆问题 11 条，整改 11 条，院党组成员讲党课 9 次，检察官微讲堂讲课 3 次。既正确把握检察工作发展在新时代向更高形态演进的趋势性特征，又准确把握新时代检察工作发展在西藏的地方性和阶段性需求，牢牢把握检察工作是政治性极强的业务工作，也是业务性极强的政治工作，坚持把讲政治与抓业务统一起来，把思想行动统一到县委和市检察院的要求上来，切实增强“四个意识”，坚定“四个自信”，坚决做到“两个维护”，确保措美检察工作正确的政治方向。

二、围绕监督主责主业，助推均衡发展

紧紧围绕检察机关宪法定位严惩各类影响人民群众获得感幸福感安全感的犯罪，扎实推进检察工作向法律监督聚焦、重心向法律监督对标、力量向法律监督倾斜，抓重点、补短板、固底板，努力开创检察监督新局面。

一是抓住影响社会稳定的突出问题，依法严惩各类刑事犯罪。我院公诉部门受理公安机关移送审查起诉的故意伤害、交通肇事等案件 4 件 4 人，依法起诉 4 件 4 人，县人民法院采纳我院的量刑建议和有罪判决率均达到 100%。

二是加强刑事立案监督和侦查活动监督。通过

不定期走访公安机关及四个乡镇派出所，查阅案件台账和案卷材料等方式，及时准确了解案情和处理情况，对有案不立、立而不侦或者不应当立案而立案等进行监督，共办理立案监督案件1件。加强侦查活动监督，对侦查活动违法情形发出纠正违法通知书1份，同比持平；发出检察建议1份，同比持平。对证据不足的退回补充侦查1件次。抽查四个公安派出所治安卷宗8册，对存在的违法情形发出纠正违法通知书1份，发出检察建议1份。

三是加强刑事诉讼监督。对同级人民法院的庭审活动提出口头纠正建议3次，提出量刑建议4件，人民法院采纳率100%。

四是加强民事行政检察工作。审查同级人民法院生效裁判文书37份。审查财产刑案件5件。对发现的轻微瑕疵问题提出口头建议2次。2月18日院党组书记、检察长依法列席县人民法院2019年第1次审判委员会，就一起民事合同纠纷案件的事实认定、证据采信、法律适用及案结事了等方面提出了意见建议，供审委会参考，为案件审理提供了新的切入点和思考角度，这也是措美县人民检察院建院以来检察长首次列席县人民法院审判委员会会议。

五是加强刑事执行监督。加强对辖区刑事执行案件的监督检察，采取定期与不定期的监督检察方式，深入服刑人员所在地和司法机关，通过查阅登记台账，走访村民等方式，全面了解掌握服刑人员的思想动态和行踪迹象，有效预防了脱管、漏管问题的发生。

六是扎实开展公益诉讼，当好公共利益的“守护人”。认真贯彻践行习近平总书记生态文明思想和“绿水青山就是金山银山、冰天雪地也是金山银山”的重要论断，牢固树立双赢多赢共赢检察监督理念，进一步强化对严重侵害公益行为的监督，发挥检察职能，加大公益诉讼案件办理力度，依法保护国家利益和社会公共利益，推进法治政府建设。2019年共收集公益诉讼案件线索13件，食药、环境资源保护和城市建设领域立案10件，同比上升100%，向相关行政执法部门发出诉前检察建议10件，同比上升100%，结案率100%。相关行政机关根据诉前检察建议限期整改率达到100%。

三、围绕平安措美建设，服从服务大局

一是全力以赴维护社会稳定。我院始终把维护稳定作为压倒一切的首要政治任务，积极参与巡逻联防、矛盾联调等各项维稳中心工作，有效防控社会稳定风险。全年共投入警力参加值班备勤、巡逻防控等130余人次，选派干警参加驻乡蹲点、加气站、加油站、驻村点等维稳工作10人次，出动车辆60余车次，投入维稳资金11.5万余元。

二是强化涉检信访工作。我院始终把涉法涉诉信访工作摆在重要的位置，充分利用12309检察服务中心以及检察长接待日的作用，及时接待群众的咨询和信访。按照“最大限度地增加和谐因素、最大限度地减少不和谐因素”要求，强化矛盾纠纷源头预防化解，实现矛盾纠纷不上交、信访隐患发现早、处理及时。全年共受理来信来访3件，开展矛盾纠纷排查12次。

三是扎实开展扫黑除恶专项行动。严格按照区市县三级关于扫黑除恶专项行动工作要求，派出专人、投身县专项行动办，开展法律宣传、线索摸排、证据固定、依法打击等各项工作，确保专项行动取得实效。组织专人深入辖区监外执行人员所在地，开展涉黑涉恶调研，通过摸排线索、法律宣传，到目前为止，未发现涉黑涉恶问题线索。审查县扫黑办已办结案件材料13份，在监督审查中发现的问题反馈专门的问题清单，县扫黑办进行积极整改。

四是坚持司法为民情怀。完善法律咨询、诉讼指导等便民服务机制，深入开展“谁执法谁普法”活动，引导各族群众以法治思维、法治方式解决纠纷，共开展法制宣传活动15场次，发放宣传资料2800余份、受教育群众达8000余人次。通过举办“携手关爱，共护明天”主体开放日活动等形式，邀请人大代表、政协委员、团县委、县妇联、县教体局及各学校负责人、学生及家长代表共商未成年人保护大计，深入推进“一号检察建议”在措美县的有效落实。同时，充分发挥法制副校长作用，开展送法“进校园”活动。在学校师生中开展了新宪法宣讲和一些与师生息息相关的法制道德课和宣传活动，进一步提升了师生的学法懂法守法用法意识。我院四名员额检察官分别担任县中学和三所乡镇完小法制副校长，铺盖率达到措美县中小学的80%。全年共授课12节，宣传6场次，受教育师生1300余人次。

四、围绕司法体制改革，推动阳光检务

把司法体制改革和智慧检察院建设作为推动检察院监督能力和监督体系现代化的“两轮”，牢牢抓住司法责任制这个“牛鼻子”，积极争取党委、政府的支持，全面推进各项改革措施的落实，加快理顺检察人员分类管理、落实工资套改、完善司法责任制、健全司法人员职业保障。一是2019年1月份，我院起草并会同县委政法委、县公安局、县人民法院和县司法局在全自治区率先出台了《关于办理速裁程序刑事案件实施办法（试行）》，为落实认罪认罚从宽制度，深入推进和规范速裁程序办理刑事案件奠定了扎实的基础。二是严格落实案管系统随机轮流分案制度，确保入额检察官始终在办案一线。三是在智慧检察院建设中，积极推进信息化建设与检察工作进一步融合互促，案件录入全面实施，讯问同录有力推动，司法公开步入新阶段。网上立案、网上办案、电子卷宗等智能服务逐步完善，有力推进了检察监督体系和监督能力现代化。2019年，我院“两微一端”共发布各类信息220份，被区市两级检察媒体和其他网络媒体转发采用32条。新媒体粉丝数量达到230余人、阅读量达到19072人次。

五、围绕基层基础建设，规范司法行为

牢记初心，抓作风。扎实推进“两学一做”学习教育常态化制度化，深入开展“不忘初心、牢记使命”主题教育活动，进一步规范党内政治生活，严肃党的政治纪律和政治规矩。切实履行全面从严治党主体责任和监督责任，不断深化司法纪律和司法廉洁教育。加强党风廉政建设，严格执行中央八项规定精神，转变司法作风，坚持强制度、强管理、强监督的原则，从检务监督、工作监督、生活监督等方面加强对干警的教育和警醒，使干警经得起诱惑、守得住底线。今年先后派出28人次，到3个村（社区）开展脱贫攻坚工作，干警结对认亲7户，捐助资金1.7万余元。结合初心教育办实事活动，全院干警捐款8000余元为全县四所学校24名特困生购买过冬的衣服、裤子和鞋子。2019年8月份，受湖北省人民检察院邀请，院党组选派党组副书记、副检察长达娃同志赴湖北省参加省检察系统“不忘初心、牢记使命”主题教育西藏检察机关先进事迹报告会，得到了内地检察系统的高度评价和充分肯定。

规范司法，树公信。从健全司法行为规范、改进司法管服务、推进检务公开、加强检察队伍建设等方面入手，持续开展规范司法行为活动。扎实开展案件质量评查工作，对全院2019年所办结的所有诉讼文书进行了评查。进一步完善办理案件廉政监督机制，从立案、审查起诉、执行等工作环节实现

全程廉政监督，共发放廉政监督卡 7 份，未发现干警在执法办案中存在违法违纪问题。始终秉持监督就是支持，监督就是爱护的工作理念，加强代表、委员联络工作，不断加强与人大代表、政协委员及社会各界联系，适时邀请人大代表、政协委员视察工作、参与执法监督。2019 年共邀请人大代表、政协委员视察检察院工作 3 次，提供检察工作参阅资料 12 份。走访人大代表、政协委员 6 人次，向县人大汇报工作 5 次。

提升能力，强素质。坚持教育培训工作不松懈，积极创新干警培训方式，提高学习教育质量，提升检察监督能力。2019 年全院干警参加培训班、远程视频培训、跟班学习等各类培训共 67 人次，进一步提高了检察官运用法律做群众工作的能力、驾驭公诉的能力和司法文书的写作能力。

加大投入，强基础。以夯实基层、打牢基础，着力提高检察院保障能力为目标，按照高起点规划、高水平设计、高标准建设的要求，不断加大物质装备建设。在县委、县政府及上级业务部门的大力支持下，今年为各科室局配备了空调、制氧机等设备，为干警创造了一个良好的工作、学习生活环境。

各位代表：2019 年，县检察院工作取得了一些新进展、新成绩，成绩的取得与县委的领导，县人大及其常委会的监督，县政府的大力支持，政协民主的监督以及社会各界和广大人民群众的关心支持是密不可分的。在此，我代表县检察院向关心支持检察工作的各位代表、社会各界人士表示衷心的感谢！

在看到成绩的同时，我们也清醒地认识到，我院工作与上级要求还存在一些不足和困难：一是法律监督职能拓展不够充分，在依职权主动发现案件线索方面还有很大的提升空间；二是检察业务全要素发展不均衡，创造性地开展检察工作的能力和水平有待提高；三是队伍的整体素质与新时期检察工作要求还不相适应，专家型、业务型人才不多；四是科技强检意识不强，办公自动化和办公软件推广工作仍有差距。针对这些问题，我们将坚持不回避、不遮掩，紧紧依靠县委和上级院的坚强领导，政府大力支持，多点发力，采取有效措施，切实加以解决。

2020 年工作安排

2020 年是全面建成小康社会和“十三五”规划的收官之年、全面贯彻党的十九届四中全会精神的开局之年、扫黑除恶专项斗争决胜之年、市域社会治理现代化的起步之年，做好今年的检察工作具有重大而特殊的意义。我们将持续深入贯彻落实习近平新时代中国特色社会主义思想，在县委、市检察院的坚强领导和县政府的大力支持及县人大常委会的有力监督下，深入学思践行习近平新时代中国特色社会主义思想，坚持目标导向和问题导向相统一，聚集检察机关的使命任务持续发力，为推进措美长足发展和长治久安创造安全的政治环境、稳定的社会环境、公正的法治环境、优质的服务环境。

一、坚持党的绝对领导，扎实推进党的政治建设

把习近平新时代中国特色社会主义思想作为我院必须长期坚持的指导思想，深刻领会思想实质和丰富内涵，切实武装头脑、指导实践、推动工作，增强“四个意识”，坚定“四个自信”，提高讲政治、顾大局、谋全局、把方向的能力。深入贯彻落实全区检察机关政治建设的部署和县委的决策，推进我院党的政治建设迈上新台阶。

二、坚持服务社会大局，扎实推进检察业务均衡发展

着力推进依职权主动监督，深刻领会自治区检察院党组“以监督案源线索的主动发现为突破口，推进检察监督职能平衡充分全面履行”的工作思路。坚持在办案中监督、监督中办案，强化新时代法律监督，充分发挥侦查监督、立案监督、诉讼监督、民事行政检察、公益诉讼等职能作用，锐意改革，主动作为，构建统筹协调的法律监督新格局。自觉聚焦大局、服务大局，发挥检察职能作用，推动检察工作有序开展。深入推进扫黑除恶专项斗争，旗帜鲜明、措施有力，依法从严惩处黑恶势力及其保护伞，为群众主张权利、维护正义、提升安全感提高坚强的司法保障。

三、坚持深化改革创新，扎实推进司法责任制改革

落实检察官办案责任制，完善司法办案责任体系，构建公正高效的检察权运行机制和司法责任认定、追究机制。严格落实由案管系统轮流分案制度，入额院领导不仅要在直接办案数量方面达到规定要求，而且还要带头办理疑难、复杂案件，带头出庭支持公诉。落实检察长列席同级审判委员会会议制度。加强员额检察官管理，探索建立科学、完备、务实的分类人员绩效考核体系，激励全体检察人员干事创业的内生动力。

四、坚持“五个过硬”标准，扎实推进检察队伍建设

坚持以政治建设为统领，坚定不移落实新时代党的建设总要求。主动接受人大及其常委会的监督，主动向人大常委会报告工作，主动加强与人大代表的联络，完成好人大常委会专题监督事项。坚持严管和厚爱结合，激励与约束并重，坚持问题导向，抓住问题症结，拿出务实举措，树立选人用人风向标，充分调动和激发全体干警干事创业的积极性、主动性和创造性，努力建设一支信念过硬、政治过硬、责任过硬、能力过硬、作风过硬，人民群众满意的新时代检察队伍。深入开展政治纪律教育活动，着力提高政治站位，坚定政治信念，严明政治规矩，严守政治纪律，全面形成从严治党、从严治检的思想自觉和政治自觉。

措美县人民法院工作报告

——在措美县第十二届人民代表大会第五次会议上

（2020 年 1 月 15 日）

措美县人民法院党组书记、院长　桑珠次仁

2019 年主要工作

过去一年，措美县人民法院在县委坚强领导、县人大有力监督、上级法院正确指导和政府、政协及社会各界大力支持下，坚持以习近平新时代中国特色社会主义思想为指导，深入贯彻党的十九大和十九届二中、三中、四中全会精神，贯彻落实中央第六次西藏工作座谈会精神，贯彻落实习近平总书记治边稳藏重要论述和全面依法治国新理念新思想新战略，以为庆祝新中国成立 70 周年和西藏民主改革 60 周年营造良好法治环境为己任，以“不忘初心、牢记使命”主题教育为抓手，紧紧围绕区党委、市委、县委决策部署，紧扣“努力让人民群众在每一个司法案件中感受到公平正义”为目标，认真履行审判职能，稳妥推进司法改革，大力深化司法公开，努力维护社会公平正义，为全县经济社会发展提供了强有力的司法保障。

一年来，我院共审理案件 41 件，新收案件 35 件（旧存 6 件），其中民事案件 23 件（旧存 4 件），刑事案件 5 件（旧存 1 件），执行案件 13 件（旧存 1 件），已结案件 38 件，未结案件 3 件，案件结案率为 92.6%，申请执行标的额为 259 万元，实际到位执行标的额为 100 万元。

一、坚持“两个维护”最高政治原则毫不动摇，确保正确政治方向

坚持党的绝对领导不动摇。教育引导广大干警增强“四个意识”、坚定“四个自信”、做到“两个维护”。严格执行《中国共产党政法工作条例》，主动向各级党委、政法委请示，报告重点工作、重大事项、重要案件，确保党中央、区党委、市委、县委各项决策部署在人民法院得到不折不扣执行。坚持学习贯彻新思想不放松。把习近平新时代中国特色社会主义思想作为人民法院工作的理论指引和根本遵循，组织党组会、理论中心组学习会、主题党课等活动 32 次，充分利用线上线下资源，推进学习贯彻往深里走、往心里走、往实里走，使之成为推动司法审判工作发展的强大思想武器。坚持中国特色社会主义法治道路不偏离。增强斗争精神，旗帜鲜明与任何削弱、歪曲、否定党的领导和中国特色社会主义制度的错误言行做斗争，正确处理坚持党的绝对领导与依法独立公正行使审判权的关系，坚决防范西方“宪政民主”“三权鼎立”等错误思潮，切实维护司法领域意识形态安全。坚持不忘初心、牢记使命不懈怠。聚焦主题主线，牢牢把握总要求、目标任务，把“做合格党员、当先锋模范”教育实践活动融入其中，把学习教育、调查研究、检视问题、整改落实贯穿全过程，通过开展主题党日活动、观看红色影片及新中国成立 70 周年展览、院长讲党课、组织干警积极参加措美县和全市法院喜迎新中国成立 70 周年大庆合唱比赛和文艺汇演等活动，大大调动了主题教育的学习积极性，传达了法院干警“不忘初心跟党走牢记使命铸法魂”坚定决心，同时积极培育和践行政法干警核心价值观，

传承和弘扬“尊老爱老”这一中华民族优良传统。全年，我院组织干警深入到当许社区索珠老人家和哲古社区贫困人员家庭开展慰问残疾人员志愿服务活动，帮助哲古社区残疾人员办理残疾证，并为该户捐款1700元，让贫困户感受到社会大家庭的关爱与温暖。活动开展以来，我院共组织专题研讨9次、观看教育影片8次、组织学习16次，参观学习3次，同时组织两名法官深入到四个乡镇以召开座谈会、问卷调查、资料查阅、入户访谈、实地考察、个别谈话等方式开展了6次调研活动，共组织召开座谈会7次，谈话人员40余次，发放调查问卷16次，对各乡镇脱贫攻坚、乡村振兴、扫黑除恶、维护稳定、基层党组织建设等情况开展深入调研并形成调研报告4篇。通过活动，努力把主题教育成果转化为牢记司法为民初心、践行公正司法使命的实际行动。

二、坚持贯彻总体国家安全观毫不动摇，坚决维护社会大局和谐稳定

深化反分裂斗争。紧扣西藏特殊矛盾，牢牢把握着眼点和着力点，围绕确保新中国成立70周年和西藏民主改革60周年安全稳定总目标，坚持稳定压倒一切，依法打击渗透颠覆破坏、民族分裂等危害国家安全犯罪，坚决捍卫以政权安全、制度安全为核心的国家政治安全。深入推进扫黑除恶打非治乱专项斗争。近年来，我院把开展扫黑除恶打非治乱专项斗争作为一项重要的政治任务，成立了以党组书记为组长的领导小组，办公室、专业化办案团队，并制定宣传实施方案，安排专人负责，不断提高政治站位，突出体现法院在审理涉黑涉恶案件中作用，同时积极配合我县扫黑除恶打非治乱专项斗争活动，选派一名干警在县扫黑办开展工作。上半年以来我院共召开专题会议五次，制作工作台账六个，开展扫黑除恶专项斗争政策、法律、司法解释等学习9次，应知应会测试2次，开展扫黑除恶法制宣传14次，并联合县扫黑办、县公安局深入各乡镇（村居）认真开展扫黑除恶线索摸排工作，同时对2017年以来受理的刑事、民事和执行案件79件逐个进行线索摸排，经摸排未发现涉黑涉恶案件线索。保持打击刑事犯罪高压态势。充分发挥刑事审判惩治、震慑、预防、教育功能，审结刑事案件5件；坚持宽严相济刑事政策，严惩故意伤害、交通肇事、贪污等犯罪案件5件5人，依法保障人民群众生命财产安全、净化社会环境。主动参与社会治安综合治理。坚持和发扬新时代“枫桥经验”，全力做好维稳中心任务，共出动干警10余人，车辆100台次，投入经费27万余元，努力营造和谐稳定社会环境，并通过公开庭审、巡回审判、以案释法、案例宣讲等方式，开展法律进校园、乡镇、村（社区）、寺庙等宣传共40余次，解答群众咨询400余人次，投入宣传警力10余人次，发放自编法律宣传手册和宣传图1500册，受教育群众达13000人，促进爱国主义教育、社会主义教育、反分裂斗争教育和新旧西藏对比教育不断深化，“团结稳定是福、分裂动乱是祸”深入人心，筑牢“我要稳定”的思想基础。一年来，我院荣获了全区维护妇女儿童权益先进集体奖和县民族团结进步模范集体奖，充分体现了党和政府对我院工作的充分肯定，也充分说明我院在维护妇女儿童权益和民族结进步工作方面取得了突出成绩，我院继续将以荣誉为新的起点，不忘初心砥砺前行。

三、坚持贯彻新发展理念毫不动摇，促进县域经济腾飞

积极为县域经济发展服务。始终把工作放在县委、县政府工作大局中进行谋划，围绕县委、县政

府工作部署，全力为我县提供优质的法律服务，妥善化解大量涉及企业纠纷案件，助推县域经济发展。对涉及重大项目建设、重点企业的案件开设绿色通道，全力为重点企业、重点案件营造全方位的诉讼环境。强化帮扶举措，助力脱贫攻坚。我院始终以强化组织保障、物质帮扶、扶志帮扶为举措，加强思想、道德、法律、感恩教育，帮助贫困群众摆脱思想贫困、树立主体意识，并提供最直接帮扶。全年，我院领导干部带头参与脱贫攻坚结对帮扶工作，结对帮扶22户，帮扶资金17800元，实行坚持每季度一走访，深入扶贫第一线，摸清贫困底子，动态了解贫困户家庭情况，精准施策，助推脱贫。

四、坚持全面从严治党从严治院毫不动摇，打造忠诚干净担当的人民法院铁军

突出党的建设。“全面加强政治建警、打造过硬法院队伍”专项教育整顿和突出问题集中整治加强内部管理活动；坚持“抓党建带队伍促审判”，扎实推进标准化建设，提升基层党组织政治功能和组织力，推进党建工作与业务职责相融合。突出素质提升。坚持实战实用实效导向，依托国家法官学院西藏分院教育培训平台，持续开展“两会一堂”“示范庭审”等多形式、分层次、全覆盖的教育培训，注重发挥“法官教法官”“传帮带”作用，参训干警12人次，选派10人次干警参加各类调训，干警法律政策运用、防控风险、群众工作、科技应用能力全面提升，队伍革命化正规化专业化职业化建设不断推进。突出正风肃纪。严格执行中央八项规定及其实施细则精神和最高人民法院、区党委、市委、县委各项铁规禁令，坚决落实“两个责任”“一岗双责”，不作为慢作为乱作为、文山会海等形式主义、官僚主义问题得到有效整治；全年，我院关于政治建警学习共开展了16次，其中廉政教育活动12次，警示教育活动8次。

五、坚持问题导向，落实巡察整改工作取得实效

县委巡察一组为期近2个月对我院工作的全面巡察，提出的3个方面8类问题的意见建议。我院党组高度重视，召开专题研究整改会议，把巡察整改工作作为当前的重要工作，制定了整改方案，细化分解整改事项，坚持班子成员带头提高认识、带头查摆问题、带头分析原因、带头整改落实，将整改工作作为提升我院规范化管理水平的重要契机，有力推进整改落实工作，针对巡察组提出的整改清单，逐条深入查摆存在的问题，深刻剖析问题根源，有针对性地研究提出整改措施，并明确整改任务到人，切实将巡察整改反馈的意见抓紧抓好抓实，把巡察整改工作贯穿我院日常工作主线，取得了一定的实效。

六、坚持以人民为中心毫不动摇，创新司法便民利民措施

致力于强化民生司法保障。牢牢把握出发点和落脚点，切实增强人民群众获得感、幸福感、安全感；全年，依法实行对诉讼费及执行费减免615.5元，让家庭困难的当事人打得起官司，让因被执行人确无财产可供执行导致生活困难的申请执行人得到切实的救助。致力于司法服务更加高效便捷。坚持以法院干警的辛苦指数换取各族群众的幸福指数，贯彻落实最高人民法院两个“一站式”建设的指导意见。全年，我院适用简易、速裁程序审结案件9件，一审民商事案件调撤率达61%。致力于巩固“基本解决执行难”攻坚战成果。认真贯彻落实中央政法委1号文件精神和区人大常委会审议意见，开展“巩固基本解决执行难工作成果”专项行动，保障当事人合法权益的及时兑现，最大限度保障胜诉当事人胜诉权。全年，我院与山南农行措美县支行开通“一案一账户”系统并实体化运行，推动执行案款均通过“一案一账号”实时兑现当事人。

七、坚持自觉接受监督毫不动摇，不断改进法院工作

自觉接受人大、政协监督。邀请人大代表、政协委员列席会议、视察座谈、旁听庭审、见证执行 11 人次。同时县人大办针对我院司法公开公正提出四个方面问题整改意见，我院党组高度重视，专门召开专题会议研究制定整改措施，确保整改取得实效。扎实推进司法民主。落实人民陪审员法，全年，邀请 12 名人民陪审员参审各类案件，让人民群众参与司法、监督司法的广度和深度进一步拓展。

各位代表，2019 年，我院工作取得的新发展，根本在于以习近平同志为核心的党中央正确领导，根本在于习近平新时代中国特色社会主义思想和总书记治边稳藏重要论述的科学引领，是县委坚强领导、人大有力监督、上级法院正确指导和政府、政协、社会各界支持帮助的结果，是我院干警努力奋斗的结果，也凝结着各级人大代表、政协委员的关心厚爱。在此，我代表县法院表示衷心感谢，并致以崇高敬意！

在看到成绩的同时，我们也清醒地认识到工作中还存在一些不足主要表现在：受理案件不断增多，调解工作难度大，增加法官办案压力，影响办案质量和效率；干警的司法能力和素质与司法责任制的要求仍有一定差距，导致少数案件审判质效还不够高；少数干警群众观念不强，主动服务意识差，审判作风、工作作风有待进一步改进。以上问题，我们将加强应对，深化改革，攻坚克难，认真加以解决。

2020 年工作要点

2020 年，是全面打赢脱贫攻坚战、全面建成小康社会之年，是“十三五”规划收官之年，新形势新任务对人民法院工作提出了新的更高要求。我院将坚持以习近平新时代中国特色社会主义思想为指导，以贯彻落实党的十九届四中全会精神为重点，认真贯彻落实区党委、市委、县委各项决策部署，坚持服务大局、司法为民、公正司法，充分发挥人民法院在国家治理体系和治理能力现代化中的职能作用，切实履行维护国家政治安全、确保社会大局稳定，促进社会公平正义、保障人民安居乐业神圣职责，为措美县长足发展和长治久安提供更加有力的司法保障。

一、坚定不移做到“两个维护”，做实习近平新时代中国特色社会主义思想上取得新成效

坚定制度自信，坚持党的领导、人民当家做主、依法治国有机统一，持之以恒在司法领域促进完善和发展中国特色社会主义制度和国家治理体系；巩固拓展主题教育成果，使“不忘初心、牢记使命”这个党的建设的永恒课题、党员干警的终身课题常抓常新；自觉增强“四个意识”、坚定“四个自信”，做到“两个维护”，把讲政治与讲法律统一起来，把不折不扣执行党中央部署与依法公正行使审判权统一起来，确保司法审判事业始终沿着中国特色社会主义法治道路阔步前行。

二、坚定不移维护社会稳定，推进平安、法治措美建设上再上新水平

树牢风险意识、增强底线思维，扎实贯彻第七次全国刑事审判工作会议精神，坚持把打击黑恶势力犯罪与开展反分裂斗争、反腐败斗争与加强基层组织建设、推进治理体系和治理能力现代化结合起来，坚决铲除分裂、黑恶势力；依法严厉打击危害社会秩序、危害群众生命财产安全的犯罪行为，

维护政治安全、社会安定、人民安宁；贯彻落实习近平总书记全国民族团结进步表彰大会重要讲话精神，大力开展民族团结宣传教育和民族团结进步创建活动，用法治思维和法治方式治理民族事务，铸牢民族团结、社会稳定、国家统一的人心防线。

三、坚定不移围绕维护社会大局，抓好执法办案这一要务

紧紧围绕县委、县政府中心工作抓好审判执行工作，依法严厉打击犯罪，妥善处理民商事纠纷，强化行政审判工作，坚决打赢基本解决“执行难”这场硬仗，不断探索和创新多元化解决纠纷机制，积极参与社会综合治理和平安措美建设，营造良好法治环境。

四、坚定不移强化审判管理，努力实现审判质量与效率的提升

突出审判主业，以全面落实司法责任制为统领，以强化审判管理为抓手，完善员额法官职责，增强庭审驾驭能力、审判节奏掌控能力、实现提升审判效率与审判质量的目标。

五、坚定不移抓好重点工作，推进法院工作再上新台阶

一是坚决打赢“扫黑除恶”专项斗争，充分发挥人民法院惩恶扬善公平正义的职能作用，依法严惩黑恶势力违法犯罪，切实扫除黑恶势力，保障人民安居乐业，维护社会长治久安；二是坚持“一把手”工程，创新执行工作机制，严格按照机制，实现对所有执行案件全覆盖，推进基本解决执行难实现实质性突破，确保如期打赢“基本解决执行难”攻坚战；三是加强政治建警专项教育整顿活动，充分调动干警参与活动的主动性和积极性，凝聚正能量、实现新发展。

六、坚定不移加强党的建设，抓好队伍建设这一根本

继续遵循“抓党建、带队建、促审判”总体思路，贯彻新时代党的建设总要求，以建设适应国家治理体系和治理能力现代化要求的高素质法院队伍为目标加强队伍思想作风建设，加强队伍政治纪律和政治规矩教育，突出抓好廉政建设，落实对违法违纪行为的查处，从严治院，营造风清气正、干事创业的良好氛围。

措美县2019年国民经济和社会发展计划执行情况与2020年国民经济和社会发展计划的报告

——在山南市措美县第十二届人大五次会议上

（2020年1月15日）

山南市措美县发展和改革委员会（经信局、粮储局）

一、2019年国民经济和社会发展计划执行情况

过去的一年，在县委、县政府的正确领导下，在县人大常委会的监督下，全县上下认真贯彻落实自治区党委、政府和山南市委、市政府以及县委、县政府各项决策部署，牢固树立和贯彻落实新发展理念，坚持稳中求进的工作总基调，统筹推进稳增长、调结构、促改革、惠民生等各项工作落实，经济社会持续平稳健康运行。

经初步核算，2019生产总值预计完成6.67亿元，同比增长0.54%；农村人均可支配收入12644.00元，同比增长13.00%；全社会固定资产投资完成11.37亿元，同比下降42.00%；全县社会消费品零售总额完成9650.00万元，同比增长13.80%；一般财政公共预算收入完成3127.00万元，同比增长0.90%；税收收入完成2820.00万元，同比下降31.00%。

（一）农牧业生产水平稳步提升。

做好“三农”[①]工作，就是要切实把改善农牧区生产生活条件，增加农牧民收入作为首要任务。在进一步加大农牧区基础设施建设力度的基础上，抓住脱贫攻坚、乡村振兴的历史机遇，根据措美县实际情况，认真细致地对我县农牧区现状及影响农牧区经济收入的问题进行分析，通过改善交通条件，实现农副产品的广泛流通，通过提高农牧区科技文化水平，转变思想观念，通过加大劳务输出力度，促进农牧区富余劳动力转移。从而改善农牧区生产生活条件，切实做到“发展农村经济、调整农业结构、增加农民收入”。

（1）农业方面：2019年全县农林牧渔业总值达4994.60万元，比上年增长9.8%；全县农作物播种面积达14741亩，同比增长3.78%。油菜籽播种面积1522.20亩，同比下降17.58%；蔬菜播种面积579.3亩，同比下降26.36%；青饲料播种面积999.75亩，同比增长22.86%；粮食总产量达3124.28吨，同比增长2.08%；油菜籽产量209.53吨，同比下降21.34%；蔬菜产量868.8吨，同比下降27.25%。

（2）牧业方面：2019年全县出栏牲畜58054头（只），牲畜死亡总数1157头（只）；全县肉类总产量1753.87吨；家禽肉产量2.25吨，同比下降17.15%；毛类产量166.93吨，同比下降0.44%。

（二）项目建设有序推进。

牢固树立“项目是产业的支撑、投资的载体、发展的引擎”的理念，注重项目规划，严格依法审批，加强项目管理，加强服务协调，以项目促投资、以投资促发展、以建设带就业，全面改善基础

①“三农”：农业、农村、农民。

设施条件，促进互联互通发展，通过抓大项目、谋大发展，促进县域经济转型跨越发展，实现经济社会持续健康发展。

（1）2019 年措美县共实施项目 90 个，全年累计完成投资 11.37 亿元。引进藏源商贸、伯爵酒店 2 个招商引资项目，完成投资 2595 万元，其中 70 个项目已竣工投入使用，投产率达 78%；截至 2019 年 12 底，已录入国家重大建设项目库 190 个项目，总投资达 23.25 亿元，录入西藏投资项目在线审批监管平台项目 275 个，总投资 24 亿元。通过一系列的项目实施，极大地改善了我县基础设施建设，有力地推进了全县经济社会的发展。

（2）扎实开展"十四五"规划项目储备工作、"十四五"援藏规划前期调研工作。根据国家及自治区、山南市的大方针、大走向，措美县"十四五"期间共储备项目 354 个项目，总投资 240.90 亿元，储备"十四五"援藏项目 20 个，总投资 3.5 亿元。

（3）2019 年共整合资金 6721.97 万元，主要用于发展生产、"两不愁三保障"基础设施、生态保护建设、农牧民技能培训 4 个方面。生产发展类使用资金 1834.54 万元，用于拉康电站入资项目 1713.62 万元，卡珠牦牛肉初深加工项目 120.92 万元；"两不愁三保障"基础设施类使用资金 3993.35 万元，用于农村公路提升 722 万元，农村人饮巩固提升项目 1632 万元，江久林安置点、扎扎安置点基础设施项目 560 万元，农牧民动态危房改造工程 20 万元，哲古镇扎杂村易地搬迁集中安置点附属工程 1059.35 万元；生态保护建设资金 832.1 万元；农牧民技能培训资金 61.98 万元。目前支出进度达 94.46%。

2019 年措美县易地扶贫搬迁项目共计 13 个，其中县外搬迁项目 5 个，县内建设项目 8 个，共安置群众 565 户 2133 人，其中建档立卡群众 374 户 1308 人。截至目前，县内 8 个易地搬迁安置点建设项目已完工 6 个，为措美县城集中搬迁安置点、措美县当许社区真巴组安置点建设项目和措美县波嘎村江久林组易地搬迁安置点建设项目等项目；在建项目有扎杂两个搬迁点。

（4）积极推进"电子政务外网建设"和网络保通工作是推进互联网政务服务的基础性工作和支撑性工程。2018 年以来县发改委积极配合山南市经信局的安排部署，认真做好四个乡（镇）及县直各单位协调工作，顺利完成了全县四个乡（镇）及县直各单位的网络保通工作，并于 2019 年 9 月 20 日完成了所有单位的"点到面"建设工作。

（三）顺利完成第六批援藏项目审计和"十三五"项目审计。

（1）市审计局援藏项目审计组 2019 年 6 月 18 日起，对我县第六批援藏项目（计划内）3 家单位 7 个项目进行了审计，援藏审计调查反映问题共有 54 个，截至目前，已整改到位 53 个，正在整改 1 个。

（2）山南市审计局对措美县"十三五"重点项目措美县老人日间照料中心项目、措美县纬四路项目、乃西乡恰杂村和措美镇波嘎村基层政权示范点建设项目、措美县排水防涝项目 5 个项目进行，审计调查发现 6 方面 15 项问题，截至目前已整改到位 13 项，2 项正在整改。

各位代表，我县 2019 年虽然各项工作取得了一些成绩，但是经济发展中还存在一些困难和问题，主要体现在以下几方面：一是经济增长内生动力还不够足。消费升级面临供给瓶颈制约，消费新增长点暂时难以形成足够支撑，消费增长后劲有待增强。二是实体经济发展仍面临困难。制度性交易成本仍然较高，原材料、运输等成本压力较大，融资难融资贵问题仍比较突出，农牧业农牧区基础设施依然薄弱。三是民生领域还有不少短板。脱贫攻坚巩固任务艰巨，巩固提升需长期发力。城乡区域发展和收入分配差距依然较大，中低收入群体增收困难。四是农牧业增速不高，农牧民增收困难。受农牧业基础设施薄弱、抵御自然灾害能力差等因素的影响，农牧业增速不高，不仅直接影响了全县经济快速发展，也是影响农牧民增收的主要原因之一。五是经济结构调整力度有待进一步加大。特色产业技术水平低，优势资源作用未真正发挥出来，协调发展任务艰巨。

二、2020年经济发展总体要求和发展目标

2020年经济运行面临较多压力和困难，全县上下要坚持把项目作为推动经济持续健康发展的关键抓手，抢抓项目建设剩余的黄金时期，全力以赴推进项目建设。

（一）指导思想

认真落实习近平总书记治边稳藏重要战略思想和加强民族团结、建设美丽西藏的重要指示，按照2020年中央、区、市、县四级党委经济工作会议部署，加强党对经济工作的领导，坚持以人民为中心的发展思想，坚持新发展理念，落实高质量发展要求，坚持稳中求进、进中求好工作总基调，补齐全面小康“三农”领域短板，扎实做好稳增长、促改革、调结构、惠民生、防风险各项工作，进一步加快经济发展步伐，推动国民经济快速健康高质量发展和社会和谐稳定。

（二）奋斗目标

今年经济主要预期目标是：全县生产总值完成7.27亿元，同比增长9.0%、全社会固定资产投资完成11.94亿元，同比增长5.0%；一般财政公共预算收入3220.81万元，同比增长3.0%；税收收入达到2900万元，同比增长2.89%；社会消费品零售总额完成1.06亿元，同比增长10.0%；农村居民人均可支配收入完成1.43亿元，同比增长13.0%；招商引资完成固定资产投资8000.0万元。

三、2020年国民经济和社会发展主要措施

（一）积极应对风险挑战，全力保持经济平稳增长。

狠抓重大项目进度。重点抓好扎杂易地搬迁安置点、10千伏及以下中低压配电工程建设项目、乃西35千伏输变电站建设等投资较大项目，加大监督调度，使其早日竣工投入使用。

加大项目申报力度。加大已储备项目摸排力度，对符合入库条件的500万元以上项目逐一梳理，及时申报，早日入库统计，加紧编制完成“十四五”援藏规划和“十四五”规划，力争第七批援藏项目尽早开工，创新受援工作方式，切实增强经济发展内生动力。

加大部门间配合度。进一步加强与项目主管单位、统计部门的协同配合，对工程进度符合拨款条件的项目及时拨付工程款，积极采取措施切实加快资金拨付进度，确保财政资金尽快转化为实物投资，及早发挥效益，同时加大对拖欠农牧民工资不良现象整治力度。

加大招商引资力度。梳理全民抓招商的理念，充分发挥已经出台的招商引资优惠政策作用，依托幸福家园平台，积极与区内外企业开展经贸洽谈，争取更多企业到措美投资兴业。继续紧盯正在洽谈的项目，协调推动项目早日落地、早日开工建设，确保完成2020年招商引资目标任务。

（二）深入实施乡村振兴战略，助力巩固脱贫攻坚成果。

按照市乡村振兴“一年打基础，三年求突破，

五年见成效”的总体部署，完善措美县城乡基础设施建设，持续实施人居环境三年整治行动，切实改善措美县农牧区人居环境。

继续保持“功成不必在我”的崇高境界和“功成必定有我”的实干担当，持续推进脱贫攻坚各项巩固提升工作，严格按照“摘帽不摘责任、摘帽不摘政策、摘帽不摘帮扶、摘帽不摘监管”的四不摘要求，依托资源优势和比较优势，因地制宜施策，继续强化对已脱贫人口帮扶，建立贫困人口预防返贫大数据系统及时、准确监测贫困人口“两不愁、三保障”各项指标，完善商业保险、大病救助等风险防控机制，减少因灾因病因学返贫，坚决打赢脱贫攻坚战，争取我县 2020 年与全国人民一道全面迈入小康社会。

坚持把改善民生、凝聚人心作为全县经济社会发展的出发点和落脚点，将巩固脱贫攻坚成果作为首要任务，补齐脱贫领域短板，继续加大民生投入，完善城乡社会保障体系，促进城乡统筹发展，实现城乡居民收入增长和经济发展同步，努力让全县群众出行、就医、就业、就学、养老、安居等民生保障水平进入全市第一梯队，全面提升基本公共服务平均水平，增强全县农牧民群众的幸福感。

（三）聚焦民生福祉，切实改善农牧民生产生活条件。

积极争取当许棚户区改造工程附属工程、古堆乡帕仓村水土流失综合治理工程等项目早日建成，实施次玛龙村至乃西乡恰杂村公路项目、县城供水功能提升二期建设项目、县城污水处理项目，争取项目资金早日到位，确保重点工程建设的顺利推进，切实改善人民群众的生产生活条件。

在今年“三农”工作中，切实把改善农牧区生产生活条件，增加农牧民收入作为首要任务。加快推进措美县高标准农田建设，加大水利设施建设，下大力气抓好粮食安全生产，确保全县农作物播种面积保持稳定，稳定粮食生产，通过加大劳务输出力度，促进农牧区富余劳动力转移，多渠道促进农牧民群众持续增收。

全面深化医疗体制改革，推进智慧医院建设、远程医疗数字建设，持续加强全民健康宣传教育；巩固提升公共文化服务体系，深入开展文艺下乡，丰富全县农牧民群众精神文化生活；推进学前教育普及发展、推进教育一体化发展，进一步缩小与全市教育的差距，实施智慧教育，加快数字化校园建设。

措美县2019年财政预算执行情况和2020年财政预算的报告

——在措美县第十二届人民代表大会第五次会议上

（2020年1月15日）

措美县财政局局长 刘志斌

一、2019年预算执行情况

2019年，县财政局在县委、县政府的坚强领导下，在上级主管部门的关心帮助和县人大、县政协的监督指导下，以习近平新时代中国特色社会主义思想为指导，严格执行县十二届人大常务委员会第16次会议审查批准的预算，坚持稳中求进工作总基调，统筹推进“五位一体①、四个全面②”发展战略，统筹推进稳增长、促改革、调结构、惠民生、防风险各项工作。全县经济延续总体平稳、稳中有进的良好运行态势。全县预算执行情况良好。

（一）财政收支执行情况

1. 一般公共预算收支

（1）收入执行情况。2019年，全县一般公共预算收入3127万元，同比增加28万元，同比增长0.9%。其中：税收收入1372万元，占一般公共预算收入的44%；非税收入1755万元，占一般公共预算收入的56%。

（2）支出执行情况。2019年全县一般公共预算总支出完成67340万元。全县主要支出项目执行情况：一般公共服务支出14283万元，公共安全支出5132万元，教育支出7095万元，科学技术支出68万元，文化旅游体育与传媒支出1047万元，社会保障和就业支出6419万元，卫生健康支出5924万元，节能环保支出1625万元，城乡社区支出3608万元，农林水支出17828万元，交通运输支出890万元，资源勘探信息等支出84万元，自然资源海洋气象等支出882万元，住房保障支出2321万元，灾害防治及应急管理支出134万元，

（3）收支平衡情况。2019年全县一般公共预算总收入完成67340万元，同比增加9580万元，同比增长16.6%。全县一般公共预算总支出完成67340万元，收支平衡。

2. 政府性基金预算

（1）收入执行情况。2019年全县政府性基金预算总收入1468.05万元。其中：县级基金收入1360万元，上级补助收入98.05万元，2018年结转10万元。

（2）支出执行情况。2019年全县政府性基金总支出593.05万元，其中：县本级基金支出495万元，专项基金支出98.05万元。

（3）收支平衡情况。2019年全县政府性基金预算总收入完成1468.05万元，全县政府性基金预算总支出完成593.05万元，年终结余875万元，结转下年支出。

①五位一体：经济建设、政治建设、文化建设、社会建设和生态文明建设。

②四个全面：全面建成小康社会、全面深化改革、全面依法治国、全面从严治党。

（二）落实县人大预算决议和重点财政工作情况

2019 年，县财政部门认真落实县十二届人大常务委员会第 16 次会议预算决议要求，依法理财，依法行政，加强预算执行管理，积极发挥财政职能作用。主动接受人大代表监督指导，积极听取和吸纳代表提出的宝贵意见，进一步改进完善财政工作。全面贯彻预算法，有效实施积极的财政政策，持续深化财税体制改革，有力促进了经济社会持续健康发展。

（1）狠抓收入，努力做大财政“蛋糕”。围绕年初目标任务，加强协调配合，积极增添举措，确保各项资金及时缴纳入库。2019 年，地方一般公共预算收入 3127 万元，同比增长 10.28%；实现了国有土地出让价款收入入库 1360 万元。

（2）优化支出，着力彰显民生财政。2019 年，民生支出 46959 万元，占一般公共预算总支出的 70%，主要用于脱贫攻坚成效巩固、教育事业、社会保障、医疗卫生、农业农村、住房保障等方面。重点投入到教育事业 7095 万元，主要用于义务教育“三包”、农村义务教育“营养改善计划”等；社会保障事业 6419 万元，主要用于城乡居民基本医疗保险、促进就业、困难群众救助等；医疗卫生事业 5924 万元，主要用于基本公共卫生服务、重大公共卫生专项、医疗救助等；农业农村工作 17828 万元，主要用于脱贫攻坚成效巩固、农林水事务、厕所革命、综改事业及兑现惠民政策等。

（3）落实决策部署，重大项目建设有序推进。投入 1536 万元支持县达当组棚户区改造建设项目，投入 500 万元支持县基础设施建设，整合涉农资金 6721 万元支持县脱贫攻坚工作。

（4）持续深入推进财政改革。持续全面推行预决算公开，按时在政府门户网站和西藏新闻网公开预决算信息，全县所有预算单位（涉密单位除外）在规定时限内公开了部门预（决）算信息，公开率为 100%。深化国库管理制度改革，进一步推进国库集中支付，进一步规范了全县会计核算工作，财政账务 U8 系统已升级为 C6 财务系统。加强政府性债务管控，积极开展地方政府违规融资担保清理，规范政府举债行为。

（5）财政资金监管持续加强。进一步加大资金监管力度，促进财政资金规范化管理，确保资金安全高效运行。建立了人大、纪委监委、审计、财政部门联动协查机制，积极配合市审计、县纪委监委、县巡察加大对扶贫和涉农资金等重点领域和关键环节的监督检查，确保形成监管合力，进一步提升了监管成效。

（三）其他需要报告的事项

（1）超收收入安排情况。2019 年，一般公共预算超收收入 988 万元，全部按规定弥补 2019 年社会保险和住房公积金缺口。

（2）预备费使用情况。2019 年，一般公共预算年初安排的预备费为 313.66 万元，除用于偿还县国合联营公司债务等 142.81 万元外，剩余 170.85 万元全部按规定弥补 2019 年社会保险和住房公积金缺口。

（3）盘活财政存量资金情况。2019 年盘活各类财政资金 4049 万元，按相关规定用于县脱贫攻坚成效巩固、基础设施建设等。

各位代表，一年来，我们坚决贯彻落实中央、区、市和县委决策部署，抓住发展这个第一要务，全面及时落实各项惠民政策、社会保障政策，不断加大民生投入。

这些成绩的取得，是县委、县政府科学谋划、精准施策的结果，是县人大依法监督和县政协民主监督的结果，是全县人民凝心聚力、砥砺奋进的结果，成绩来之不易。同时，我们也清醒地认识到全县财政运行中仍然存在一些矛盾和困难：一是县域经济总体实力不强，对上级财政补助依赖程度高。二是收入结构不尽合理，支柱财源不够稳定，新兴财源形成较慢，税收收入占一般公共预算收入的比重不高。三是财政刚性支出需求大，民生改善、城市建设、经济发展等都需要大量投入，财政平衡压力巨大。四是预算编制不科学，项目前期不到位，致使预算执行进度缓慢。五是预算绩效管理等改革措施还未深入实施，财政资金使用绩效有待提高，财政管理和监督有待加强。对此，我们将高度重视，主动作为，采取有效措施努力加以解决。也恳请各位代表、委员一如既往地给予指导和支持。

二、2020 年财政预算（草案）

2020 年是全面建成小康社会和“十三五”规划收官之年，我们面临经济发展新常态的特征更加明显，长期向好的基本面没有变，市场活力持续释放，新动能不断成长壮大。同时，面临经济不稳定不确定因素明显增加，措美县经济运行仍存在不少突出矛盾和问题。从财政来看，增收潜力和减收因素并存，增收困难大，重点领域和刚性支出需求压力大，收支矛盾仍十分突出。我们将围绕中心、服务大局，牢固树立过紧日子的思想，科学合理编制预算，把更多的财力用在为人民群众谋实事、办好事上。

（一）预算编制指导思想和基本原则

以习近平新时代中国特色社会主义思想为指引，全面贯彻党的十九大、十九届二中、三中、四中全会精神和中央经济工作会议、全国财政工作会议精神，按照自治区、市经济工作会议部署，突出重点，狠抓增收节支，不断调整和优化支出结构。

2020 年预算编制着重把握以下原则：

（1）艰苦奋斗、勤俭节约。要认真贯彻习近平总书记关于艰苦奋斗、勤俭节约一系列重要论述精神，坚决落实过紧日子要求，开源节流、增收节支、精打细算，执守简朴、力戒浮华，厉行节约办一切事业。

（2）以收定支、量力而行。要科学分析预测、实事求是地编制收入预算，切实提高财政收入质量。要坚持量入为出，运用零基预算理念，根据事业发展实际需要和财力可能科学核定预算，该砍的要砍，该减的要减，打破基数概念和预算支出固化僵化格局。安排支出预算要符合措美县实际，尽力而为、量力而行，注重实际效果和可持续性。

（3）加强管理、严肃纪律。要自觉尊崇制度，严格执行制度，坚决维护制度，按照制度履行职责、行使权力、开展工作。要坚持先有预算后有支出，严控预算追加事项，必须解决的资金通过以后年度预算安排资金。要加强财政资金动态监控，及时发现和纠正问题，严肃财经纪律，敢于坚持原则，当好“铁公鸡”，打好“铁算盘”。

目前，自治区、市 2020 年对下转移支付尚未告知到位，2020 年预算（草案）是根据自治区、市已下达的提前告知财力编制。

（二）2020 年收入预算和支出安排

（1）收入预算情况。2020 年全县一般公共预算总收入 41272.36 万元。其中：税收返还 553 万元，上级转移支付 40719.36 万元（其中：教育事业费 7357.24 万元，脱贫攻坚统筹整合资金 6952 万元，中央财政支持“三区三州”脱贫攻坚资金 945 万元）。

2020 年，地方一般公共预算收入为 3158 万元，比 2019 年增加 31 万元，增长 1%。

（2）支出预算情况。2019 年全县一般公共预算总支出 41272.36 万元，同比增加 1645.36 万元，同比增长 4.2%。

（3）收支平衡情况。2019 年全县一般公共预算总收入 41272.36 万元，全县一般公共预算总支出 41272.36 万元，收支平衡。

（三）一般公共预算支出安排重点

（1）持续支持脱贫攻坚。统筹“三区三州”资金和整合资金 7897 万元用于产业发展、生态补偿、易地搬迁、基础设施建设等，县本级安排扶贫配套资金 375.24 万元助力措美县脱贫攻坚成果巩固。

（2）持续支持基层基础工作。安排党建工作经费 160 万元，村（社区）干部基本报酬和业绩考核奖励补助资金 127 万元，村民小组长、聘用干部及农牧半脱产人员生活补助 32.88 万元，边境高寒乡镇干部职工生活和交通补贴 159.65 万元，乡镇及寺管会食堂补助 45 万元，基层政权建设经费 80 万元，全力夯实基层基础工作。

（3）持续支持促进就业创业。坚持就业创业优先战略和积极的就业政策，县本级安排高校毕业生就业创业扶持资金 80 万元，用于高校毕业生市场就业补贴、创业扶持、贷款贴息、创业培训、技能培训、提升高校毕业生就业创业公共就业服务及政府购买服务等。安排政府购买公益性岗位补助资金 297 万元。

（4）持续支持推动农牧业提质增效。安排支持“三农”发展资金 304.98 万元。安排政策性农业保险保费补贴资金 30 万元，提高农牧业防灾抗灾能力。

（5）持续支持促进社会事业协调发展。教育方面，安排本级教育投入资金 586.5 万元，用于支持教育事业优先发展。医疗卫生方面，安排资金 16 万元用于村级卫生室运行。文化方面，安排本级投入文化发展资金 70.38 万元，支持文化发展，文物和非遗保护、利用等，推动文化繁荣兴盛。科技和气象方面，安排科技三项经费 35 万元。

（6）持续支持生态文明建设。安排重点生态功能区转移支付资金 472 万元，守护好措美县这一方“绿水青山”。

（7）持续支持社会长久治安建设。安排“双联户”户长补助及表彰奖励资金 126.34 万元，应急管理资金 50 万元。

（8）做好其他方面的资金安排。按照《预算法》规定，安排本级预备费 412 万元。

三、2020 年财政重点工作

2020 年，我们将坚持以习近平新时代中国特色社会主义思想为指导，加强党对财政工作的领导，坚决贯彻中央、区党委、市委和县委关于经济、财政工作的方针政策，认真落实中央、区党委、市委和县委各项决策部署以及本次人代会关于财政预算报告的审查意见和相关决议决定，更好发挥财政职能作用，为全县经济社会持续健康发展提供坚实的财力保障和政策支撑，着力抓好以下工作。

（一）兜实兜牢“三保”支出底线

审慎研判财政收支形势，将“三保”（保工资、保运转、保基本民生）工作作为重要政治任务，放在财政工作的优先位置，落实好兜底责任。坚持“量力而行、精打细算”，着力清理规范过高承诺、过度保障的支出政策。不折不扣落实好“三保”工作。

（二）全力保障重点工作

一是保障重点项目支出。紧紧围绕县委、县政府中心工作，按照集中财力办大事的原则，聚力保障乡村振兴、脱贫攻坚巩固提升、城镇功能提升等重点支出。二是提高资金使用效益。优化财政支出结构，保障调结构、促改革、补短板、惠民生等重点领域支出需要，不断提高财政资金配置效率，更好发挥财政政策作用。探索建立科学合理的财政支出绩效评价管理体系，强化投入资金监管，提高资金使用效益。

（三）着力保障和改善民生

坚持以人民为中心的发展思想，按照党的十九大关于坚持在发展中保障和改善民生的“七个有所”[①]要求，不断优化财政支出结构，将财政资金更多地投入到民生领域，促进公共资源着力向基层延伸、向农牧区覆盖、向边远地区和生活困难群众倾斜，推进基本公共服务均等化。

（四）积极推进财政改革

坚持改革和创新理念，不断规范和完善财政管理，积极推进现代财政制度建设。持续做好预算执行管理、政府会计制度改革、存量资金盘活、预算绩效管理、防控财政风险等，积极配合市财政局推进财政核心业务一体化系统建设，规范全县财政财务管理。

①“七个有所”：幼有所育、学有所教、劳有所得、病有所医、老有所养、住有所居、弱有所扶。

专辑

专辑

措美县2019年“扫黑除恶打非治乱”专项斗争工作

2019年是“扫黑除恶打非治乱”专项斗争承上启下、纵深推进、深挖根治的关键之年，认真贯彻落实中共十八大、十九届二中、三中、四中全会精神和习近平总书记重要指示精神，增强“四个意识”、坚定“四个自信”、做到“两个维护”，咬定为期三年工作目标不放松，推动“扫黑除恶打非治乱”专项斗争不断实现新突破。措美县委、县政府高度重视“扫黑除恶打非治乱”专项斗争工作，认真贯彻落实山南市委、市政府“扫黑除恶打非治乱”专项斗争统一部署安排，在山南市扫黑办的有力指导下，紧密结合措美实际，以攻案件，提升群众满意度为抓手，全力推进全县“扫黑除恶打非治乱”专项斗争向纵深发展，取得明显成效。

【组织领导】 2019年，措美县委、县政府高度重视“扫黑除恶打非治乱”专项斗争工作，始终将“扫黑除恶打非治乱”专项斗争作为一项重大政治任务和全县重点工作，认真研究，周密部署，强化组织领导，狠抓落实。县委常委会、县政府常务会先后8次专题研究和听取“扫黑除恶打非治乱”专项斗争工作开展情况汇报，传达学习贯彻中央、自治区、山南市关于“扫黑除恶打非治乱”专项斗争会议和领导的指示批示精神，研究全县贯彻落实相关工作，解决专项斗争工作中存在的困难和问题。及时研究并调整充实2019年措美县“扫黑除恶打非治乱”专项斗争领导小组，并从相关部门抽调2人，充实县“扫黑除恶打非治乱”专项斗争领导小组办公室，成立7个专项工作组。2019年措美县安排“扫黑除恶打非治乱”专项资金45万元（其中，县扫黑办工作经费35万；县公安局扫黑办工作经费10万元），统筹推进各项工作，确保专项斗争顺利开展。县扫黑办制定出台《措美县群众举报涉黑涉恶违法犯罪线索奖励办法》，设立群众举报奖励资金5万元，全面落实“扫黑除恶打非治乱”专项斗争工作经费30万元，从人力、财力、物力上给予全力保障。县委、县政府主要负责同志多次召开“扫黑除恶打非治乱”专项斗争专题部署会、整改工作推进会，并对全县“扫黑除恶打非治乱”专项斗争作出专题批示。2019年，县委书记、县长及分管政法工作的副书记、政法委书记还多次到各乡（镇）、村（社区）、县扫黑除恶打非治乱成员单位督导检查和调研全县扫黑除恶工作，全力推进专项工作向纵深发展。全县扫黑除恶打非治乱各成员单位把“扫黑除恶打非治乱”专项斗争摆到重要位置，深入学习贯彻习近平总书记重要指示批示和中央、西藏自治区、山南市、县各级扫黑除恶打非治乱相关文件精神，层层签订“扫黑除恶打非治乱”专项斗争目标责任书、承诺书，坚持与脱贫攻坚、党的建设、经济建设等重点工作同安排、同部署，形成全县“扫黑除恶打非治乱”专项斗争的强大合力。

【宣传工作】 2019年，措美县根据全国“扫黑除恶专项斗争”工作时间和重点，积极调整“扫黑除恶打非治乱”专项斗争宣传工作重点和方向，不断创新宣传方式，丰富宣传载体，努力形成全县各级各部门上下联动、各族干部群众共同参与的良好工作格局和舆论氛围。

创新宣传方式。根据不同宣传对象，全面创新宣传形式，有效运用各种宣传媒介，结合“不忘初心，牢记使命”主题教育、“四讲四爱”群众教育实践等活动，到4个乡（镇）、16个村（社区），不断创新专项斗争宣传方式，继续广泛宣传“扫黑除恶打非治乱”专项斗争的重大意义、工作举措、方法步骤以及有关法律法规，全面提升宣传效果，提高群众的知晓率和参与率，充分调动和激发人民群众参与专项斗争的积极性和主动性。

加大宣传力度。利用传统媒体与新兴媒体，加大“扫黑除恶打非治乱”专项斗争成果宣传。通过“网信措美”和“措美公安”微信公众号，加强全县涉黑涉恶相关工作开展情况和取得的阶段性成效报道，向社会各界和广大农牧民群众表明县委、县政府“有黑扫黑，有恶除恶，有非打非，有乱治乱”的坚强决心，增强人民群众同黑恶势力作斗争的信心。截至目前，全县在重点区域增设举报箱3处，更换及重新制作大型户外广告、喷绘标语60余条，重新张贴藏汉双语扫黑通告等材料600余份，开展在群众中知识宣讲近100次，受教育群众达1.5万余人次。与群众座谈、访谈200余人次，切实做到入眼、入耳、入脑、入心。

【摸排核查】 2019年，全县“扫黑除恶打非治乱”专项斗争在上级的统一要求下，紧紧围绕“攻案件，提升群众满意度”这个中心，继续从线索方面下功夫，为“攻案件”打下扎实基础。截至12月底，全县各级各部门共组织人员摸底排查783次，未发现涉黑组织、涉恶犯罪集团；收集线索27条，办结27条。其中，群众主动举报问题线索4条；梳理排查3条赌博线索；梳理排查家族势力线索1条。

广泛收集线索。在对线索五个全覆盖的基础上，充分发挥专门机关和基层组织作用，加强对相关刑事、治安、信访等案件信息的梳理，多渠道、多方式再一次广泛收集线索，着力解决线索来源单一问题。

落实举报有奖制度。优化举报信箱等设置，便捷群众安全举报，继续落实有奖举报制度，对实名举报涉黑涉恶犯罪核查属实的，一律按规定兑现奖励，以物质和精神双重手段，助推线索收集核查向纵深发展。

上报线索核查办理工作。协调县纪委、公安及相关部门，对2015年以来全县20起刑事案件、27起治安案件以及县纪委近年来办理的案件进行统计

6月8日，县委书记牛堃（右一）在措美镇及措美镇派出所督导检查扫黑除恶专项斗争工作开展情况

汇总，集中进行梳理排查、分析研判，抓好上报线索核查办理工作，确保按期回复无积压，对有疑点的线索组织复核，确保不漏掉一条有价值的线索。

重点领域全面排查。按照“零容忍、不放过”的原则，针对排查出的线索，逐一成立集中排查梳理违法犯罪线索工作专班，件件核查、条条督办。成立运输领域、地材交易领域、农牧业生产生活领域、基层组织建设领域、涉宗领域、道路交通领域、“三电”领域等7个重点领域工作专班，对全县重点领域涉黑涉恶涉非涉乱现象进行全面摸排，高效推动全县专项斗争工作。集中梳理排查“黑出租车”、“黑货车”非法运营线索，共排查出非法运营车辆8辆，涉及8人，全部登记造册备案，并对涉事人员进行集中法制教育、口头警告，并签定保证书。集中梳理国道G560、G219是否存在的强买强卖、哄抬或压低物价运价、辖区车队本地保护主义等情况，组织县扫黑办同县公安、交通等部门全面排查，经排查，未发现涉黑涉恶现象。集中梳理排查3条赌博线索，参与赌博人数13人，行政处罚13人，经深挖研判，未发现操控赌博等情况。集中梳理排查拖欠民工工资和矛盾纠纷，2018年以来，共调解矛盾纠纷24起，涉及金额530.9万元，涉及人数254人，全部调解处理。集中梳理排查个体工商户存在非法营业、未办理相关营业执照情况，共1家，已整改完成。集中梳理排查家族势力线索，共1条，经排查，不属于家族势力干扰、渗透基层组织政权现象。集中梳理宗教领域线索核查，针对辖区内寺管会、宗教活动场所，结合“遵行四条标准、争做先进僧尼”主题教育活动，开展宣传教育40余场次，开展专项斗争摸排20余次，确保宗教领域持续和谐稳定。集中梳理意识形态领域线索核查，持续深化“扫黄打非·珠峰行动”对网吧、KTV、娱乐场所以及出版物市场监管，共开展执法检查32次，出动人员94人次，切实维护全县意识形态和文化领域绝对安全。

【问题整改落地落实】 根据中央扫黑除恶第13督导组反馈意见，措美县把“扫黑除恶打非治乱”专项斗争整改工作作为一项重大政治任务来抓，严格按照县委落实中央扫黑除恶第13督导组反馈意见整改工作推进的部署要求，全面推进整改工作。坚持以习近平总书记“五个强化”工作任务为指导，把“扫黑除恶打非治乱”专项斗争工作引向深入。

强化整改部署安排。按照西藏自治区、山南市委、市政府总体要求，及时召集县扫黑各成员单位、乡（镇）主要领导召开关于做好中央督导反馈问题整改落实工作动员部署会和推进会，在县委常委会和县扫黑除恶专项斗争领导小组会上再次进行安排部署。县扫黑办对各成员单位、乡（镇）主管领导进行一次专题培训。同时，县扫黑办召集纪委监委、组织部、宣传部、公检法等部门主管领导对整改工作进行专题研究部署，并将西藏自治区、山南市会议精神传达，对“扫黑除恶打非治乱”专项

10月17日，措美县召开关于整改中央十三督导组反馈问题整改汇报会。市委政法委副书记革新（中间），山南市中级人民法院院长索朗扎西（左一）等参加汇报会

斗争行动工作周密安排，加强领导，明确任务、压实责任、形成上下责任传导体系，确保扫黑除恶整改工作有人抓，有人管，有部署，有落实。

强化整改理论水平。县扫黑各成员单位将“扫黑除恶打非治乱”专项斗争相关知识和习近平总书记关于扫黑除恶专项斗争的重要指示精神及西藏自治区党委、山南市委、市政府关于“扫黑除恶打非治乱”专项斗争相关文件精神和主要领导批示精神纳入支部活动中进行时常学，使党员干部深刻领会、全面掌握，提高广大干部群众对“扫黑除恶打非治乱”专项斗争重要性的认识，做到思想认识上有保障。同时，县扫黑办积极组织各成员单位人员每季度开展一次扫黑除恶专项斗争知识测试，提高“扫黑除恶打非治乱”知识知晓率。

强化整改摸底排查。对本县内的重点人群、重点行业进行专项检查整改，坚决做到“黑恶必除，除恶务尽”，确保扫黑除恶整改工作取得实实在在的成效。对重点群体开展“问题”和“苗头”的双重梳理和摸排，做到心中有数、目标清晰，切实为社会大局稳定“保驾护航”。

强化整改工作实效。县纪委监委、自然资源、交通、发改、住建等部门细化工作措施，围绕基层政权建设、工程领域、运输领域、地材开采领域、旅游行业及重点场所继续深入摸排，分管单位县级领导检查指导分管单位的扫黑除恶打非治乱专项斗争工作，压实单位和乡（镇）党委主体责任，传导摸排线索压力，实现涉黑涉恶线索零突破。截至年底，针对中央扫黑除恶第13督导组第6下沉小组从5个方面提出的16条问题，措美县认真制定整改工作方案、细化工作措施，严格落实工作职责，各项整改工作已基本整改到位，并长期坚持。全县扫黑除恶打非治乱专项斗争工作已突破零线索。

【健全机制深挖彻查】 健全工作机制，多渠道搜集问题线索，严查涉黑涉恶腐败和“保护伞”问题。县纪委监委建立《措美县纪委监委扫黑除恶专项斗争监督问责组织协调工作机制》《扫黑除恶打非治乱案件和线索快速移送处置机制》《双向移送机制》《双向通报机制》等4个内部机制，设置6个举报箱收集线索，并对县纪委监委十八大以来受理和正在办理的57条线索，县扫黑办受理的27条线索进行“大起底”，排查2018年以来涉及“黄赌毒”的案件4件，发现党员参与赌博案1起，涉及农牧民党员1人，目前未发现党员和公职人员涉黑涉恶和“保护伞”问题，未发现干预基层政权建设相关涉黑涉恶问题。

【“持续防控”组织根基】 根据中央扫黑第13督导组和第6下沉小组督导组反馈问题的整改方案的文件精神和要求，县委组织部，高度重视，精心组织，对照问题清单，以贯彻落实“不忘初心牢记使命”主题教育为契机，到16个村（社区），认真查找和梳理基层党组织建设方面存在的突出问题，研究制定《措美县县级领导联系包村指导村（社区）制度》，及时印发《关于做好市委组织部党建协调调研组反馈问题整改工作的通知》，组织专门力量分组分批到末位倒排的9个党组织进行调研论证，详细了解和掌握2019年倒排为软弱涣散党组织党建工作开展情况。通过长期持续整改全县玉美村和乃西村2个村级基层党组织引领功能明显增强，整体战斗力和凝聚力显著提高，全县基层党组织查找出的157项问题，截至12月全部整改完成。

综述

综 述

基本概况

【位置境域】 措美藏语意为“湖的下游”，措美县位于西藏自治区南部，山南市西南部，喜马拉雅山北麓。地处北纬 28° 11′ 15″ ~28° 57′ 50″，东经 90° 56′ 18″ ~92° 00′ 04″。东与隆子县相邻，南与错那县相连，西与洛扎县、浪卡子县相接，北与琼结县接壤。县政府驻地措美镇。县境东西长 103 千米，南北宽 85 千米，总面积 4177.2 平方千米。县城海拔 4242 米，距山南市 130 千米，距拉萨 280 千米。县域东界至哲古镇卡珠村委会和古堆乡帕仓村前当村民小组；南界至乃西乡鲁麦村达玛村民小组和定巴村委会；西界至措美镇雪热村委会次玛龙村民小组和扎杂村委会；北界至哲古镇卓德村委会和扎杂村委会。

【历史沿革】 措美县由两个传统地理范围构成，即东洛扎和哲古区。当拉山以南称之为东洛扎（今洛扎县称之为西洛扎），以北属于哲古地区。哲古湖周围自古以来称作哲古。远古时期，今“当许”一带有藏族先民繁衍生息。7 世纪初措美县各地有不同地方势力，互不统属。1959 年 3 月，中国人民解放军进驻哲古宗。同年，经中共山南分工委批准，哲古宗和达玛宗堆合并组成哲古县临时县委。1959 年 3 月，中央人民政府解散西藏地方政府，西藏人民获得解放。同年 4 月，中国共产党西藏工作委员会山南分工委决定成立哲古军事管理制委员会，接管哲古宗地方政权。1959 年 7 月，正式成立中共哲古县委。1960 年，全县辖 3 个区（哲古区、当许区、乃西区），15 个乡，其中牧区 4 个乡、农区 11 个乡。1961 年 12 月，经中共山南分工委批准，从乃西划出当巴、达玛、藏达、下巴 4 个乡组成当巴区委。1965 年 11 月 2 日，经国务院批准哲古县更名为措美县。1988 年撤区并乡，全县的行政区划调整为扎扎、哲古、古堆、当许、雪拉、波嘎、卡珠、乃西、具巴、当巴、路美、下藏等 12 个乡，设有 46 个村民委员会。1999 年，全县行政区划调整为措美镇、哲古镇、古堆乡、乃西乡 2 个镇 2 乡，并至今保留。

【行政区划】 全县下辖 2 乡 2 个镇，16 个村（社区），91 个村民小组。

2019 年措美县行政区划一览表

乡（镇）	村（社区）
措美镇	社区：当许
	村：雪热、玉美、波嘎
哲古镇	社区：哲古
	村：宗宗、卓德、扎杂、卡珠
古堆乡	村：帕仓、扎西松多
乃西乡	村：乃西、具巴、定巴、鲁麦、恰杂

【人口状况】措美县主要居住的民族有藏族、汉族、回族及其他少数民族。截至2019年底，措美县总户数4427户，其中农业户数3647户、非农业户数780户。非农业户数和农牧业户数分别占总户数的17.62%、82.38%；总人口数为14980人，其中，非农业人口为1894人，农牧业人口为13086人，分别占总人口数的87.36%、12.64%。全县妇女人口7324人，其中农牧区妇女6711人，机关妇女613人。乡村劳动力资源数7101人，其中男3568人、女3533人，乡村劳动力资源数占全县总人口比重为47.4%。

自然资源

【气候资源】措美县属高原温带半干旱季风气候区，日照时间长，昼夜温差大，年温差小，全年气候特点是冬春季干寒多风，夏秋季（6–9月）温和多雨。年平均气温5.3℃，最低气温-20℃，最高气温27.1℃。年日照时数为2800小时，年无霜期90天。年降水量少、分布不均，蒸发量大，年均降水量为286.5毫米，降水多集中在6–9月，年平均蒸发量为2270.5毫米。风能资源丰富，风力及风速大、时间长、面积广，年平均风速为2.75米/秒，最大风速为24米/秒，年大风日数164天左右。

【地形地貌资源】措美县地处喜马拉雅山脉北麓，属藏南高原湖谷区，地势北高南低，平均海拔4500米。境内大小山脉连绵起伏，地质结构复杂。共有大小山脉124座，海拔5500米以上的高山有73座，其中海拔6000米以上终年覆盖冰雪的有9座，最高峰打拉日峰境内西南端，海拔6777.4米，最低海拔3266米，位于当巴村与洛扎县交界处，全县相对高差为3511.4米，平均海拔为4500米。

【土地资源】全县面积4177.2平方千米。净耕地面积982.77公顷，粮食播种面积729.98公顷，经济作物耕地面积194.14公顷。林地面积48874.418公顷，占土地总面积的11.70%。森林面积45220.506公顷，森林覆盖率和林木绿化率均为10.83%。草场面积345834.35公顷，可利用草场面积344764.27公顷。

【文化资源】主要旅游景点哲古风景名胜区于2011年4月被评为国家AA级旅游风景区，位于山南市措美县县城东北部50千米，由美丽的哲古草原和哲古湖组成，是积雪山、草原、湖泊、野生动物为一体的旅游景区，哲古草原平均海拔4600米，草场总面积21.47万公顷，草原上有大量的野生动物，主要以国家一级保护动物野驴为主，野羊、草狐、黑颈鹤、雪豹、丹顶鹤、猞猁、雪鸡、水獭、灰鸭、斑头雁、豺狼等野生保护动物亦有分布。哲古湖面积约70平方千米，平均水深20米，湖水清澈无瑕，是西藏高原自然形成的独特高原湖泊。湖内生长着各类高原鱼类，夏季湖水解冻后，有成群的鸟类在湖面觅食，主要以黄鸭为主，哲古风景名胜区内一望无际的辽阔草原、碧波荡漾的圣洁湖水以及绵延起伏的雄伟雪山，成为当地一道靓丽风景线。玛悟觉寺为藏南朝圣第一古刹，位于县城东北玛悟觉山腰上，海拔4500米，于公元12世纪中叶，由藏传佛教宁玛派伏藏大师阿达·娘尼玛维色始建，距今900余年历史，沿途幽、奇、惊、险、奥、深，是西藏境内独特的旅游资源。扎扎服饰2008年6月被列入国家级非物质文化遗产目录，古堆藏獒闻名全区乃至全国。2019年12月9日，农业农村部农村社会事业促进司、国家发展改革委社会发展司、中国经济信息社在北京联合发布首批18个全国农村公共服务典型案例，其中措美县探索高寒地区全天候便民服务模式获评首批典型案例。2019年乃西乡鲁麦村成功纳入全国第五批传统村落保护名录。

【水利资源】 全县水资源较丰富，共有大小河流18条，大小湖泊38个、水泉15处。全县水域面积1.36万公顷，其中河流水面2.57平方千米，湖泊水面124.54平方千米，水泉面积6平方千米，最大的湖泊哲古湖约66平方公里（南北长15千米，东西最宽5.92千米，最窄2.84千米，属内流湖，补给水源主要靠冰雪融水和降水为主，在夏秋退缩）。县内有4条外流河，其中最大的是洛扎雄曲，流经当许、乃西、当巴出境，县境内长约90千米，发源于县境西北部的高山冰川。据测定，最大流量在7月份，为6−8立方米/秒，最小流量在1月份，为0.67−0.86立方米/秒。

【林业资源】 全县有林木品种26种，其中乔木林树种有北京杨、圆柏、沙棘、柳树、梨树、桃树、核桃树、苹果树、花椒树。天然灌木林树种有雪层杜鹃、小叶杜鹃、大叶杜鹃、密枝杜鹃、高山树、桦树、锦鸡儿、忍冬、香柏、狼牙刺、三颗针、棘豆、高山柳、金露梅、麻黄、蔷薇。人工果木树种有梨树、核桃树、桃树、苹果树、花椒树，主要分布在当巴一带。县域内林木以灌木林为主，另有少量的疏林地和人工种植林地，林地面积占土地总面积的3.89%，灌木林中高大灌木林较少，以矮小灌木林为多，分布在3500米~5400米之间的南部高山坡中部、阴坡为主的水分条件较好地带以及背部高原部分沟谷坡中部。南部主要分布有雪层杜鹃、小叶杜鹃、高山柳、锦鸡儿、金露梅、大叶杜鹃（阴坡）；忍冬、香柏、黄麻（北坡）。北部高原灌木林90%以上为香柏，同时生长少量的金露梅、锦鸡儿。阴坡灌木覆盖率40%~90%之间，阳坡灌木覆盖率为40%~60%。根据不同测点测量，雪层杜鹃平均生长高度为30厘米~36厘米之间，爬地柏平均生长高度在30厘米~90厘米之间，也有比较高的灌丛，如高山柳、大叶杜鹃等平均生长高度在1.5米以上，但分布地区不广，仅限于恰杂村夏坝曲两边的阳坡水分充足地区。此外还有面积为5239.4亩的疏林地，以桦树、柏树为主，分布于恰杂南部与定巴交界的沟谷两岸。截至2019年，森林面积45220.506公顷，森林覆盖率和林木绿化率均为10.83%。

【矿产资源】 全县矿产资源丰富，其中，金属矿产4种：金、银、铅、锑；非金属矿产3种，建筑用砂、凝灰岩、板岩、大理石、花岗岩；能源矿产1种，古堆地热。金属矿产资源成矿条件好，地质异常范围大、异常值高，属陆地板块碰撞，深溶作用和岩浆结晶分异作用形成，受控于东西向区域断裂和派生的北东，近南北向次级断裂，与中低温热液有关。金属矿产铅锌矿主要分布在乃西乡。非金属矿矿产中属于乃西乡的花岗岩色白柔和，属细粒白云母花岗岩，具有加工成高级板材的品质，县域内还有冰洲石、玛瑙、石榴石等多种可开发利用的矿产。

【植物资源】 全县植物资源多样。海拔4000米以下分布紫花针茅、白花、蒿属为主的草原群落和沙生槐、小角柱花等组成的落叶灌丛，在山麓复沙地上分布着固沙草群落。海拔4000米~4500米分布有小檗、娟毛蔷薇、锦鸡儿、绣线菊等亚高山灌丛和百草、丝颖针茅、长芒草等草原群落。海拔4500米~4800（4900）米为高山灌丛草甸群，植被类型为小蒿草草甸、香柏灌丛（阳坡）樱草杜鹃、雪层杜鹃灌丛，高山柳灌丛、鬼剑锦鸡儿灌丛等；局部石砾质强的地区分布小片垫状植被。海拔4800（4900）~5000（5200）米为小蒿草高山草甸植被，并有片段垫状植物群落。5200米以上为高山稀疏植物群（高山冰原植被）聚带，河谷两侧山麓洪积扇台地边缘常有地下水溢出，形成地块状沼泽湿地。县域内藏药材资源丰富，主要有冬虫夏草、当归、贝母、雪莲花、川贝、大黄、高山党参、臭党参、川藏沙参、黄芪、蒲公英、半夏、小檗、赤参、麻黄、夏枯草、独一味、藏黄芪等药材300多种药用植物（藏药材100余种）。

【动物资源】 全县境内国家级保护野生动物种类繁多，兽类有黑熊、棕熊、藏狐、雪豹、豹、猞猁、小熊猫、青鼬、水獭、盘羊、岩羊、林麝、扭角羚、野猪、松鼠、鼹鼠、喜马拉雅旱獭、高原兔等。鸟类有棕尾红雉、藏雪鸡、绯熊鹦鹉、画眉、杜鹃、戴胜、斑鸠、鸥鸪等飞禽类，河流湖泊内有裸鲤鱼类等。家畜有牦牛、黄牛、犏牛、马、骡、驴、猪、山羊、绵羊、兔、狗、猫等，家禽类动物有藏鸡。

【特色资源】 全县主要有畜产品、黑青稞糌粑、白青稞糌粑、豌豆糌粑、卡垫、藏装、藏野葱、雪莲花、藏式披肩、藏药等特色产品。

【农业资源】 2019年，全县总耕地面积14107.95亩，其中粮食作物播种面积11006.55亩，产量任务目标3130吨，总产量3203.14吨，比上期增加73.47吨，增速达到2.28%，完成任务目标。其中冬小麦今年播种面积1882.65亩，比去年增加402.6亩，总产量712.21，比上期增加321.88吨，增速达到82.46%；青稞播种面积8905.95亩，比去年减少207.15亩，总产量2463.4吨，比同期减少250.94吨，减速9.24%。杂粮作物（豌豆）213亩，总产量27.53吨，比同期增加3.53吨，增速达到14.71；经济作物2101.5亩，其中油菜播种面积1522.2亩，比去年减少324.9亩，总产量209.53吨，比同期减少83.97吨，减速27.25%；蔬菜面积579.3亩，比同期减少207.45亩，总产量869.02吨，比同期减少325.24吨，减速27.23%。饲料作物今年播种面积999.75亩，比同期增加186亩，总产量1119.93吨，比同期增加588.14吨，增速达到110.6%；2019年品种播种分别为：藏青2000、喜拉22号、黑青稞、藏青320、13-6927、12-10556、山青9号；协调上级业务部门调运化肥131.64吨、资料来源均为群众自筹、各类农药0.723吨；协调自治区农科院农业研究所在高海拔项目中解决青稞种子32085斤、土地租用费用195000元；从措美县农业农村局支农资金中为措美镇解决黑青稞种子款23544元。

【数字措美】 2019年，全县地区生产总值78358.4

万元、同比增长 8.2%。其中，第一产业增加值完成 2882.3 万元，同比增长 3.1%；第二产业增加值完成 46119.6 万元，同比增长 3.9%；第三产业增加值完成 29356.6 万元，同比增长 16.4%。人均生产总值 44259 元，同比增长 17.76%。全社会固定资产投资 69160 万元，同比减少 64.6%，其中国家投资 66678 万元、援藏投资 1366 万元，招商引资 974 万元，完成邮政业务总量 62.25 万元，同比增长 36.18%；完成电信业务总量 98%，电信固定电话用户 820 户，使用率 80%，电信移动电话用户 2046 户，使用率 65%，互联网用户 7358 户，使用率 98%；移动电话用户 4300 人，使用率 100%，移动互联网用户 1075 户。社会消费品零售总额 9718 万元，同比增长 14.5%。财政收入 3127 万元、同比增长 0.9%。农牧民人均可支配收入 12631 元、同比增长 12.9%。城镇登记失业率控制在 2.1% 以内。截至 2019 年底，参加城镇失业保险 532 人，城乡居民参加基本养老保险缴费人数 6209 人，城镇职工参加基本养老保险 545 人。2019 年实现工业增加值完成 1438.6 万元，同比减少 5.2%。农村经济总收入 27435.19 万元，同比增长 9.59%。单位从业人员 1244 人，同比增加 67 人，增长 5.4%，从业人员工资总额 14053.5 万元，下降 7.9%，年人均工资 112970 元，下降 12.9%。实现建筑业增加值 44680.9 万元，同比增长 4.2%。

自然灾害

2019 年入春以来，措美县遭受不同程度暴雨、干旱、洪涝的侵蚀，使措美县农作物、牲畜、房屋等受到不同程度的影响。造成一定的经济损失，经调查统计，全县共造成 957 人受灾。

【雪灾】 2019 年，无重大受雪灾情况，因 12 月份措美县境内普遍降雪，气温骤降，导致牲畜死亡（小羊）50 只，造成直接经济损失约 2 万元。

【旱灾】 2019 年开春以来，由于措美县境内不降或少降雨雪，加之措美县受持续高温干旱天气影响，致使措美县部分油菜、青稞、饲草等粮食作物和经济作物大面积受灾，部分农村水源枯竭，出现人畜饮水困难的问题，给群众生产生活带来极大的影响。措美县水利局于 6 月初上报县委、县政府成立抗旱工作领导小组，深入全县 4 个乡镇 16 个行政村，到田间地头对旱情进行实地调查，其中措美镇、乃西乡农作物受灾总面积 473.8 亩，其中油菜 61 亩、青稞 412.8 亩。（主要分布在措美镇玉美村种怒组 75 亩、松泽组 190 亩、井通组 65 亩；措美县雪热村 5 亩；乃西乡欧朗组 6 亩；古堆乡帕仓村 2.8 亩；乃西乡恰杂村 130 亩），草场受灾总面积 1655051 亩（其中天然草场 1655000 亩、人工种草 51 亩）。通过与上级部门沟通衔接，申请到位 40 箱“旱地龙”，并购置一批喷雾器、水管、发电机、抽水泵等抗旱物资，分发至受灾乡镇，共投入资金 23 万元。

【暴雨洪灾】 每年的 7-9 月份为措美县境内属雨

季，经调查统计，全县共造成200人受灾。其中因洪涝灾害房屋受损4户16人，截至12月，措美县共兑现2019年冬春救助资金223480元。

2019年7月，因措美县措美镇境内遭遇连续大雨袭击，雨势尤为严重，各排水渠出现严重堵塞，当许社区小康示范村受洪涝灾害。导致房屋受损严重，其中，房屋墙体开裂2户，雨水渗入到房屋地基下3户；牛羊圈及饲草料储备间被雨水泥沙浸灌的1户；入户道路及庭院被雨水泥沙漫灌的1户；据统计，房屋开裂共7户、房屋倒塌1户，合计损失约23万元。未有人员及牲畜伤亡。

大事记

大事记

1月

1日 县委常委、纪委书记、监委主任次仁罗布带队的村（社区）书记一行到安徽省淮南市考察。

2日 县妇联开展以“冬日送暖零距离关怀贫困母亲”为主题的慰问活动。活动中为措美镇当许社区20户贫困母亲家庭发放大米、花生油、砖茶等价值4500元的慰问品。

同日 县人社局重新核定机关事业单位在编劳动合同制工人养老保险和职业年金。并统计上报2019年1月正常晋升呈报表和2018年机关事业单位工作人员年终一次性奖金呈报表。

3日 县委副书记杜祝涛到恰杂村走访调研，重点就山南市委明确2019年5月在乃西乡恰杂村召开全市农村人居环境整治工作现场会事宜进行实地前期谋划部署。乃西乡党委书记蒲芝顺、县委政法委副书记熊月陪同调研。

同日 县卫计委联合中国安全健康教育网西藏站举办“西藏健康行、和谐共发展”健康知识讲座。县政府副县长刘建伟主持，中国安全健康教育网西藏站讲师黄盈嘉担任主讲，县（中、区、市）直各单位40余人参加。

同日 截至12月，措美县在建项目114个，累计完成投资237734万元，同比增长32.83%。其中：国家投资项目102个，累计完成投资175750万元，同比增长15.05%；招商引资项目2个，累计完成投资54709万元，同比增长56.38%；援藏项目9个，累计完成投资5750万元，同比增长275.57%；民间投资项目1个，累计完成投资1525万元，同比增长86.20%。截至12月，全县90个项目已竣工投入使用，投产率达78.95%。

4日 县委书记牛堃主持九届县委第37次常委会会议，传达学习习近平总书记在中央政治局第十次集体学习时的讲话精神；传达学习习近平总书记在中央政治局第十一次集体学习时的讲话精神；传达学习习近平总书记对第五个宪法日作出的重要指示精神；传达11月26日中央政治局关于审议《中国共产党农村基层组织工作条例》精神，研究部署贯彻落实事宜；传达中央政治局12月27日关于审议《中国共产党政法工作条例》精神，研究部署贯彻落实事宜；安排部署今冬明春有关工作。

同日 县委副书记杜祝涛到卓德村开展调研工作，深入卓德村3户群众中，通过入户拉家常的方式了解村民生产生活情况、人居环境治理情况。

同日 县妇联到乃西乡恰杂村举行“妇女之家示范点”授牌仪式，并送去价值3840元的书籍。

5日 县食药监局选派3名工作人员到措美县哲古镇扎杂村、卓德村，对两村的食品生产经营单位的32名从业人员进行《中华人民共和国食品安全法》集中培训。

7 日 县公安局扫黑办到措美县哲古镇扎杂村开展“扫黑除恶、打非治乱”宣传活动。以悬挂横幅、展示宣传展板、发放宣传资料等方式对“扫黑除恶、打非治乱”进行细化宣传；设立接待岗，专门为群众提供法律和专项斗争工作咨询服务，接受人民群众的举报和投诉，并开展了有奖问答活动。

8 日 县人社局社保办开始征缴城镇居民医疗保险费用。

同日 县启动第四次全国经济普查。

同日 县人民检察院检察长洛桑带领干警到乃西乡恰杂村进行走访调研，实地了解恰杂村环境整治、民生、综治、党建及平安创建方面的工作开展情况。

9 日 县委宣传部、法院、司法局到当许社区开展“四讲四爱”“回头讲”暨法制宣传教育宣讲活动，此次宣讲活动由当许社区第一书记仁青措仁主持，当许社区班子成员、驻村工作队、当许社区在家群众党员共 78 人参加。

同日 市政府副秘书长白江山一行 5 人到措美县波嘎村、玉美村调研，看望慰问驻村工作队和结对认亲帮扶建档立卡贫困户，并就扎实开展驻村工作开展情况与县委常委、政府常务副县长谭修生，副县长王建红进行交流。

同日 措美县召开 2019 年扶贫开发领导小组第 1 次会议。会上，由县委副书记杜祝涛传达学习措美县第三方评估检查中存在的主要问题清单，县委书记牛堃作讲话。4 个乡（镇）和产业办、农行、强基办、财政局、卫计委、人社局等 6 个专项组对反馈问题整改情况作报告。

10 日 由县委宣传部常务副部长次仁罗布带队的措美县“四讲四爱”群众教育实践活动回头看宣传活动暨法治宣传教育交叉宣传活动组到恰杂村开展措美县“四讲四爱”教育活动回头看宣传活动暨法治宣传教育交叉宣传活动，会议由村党支部第一书记白玛次仁主持，驻村工作队全体成员，在家村“两委”班子及农牧民群众等 150 余人参加宣讲活动。同时向参会群众发放《西藏自治区农（牧）家书屋丛书》藏语版一套、《中华人民共和国宪法》（藏语版）共 600 余份。

11 日 县委巡察工作领导小组组织召开九届县委脱贫攻坚专项巡察工作反馈会。县委常委、政府常务副县长谭修生出席会议并作讲话；县委常委、宣传部部长扎桑主持会议；县人大常委会副主任达瓦、县政府副县长王建红、县政协副主席杨东林出席会议；各乡（镇）、寺管会、县直各部门主要负责人、全体巡察干部参加会议。

同日 由县安监局、自然资源局、交运局组成的一行检查组到措美县乃西乡至恰杂村路段进行道路及地质灾害安全检查。检查组通过实地检查及和村委班子座谈等方式，对乃西乡至恰杂路段路面行车状况、急弯险路路段警示标志设立、冬季百姓出行安全、村内地质灾害情况等进行全面检查及了解，并向村委会发放安全生产及道路交通安全知识宣传资料。

同日 由县委宣传部、县司法局、县扫黑除恶办组成的宣讲组到措美县哲古镇宗宗村召开措美县“四讲四爱”“回头讲”暨法治宣传教育交叉宣讲活动。县委书记牛堃对“为什么要开展‘四讲四爱’活动”以及“怎样开展好‘四讲四爱’活动”进行讲解。

同日 县委书记牛堃、县委副书记杜祝涛到哲古镇宗宗村检查指导工作。重点了解村目前工作开展情况，并对下一步村（社区）产业兴旺、生态宜居、乡风文明、治理有效、生活富裕等工作提出具体要求。

同日 县委书记牛堃，县委副书记杜祝涛到哲古镇卓德村实地考察农村人居环境整治情况。

14日 县国安办联合县消防大队、安监局等部门，对措美县文化活动中心消防安全情况进行检查。此次检查主要对县文化活动中心电线连接、消防设施配备、应急通道是否畅通、应急指示灯是否完好等情况进行排查。此次检查共发现隐患问题6项。针对检查发现的问题，县国安办向相关部门下发督办整改通知，要求其立即整改。

15日 县召开“四讲四爱”群众教育实践活动总结表彰大会。县委书记牛堃出席会议并作讲话，县委常委、宣传部部长扎桑主持，县委副书记杜祝涛，县委常委、政府常务副县长谭修生，县人大常委会副主任、哲古镇党委书记达瓦，县人大常委会副主任次仁出席会议。

16日 县委书记牛堃、县委副书记杜祝涛到乃西乡恰杂村实地考察农村人居环境整治情况。

17日 县委书记牛堃主持召开九届县委第38次常委会会议。学习传达了《中国共产党农村基层党组织工作条例》《浙江“千万工程”经验全面扎实推进农村人居环境整治工作电视电话会议主要精神》《中共西藏自治区委员会办公厅关于坚持创新新发展新时代“枫桥经验”的通知》。审议《措美县2019年度“三大节日”慰问工作方案。审议政府提交的民工工资风险金等十三项“三重一大”事宜。审议《2018年度县委常委班子民主生活会对照检查材料》。审议《措美县机构改革工作草案》，会议原则同意县机构改革工作草案，县委组织部按照会议要求对方案进行修改完善后报市委组织部审定执行。听取县委政法委关于2018年县平安创建工作汇报，县委政法委关于“扫黑除恶打非治乱”专项斗争工作汇报。审议措美县商住楼分配事宜。研究干部违纪和辞职事宜。

17–18日 由县委常委、统战部部长普琼带队，统战部、民宗局、宗教办等部门主要负责人一行4人，到全县4个乡（镇）、5个村（社区）、5个寺管会及5个重点寺庙，对宗教领域岁末年初各项工作进行检查指导，并与各乡（镇）、村（社区）、寺管会签订相关目标责任书。

18日 县委副书记、政府县长巴桑欧珠一行到恰杂村召开人居环境综合整治动员部署会议。乃西乡党委书记蒲芝顺、县发改委、交运局、林业局、产业办等相关部门负责人参加。

20日 召开选人用人“一报告两评议”会议，县委书记牛堃主持会议并作报告，市委组织部副部长侯宝萍、市纪委派驻市政府纪检组正科级干部米玛拉姆到会指导。

同日 县委召开2018年度民主生活会，县委书记牛堃主持会议，会议主题为“强化创新理论武装，树牢‘四个意识’，坚定‘四个自信’，勇于担当作为，以求真务实作风坚决把党中央决策部署落到实处”。山南市委组织部副部长侯宝萍、市纪委派驻市政府纪检组正科级干部米玛拉姆到会指导。“四办”、县纪委、县委组织部等部门负责人参加会议，县党员代表、人大代表、政协委员列席会议。

同日 县委书记牛堃主持召开九届县委第39次常委会会议。传达学习《中央经济工作会议精神》《中共中央办公厅国务院办公厅〈关于做好2019年元旦春节期间有关工作〉的通知》精神、习近平主席2019年新年贺词主要精神、《西藏自治区委员会宣传部〈关于全区各级党委（党组）理论学习中心组学习习近平总书记在庆祝改革开放40周年大会上的重要讲话精神〉的通知》精神。

21 日 山南市 2019 年文化科技卫生法律和爱国爱教宣传服务“五下乡”①活动启动仪式在措美县哲古镇扎杂村进行，标志着山南市 2019 年“五下乡”活动全面启动。市委常委、宣传部部长燕红宣布活动正式启动，市政府副市长索朗曲巴、市政协副主席普布多吉出席启动仪式。县委副书记、人大常委会主任洛桑次仁，县委副书记杜祝涛，县委常委、宣传部部长扎桑，县人大常委会副主任、哲古镇党委书记达瓦，县政协副主席、措美镇党委书记杨东林参加启动仪式。

同日 山南市委常委、宣传部部长燕红到哲古镇哲古社区，看望慰问驻村工作队、“两委”班子成员和第一支部书记，调研指导驻村工作。哲古镇党委、县强基办的负责人参加。燕红听取驻村工作汇报，进行座谈，对落实驻村“七项任务”、加强基层宣传思想工作进行实地检查和指导。

同日 县发改委对措美县 2018 年“十项提升”工程建设项目设备进行清点和验收。措美县 2018 年“十项提升”工程，总投资 5080 万元，于 2018 年 10 月开工建设，于 2019 年 11 月底竣工投入使用。其中设备购置含 8 辆自卸式垃圾车、200 个垃圾收集箱通过政府采购公开招标，中标价为 188.5 万元。

同日 山南市文化（文物）局党组成员、副局长强巴次仁一行，就 2018 年度措美县文化（文物）工作开展情况进行考核。措美县文广局局长洛桑旺旦全程陪同检查。考核组通过采取查阅资料、翻阅台账、实地检查等方式重点检查公共文化、专项经费使用情况、文化产业、非遗工作等文化文物各项业务工作开展情况。

同日 “三大节日”来临之际，措美镇汽车运输队对措美镇 28 户贫困户进行慰问，送去砖茶 28 对，大米、面粉各 28 袋，共价值 10500 元的物品及慰问金 5600 元。县政协副主席、措美镇党委书记杨东林出席并讲话。

同日 由市民宗局调研员刚组、市宗教领导小组督查科科长白玛拉珍、县委统战部副部长索朗扎西、县民宗局副局长索朗次仁 4 人，深入哲古镇扎杂村，参与山南市 2019 年文化科技卫生法律和爱国爱教“五下乡”活动，开展系列宣传活动，发放宣传资料 450 余册，讲解政策法规 10 条，受教育人数达到 300 余人次。

同日 团市委、市妇联赴措美县哲古镇扎杂村开展文化科技卫生法律和爱国爱教宣传服务“五下乡”活动。活动中共发放《预防青少年违法犯罪知识手册》《低碳生活、保护环境》《妇女权益保障法》《儿童安全自护手册》等宣传资料和宣传袋 2500 余份，发放法律知识答题卡 100 份，发放笔袋、卷笔刀、铅笔、笔记本等答题奖品 216 份，价值 2200 元。

22 日 县人大常委会党组班子召开 2018 年度民主生活会。县委副书记、县人大常委会党组书记、人大常委会主任洛桑次仁主持会议。县纪委副书记、监委副主任高原，县委组织部副部长聂智生到会指导，县人大常委会党组班子成员和“两院”党组书记参加会议。“两代表一委员”出席会议。会议应到 7 人，实到 6 人，因病因事请假 1 人。

同日 召开措美县人大常委会党组第一次专题理论学习会。县委副书记、人大常委会党组书记、人大常委会主任洛桑次仁主持。县人大常委会党组

①“五下乡”：文化、科技、卫生、法律、爱国爱教下乡。

副书记、副主任达瓦，县人大常委会党组成员、常委会副主任次仁、张小武，县人大常委会党组成员、人大办公室主任尼多及县人民法院院长桑珠次仁、县人民检察院检察长洛桑、措美镇人大主席和县人大常委会办公室全体干部职工参加会议。

23 日 措美县检察院党组书记、检察长洛桑一行 3 人慰问山南市检察院驻古堆乡工作队，并深入古堆乡西如麦组了解角布雄河水资源开发利用和水源管理保护情况，以及河流沿岸环境是否存在非法采砂、破坏河道、水资源有无污染等一系列问题进行调研。

同日 县委书记牛堃主持县委理论中心组 2019 年第 2 次集中学习会，专题学习《习近平总书记在庆祝改革开放 40 周年大会上的讲话》精神并展开学习研讨。

23–24 日 市人大常委会主任王德文一行 6 人深入措美县开展 2018 年人大工作考核评查。县委副书记、人大常委会主任洛桑次仁陪同。考核组深入古堆乡、乃西乡详细查看资料台账、人大代表活动室规范化建设及作用发挥情况，与乡（镇）党委、政府、人大主要领导进行座谈。

24 日 县委书记牛堃、县委副书记杜祝涛到乃西乡慰问乡机关工作人员、乃西村驻村工作队和贫困户、乃西寺管会驻寺干部和僧人，为他们送去慰问金、慰问品，并提前向他们致以节日的问候。

同日 共青团措美县委员会开展“冬日递暖”慰问关爱活动，为县邮政局 9 名快递从业青年送去棉被，总计 2070 元。

同日 措美县总工会召开“三大节日”慰问工作座谈会，为 18 名在档困难职工和 3 名遭遇意外职工发放慰问金共计 21000 元。

27 日 山南市农牧局党组成员、副局长王兵带领山南市农牧局机关慰问组到乃西乡恰杂村看望慰问村“两委”班子、驻村工作队及结对帮扶贫困户。王兵深入了解村经济社会发展情况及贫困户生产生活情况，以及脱贫攻坚巩固工作、村（社区）环境整治工作等方面工作。

28 日 县政协主席索朗欧珠在新春佳节和藏历新年来临之际，带队慰问措美镇各村（社区）、寺庙拉康、卫生院，开展 2019 年度“两大节日”慰问活动。此次慰问对象为贫困户、残疾户、寿星老人、因病困难户、受灾群众、优抚对象、村工作队及村两委、大学生村干部、第一书记、村医、易地搬迁户、建档立卡户、五保户、残疾人员、政协委员、佛协理事、非公人员、寺庙僧尼等共计 167 人和乡（镇）、寺管会、乡（镇）卫生院等 4 家单位。共送去慰问金 179500 元，以及大米、面粉各 35 袋，食用油 35 桶，砖茶 35 对等慰问品。

同日 山南市农村人居环境整治工作组在县政府副县长达娃顿珠的陪同下，到措美县当许社区对环境卫生整治工作进行检查指导。

29 日 山南市政协副主席克珠带队的慰问组一行在县政协副主席、措美镇党委书记杨东林陪同下到措美镇雪热村、当许社区等，看望慰问驻措美县区、市、县政协委员，并为三名委员每名送去慰问金 1000 元。同时要求他们要增强委员意识、增强服务社会的责任感和使命感，认真履行委员职责，积极为山南市经济社会发展建言献策。

同日 县 2019 年春节、藏历新年电视文艺晚会在县文化活动中心举行。

30 日 山南月光建筑有限责任公司董事长、措美县政协委员晋美一行 3 人在措美县民政局副局长谢武洺和措美镇党委副书记阿旺多杰的陪同下走访慰问措美县敬老院 102 名老人和 21 名工作人员，并为老人们献上哈达送去 51000 元的慰问金和 102 袋黑青稞糌粑、102 袋豌豆糌粑、102 桶菜籽油，为敬老院的工作人员送去慰问金 5000 元，并为敬老院送去油料费 7000 元。

31 日 山南市强基办巡回检查组二组组长、琼结县政协副主席秋龙一行到措美县措美镇雪热村督导检查工作并进行慰问。

2 月

1 日 县委副书记、县长、县委落实中央脱贫攻坚专项巡视反馈意见整改工作领导小组常务副组长巴桑欧珠主持县委落实中央脱贫攻坚专项巡视整改工作动员部署会。全体在家县级领导，各乡（镇）、县直相关单位主要负责人参加会议。

2 日 山南市政府办驻波嘎村工作队队长洛松朗加、波嘎村第一书记吴昌良，在波嘎村党支部书记兼村委会主任扎西多吉的陪同下，到措美县五保集中供养中心，看望慰问集中供养的 19 名波嘎村五保人员，向他们献上哈达和送去慰问金，并代表村“两委”和驻村工作队向他们致以关怀、问候和新春祝福。

8 日 山南市委副书记、市长普布顿珠，到波嘎村、玉美村调研并看望慰问村“两委”班子和市政府办公室驻村工作队。市政府秘书长罗天华，措美县委副书记、县长巴桑欧珠，县委常委、组织部部长洛旦陪同。

13 日 县委书记牛堃到雪热村检查指工作，要求工作队要做好节后平安创建工作；加大对脱贫攻坚政策的宣讲力度；组织群众搞好文娱活动；加大宣传好党的宗教政策等。

14–16 日 县委书记牛堃到乃西乡鲁麦村、古堆乡拉顶寺管会慰问基层干部和驻村驻寺干部。

15 日 措美县人民政府副县长、县脱贫攻坚指挥部副指挥长边巴次仁一行到县卫健委、乃西乡、措美镇督导检查中央脱贫攻坚专项巡视反馈问题整改落实情况。

16 日 县委常委、宣传部部长扎桑一行到波嘎村检查指导工作，并对驻村工作队进行慰问。在波嘎村驻村工作队驻地，详细了解群众的生产生活情况，询问队员的工作及生活情况，并与驻村工作队员进行座谈，听取驻村工作队工作开展情况的汇报。

同日 县委书记牛堃到拉顶寺管会进行检查指导并慰问驻寺干部，同时安排部署平安创建工作。

17 日 县委宣传部牵头，县统战部、政法委等 17 家单位组成的文化科技卫生法律和爱国爱教宣传教育“五下乡”活动启动仪式在乃西乡恰杂村举行。县委副书记、人大常委会主任洛桑次仁，县委常委、宣传部部长扎桑，县政府副县长边巴次仁，县政协副主席尼玛江村，县人民法院院长桑珠次仁出席活动。

18 日 县人民法院党组书记、院长桑珠次仁主持 2019 年第一次审判委员会全体会议，就一起民事合同纠纷案件进行讨论，县人民检察院党组书记、检察长洛桑列席，是措美县人民检察院检察长首次列席县法院审委会会议。

同日 县委书记牛堃主持召开九届县委第 40 次常委会会议。传达学习《习近平总书记在十九届中央纪委三次全会上的重要讲话精神》《习近平总书记在中央退役军人事务工作领导小组办公室呈报的〈地方退役军人服务管理体系建设情况〉上的重要批示精神》《国务院办公厅关于民营企业反映政策不落实典型案例的通报精神》《中共西藏自治区委员会办公厅关于转发〈中央第三巡视组关于对西藏自治区开展脱贫攻坚专项巡视的反馈意见〉的通知精神》《自治区党委农村工作暨脱贫攻坚工作会议精神》。

同日 县经济普查办负责人次仁旺庆带队4名普查指导员到乃西乡各村督导检查第四次全国经济普查工作进展情况，并抽查核实普查员数据录入情况，进一步提高经济普查准确性。

同日 县公安局组织开展"全面加强政治建警、锻造过硬公安队伍"主题演讲比赛。县委常委、政法委书记、公安局局长曹龙堂出席活动并做讲话，各派出所、局机关各部门负责人及全体民（辅）警参加此次活动。

20日 县委书记牛堃主持召开九届县委第41次常委会（扩大）会议，传达学习《习近平扶贫论述摘编》；听取县人大、政府、政协、法院、检察院党组工作汇报和县纪委监委工作报告；审议《措美县关于贯彻落实中央脱贫攻坚专项巡视反馈意见的整改方案》；审议《九届县委三次全会工作报告》；会议还对九届县委三次全会、县委经济工作会议，"两会"召开有关事宜进行具体部署安排。

21日 团市委书记拉宗一行到措美县调研指导团的基层组织建设工作。县委常委、组织部部长、团县委分管领导洛旦，团县委书记米玛罗布陪同。

同日 安徽省蚌埠市援藏干部、山南市第二高级中学人民教师白辉到哲古社区，看望慰问驻村工作队成员和贫困群众桑杰卓玛。

同日 县委书记牛堃主持召开九届县委第42次常委会会议，会议听取县委组织部关于县扶贫办主任人选和人事调动的意见。研究干部违纪问题处理意见。审议《措美县机构改革方案》。

同日 措美县召开十二届人民代表大会常务委员会第14次会议。应参加会议的县人大常委会组成人员21人，实到14人，县人民政府副县长朗嘎、县人民法院院长桑珠次仁、县人民检察院检察长洛桑，县政府办、县监委、县委组织部负责人以及办公室全体干部职工列席会议。县委副书记、县人大常委会主任洛桑次仁主持。

24日 中国共产党措美县第九届委员会第三次全体会议在措美县文化活动中心召开。县委常委会主持会议，县委书记牛堃代表县委常委会作报告。

同日 县委经济工作会议在县文化活动中心召开。县委书记牛堃讲话；县委副书记、政府县长巴桑欧珠作总结讲话，提出具体要求；县委副书记、人大常委会主任洛桑次仁主持会议。县委领导孙建华、杜祝涛、普琼、曹龙堂、谭修生、扎桑、次仁罗布、赵孙恕、洛旦、张志胜出席会议。

同日 措美县脱贫攻坚指挥部办公室召开例会，县政府副县长、县脱贫攻坚指挥部办公室主任边巴次仁主持，指挥部全体在家干部、县整改办工作人员参会，会上就2018年工作进行简要总结，对当前脱贫攻坚工作形势进行分析和研判，并就2019年工作进行重点安排部署，对工作作风和纪律提出具体要求。

同日 法治副校长、县人民检察院检察长洛桑在措美县中学开展"依法治校、法育未来"主题知识讲座。全校师生402人聆听讲座，校长白玛旦增主持。

同日 政协第二届措美县委员会召开第14次常委会议，县政协主席索朗欧珠主持，会议应到常委11人，实到9人。会议认真听取并审议通过召开县政协二届四次会议决定（草案）、大会议程（草案）、大会日程（草案）、大会委员分组名单和召集人名单（草案）、大会提案审查委员会组成人员名单（草案）及大会两个报告和报告人名单（草案）等事项。

同日 县委书记牛堃，县委副书记、县长巴桑欧珠等看望参加政协第二届措美县委员会第四次会议的委员们，并与他们亲切交谈，鼓励委员们要紧紧围绕主题，充分履职尽责，积极建言献策，共同完成好大会既定议程。

同日 措美县召开统战民族宗教工作会议。县政协副主席、民宗局局长扎西尼玛出席会议。县委常委、统战部部长普琼主持并讲话。各寺管会主任、统战部、民宗局、宗教办、工商联全体干部职工参加会议。会上，普琼总结2018年县统战民族宗教工作，安排部署2019年工作任务；扎西尼玛传达学习全国统战部部长会议精神、国家民委委员全体会议暨全国民委主任会议精神，自治区、山南市统战民族宗教工作会议精神。

同日 措美县召开“遵行四条标准、争做先进僧尼”教育实践活动安排部署会。各寺管会主任、统战部、民宗局、宗教办、工商联全体干部职工参加会议。县委常委、统战部部长普琼主持会议并讲话。会上，县政协副主席、民宗局局长扎西尼玛传达自治区党委常委、统战部部长旦科在自治区开展“遵行四条标准、争做先进僧尼”教育实践活动领导小组第3次会议上的讲话精神以及山南市“遵行四条标准、争做先进僧尼”教育实践活动安排部署会议精神，普琼总结2018年教育实践活动开展情况，安排部署2019年各项工作任务。

24–28日 县教体局局长格桑达瓦先后深入措美县中学、措美镇小学、县双语幼儿园、扎扎小学、哲古镇小学督导检查春季开学工作开展情况。

25日 县委书记牛堃主持召开九届县委第43次常委会会议。传达学习习近平总书记在中央政治局第十二次集体学习时的重要讲话精神；传达学习习近平总书记在省部级主要领导坚持底线思维着力防范化解重大风险专题研讨班开班式上的重要讲话精神；传达学习自治区领导在《区党委政法委关于2018年全区政法工作总结暨2019年工作要点的报告》和区扫黑办整理上报的《习近平总书记在中央政治局常委会会议听取扫黑除恶专项斗争有关情况汇报的重要讲话精神》上的批示精神；安排部署平安创建各项工作。

26日 政协第二届措美县委员会第四次全体会议隆重开幕。县委书记牛堃，县委副书记、政府县长巴桑欧珠，县委副书记、人大常委会主任洛桑次仁及县四大班子和法检“两院”在家县级领导出席会议。各乡（镇）、各寺管会、县中（区）直各单位负责人，驻措美县区、市政协委员，各乡（镇）政协工作联络员列席会议。

同日 政协第二届措美县委员会召开第15次常委会议，县政协主席索朗欧珠主持会议。会上学习了县委书记牛堃在县政协第二届措美县委员会第三次会议开幕会上的讲话，听取了第二届政协常委工作报告、提案工作情况报告的讨论情况。

同日 措美县召开关于贯彻落实中央脱贫攻坚巡视反馈意见专项整改调度会，县委副书记杜祝涛主持，县政府副县长边巴次仁出席会议，各涉及问题整改部门主要负责人参会，会上听取各方的意见建议，就全县整改方案制定完善情况进行具体安排部署。

同日 县委书记牛堃，县委副书记、县长巴桑欧珠到人大代表之家看望参加县十二届人大四次会议的基层人大代表。县委副书记、县人大常委会主任洛桑次仁向县委书记牛堃和县长巴桑欧珠介绍基层人大代表相关情况。

同日 措美县十二届人大四次会议召开“两会”党员代表（委员）大会。县委副书记、县人大常委会主任洛桑次仁主持，县委书记牛堃作讲话。

同日 措美县第十二届人民代表大会第四次会议主席团第一次会议在县人大代表之家召开，县委副书记、县人大常委会主任洛桑次仁主持。会议推选出大会主席团常务主席；表决通过，大会日程（草案）、大会执行主席分组名单（草案）、大会表决议案办法（草案）、关于提出议案、建议、批评和意见截至日期的决定（草案）。

27日 措美县第十二届人民代表大会第四次会议召开。县委副书记、县人大常委会主任、大会执行主席洛桑次仁主持。非人大代表的县级领导和县（中央、自治区）直部门主要领导以及县政协委员列席会议。根据会议日程安排，县委副书记、县人民政府县长巴桑欧珠向大会做政府工作报告。

同日 措美县第十二届人民代表大会第四次会议主席团第二次会议在县人大代表之家召开。县委副书记、县人大常委会主任洛桑次仁主持。表决通过措美县十二届人民代表大会法制司法民族宗教委员会主任委员人选的表决办法（草案）、县十二届人大四次会议选举办法（草案）、县委组织部介绍候选人建议名单的说明、候选人名单（草案）。

同日 措美县第十二届人民代表大会第四次会议举行第二次全体会议，县人大常委会副主任、哲古镇党委书记、大会执行主席达瓦主持。会议听取洛桑次仁所作的县人大常委会工作报告、桑珠次仁所作的措美县人民法院工作报告和洛桑所作的措美县人民检察院工作报告。同时，公布候选人名单（草案），提交分组会议讨论酝酿。

同日 政协第二届措美县委员会召开第16次常委会议，县政协主席索朗欧珠主持会议，会议认真听取并审议通过第二届政协措美县委员会第四次会议政治决议（草案）、关于索朗欧珠主席代表县政协常委所作的常委工作报告决议（草案）、关于尼玛江村副主席所作的提案工作情况报告决议（草案）等事项。

同日 按照措美县政协二届会议安排，县政协主席、提案审查委员会主任索朗欧珠主持大会期间委员提交提案审查会议，全体提案审查委员会组成人员参加会议。

同日 县脱贫攻坚宣传教育整改组召开安排部署会，县委常委、宣传部部长扎桑主持。会上听取各项工作的开展情况，并就存在问题和下一步工作开展进行具体安排部署。

28日 政协第二届措美县委员会第四次会议闭幕。县政协党组副书记、副主席郝高君主持会议。县委书记牛堃，县委副书记、县长巴桑欧珠及在家的其他县委领导参加大会闭幕。各乡（镇）、各寺管会、县（中、区、市）直各单位、驻军部队负责人列席会议。

同日 措美县召开第十二届人民代表大会第四次会议主席团第三次会议，县委副书记、县人大常委会主任洛桑次仁主持。

同日 措美县第十二届人民代表大会第四次会议召开第三次全体会议暨闭幕大会，县人大常委会副主任、大会执行主席达瓦主持，县委副书记、县人大常委会主任洛桑次仁做闭幕讲话。

3 月

7 日 县委书记牛堃主持召开九届县委第 44 次常委会会议。传达学习《中共中央关于加强党的政治建设的意见》。传达学习《中国共产党重大事项请示报告条例》。传达学习习近平总书记在省部级主要领导坚持底线思维着力防范化解重大风险专题研讨班开班式上的重要讲话精神。传达学习自治区纪委九届四次全会会议精神。审议《措美县机构改革方案》。听取县整改办关于中央巡视整改反馈问题整改情况报告。审议《措美县 2019 年计划实施项目情况和 2019 年重大项目常委分包情况》。审议《措美县 2019 年度义务植树和县城绿化项目立项经费的请示》。

11 日 县委书记牛堃主持召开九届县委第 46 次常委会会议，专题研究拉顶寺管会主任人选事宜。会议建议洛桑旺旦任拉顶寺管会主任职务，免去其县委宣传部副部长、文广新局局长职务。

13 日 措美县委常务副书记孙建华，县委常委、副县长张志胜及县委办工作人员一行 3 人到措美县卫生服务中心检查指导工作，县卫计委及卫生服务中心负责人陪同。重点检查平安创建工作开展情况、农牧民健康体检工作开展情况及援藏项目建设开复工、援藏氧气灌装设备运行状况等工作。

13–14 日 市委宣传部副部长高学军、山南市脱贫攻坚政策宣讲组组长等一行到哲古镇哲古社区，古堆乡帕仓村、措美镇玉美村种怒组开展“脱贫攻坚”暨“四讲四爱”回头宣讲活动，县委常委、宣传部部长扎桑，县委宣传部副部长尼玛旦增陪同。同时看望慰问驻村工作队及拉顶寺管会驻寺干部。

15 日 县驻军部队到措美县特困集中供养中心，组织官兵开展“扶贫济困、爱心传递”主题活动。为老人们打扫卫生、剪头发、修指甲、洗衣服等，到驻地贫困群众家中走访慰问、了解贫困群众生活情况，为贫困户送去大米、食用油、拐杖等物资，鼓励他们用积极乐观向上的心态去对待生活。

同日 县司法局联合县委统战部、政法委、公安局、民宗局、宗教办，在扎西曲林寺举办“遵行四条标准、争做先进僧尼”教育实践活动暨“法律进宗教场所”主题普法宣教月活动启动仪式。县委常委、统战部部长普琼出席活动。

同日 西藏自治区文化厅党组成员、巡视员、副厅长桑布带队的自治区“扫黄打非”联合专项检查组到措美县督导检查“扫黄打非”工作。山南市新闻出版广电局党组副书记、局长沈新军，措美县委常委、常务副县长谭修生，县委常委、宣传部部长扎桑陪同。检查组先后深入措美县“扫黄打非”办、网信办、文化综合执法大队、民间艺术团排练场等地，详细了解措美县“扫黄打非”进基层、文化执法等工作开展情况。同时，了解措美县民间艺术团文艺创作、文艺下乡等工作。

同日 由措美县扫黑办牵头，县公安局扫黑办、县扫黄打非办协助，组织县“三个专项斗争”各成员单位，在县城主干道扎实开展“三月综治宣传月”第一次集中宣传日“三个专项斗争”宣传活动。

同日 措美县食药监局联合县工商局在县城内开展食品安全专项检查，在检查过程中发现两家超市食品货架上有已超保质期的食品，依法对两家超市的违法行为做出处 3000 元和 5000 元罚款的行政处罚，并没收已超保质期的食品。

同日 措美县综治办牵头组织各综治成员单位在县城主干道开展综治宣传月活动。宣传活动采取悬挂横幅（藏汉双语）、发放宣传材料等方式，重点宣传《中华人民共和国宪法》《中华人民共和国各级人民代表大会常务委员会监督法》《中华人民共和国选举法》《中华人民共和国全国人民代表大会和地方各级人民代表大会代表法》《西藏自治区人民代表大会代表建议、批评和意见办理工作条例》“先进双联户”创建评选表彰措施和《西藏自治区社会治安综合管理条例》等内容（宣传资料均为藏汉双语），发放宣传资料 2000 余份。

16 日 根据县委组织部《关于规范设置基层党组织的通知》要求，波嘎村“两委”班子、驻村工作队、党建促脱贫指导员到各村民小组召开党员大会，选举产生支部委员会，并在提出委员候选人基础上选举产生支部书记、副书记、纪检委员、组织委员、宣传委员。大会上，村党委书记扎西多吉、驻村工作队队长洛松朗加、村党建促脱贫指导员次仁多吉分别进行讲话，明确支部工作的重点以及各支部委员的工作职责，号召广大党员干部充分发挥示范带头作用，以支部建设为重点，扎实在脱贫攻坚、农村人居环境综合整治、基层党建等方面聚共识、出实招、求实效，奋力推进新时代波嘎村农村现代化建设。

17 日 县委统战部、卫健委、卫生服务中心共同开展“关爱僧人健康”送温暖活动，为全县在编僧人进行免费健康体检。

18 日 受县委书记牛堃委托，县委副书记、政府县长巴桑欧珠主持召开九届县委第 47 次常委（扩大）会议，专题部署机构改革工作。会议传达《措美县机构改革工作方案》，通报机构改革工作进展情况，明确有关新设部门办公场所，并对改革工作进行安排部署。涉及部门 35 个，其中党委部门 8 个、政府工作机关 27 个。

同日 措美县召开党政机构改革工作推进会，会议以县委常委会扩大会议形式召开。对措美县机构改革工作进行安排部署。县委常委、组织部部长洛旦主持，县委副书记、政府县长巴桑欧珠出席并作讲话。在家县委常委、涉及机构改革单位主要负责人、县机改办全体工作人员参加会议。

同日 由中国劳动和社会保障科学研究院副研究员、城乡居民保险研究室副主任韩永江带队的人社部社保扶贫调研工作组和人社厅党组成员、副厅长王志强以及山南市人社相关负责县城的调研组一行 9 人到措美县调研社保扶贫工作。县委常委、县政府副县长赵孙恕，县人力资源和社会保障局局长拉巴卓玛陪同。

同日 县农行到玉美村开展扶贫“小额信贷”政策宣讲活动。活动聚焦惠民、利民、便民等相关扶贫信贷政策，县农行副行长旦木真从扶贫小额贷款定义、特点、信贷用途、申请条件、贴息贷款额度、贷款办理流程等方面分别做详细讲解，并指出县农行将充分发挥金融部门助推脱贫攻坚作用，大力支持符合条件的建档立卡贫困户按有效需求获得小额贷款，切实让群众享受到现代化金融服务，受众 210 余人。

同日 措美县政协主席索朗欧珠到扎西曲林寺开展平安创建督导检查工作。索朗欧珠通过与僧人、寺管会干部及民警座谈交流、查看台账等方式，全面了解扎西曲林寺僧人的基本情况及寺管会干部在岗情况等。以提问形式，了解寺管会干部和寺庙僧人对“遵行四条标准、争做先进僧尼”主题教育实践活动、惠僧惠寺及《宗教事务条例》等掌握情况。

20 日 山南市人大常委会副主任、驻措美县平安创建督导组组长松嘎一行到雪热村督导检查脱贫攻坚巡视整改及平安创建工作，县委副书记杜祝涛，县政协副主席、措美镇党委书记杨东林陪同。督导组一行详细检查《措美镇雪热村关于贯彻落实中央脱贫攻坚专项巡视反馈意见的整改方案》及相关材料，并听取雪热村关于贯彻落实中央脱贫攻坚专项巡视反馈意见整改工作的汇报。

同日 县人大组织三级河长、各乡（镇）人大主席、人大代表、县环保局、县河长办工作人员调研措美县河湖长制、环境保护等工作开展情况。县人大常委会副主任张小武、县人民政府副县长边巴次仁带队的调研组在哲古镇党委副书记、人大主席白玛格桑的陪同下到哲古湖、拉嘎曲、当许雄曲，查看河面垃圾是否清理、是否有污水直排现象、是否设置河湖长制公示牌，现场征求人大代表对于河湖长制落实的意见和建议，对现场发现的问题及时交办给县河长办并要求立即整改。

同日 在措美县特困人员集中供养服务中心召开2018年工作总结暨2019年工作安排部署会。措美县民政局局长卓玛拉姆主持，全体五保供养中心工作人员及老人参会。卓玛拉姆对2018年度工作进行全面总结，并为获得2018年度优秀、合格工作人员发放奖状和每人500元的奖金，以此鼓励其他工作人员。

同日 措美县举行“3·28”趣味运动会，活动按照“职工欢迎、广泛参与、社会互动、立足实效”的要求，通过新颖的载体、丰富的活动、扎实的工作，号召全县干部职工振奋精神，展示风采，凝聚力量，以优异成绩向中华人民共和国成立70周年、西藏民主改革60周年献礼。活动由县委宣传部主办，县总工会、团县委、县妇联承办。

同日 山南市人大常委会副主任、整改督查组组长松嘎率队到波嘎村检查脱贫攻坚中央巡视整改贯彻落实情况。

同日 措美县启动为“三属”①、现役军人和退役军人等家庭发放和悬挂光荣牌活动。县人民政府副县长王建红出席活动。启动发放仪式由县民政局局长卓玛拉姆主持。政府副县长王建红、县人武部格桑等向“三属”、现役军人家属、退役军人代表授“光荣之家”牌。

同日 县委统战部、公安局、法院、司法局组成的宣讲组到玛悟觉寺开展“法律进宗教活动场所”宣传教育活动，寺庙僧人及驻寺干部共20人参加。活动中，宣讲员用通俗易懂的语言向广大僧人讲解《中华人民共和国网络安全法》《中华人民共和国文物保护法》《中华人民共和国宪法》、“遵行四条标准、争做先进僧尼”教育、脱贫攻坚相关政策知识。

同日 县政协主席索朗欧珠先后到乃西乡、古堆乡开展平安创建督导检查工作。索朗欧珠对古堆乡、乃西乡平安创建工作给予充分的肯定，同时提出三点具体要求：提高政治站位；持续加大平安创建工作力度；进一步加强政策宣传教育工作。

同日 措美县农牧局、措美镇、雪热村、农机作业方联合组成农机深松整地作业验收小组，根据《措美县农机深松整地作业补贴实施方案》的要求，对措美镇雪热村已完成深松整地作业3个组的45.2公顷农机深松整地作业进行检查验收。

21日 西藏自治区党委组织部副部长李凤学率队的一行调研组，到措美县党员“双创”基地、当许社区、雪热村等调研基层党的建设和干部队伍建

① “三属”：烈士遗属、因公牺牲军人遗属、病故军人遗属。

设情况。县委常委、组织部部长洛旦陪同。调研组在措美县与县委书记、组织部部长、政法委书记、分管扶贫工作副县长等分别进行谈话，详细了解措美县基层党建、干部队伍、脱贫攻坚、维护稳定等工作情况。

同日 措美县人民政府、县人大、县政协联合召开2019年人大代表建议、政协委员提案交办会，将2019年“两会”代表建议和40件政协委员提案向各承办单位进行分解交办。县委常委、政法委书记、公安局局长曹龙堂参加会议。县政府督查室及19家承办单位主要负责人参加会议。

同日 副县长王建红带队，县住建局局长孙先林和住房分配管理人员等一行4人到措美县各小区，针对保障性住房维修住户开展排查、核实和了解需维修的状况、损坏问题根源等工作。

同日 措美县政协主席索朗欧珠率领县水利局工作人员、乡（镇）级河长到哲古镇宗宗村格措、朗果村曲两河进行督导检查。

同日 措美县人民政府副县长朗嘎，农牧局、住建局、发改委、扶贫办、消防、哲古镇政府、施工单位、设计单位、监理单位、阿吉卓姆有限公司等各单位负责人组成的验收组到哲古镇对总投资1300万元的哲古一体化畜产品综合加工厂建设项目进行竣工验收。验收组严格按照施工图纸进行实地查看，听取监理及项目承担主体以及设计公司的意见进行验收，哲古镇一体化畜产品综合加工厂建设项目竣工验收合格。

同日 在措美县政协常委会议室召开政协第二届措美县委员会第18次常委会议。县政协主席索朗欧珠主持会议并讲话。会议审议通过政协措美县委员会委员年度考核办法（试行）。

同日 县委常委、政府常务副县长谭修生主持措美县人民政府党组2019年第五次学习会，集中学习《中共中央关于加强党的政治建设的意见》《中国共产党重大事项请示报告条例》《山南市贯彻落实自治区第三环境保护督察组督察反馈意见整改方案》和《区党委办公厅关于进一步加强重大事项请示报告等制度执行的通知》。县政府在家班子成员及政府系统主要负责人参加会议。

同日 山南市人大常委会副主任、驻措美县督导组组长松嘎在县委副书记杜祝涛的陪同下到乃西乡恰杂村督导检查相关工作，重点对平安创建、脱贫攻坚巡视整改等方面工作开展情况进行督导检查，并详细查阅相关工作的资料、台账。从农村环境整治工作、脱贫攻坚巡视整改、如何让贫困户持续增收等方面作出指示。

21－22日 西藏自治区人大常委会副主任、山南市委书记许成仓一行4人先后到哲古镇卡珠村、卓德村，措美镇玉美村、波嘎村，玛悟觉寺，乃西乡乃西村调研脱贫攻坚、农村人居环境综合整治、乡村振兴、基层维护稳定等工作，并看望慰问驻村工作队。市委常委、秘书长赫沛陪同。

22日 县委书记牛堃主持召开九届县委第48次常委会会议，会议专题听取县委组织部关于2019年涉及机改干部68名任免调整情况汇报。会议要求，县委组织部严格按照相关法律程序做好干部任免职工作。

同日 措美县新组建和调整的31家机构正式挂牌成立。在县政府办公楼举行集中揭牌仪式，出席揭牌仪式的领导有山南市人大常委会副主任松嘎及在家的县级领导及县直各部门主要负责人，新组建（成立）部门负责人进行表态发言。县委书记牛堃致辞。集体揭牌仪式结束后，其余的新组建和调整的机构相继举行揭牌仪式。

同日 县人社局、“双业”办委托措美县纯天然菜籽油加工合作社开展菜籽油加工技能培训。培训为期30天、培训贫困户30人、培训资金4.8万元。

同日 县召开第十二届人民代表大会常务委员会第15次会议，县委副书记、县人大常委会主任洛桑次仁主持会议。县人民政府副县长刘建伟、县人民法院、县人民检察院，县政府办、县纪委监委、县委组织部负责人、各乡（镇）人大主席、人大专干以及部分基层人大代表列席会议。

同日 县人大常委会组织召开“五查五增、质效提升”暨在代表中开展“法在我身边”活动动员部署会，县委副书记、县人大常委会主任洛桑次仁主持。在家的县人大常委会党组成员，副县长刘建伟，县十二届人大常委会委员，“一府一委两院”负责人，政府各组成部门的负责人，各乡（镇）人大专干以及部分基层人大代表参加会议。

23日 措美县委组织部举办村（社区）第一书记、党建指导员第一轮业务培训，围绕基层党组织标准化建设任务，就进一步加强基层党组织建设开展业务培训，提升村（社区）党务工作人员党建业务水平。县委组织部副部长白玛格桑出席培训会并讲话。

同日 山南市人大常委会副主任松嘎一行到古堆乡帕仓村对脱贫攻坚巡视整改反馈意见落实情况进行回访检查，并就做好脱贫攻坚工作提出明确要求，县委副书记杜祝涛陪同。

同日 受山南市委副书记、市长普布顿珠委托，市政府副市长索朗曲巴到措美县调研农村人居环境综合整治工作。索朗曲巴看望慰问市政府办驻措美镇波嘎村、玉美村两个工作队。主持座谈会，帮助两个驻村工作队协调解决工作中存在的问题与困难，县委副书记、政府县长巴桑欧珠参加座谈会。

同日 中国农业银行措美县支行到雪热村开展小额信贷相关政策宣讲工作。宣讲工作会上，县农行工作人员对小额信贷相关知识进行解读，并对新的农行相关政策和政策改动进行解释说明，同时将贷款种类、贷款额度等农行对群众带来的优惠政策进行详细的解释。并对贫困户小额信贷利息方面进行讲解。发放宣传资料200余份，受众80余人。

23–24日 国家发改委经济研究所调研组到措美县措美镇、哲古镇、乃西乡开展“十四五”时期山南市国民经济和社会发展调研工作并召开座谈会，县委书记牛堃主持，县委常委、政府副县长赵孙恕，县发改委、住建局、商务局、旅游局等部门主要负责人陪同调研。

24日 玛悟觉寺管会组织驻寺干部及僧人宣讲员在当许社区8户建档立卡户和2名贫困僧人中宣讲脱贫攻坚政策知识，山南市政协委员、玛悟觉寺管会副主任西若加措（僧人）向广大贫困群众宣讲脱贫攻坚政策知识，教育引导贫困群众正确树立宗教消费观念，摆脱贫困，实现增收致富，共发放慰问金1万元。

同日 山南市副市长索朗曲巴到措美县乃西乡恰杂村环境整治分会场开展调研，措美县政府副县长边巴次仁，县检察院检察长、措美县驻乃西乡平安创建督导组组长洛桑和乃西乡党委书记蒲芝顺等陪同。索朗曲巴慰问恰杂村村民，并与恰杂村“两委”、驻村工作队召开座谈会。随后到乃西乡召开座谈会，会上乃西乡党委书记蒲芝顺就慰问措施、脱贫攻坚、巡视整改、环境整治等情况作简要汇报。

同日 措美县疾控中心、4个乡（镇）卫生院在各自辖区内开展第24个“世界防治结核病日”宣传活动。活动主要向农牧民群众详细解读结核病概况、症状、传播途径等基本知识以及防治肺结核病的方法。

25日 以措美县乃西乡泥石流治理工程施工为契机，乃西村组织村“两委”班子、第一书记与湖北省中大地质基础工程勘察院施工队负责人召开砂石购销合作洽谈会。会上，乃西村砂石厂管理负责人、村“两委”委员格桑加措介绍村砂石厂经营范围和材料规格，施工方负责人马荣忠根据施工需求，提出材料购销合作意向。经洽谈，双方就砂石购销市场价格和运输费、管理费等方面达成基本一致，并草拟《砂石购销合同》待进一步修改完善。

同日 措美县发改委主任加央群培带队，到乃西乡恰杂村就村(居)人居环境整治情况进行检查。检查过程中，主要对村容村貌整治、道路硬化、饮水工程等情况进行全面检查。

26日 措美县纪检监察系统召开扶贫领域整改问题第三次推进会。县委常委、纪委书记、监委主任次仁罗布主持会议，县乡两级纪检监察干部、巡察干部参会。会议听取乡（镇）纪委、县纪委各科室自3月19日第二次推进会后，抓扶贫领域专项巡视反馈问题整改工作进展情况，安排部署下一步工作任务。

同日 山南市卫健委主任桑杰群培协同卫健委副调研员旺杰到措美县督导检查2019年全民健康体检工作开展情况。县委副书记、政府县长巴桑欧珠，县卫健委主任多吉平措，卫生服务中心主任阿旺加措陪同。桑杰群培来到正在进行体检的雪热村，查看体检进度并询问体检情况、向群众征求体检意见。

27日 措美县教育系统召开“践行社会主义核心价值观、争做四讲四爱好少年”主题活动推进会议。县教体局局长格桑达瓦主持，各学校校长、德育负责人、教育局全体干部职工参加会议。县教育局副局长达珍传达学习市委常委、宣传部长燕红，副市长王霞在全市“践行社会主义核心价值观、争做四讲四爱好少年”主题活动动员部署会上的讲话精神及市教育局党组书记董安学在全市教育系统作出的部署安排以及县委、县政府相关要求。

同日 山南市人大常委会副主任、市驻措美县督导组组长松嘎在县政府常务副县长谭修生、水利局局长布阿南的陪同下，针对措美县河长制需整改的问题再次进行检查和督导。

28日 庆祝西藏民主改革60周年大会在拉萨布达拉宫广场举行，山南市人大常委会副主任、市驻措美县督导组组长松嘎，县委书记牛堃，以及在家县级领导在措美县平安创建指挥部值班室集中观看大会直播盛况。

同日 县农业银行组织开展以纪念“3·28”百万农奴解放纪念日暨西藏民主改革60周年活动为契机，在当许社区开展“个人助业贷款”宣传活动，社区共有220余名群众参加。活动主要针对“个人助业贷款”的定义、适用对象、办理条件、担保方式及操作流程等方面以及中国人民银行对西藏自治区金融精准扶贫政策进行详细的介绍，并发放相关宣传手册200份。

同日 措美县司法局利用“3·28”百万农奴解放纪念日暨西藏民主改革60周年的时机，在当许社区开展“法制进乡村”宣讲活动，200名群众参加。重点宣讲《中华人民共和国宪法》《中华人民共和国刑法》《中华人民共和国婚姻法》《中华人民共和国劳动法》等相关的法律法规知识。

同日 县普法办邀请西藏欧珠律师事务所2名律师，为当许社区群众开展法律知识宣讲。

同日 措美县老干部局组织20余名退休干部召开纪念西藏民主改革60周年座谈会，老干部们围绕着西藏民主改革60年来的成就，聚焦当下幸福生活，展望美好未来开展交流座谈。

29日 县水利局组织工作人员到哲古镇卓德村和乃西乡恰杂村，开展安全饮水维修工程放线工作。该工程实施后，可解决卓德村335人，其中建档立卡贫困户101人；恰杂村134人，其中建档立卡贫困户15人的生产生活用水难的问题。

同日 措美县召开2019年“四讲四爱”群众教育实践活动动员部署会，县委副书记杜祝涛主持，县委书记牛堃，县委常委、政法委书记、公安局局长曹龙堂，县人大常委会副主任、哲古镇党委书记达瓦，县人大常委会副主任次仁，县人大常委会副主任张小武，县政协副主席郝高君，县政协副主席、民宗局局长扎西尼玛出席会议，各乡（镇）党委书记、宣传委员，各村（社区）第一书记，驻村工作队队长，学生代表，各寺管会，县（中、区）直各单位负责人共计128人参加会议。

同日 措美镇召开2019年度党委经济工作会议。镇党委副书记、人大主席次仁旦增主持会议，副镇长土旦格桑作工作报告，县政协副主席、镇党委书记杨东林作讲话。

30日 县委统战部组织在编宗教教职人员开展集中法律知识考试。县城周边3个寺管会下辖11座寺庙35名僧人参加法律知识考试。

同日 县教育系统召开“四讲四爱”群众教育实践活动动员部署会。县教体局局长格桑达瓦主持，县委宣传部副部长旦增顿珠出席会议，各学校校长、德育负责人、全体干部职工参加会议。县教育局副局长熊永川传达学习自治区党委、市委、县委“四讲四爱”群众教育实践活动动员部署会上的讲话精神，并宣读措美县“四讲四爱”群众教育实践活动方案（拟稿）。

31日 古堆乡召开第十三届人民代表大会第五次会议，会议主要听取审议乡政府报告、乡人大主席团工作报告。

4月

1日 县委书记、县脱贫攻坚领导小组组长牛堃主持召开九届县委第49次常委会会议，会议专题研究县扶贫商业街资金置换事宜。会议同意山南市月光建筑有限责任公司以措美县扶贫增收商业街项目11年的收益权置换已投入的政策性资金986.4万元。

同日 措美县农牧局联合县农牧综合服务中心技术员、乡（镇）村负责人到哲古镇、古堆乡接羔育幼点进行交叉检查。检查中未发现重大动物疫情、羊链球菌和羔羊痢疾等疫情，完成接羔率95%、仔畜成活率达到93%。

2日 县应急管理局联合消防等相关部门到国道219线16标段及乃西乡乡政府至恰杂村路段开展道路安全隐患检查。重点对国道219线16标段施工路段道路安全警示标牌设立、施工路段道路通行安全、乃西乡政府至恰杂路段警示标牌设立、部分积雪路段通行安全等情况进行检查。

2-4日 由安徽省淮南市委组织部、市教育体育局和西藏自治区措美县教育局以及安徽省第六批援藏工作队措美县工作组共同举办的“1122”素质提升工程送培送教项目中学组培训在西藏山南市举办，培训期间，安徽省淮南市委副秘书长、安徽省第六批援藏工作队领队助理、县常务副书记孙建华到培训班现场看望培训专家、学员，开展座谈，并向措美县赠送100册教育教学专业书籍。

3日 政府副县长边巴次仁和水利局副局长次

吉尼玛一行，在县城周边督导检查治理水土面积17.05平方千米、总投资718.14万元的县城水土保持综合治理项目树苗成活率和补栽情况。

同日 县委书记牛堃一行2人，到措美镇当许社区督导检查第一书记、党建指导员、驻村工作队在岗在位及社区工作开展情况。牛堃重点了解当许社区农牧民群众务工问题，以及16~65岁生态岗位安排情况。

同日 县委书记牛堃主持2019年度理论学习中心组第5次集中学习会，会议专题学习《党政领导干部选拔任用工作条例》并结合该内容开展学习研讨和交流。同时传达学习《许成仓在措美县督导调研维护稳定和脱贫攻坚工作时的讲话》《许成仓在加查县督导调研维护稳定暨脱贫攻坚专项巡视整改工作时的讲话》《关于四起违反扶贫领域腐败和作风问题典型案例的通报》等精神。在家县级领导干部，措美镇、乃西乡负责人，县（中、区、市）直各单位负责人参加会议。

4日 措美县召开2019年措美县人大工作会议。县委副书记、政府县长巴桑欧珠主持。在家四大班子县级干部，县（中、区、市）直各单位负责人、各乡（镇）人大主席以及人大专干、县人大机关全体工作人员参加会议。县委副书记、县人大常委会主任洛桑次仁代表措美县人大常委会围绕2018年工作开展情况、面临的形势及存在的问题、2019年的工作计划三个方面作报告。

5日 乃西乡鲁麦村党总支部召开鲁麦村新修改完善村规民约征求意见讨论会，驻村工作队队长、村党建促脱贫指导员等到会指导。在原来的“村规民约”基础上增加四条，村民代表现场讨论，并签名表决通过鲁麦村2019年修改完善的“村规民约”。村“两委”班子、小组组长、“双联户”户长、村务监督委员会成员、农牧民党员、村民代表共65人参加。

同日 山南市人民检察院驻帕仓村、扎西松多村工作队，充分发挥法律服务职能优势，成功调解一起家庭婚姻纠纷事宜，并借此机会向帕仓和扎西松多两村村干部，讲解婚姻相关法律法规。

6日 县委书记牛堃到哲古镇宗宗村、卡珠村检查指导驻村工作队工作开展情况，看望驻村工作队员。首先到宗宗村委会，了解驻村工作队员生活、工作、学习等情况，为驻村工作队送去生活必需品，并鼓励队员们时刻注重政策理论学习，领会好上级部门的决策部署、真正把党和国家的惠农惠民政策触角伸向群众心坎里。随后，牛堃到卡珠村风电项目现场，考察项目建设情况，并指出为再生能源项目正常投入运营保驾护航。

8日 措美镇雪热村党委召开雪热白玛组党支部、岗苏次玛龙组党支部和切姆小扎扎组党支部等三个支部委员选举大会，村第一书记扎西欧珠主持。会上村党委书记格桑元旦宣读下设支部选举办法，介绍各支部委员候选人的产生和个人基本情况。并安排部署各党支部各项工作，同时在党员信党不信教和党员发挥先锋模范作用方面进行强调。组织各党支部党员集体宣誓，重温入党誓词。

9日 措美县政协党组召开第八次理论学习会议，县政协党组副书记、副主席郝高君主持。县政协党组成员，全体党员，县政协党员委员出席会议，办公室干部职工列席会议。会上，党组成员集中学习全国政协十三届二次会议主要精神及再次学习领会县委书记牛堃在中共措美县委九届三次全体会议上的讲话精神。

同日 山南市动物疫病预防控制中心包县技术指导员同县农牧综合服务中心包乡（镇）技术员到

措美县各乡（镇），组织乡（镇）领导、村主任、村级动物防疫员以“以会代训”的形式召开2019年重大动物疫病强制免疫部署动员会暨村级兽医培训会，并发放疫病防控疫苗药物，共98人参加。

9–10日 措美镇玉美村党总支分别召开三个支部委员选举大会，通过投票选举的方式，各支部委员会分别选举支部委员5名，3个支部委员会共选举产生15名支委会班子成员。

10日 县政府党组召开第七次理论学习会，集中学习《习近平谈治国理政》《在发展中保障和改善民生》《许成仓在措美县督导调研维护稳定和脱贫攻坚工作时的讲话》《关于自治区生态环境厅党组在解除挂牌督办工作中不认真履行主体责任问题的情况通报》《关于十起违纪违法问题典型案例的通报》，县政府党组书记巴桑欧珠主持会议并讲话。县政府在家党组成员赵孙恕、朗嘎、刘建伟、王建红、边巴次仁、夏猛，政府系统各单位主要负责人参加会议。

同日 措美县宗教领域召开工作安排部署会，会议全面总结第一季度宗教领域各项工作开展情况，安排部署各项工作。县委常委、统战部部长普琼主持会议并讲话。县政协副主席、民宗局局长扎西尼玛出席会议，各寺管会主任、统战部（民宗局）全体干部职工参加会议。

同日 副县长刘建伟带队，县应急管理局、消防大队、住建局等部门组成的联合检查组，对措美县城内各建筑施工地进行安全检查。通过现场检查、查阅资料及现场询问等方式，对县城内措美县棚户区改造、措美县人民医院等4家建筑施工地企业安全生产责任制体系建设、安全设施设备配备、人员住宿区消防安全、施工现场临时用电、从业人员安全教育培训等进行检查。针对所查隐患问题检查组详细记录，要求施工单位限期整改。此次检查共出动执法人员8人次、执法车辆2台次，检查建筑工地4家，排查各类安全隐患27处，下发督办通知1份。

同日 县农业农村局举办田间新农药使用技术培训。县农牧综合服务中心农业技术人员对措美镇农牧综合服务中心农业技术人员、村（社区）农业科技特派员等10余人进行培训。以一对一现场讲解、理论授课、互动交流等形式进行，系统讲解各种除草剂、包衣剂、杀虫剂和杀菌剂的相关配药技术及知识。

11日 县委书记牛堃主持召开九届县委第51次常委会会议。传达学习中共中央政治局会议，审议《中国共产党党组工作条例》和《中国共产党党员教育管理工作条例》精神提纲。传达学习《3月7日习近平总书记参加甘肃代表团审议时发表的重要讲话》。传达学习《全区宣传部长会议精神》和《全区网信办主任会议精神》，听取《措美县意识形态工作汇报》。审议政府大额资金使用情况。会议审议并原则同意《措美县招商引资激励办法》《措美县招商引资激励办法》，县发改委按照会议要求修改完善后，以县政府办公室名义行文。会议研究并原则同意组织部提交的干部调整建议名单。

同日 山南市人民检察院党组成员、副检察长蒋光全带队到帕仓村看望慰问帕仓村村民以及驻村工作队干警，开展“送法进村庄送法进家庭”主题活动，并慰问帕仓村18户贫困户，慰问品折合价值70000元。古堆乡党委书记土旦桑珠陪同。

12日 措美县共设卡哲古镇、古堆乡、乃西乡3个消毒检查点，在各卡点安排专人24小时对过往车辆、人员进行消毒，确保“非洲猪瘟”防控工作取得实效。

同日 由措美镇、县安居办、自然资源局及设计单位负责人组成的安居项目调研组，到波嘎村恰堆组调研困难群众家庭新建房屋选址事宜。此项安居工程建成后共解决波嘎村恰堆组困难群众 5 户 13 人的住房问题并完善水电路讯等基础设施。

同日 措美县市场监督管理局在全县范围内开展“非洲猪瘟”防控专项检查工作，保障群众肉类食品安全。执法人员重点对县城内食品生产加工小作坊、菜店、餐饮店、学校食堂、机关食堂等肉类加工使用单位进行突击检查。共出动执法人员 11 人次，检查肉类生产加工使用单位 22 家，均未发现非洲猪瘟疫情。

同日 山南市人民检察院驻古堆乡帕仓村驻村工作队邀请市藏医院湖南省第八批援藏医疗队在辖区以“四讲四爱”为主题开展健康扶贫义诊活动。活动中对辖区群众进行健康体检，同时免费发放药品等。此次活动共义诊 200 余名群众。

14 日 措美县中学开展以“新中国成立 70 周年和西藏民主改革 60 周年”献礼为主题的第四届校园十大歌手大赛，丰富师生的校园文化生活。

14–15 日 山南市政府办驻波嘎村工作队与雅砻投资公司对接，动员群众积极参与，并组织波嘎村第一批外出务工联队人员赴山南市公安警务技能训练基地建设项目务工，协调务工人员的吃住、工资、合同等事宜。已有 30 人报名参加务工联队。

15 日 山南市妇联党组书记、主席徐梅带队一行 5 人，到措美县对 2018 年妇联目标管理责任完成情况进行实地考核。同时督导组一行到措美县乡（镇）区域化建设改革试点措美镇妇联进行检查。通过查阅资料、听取汇报和座谈交流等方式，了解乡（镇）区域化建设后镇妇联班子发挥作用、家庭教育、妇女儿童的学习宣传等服务妇女儿童各项工作开展情况。

同日 县委常委、组织部部长洛旦，副县长边巴次仁，县政协副主席尼玛江村到哲古镇卡珠村开展调研。并向村“两委”班子、驻村工作队详细了解卡珠村当前社会综合治理、平安建设和维护稳定、环境保护、党建、产业发展等方面存在的问题和困难，对中央第三巡视组脱贫攻坚专项巡视反馈意见整改落实情况进行全面了解。

15–16 日 县委常委、统战部部长普琼带队的宗教领域督查组到全县 5 个寺管会、6 座寺庙，督导检查各项工作开展情况。

16 日 在措美县政府三楼会议室召开政府妇儿工委工作汇报会，县委常委、政府副县长赵孙恕主持并代表措美县人民政府就措美县实施妇女儿童发展规划（2016—2020 年）目标完成情况做汇报。山南市妇联党组书记、主席徐梅，市妇联党组成员、副主席杨拼兰，山南市妇联权益部部长尼玛措，县妇儿工委各成员单位负责人参加会议。

同日 措美县召开干部驻村暨乡（镇）干部进村入户为民服务活动推进会，县委常委、组织部部长洛旦主持会议，县委书记牛堃出席，县直各单位、各乡（镇）主要负责人参会。

同日 山南市民生调研组一行 3 人到措美县检查 2018 年度民政民生工作开展情况，并对 6 户家庭进行入户走访，详细了解家庭生产生活条件及民生资金领取情况。

同日 县委书记牛堃同措美镇、县委办相关人员前往县城、增嘎易地搬迁点及当许片区棚户区改造项目施工现场进行督导检查。实地查看搬迁点绿化亮化工程、环境卫生现状，并结合当前开展的人居环境综合整治工作提出相关要求。

同日 山南市疾控中心慢性病科科长旦巴益西

带队的督导组对措美县慢病监测工作管理进行督导检查，县卫健委主任多吉平措陪同。督导组听取措美县慢病监测管理工作开展情况。在古堆乡、乃西乡督导过程中，督导组与医务人员就整改落实情况、组织管理、网络建设、人员培训、报告质量等方面进行交谈，并对慢病监测工作进行指导。

17日 山南市农行党委书记、行长李建军在乃西乡乃西村召开政策宣讲大会，主要面向建档立卡贫困群众宣讲金融惠农政策、法律知识、四讲四爱等相关政策知识，会后李建军到贫困户家中了解群众“两不愁、三保障”情况，并向群众送去慰问物品。

同日 县委书记牛堃主持召开九届县委第52次常委会会议，传达学习习近平总书记在中央全面依法治国委员会第二次会议上的重要讲话精神，研究部署贯彻落实工作；传达学习习近平总书记在中央党校（国家行政学院）中青年干部培训班开班式上的重要讲话精神，研究部署贯彻落实工作；传达学习习近平总书记在中央全面深化改革委员会第六次会议上的重要讲话精神，研究部署贯彻落实工作；传达学习习近平总书记对信访工作作出的重要批示和《国家信访局关于学习贯彻习近平总书记重要批示的通知》精神，研究部署贯彻落实工作；传达学习全国、全区组织部长会议和全区老干部局长会议精神，研究部署贯彻落实工作；传达学习全国统战部长会议、全区统战民宗工作会议、自治区开展“遵行四条标准、争做先进僧尼”教育实践活动领导小组第3次会议和《中央统战部关于学习贯彻〈社会主义学院工作条例〉的通知》精神，研究部署贯彻落实工作；传达学习西藏自治区党委书记，西藏军区党委书记吴英杰在区党委国家安全委员会第一次全体会议上讲话精神。

同日 自治区人民政府副主席孟晓林到措美县乃西寺开展调研工作，自治区政府副秘书长旦增伦珠、区宗教局副局长赵辉年、山南市副市长索朗曲巴、市民宗局党组书记平措扎西等一同调研，向驻寺干部、寺庙僧人详细了解寺庙管委会履行教育、管理、服务职能，以及寺庙财务管理、寺庙香火、僧人生活状况和贫困问题等情况。

同日 措美县召开脱贫攻坚指挥部第三次专题会议，县委副书记、政府县长、县脱贫攻坚指挥长巴桑欧珠主持，并作讲话。

同日 山南市贡嘎县人民政府副县长次仁罗布和索朗赤来带队的25名乡（镇）及村（社区）主要领导到措美县考察学习农村人居环境整治工作。

同日 山南市退役军人事务局党组书记周智德带队的督导组一行到措美县督导检查全面贯彻落实习近平总书记“五有”指示精神和市委书记许成仓关于贯彻落实习近平总书记“五有”指示精神的情况。县人民政府副县长夏猛陪同。

同日 山南市发改委党组书记翟坤带队督导措美县古堆地热开发、国道560项目、波嘎易地搬迁等重点项目建设情况。县委常委、副县长赵孙恕陪同。

18–19日 县委副书记、政府县长巴桑欧珠带领在家的县级领导参加为期两天的义务植树活动。活动共发动党员干部职工、农牧民党员群众1300人次，投入资金70万元，植树11000株，新增党建林、先锋林、公益林等主题林40公顷。

25日 措美县举办“四讲四爱”暨脱贫攻坚政策宣讲现场观摩会。县委常委、宣传部部长扎桑带队，县政协副主席尼玛江村、各乡（镇）宣传委员、各村（社区）第一书记、驻村工作队员、村“两委”班子成员、各寺管会负责人、各学校负责人等到六安·措美现代农业科技示范园和措美镇多塘综合养殖基地观摩学习。

26 日 县委书记牛堃主持召开九届县委第 53 次常委会会议，审议《措美县 2019 年提前退休人员名单》，会议审议并原则通过措美县 2019 年提前退休人选的相关事宜，对符合条件并自愿提出申请的人员进行研究，同意推报洛桑次仁提前退休的申请，并要求县委组织部抓紧向市委组织部上报名单并做好对接工作。

同日 县委统战部组织宗教领域干部传达学习县安委会第二次全体扩大会议精神。5 个寺管会主任，统战部、民宗局、宗教办全体干部职工参加会议，县委常委、统战部部长普琼主持。会上，统战部常务副部长向涛传达县安委会第二次全体扩大会议和县安委办《督办通知》文件精神，县委常委、统战部部长普琼对各寺庙消防安全工作进行安排部署。

27 日 山南市人社局党组书记罗布占堆组织措美县乃西乡乃西村"两委"班子、村第一支部书记、驻村工作队和群众代表，召开乡村振兴及农村人居环境综合整治"大调研"活动相关内容征求意见会议。会上反馈走村入户情况和聚焦产业兴旺、聚焦生态宜居、聚焦乡风文明、聚焦治理有效和聚焦生活富裕等"五聚焦"涉及的五个表格，一一征求村"两委"班子、村第一支部书记、驻村工作队和群众代表的意见建议。

27–28 日 山南市教育局评估验收组组长央珍一行 4 人，在县教体局局长格桑达瓦的陪同下，对帕仓村幼儿园、乃西乡幼儿园、波嘎村幼儿园进行市级幼儿园评估验收。评估小组成员通过实地查看、查阅资料、观摩教学活动、现场考察、座谈方式了解 3 所幼儿园园舍设备、教职工队伍、园务管理、保教水平等各方面工作，按照市级幼儿园评估标准和办法进行全面评估验收。

28 日 山南市政府副市长牟永文一行，在措美县委副书记、县长巴桑欧珠陪同下到乃西乡具巴村实地督导检查"乡村振兴及人居环境整治大调研"工作开展情况。督导检查组听取具巴村"乡村振兴及人居环境整治大调研"工作开展情况和对此项工作开展的意见和建议。

同日 县政协党组召开第 9 次会议，县政协党组书记索朗欧珠主持。县政协党组副书记郝高君、党组成员尼玛江村出席会议。办公室全体党员干部及部分县政协党员委员列席会议。会议审议通过《中共措美县政协党组关于党员委员联系党外委员的实施意见》《中共措美县政协党组成员联系界别的制度》。

同日 政协第二届措美县委员会召开第 19 次常委会议，县政协主席索朗欧珠主持会议并讲话。会议审议通过政协措美县委员会 2019 年政治协商计划，并就做好政协工作提出要求。

同日 安徽省舒城县农业专家考察团赴措美县考察指导农牧工作，考察团一行到措美县宗宗村看望慰问措美县农业农村局驻村干部强巴次仁，并送去慰问金，实地查看安徽六安援藏项目皋城·措美广场、六安·措美现代农业科技示范园，充分肯定援藏项目的建成及投入使用。县委书记牛堃会见考察团一行，对舒城县给予措美县的无私援助，和舒城县农业专家为措美县现代农牧业发展所做的技术支援表示感谢，县政府副县长朗嘎、县农业农村局相关负责人陪同考察。

同日 措美县人大常委会副主任洛桑次仁带队、县人大常委会副主任次仁等 5 名常委会组成人员组成的执法检查组，以及部分基层人大代表在县交通局、应急管理局负责人的陪同下，深入卡珠村、卓德村对道路交通安全法贯彻落实情况进行执法检查。

同日 措美县总工会开展"走·发现美"职工

漫步游五一活动，活动分为措美县城（含措美镇）、哲古镇、乃西乡、古堆乡4个活动现场，吸引210名干部职工参与，县委书记牛堃以普通干部职工身份参与本次活动。

同日 县民政局将负责有关现役、退役军人优抚优待职能及历年来退役军人优抚相关的档案移交至县退役军人事务局，县民政局局长拉巴央金与退役军人事务局局长卓玛拉姆签订移交文本。

29日 山南市委副书记刘志强、副市长邓荃带领百余人的会议团到卓德村开展现场观摩调研，措美县委书记牛堃陪同。此次现场会分为三部分：村级服务场所展示、村级幼儿园观摩、入户实地考察。考察中与会代表分为10组分别进入10户群众家中实地考察农牧民群众家庭院落及内务整理情况。

同日 山南市政府副市长索朗曲巴带队的全市农村人居环境整治现场第二观摩组到措美县乃西乡恰杂村对农村人居环境整治进行现场观摩。观摩会采取进村入户、到实地等方式，实地查看措美县乃西乡恰杂村乡村人居环境整治工作的具体实施情况。

同日 山南市教育局教研室主任徐进带领市教研团队、骨干教师到措美县中学开展送培送教活动。

30日 措美县2019年组织工作会议暨基层党建工作推进会召开，会议总结回顾2018年全县组织工作和基层党建工作，对2019年组织工作和基层党建工作作出安排部署。县委书记牛堃出席会议并讲话，县委常委、政府副县长赵孙恕主持，县委常委、组织部部长洛旦安排部署党建工作，县人大常委会副主任次仁、县政协副主席尼玛江村出席会议，县委书记牛堃与乡（镇）党委书记、各工委书记签订2019年度基层党建工作目标责任书。

同日 措美县举行乡（镇）、村（社区）党务工作座谈会，县委组织部部务班子成员、乡（镇）党委副书记、组织委员，村（社区）第一书记以及党建指导员共33人参会。座谈会由县委组织部副部长、老干局局长阿旺朗杰主持。座谈会上，各乡（镇）、村（社区）总结2018年各自领域党建工作开展情况。县委组织部党建办工作人员通报2019年第一季度党建工作考核情况，并对参会人员进行党建业务方面的知识培训。

同日 措美县召开2019年度理论学习中心组第6次集中学习会，进行脱贫攻坚专题学习，并开展学习研讨交流；会议还传达学习《全国政协十三届二次会议主要精神传达提纲》《关于四起党员干部违反政治纪律典型案例的通报》《关于四起落实中央八项规定精神工作中履行主体责任不到位典型问题的通报》《关于西藏自治区扶贫领域典型案例分析情况的通报》。县委书记牛堃主持会议，在家县级领导干部，措美镇、乃西乡负责人，县（中、区、市）直各单位负责人参加学习。

5月

5日 山南市兽防总站包县督导员巴桑次仁深入措美县，通过走访、看、查、询问等方式督查重大动物疫病防控工作完成情况及免疫卡（档案）登记情况，巩固全县春防集中行动成效。

同日 县委书记牛堃到乃西乡具巴村、乃西村，对群众持续增收、村集体经济、产业项目建设、基层党组织建设等方面进行调研，并慰问驻村工作队，县委办、县强基办有关人员陪同。

同日 措美县在哲古镇哲古社区开展“四讲四爱”第一节点宣讲暨“五下乡”慰问演出活动。县委宣传部、县人民检察院、县教体局、县卫健委，哲古社区“两委”班子、驻村工作队、农牧民群众共600余人参加。宣讲员向广大群众重点宣讲“讲党恩爱核心”、惠民政策、法律知识，县民间艺术团为现场群众上演文艺节目。

同日 措美县委书记牛堃，县委副书记、政府县长巴桑欧珠一行到县特困人员集中供养服务中心看望老人并检查指导工作。牛堃一行到供养中心实地查看厨房、公共区域、老人居住房间等环境，并询问老人的身体康状况和日常生活情况。

同日 政府副县长朗嘎带领产业办、住建局、农业农村局、措美镇、设计公司、监理公司对真巴温室维修改造项目进行竣工验收。

同日 县扶贫办、措美镇联合验收组到波嘎村利民养殖专业合作社，对合作社维修情况进行现场验收，验收等次为合格。

7日 措美县“四讲四爱”宣讲组到措美镇当许社区开展“四讲四爱”“讲党恩爱核心”暨脱贫攻坚政策、法律法规、三个专项斗争知识宣讲活动，受众达280余人。

同日 县农业农村局联合县住建局、乃西乡人民政府、乃西村委、项目监理、施工方等单位负责人，对措美县乃西乡农牧业防抗灾物资储备库建设项目进行主体钢筋验收。验收组严格按照施工图纸和设计要求进行实地查看，检测、听取监理意见建议并进行验收合格。

同日 县委书记牛堃到波嘎村，调研乡村振兴及农村人居环境综合整治、脱贫攻坚、易地搬迁、国土绿化、产业发展、能人带动等情况。在听取村“两委”班子和驻村工作队汇报后，牛堃对驻村工作队工作给予充分肯定的同时对下一步工作提出要求。

同日 在哲古镇哲古社区召开国道沿线违建房问题和下一步农户意愿申请使用宅基情况做专项政策宣讲会，县自然资源局副局长旦增平措、哲古镇人大主席白玛格桑、哲古社区党支部书记索朗拉姆和部分村民代表参加会议。会上，自然资源局负责人介绍哲古镇国道沿线存在违建房的现状，并结合政策法规对相关违建情况做专项的政策宣讲，借此会议向村民讲解措美县宅基地审批程序、政策法规。依法依规使用土地，严禁私自建设违规建筑，减少因违法建设导致巨大经济损失。

同日 县人大常委会根据《西藏自治区人民代表大会常务委员会人事任免办法》规定，组织县政府提请任命的县医保局局长（人选）、行政审批和便民局局长（人选）、县市场监督管理局局长（人选）等16人进行任前法律知识考试。

同日 县应急管理局联合县交运局到县国道219线16标段施工地开展安全检查。重点对国道219线16标段新改建工程道路警示标牌及导向标牌设置、高边坡施工安全防护及安全措施落实、临时油库管理等情况进行检查。针对问题，检查组要求施工单位立即整改，并及时报送整改情况。

8日 措美县生态环境局负责人及工作人员到哲古镇哲古湖旅游景区开展“环境保护与爱鸟护鸟”活动。此次活动向周边群众讲授鸟类科普知识及在哲古湖畔向鸟类喂食等方式，大力开展爱鸟护鸟宣传，不断提高群众保护野生动物的意识和参与度。

同日 措美县法院召开党组专题会议，传达学习贯彻中央政法工作会议精神和区党委政法工作会议精神，院党组书记、院长桑珠次仁主持，全院在岗干警参加会议。

同日 县委常委、宣传部部长扎桑一行到乃西乡开展“四讲四爱”群众教育实践宣讲工作检查指导，督导组到到乃西村农户家中了解群众“四讲四爱”熟悉掌握情况，在乃西乡活动办和乃西村委会查阅“四讲四爱”群众教育实践宣讲等各项工作资料和台账，并根据检查督导中查出的问题提出整改意见。

同日 措美县民间艺术团到乃西村举行“四讲四爱”群众教育之“讲党恩爱核心”暨脱贫攻坚政策宣讲巡回演出，乃西村群众、学生120余人观看演出。乃西村同步开展扫黑除恶、普法宣传活动，发放宣传手册30余本、宣传单20余份。

同日 县委书记牛堃，县委副书记、政府县长巴桑欧珠，县委常委、副县长张志胜视察县人民医院项目建设情况，并就项目质量、设备采购、基础设施建设以及竣工验收等方面提出要求，县委办公室、县卫健委、县卫生服务中心有关人员陪同视察。

同日 由措美县旅发委牵头，联合县交运局、自然资源局、生态环境局到G219、G560沿线进行实地踏勘、确定选址。通过实地踏勘、论证，将市委所确定的4个建设点再次确认，并按照县政府要求，在两条国道沿线上确定5个观景台、休息驿站的选址位置。

同日 政府副县长夏猛到哲古镇宗宗村召开“大调研”动员部署会，动员和号召干部群众认真落实“大调研”责任，扎实推动《山南市乡村振兴及农村人居环境综合整治“大调研”活动方案》及市委常委、常务副市长王友华在山南市乡村振兴及农村人居环境综合整治“大调研”活动动员部署会议上的讲话精神，有效实施乡村振兴及农村人居环境综合整治“大调研”活动。

同日 县委书记牛堃主持召开九届县委第54次常委会会议，传达学习习近平总书记在重庆考察并召开解决“两不愁三保障”突出问题座谈会相关精神，研究部署贯彻落实工作。审议《2019年度县委巡察工作计划》。传达学习《党政领导干部考核工作条例》。传达学习《吴英杰在第一期全区党委（党组）书记主体责任制和纪委书记（纪检监察组组长）监督责任培训班讲话精神》和《王拥军在自治区党委党校的落实“两个责任”授课提纲》，研究部署贯彻落实工作。审议县人民政府《关于提请审议“三重一大”事宜的报告》：措美县人民政府班子工作分工、措美县2019年财政预算、措美县2019年财政涉农资金统筹整合使用实施方案。审议《措美县旅游文化宣传片》。审议《措美县关于坚持创新发展新时代“枫桥经验”着力提升城乡基层社会治理能力和水平的实施意见》。研究人事议题。

9日 县委书记牛堃到玛悟觉、扎西曲林寺管会和雪热村视察工作开展情况并提出要求。

10日 措美县各级各部门积极开展形式多样的防灾减灾宣传活动。县委书记牛堃，政协主席索朗欧珠，县委副书记杜祝涛，县委常委、政法委书记、公安局局长曹龙堂，县委常委、政府副县长赵孙恕等参加，并就防灾减灾的重要意义为来访干部群众作详细解答。活动现场，通过搭展台、摆展板、拉横幅、发放防灾减灾科普书籍的方式，向广大干部群众进行重点灾害的形成、危害及防治措施等科普宣传。

同日 县委常务副书记孙建华及县直各单位分管档案的负责人在县分会场参加全区档案工作电视电话会议。会后，孙建华就全县机构改革工作及档案管理工作进行安排部署。

同日 山南市政协主席巴珠到措美县调研政协工作。县委副书记、政府县长巴桑欧珠，县政协主席索朗欧珠，县政协副主席扎西尼玛陪同。巴珠一行查看县政协办公区域条件及组织机构设置情况，并通过查阅资料、现场询问等方式到了解全国政协十三届二次会议、自治区政协十一届二次会议和市政协一届五次会议精神落实情况，党建工作推进情况，委员履职情况，2019 年县政协工作开展情况以及下一步政协工作的主要方向。

13 日 山南市生态环境局措美县分局、监理单位、施工单位联合乃西乡政府、恰杂村委会等部门主要负责人一行 6 人对措美县 2019 年农村饮用水水源地环境保护工程项目进行实地放线，并明确施工任务。

同日 措美县哲古镇卓德村召开乡村振兴及农村人居环境综合整治“大调研”部署会议，山南市生态环境局副局长、包村（社区）调研牵头领导格桑主持。会议传达山南市乡村振兴及农村人居环境综合整治“大调研”活动的实施方案，同时，对“大调研”活动进行安排部署。

同日 县委副书记、政府县长巴桑欧珠，县政府副县长普布扎西在县政府办、扶贫办负责人陪同下到乃西乡定巴村对重点工作开展情况进行检查指导。通过查看调研报告、户档等方式详细了解定巴村乡村振兴大调研工作开展情况，了解定巴村脱贫攻坚专项巡视反馈意见整改工作，详细询问村委关于脱贫攻坚巩固提升计划以及实施情况。同时工作组一行到村贫困户家中了解他们的生活情况和各项政策落实情况。

13–23 日 措美县“四讲四爱”活动办联合扫黑办到 16 个村（社区）开展“四讲四爱”暨“扫黑除恶打非治乱”“三官”[①]讲法知识宣讲活动。

14 日 县自然资源局联合应急管理局、生态环境局等单位对县辖区内的非煤矿山、砂石厂、国道公路临时选料厂，进行安全生产、矛盾纠纷、环境保护、矿产资源扫黑除恶专项斗争等相关情况全面排查。专项检查工作人员采取实地排查、现场查看资料、听取汇报、实地走访等方式，对县城辖区 8 家探矿、1 家采矿企业、国道临时取料、砂石厂进行抽查，全面了解企业工作开展情况。

同日 县扫黑办工作人员到乃西乡鲁麦村检查涉黑涉恶问题线索摸排核查情况。检查组一行详细听取村扫黑办有关扫黑除恶工作实施方案、线索摸排等相关工作情况汇报，并详细查看村有关扫黑工作开展情况、简报信息、工作台账等。

同日 县委副书记、政府县长巴桑欧珠一行到哲古镇宗宗村督导检查各项工作，通过召开会议和走村入户形式，全面了解精准脱贫、人居环境、基层教育、产业项目、基础设施等各项工作开展情况，并针对宗宗村未来发展提出具有前瞻性和指导性意见建议。

同日 经过山南市政府办第七批、第八批驻波嘎村工作队多次有效衔接，由乃东贡桑禽类养殖专业合作社提供价值 11000 元的 500 只扶贫鸡苗“改良 2 号”，正式发放到波嘎村致富带头人格桑达瓦手中和波嘎村利民养殖专业合作社。

14–16 日 山南市公安局教官团一行 4 人到措美县开展为期 3 天的“送教基层行”活动。政委单增罗布总体负责，政工监督室组织协调，警务保障室保障训练期间的后勤相关工作，全局 45 名民警参加此次训练活动。

14–17 日 山南市教育局副局长仁增达杰带队，东辉中学校长格桑欧珠等一行 8 人到措美县开展素质教育市级第二次督导评估验收工作，政府副县长朗嘎、县教体局局长格桑达瓦及县教研室、督导室负责人陪同。督导组先后到哲古小学、措美镇

① “三官”：法官、检察官、警官。

小学、县中学等地，通过听取汇报、查阅资料、实地考察、走访座谈、观摩教研等方式，对学校办学行为、条件保障、常规教学、德体美育、办学成效等方面进行细致地督导评估，同时，评估组每检查完一所学校立即召集全体教师召开反馈会议。

15日 县卫健委连同县疾控中心在中心广场开展以“人人健康·家家幸福”为主题的第26个国际家庭日宣传纪念活动。活动设立咨询台，卫健委工作人员集中对居民群众开展生殖健康咨询服务，讲解计生政策法规，宣讲优生优育、全面二孩、关爱女孩等计生知识，并发放“流行性感冒防治小知识”“健康生活方式与技能”健康知识等宣传册。

同日 全县掀起观看《全面从严治党在西藏》专题片热潮，全县干部职工积极参加观影活动，县城内及4个乡（镇）分别设点集中观看，共计观影人数280余人次。

同日 县召开宗教领域“遵行四条标准争做先进僧尼”暨“四讲四爱”教育实践活动推进会。县政协主席索朗欧珠主持会议，县委副书记杜祝涛讲话，县委常委、统战部部长普琼，县委常委、宣传部部长扎桑，县人大常委会副主任、哲古镇党委书记达瓦，县人大常委会副主任洛桑次仁出席会议。会上，五个寺管会就前一阶段“四条标准”和“四讲四爱”教育实践活动开展情况作交流发言，传达学习山南市宗教领域2019年“四条标准”暨“四讲四爱”教育实践活动工作推进会精神和丹增常委在山南市宗教领域“四条标准”暨“四讲四爱”骨干宣讲员培训会上的讲话精神。

同日 哲古镇召开十三届人民代表大会第五次会议，哲古镇党委副书记、人大主席白玛格桑主持。会议听取镇党委副书记、镇长王福昆作哲古镇关于脱贫攻坚专项工作报告，镇党委副书记、人大主席所作的人大主席团工作报告。

同日 县政协党组召开第10次理论学习会议，县政协党组书记索朗欧珠主持并讲话，党组副书记、成员郝高君，党组成员尼玛江村参加会议，县政协办公室全体干部职工列席会议。主要学习夏宝龙在全国地方政协秘书长工作会议上的讲话精神和雷桂龙在全区地（市）政协秘书长工作会议上的精神；传达学习中央及区、市、县四级政法工作会议精神，山南市政协党组书记巴珠在县调研政协工作时讲话精神。

同日 措美县召开九届县委第六轮巡察工作动员部署会大会，县委副书记、政府县长巴桑欧珠出席并做动员讲话，县委常委、统战部部长普琼主持会议。会上政府副县长王建红传达学习拉巴加布在全市巡察工作会议暨一届市委第九轮巡察部署会上的讲话精神，县委常委、宣传部部长扎桑宣读九届县委第六巡察组组长授权和各组任务分工决定。

16日 措美县与河北敬业集团召开招商引资洽谈会，寻求合作契机。县委副书记、政府县长巴桑欧珠主持，县委常委、政府副县长赵孙恕，县发改委、商务局、税务局、市场监督局等相关负责人参加会议。

同日 山南市农业农村局驻措美县乃西乡恰杂村工作队、恰杂村委会邀请西藏阿秘达藏药有限责任公司藏药种植技术人员阿旺旦增及措美县藏医院技术员多布庆等6人，到藏药材种植基地进行实地调查及取土测方，对已种植药材后期管理进行技术指导。通过此次实地调查、取土测方、经验输入、技术指导，为产业落后的恰杂村带来致富门路，藏药种植技术经验获得新的认识。

16–17日 措美县“四讲四爱”宣讲组到哲古镇扎杂村、古堆乡帕仓村、扎西松多村开展“讲党恩爱核心”暨脱贫攻坚政策、“三观”讲法、扫黑除恶打非治乱知识宣讲活动。

17日 交叉巡察组巡察措美县人民法院召开动员会议。县纪律检查委员会副书记索朗德吉、加查县交叉巡察组全体成员、县政法委成员、县人民法院全体干警参加会议。县委政法委副书记何开军主持。巡察一组组长尼玛次仁对巡查工作作指导；县人民法院党组书记、院长桑珠次仁做表态发言。巡察一组发放民主评测问卷调查，参会干警填写评测表并投到投稿箱。

同日 措美县召开2019年卫生健康暨党风廉政工作会议。总结2018年工作，安排部署2019年重点工作，全局性部署、全方位推进措美县卫生与健康事业发展。县政协副主席扎西尼玛主持，县委常委、副县长张志胜出席会议并讲话。县直各有关单位负责人、卫生健康系统全体干部职工90余人参加会议。

同日 九届县委第六轮巡察三组进驻水利局召开动员会议。县委巡察办领导、巡察三组组长、副组长及巡察组员出席会议，水利局领导班子、干部职工、原水利局领导参加会议。县水利局局长聂智生主持，作表态发言；巡察组组长洛桑多吉就巡察工作作出详细部署。县委巡察办副主任刘鸿莲传达中央、市委、措美县委巡视巡察工作精神及要求，并作出相关解读。

同日 为贯彻落实国家《疫苗流通和预防接种管理条例》精神，措美县疾控中心借助召开2019年卫生健康会议的机会，对全县乡村医生进行乡村医生计划免疫培训。培训班上，对预防接种的运行与管理、疫苗及冷链管理、疫苗使用原则和要求、预防接种服务、适龄儿童管理、预防接种操作技术和安全接种、疫苗针对疾病、接种率监测、健康教育和风险沟通、狂犬病的暴露和处置等内容进行讲解。

同日 山南市中级人民法院党组副书记、常务副院长杨彦一行4人到措美县法院检查指导工作，通过听取汇报、查阅资料、实地检查、现场询问、座谈交流等方式查看审务督查及党建、党风廉政建设、扫黑除恶专项斗争工作等开展情况。

同日 哲古镇扎杂村搬迁驻点指挥部工作人员召集村委会代表、村民代表、项目监理、施工单位、跟踪审计单位等负责人召开项目建设推进会，扎杂村搬迁驻点指挥部负责人、扎杂村党支部书记扎西平措主持。会议听取当前施工过程中存在问题和进展情况，并提出相应解决措施，对施工单位、监理单位、跟踪审计单位提出要求。

18日 措美镇波嘎村日桑巴卓砖瓦加工厂项目正式开工建设，当天基本完成土地平整、活动板房安装、机械安装等工作，预计6月初正式投产运营。

同日 措美县疾控中心开展乡村医生结核病防治工作培训，主要培训结核病相关业务知识。重点对结核病的基本知识、传播途径、发病特点、治疗措施及如何预防等进行详细讲解。

20日 山南市华康医院走进县特困人员集中供养服务中心开展以“关爱老年健康、弘扬敬老美德”为主题的义诊活动。活动为老人进行心肺听诊、血氧饱和度监测、血压检测、肝胆胰脾彩超、泌尿系彩超、子宫附件彩超等项目检查，共检查人数146人次，医护人员9人，携带药品70余种，共价值2万余元。

同日 乃东区泽当镇镇长侯树斌带队的25名各村（社区）主要领导到措美县恰杂村考察学习农村人居环境整治工作。副县长王建红、县农牧局专技人员王建昌、乃西乡党委书记蒲芝顺陪同考察。考察团一行先后到恰杂村藏达组、村委会等地，通过实地查看、询问交流等方式，详细了解恰杂村垃圾清运、污水处理、垃圾处理、卫生改厕、农村环境卫生综合整治等工作。实地考察村级党组织活动场所，详细了解村级党组织在人居环境整治工作中的主导作用。

同日 乃西乡鲁麦村“两委”班子、驻村工作队、村党建促脱贫指导员等人员组成鲁麦村调研组，利用两天时间到鲁麦、达玛组建档立卡贫困户家中开展入户调查工作，通过采取查、看、听、问、访的方式对贫困户进行走访，每到一户都与贫困户交谈，真正做到关心群众、体察民情、倾听心声、强化监督责任，以脱贫实效为依据，核对是否有“虚假脱贫、数字脱贫”情况。

同日 措美县“四讲四爱”宣讲组到措美镇雪热村，乃西乡恰杂村、乃西村、定巴村、鲁麦村开展“讲党恩爱核心”暨脱贫攻坚政策、“三官”讲法、扫黑除恶打非治乱知识宣讲活动。活动结束后，县委宣传部副部长旦增顿珠现场查阅“四讲四爱”群众教育实践活动实施方案、宣讲台账、信息简报等材料。

21 日 县政府党组召开第九次理论学习会，集中学习脱贫攻坚领域重要文件和讲话精神。县政府党组书记巴桑欧珠主持会议并做讲话。县政府在家党组成员赵孙恕、王建红、夏猛、普布扎西，政府系统各单位主要负责人参加会议。巴桑欧珠要求，与会同志要认真学习、用心领会，坚持用习近平总书记关于扶贫开发的重要论述武装头脑、指导实践、推动工作，全面深化对打赢打好脱贫攻坚战的认识，不断把站位向高处引领、把行动向实处推进，发扬斗争精神，下足绣花功夫，不折不扣贯彻落实好中央和自治区近期关于脱贫攻坚的一系列重大决策部署。

同日 县委常委、政府副县长赵孙恕主持2019年措美县援藏项目审计工作会议。县发改委、县财政局、县卫健委、县教育局相关负责人参加会议。会上，副县长赵孙恕就措美县2019年援藏项目审计工作进行安排部署。

22 日 措美县宗教领域召开近期工作安排部署会，县委常委、统战部部长普琼主持会议并做安排部署。各寺管会主任、统战部（民宗局）全体干部职工参加会议。会上，普琼传达山南市宗教领域“四条标准”教育实践活动领导小组《关于开展宗教领域“四条标准”暨“四讲四爱”教育实践活动第一次集中督导》的通知和《定日县协格尔曲德寺开展“遵行四条标准争做先进僧尼”教育实践活动》精神，要求各寺管会按照文件要求，及时做好迎督查各项准备工作。

同日 山南市信访局局长桑旦罗布一行3人到措美县调研信访工作开展情况。副县长王建红陪同调研。桑旦罗布一行到县信访局，实地查看信访办公室、接待室运行情况，并与信访干部座谈，详细了解信访工作规范化建设、信访干部队伍建设等情况。

同日 县委常委、统战部部长普琼，组织部副部长白玛格桑以及工商联主席平措一行到措美县圣地建筑有限责任公司党支部参观并指导党建工作。

同日 山南市人大常委会副主任松嘎带队，山南市人大代表及市教育局相关人员组成的调研组到措美县开展教育改革发展工作调研。县人大常委会副主任洛桑次仁、副县长朗嘎陪同调研。调研组一行到措美镇小学、县中学，对学生食堂、教学楼、宿舍、校园环境等进行实地查看。随后到县教育局，按照《中共山南市委员会、山南市人民政府关于深化教育改革推进教育事业科学发展意见》精神，针对学习宣传、组织领导、德育工作、师德师风、政策落实、制度建设等方面进行到细致地检查。最后召开反馈会议，会上松嘎对下一步落实深化教育改革推进教育事业发展工作提出具体要求。

同日 山南市政府副秘书长景伟一行7人到措美镇玉美村，开展市政府办公室2019年第2次结对帮扶工作。景伟一行在走访过程中，每到一户，帮扶干部们都与帮扶对象进行交谈，了解近期家庭生活状况和存在的具体困难，并表示市政府办公室将根据“一人一对策”帮扶政策落到实处，切实做好玉美村结对帮扶各项工作，确保做好2019年脱贫攻坚巩固工作。

22–23日 措美县政协举办区市县政协委员培训班，来自全县的政协委员、各乡（镇）政协联络员及驻区、市政协委员40余人参加。县政协主席索朗欧珠，副主席扎西尼玛、尼玛江村参加培训会议，培训班开班仪式上尼玛江村作动员讲话，索朗欧珠、扎西尼玛、尼玛江村、桑旦曲珍等分别讲解政协措美县委员会年度考评办法、党员委员联系党外委员的实施意见，全国、自治区、山南市政协会议精神，人民政协提案工作，优化发展工作所取得的成绩，并邀请县扶贫办干部作精准扶贫专题讲座。

23日 山南市政协党组常务副主席普布多吉一行到哲古湖进行督导检查，措美县政协主席索朗欧珠陪同。普布多吉一行到哲古镇哲古湖沿岸边走边看，提出要求：有关部门和哲古镇要把做好湖边垃圾清理工作作为改善生态环境、推进全市旅游发展的重要举措，各级河长要切实发挥作用，对主要河流和重点景区内河道及堤岸积存的生活垃圾等固体废物要加强日常监管，要加强农村生活垃圾处理市场化运作，从源头消除隐患。

同日 县召开项目调度会，会议由县委常委、副县长赵孙恕主持并讲话。会议主要内容有：措美县发改委通报措美县1—5月项目推进情况；各项目部门汇报部门项目实施情况及存在的困难；县委常委、政府副县长赵孙恕就如何组织实施项目和争资立项作具体安排部署。

同日 县妇儿工委在政府三楼会议室召开工作推进会。县委副书记、政府县长、县妇儿工委主任巴桑欧珠出席会议并讲话，副县长、县妇儿工委副主任朗嘎，各成员单位参加会议。

24日 县人大法制司法民族宗教委员会组织各乡（镇）、县委办、水利局、山南市生态环境局措美分局等各成员单位召开《山南市实施的河长制湖长制条例》修改稿征求意见会。县人大常委会副主任洛桑次仁参加会议。

同日 县委副书记、政府县长巴桑欧珠带队县水利局、农牧局、易地搬迁组办公室、扶贫办、哲古镇等单位负责人到哲古镇扎杂村实地检查和了解当前扎杂村搬迁项目建设情况及存在问题。

同日 县发改委联合县住建局、自然资源局、公安局、古堆乡派出所、古堆乡人民政府、扎西松多村、设计单位、监理、承建等单位，在古堆乡派出所改扩建项目点全面启动项目开工前的放线等准备工作。

同日 安徽省人民检察院党组成员、副检察长张棉带队的安徽省检察机关对口援藏考察组一行4人到措美县人民检察院检查指导工作。实地参观检察院“12309”检察服务中心、办公区、干警周转房、职工食堂、附属建设等基础设施建设情况。并召开援藏工作座谈会，就下一步援藏工作进行交流，措美县政协主席索朗欧珠陪同。座谈会上，县人民检察院党组书记、检察长洛桑向张棉和对口援藏的亳州市检察院党组书记、检察长黄世斌详细介绍措美县县情、措美县人民检察院基本情况和四大检察工作开展情况。

26 日 县政协主席索朗欧珠向古堆乡扎西松多村日若二组、西若堆组 3 户结对帮扶户宣传精准扶贫相关政策。索朗欧珠详细了解他们的身心状况、家庭条件，所面临的最大困难等情况，并围绕稳定实现“两不愁三保障”要求和全县当前脱贫攻坚目标任务，向帮扶户宣传措美县精准扶贫相关政策。

28 日 县举行退役军人服务中心揭牌仪式。措美县人武部、县委组织部、措美镇、乃西乡负责人和县退役军人事务局全体干部职工参加仪式。仪式上县委组织部副部长普布桑珠传达关于措美县退役军人服务中心成立挂牌的相关文件精神；退役军人事务局副局长措吉拉珍表态发言。普布桑珠和县退役军人事务局有关负责人为县退役军人服务中心揭牌。

同日 措美县乡村振兴暨人居环境整治座谈会在县委四楼会议室召开，县委副书记、政府县长巴桑欧珠主持会议，市政府副市长牟永文出席会议并做讲话，张超、罗云、罗布次仁、达瓦、王建红、夏猛、普布扎西等出席会议，县（中、区、市）直各部门、各乡（镇）主要领导参加会议。会议听取 4 个乡（镇）和全县大调研工作开展情况汇报及意见建议，就下一步大调研工作进行安排部署。

同日 县人民政府召开政府系统党风廉政建设工作会，副县长王建红主持，县委副书记、政府县长巴桑欧珠讲话，县委常委、县纪委书记、监委主任李胜军，县政府副县长夏猛，副县长普布扎西及政府系统各单位负责人参会。会上传达学习李克强在国务院第二次廉政工作会上的讲话、齐扎拉在自治区人民政府廉政工作会上的讲话、普布顿珠在山南市政府系统廉政工作会议上的讲话；措美镇人民政府和县教育局作交流发言；巴桑欧珠代表县政府与政府党组成员签订 2019 年党风廉政目标责任书。

同日 措美县民政局负责人及县残联负责人代表县委、县政府到措美镇小学对在校残疾学生共 12 人进行慰问。此次活动为 12 名学生发放 6000 元慰问金以及价值 855 元的书包和文具盒，共计 6855 元。

同日 西藏自治区住建厅党组书记、副厅长余和平一行在山南市住建局局长谭修生的陪同下到措美县调研指导县城市政工程、棚户区改造及保障性住房建设、中央环保督查整改落实情况等工作。县委副书记、政府县长巴桑欧珠，政府副县长王建红及住建局局长孙先林针对措美县现有基础设施建设和保障性住房建设短板、资金缺口等困难作专项汇报。

28–29 日 县教育局在家班子成员到县 2 所乡（镇）幼儿园、14 所村级幼儿园开展“六一”慰问活动。慰问组到各幼儿园教室、食堂、宿舍、活动室查看孩子们学习、生活环境，详细了解学校的师资配备、“三包”经费使用、办园条件等情况。此次县教育局为 16 所幼儿园送去慰问金 9600 元。

28–31 日 措美县疾控中心和县卫生服务中心组成工作组到两镇两乡，走村入户，给患者进行包虫病免费检查，及时掌握措美县包虫病患者分类治疗情况，并对患者发放包虫病免费药物。

29–30 日 山南市生态环境局措美县分局联合县自然资源局、交通运输局，利用两天时间，对县域内国道 560 线及国道 219 线开展大检查，重点对履行环保“三同时”制度等相关要求进行检查。经检查，两项重点交通项目各项手续齐全，部分路段存在施工驻地环境卫生“脏、乱、差”，施工路段未设置环境安全宣传警示牌，罐车未按指定地点冲洗等问题，工作组当场对其下达整改通知书，责令其按要求限期整改。

30 日 县委副书记杜祝涛和乃西乡党委书记蒲芝顺一行 4 人到具巴村督导检查群众医疗服务、党员教育、退耕还林等工作开展情况。杜祝涛一行先到具巴村觉巴组考察群众医疗服务工作开展情况，并要求继续做好此项工作。后到具巴村委会与驻村工作队、村“两委”班子进行座谈，听取驻村工作队及村“两委”在“四讲四爱”宣讲活动、党员教育等方面的工作开展情况。

同日 副县长夏猛主持分管部门党风廉政建设工作部署会。会议听取分管部门2018年党风廉政建设工作汇报，对2019年党风廉政建设工作进行安排部署。会上，夏猛与各分管部门主要领导签订2019年党风廉政工作责任书。

同日 县应急管理局联合消防、交通、乃西乡人民政府、乃西乡派出所等相关部门到国道219线16标段开展道路安全隐患检查。重点对国道219线16标段高边坡施工、挡墙施工路段、油品管控等安全隐患进行全面大排查。针对检查出的问题，检查组及时向施工单位及相关行业部门进行反馈，并提出限期整改。

同日 县委副书记杜祝涛到乃西乡、具巴村、乡派出所和具巴村绵羊短期育肥合作社及觉巴组卫生室，就基层党委“两个责任”落实情况、党员教育管理、产业项目发展和安全生产等工作进行调研，县委办有关人员陪同。

同日 山南市林业和草原局党组书记、副局长刘敬峰率工作组到措美县检查指导2019年度义务植树、造林项目、县城绿化、扶贫苗圃和经济林等工作开展情况，县人民政府副县长王建红、县林业和草原局长李新苗陪同。工作组一行到实地查看植树造林情况，对苗木定值日常管护提出指导意见，为高寒县造林给予有力指导和帮助。

31日 县委副书记、政府县长巴桑欧珠陪同曲松县副县长拉巴次仁一行到卓德村开展现场观摩。此次交流观摩分为两部分：村级服务场所展示、村级幼儿园观摩及入户实地考察。听取汇报后，拉巴次仁一行到村幼儿园了解卓德村基层学前教育开展情况，并与卓德村幼儿园老师交谈，听取老师对幼儿的学习、生活各方面的教育工作。最后调研组随机到卓德村3户群众家中实地考察农牧民群众家庭院落及内务整理情况。

同日 六安市政协副主席、霍邱县委书记刘胜带队的霍邱县党政代表团一行9人到措美县考察指导工作、看望慰问援藏干部。代表团先后到六安市援建的皋城·措美县入城广场、六安·措美现代农业示范园实地考察建设使用情况。县政协主席索朗欧珠向代表团一行简要介绍措美经济社会发展情况。县委常委、政府副县长张志胜汇报援藏工作心得。

同日 县政府副县长王建红带队，山南市生态环境局措美县分局、县发改委、住建局、哲古镇等部门负责人组成的联合检查组到哲古镇垃圾填埋场进行环境安全专项检查。检查组重点对垃圾填埋场的环境管理措施落实情况以及垃圾处理情况进行检查，检查过程中发现一些问题，已将相关问题以督办单的形式下发至项目业主，责令其限期整改。王建红要求对垃圾填埋场存在问题及时进行整改并确保整改到位。

6月

1日 措美县妇联以“六一”儿童节为契机，联合人民法院、司法局、禁毒办等单位，在措美镇小学开展“健康人生、绿色无毒”禁毒知识宣传教育活动。此次宣传活动共发放各类宣传资料1500余份。

同日 县国安办组织全体党员干部召开首次党

员大会，宣布成立国安办党支部，根据党章规定，选举采取无记名投票方式，选举产生党支部书记及其他支部委员会成员，并对支部成员进行分工，对无职党员进行设岗定责。大会应到党员10名，实际到会党员7名，符合党章规定。

3日 措美镇召开第五次精准扶贫推进会，镇党委副书记、镇长多吉主持，参加会议的有镇党委领导班子成员，4个村（社区）主任，第一书记、驻村工作队队长，镇扶贫办工作人员。会议主题是上半年各村（社区）扶贫工作开展情况和中央专项巡视整改工作以及下半年工作安排。

同日 山南市发改委副主任次旺罗布带队的督导组到措美县督导重大项目建设情况。督导组采取实地查看、听取汇报、查阅资料、召开座谈会的方式，到扎杂易地搬迁点、国道560、国道219及措美镇棚户区改造项目点实地查看并与项目负责人交谈。县政府副县长夏猛，县发改委、县水利局、县交通局、县自然资源局负责人陪同。夏猛就措美县重大项目建设情况从总投资5000万元以上项目建设情况、国家投资建设项目基本情况、十四五项目储备情况三个方面做汇报。

3–4日 措美县水利局在哲古镇和古堆乡组织开展为期2天的山洪灾害知识培训及应急演练。各村（社区）第一支部书记、村“两委”班子成员、村民等共250人次参加。培训会上，山南市水利设计院副院长加央群培对山洪灾害专业知识、山洪灾害预警系统的运行维护、山洪灾害预警信息传递、灾情上报方法和程序、县级和乡级防汛抗洪应急预案的启动程序进行讲解。

3–6日 措美县农业农村局开展以“全价购机、自助选择、直补到卡”为主题的农业机械现场购机活动。活动邀请西藏自治区农业农村厅农机化科规定的农机销售公司中口碑较好的三家公司到措美县城广场，以产销农机产品、群众自主购机、乡（镇）统计、农业农村局汇总的形式开展，活动对象为措美县从事农牧业的群众与集体。此次活动共使用30万元的农机购置补贴资金，群众自筹50万元，购买150台机具。机具种类分别有拖拉机、手扶拖拉机、联合收割机、背负式收割机、翻转犁、脱粒机等。

3–6日 措美县政协党组书记、主席索朗欧珠带队的措美县政协委员考察学习组，到隆子县对小康示范村建设、特色产业发展等工作进行考察学习。通过实地查看、详细询问、走村入户等方式，了解到隆子县小康建设及产业发展工作中取得的典型经验和好做法。

4日 措美县国安办组织，联合县交运局、应急管理局、公安交警大队、乃西乡派出所等部门，到国道219线康措段16标段项目部开展安全生产宣传“进企业”活动。活动中，县交运局、公安交警大队、乃西乡派出所向项目部管理人员及货车驾驶员、各工区负责人讲解道路交通安全防范知识及注意事项，县应急管理局针对道路施工领域，对安全生产法规定企业所履行的义务及从业人员所享有的权利进行详细讲解，并在现场发放安全生产宣传资料。活动共出动宣传人员7人次，出动车辆3台次，发放宣传资料120余份，参与宣传教育人员50余人。

同日 县环保局联合县国土局、乃西乡相关人员到鲁麦村检查指导环境保护工作，江村局长一行实地查看G219新改建工程16标段项目部，详细查看16标段项目部位置的生活垃圾及建筑垃圾处理情况，并在项目部内召开座谈会反馈存在问题。

同日 措美县召开宗教领域工作安排部署会，县委常委、统战部部长普琼主持会议并安排部署

“萨嘎达瓦”宗教活动期间各项工作，各寺管会主任以及统战部、民宗局在家干部参加会议。

同日 副县长夏猛，率县安居办、发改委、自然资源局和设计单位负责人，到波嘎村强久林组易地搬迁点调研，研究搬迁点后方挡墙加固事宜。山南市政府办公室驻波嘎村工作队员及项目施工单位负责人陪同。

同日 政协措美县委员会召开二届四次提案办理工作汇报会。县政协党组成员、副主席扎西尼玛，县政府办等19家承办单位主要负责人参加会议。县政协党组成员、副主席尼玛江村主持。会上，听取19家承办单位对提案答复情况和办理工作中遇到的困难，下一步攻克难题、办理好提案等方面汇报，并对提案办理中涉及的一些问题，结合单位工作实际，提出具体的意见及建议。

同日 县疾控中心举办山南市2019年措美站健康教育与健康促进巡回业务培训班。此次培训由市疾控中心健康教育科科长索多带队到措美授课。

4–5日 山南市人大常委会主任王德文带队的调研组到措美县调研指导县乡人大工作开展情况。调研组采取听汇报、查资料、实地查看等方式，对市委人大工作会议及决定精神学习贯彻情况，县乡人大围绕中心、服务大局、依法做好人大工作情况及人大代表的作用发挥情况等方面进行专题调研。调研组先后到哲古镇、措美镇、县人大办详细查看资料台账、人大代表活动室规范化建设及作用发挥情况，并进行座谈。县委副书记、县人大常委会主任洛桑次仁从四个方面向调研组做工作汇报，与会人员与调研组成员进行互动交流。

6日 县委书记牛堃主持召开九届县委第55次常委会会议，传达学习中央政治局4月19日会议精神、习近平总书记在中央财经委员会第四次会议上的重要讲话精神、习近平总书记在中共中央政治局第十四次集体学习时的重要讲话、纪念五四运动100周年大会上的重要讲话精神、《中共中央办公厅〈关于解决形式主义突出问题为基层减负的通知〉》主要精神、全区巡视巡察工作会议暨九届区党委第五轮巡视动员部署会精神、《自治区纪委关于四起违反中央八项规定精神典型问题的通报》精神，研究部署贯彻落实工作。

7日 措美县委书记牛堃先后来到古堆乡、乃西乡，检查扫黑除恶专项斗争工作开展情况。牛堃分别对乡党委开展扫黑除恶专项斗争相关内容进行询问，查看相关台账。牛堃强调，开展扫黑除恶专项斗争，是为更好地增强“四个意识”、坚定“四个自信”、做到“两个维护”，要按照党中央的统一部署，扎实推进专项斗争，发挥好乡党委作用，尽好党委主体责任，确保区域内扫黑除恶专项斗争有序、有效开展，扫除黑恶势力，保障群众利益。到拉顶寺管会检查指导寺庙工作开展情况和干部在岗及值班带班情况。听取寺管会工作汇报，并实地查看环境卫生整治、消防和文物安全工作开展情况。

同日 措美县农牧综合服务中心技术员到哲古镇、古堆乡开展羊免疫抗体和羊病流行病学调查，共采集血样30份，采集对象以1—2岁羊为主。血清样品通过上报市动物疫病预防控制中心送自治区兽医生物药品制造厂检测。

同日 县教育局召开内地西藏初中班招生考试考务工作会议，县教育局局长格桑达瓦主持，政府副县长夏猛、山南市教育局巡考、琼结县对调巡考、人大办、政协办、家长代表、监考员、后勤人员等26人参加会议。

11日 县委常委、统战部部长、民宗局长普琼带队的督导组到5个寺管会对全县宗教领域“萨嘎达瓦”期间平安创建安保工作、“遵行四条标准、争做先进僧尼”“四讲四爱”群众教育实践活动以及扫黑除恶打非治乱专项斗争等方面工作开展情况进行督导检查。

同日 措美县拆迁办负责人次仁一行4人到乃西乡鲁麦村达玛组开展征地测量工作。鲁麦村民委员会、驻村工作队协助鲁麦村境内G219新改建工程16标段内涉及鲁麦村达玛小组G219主路与达玛小组分叉路口中农田、打麦场、畜牧草等征地测量。

同日 县水利局组织古堆乡人民政府、监理单位、施工单位对古堆河防洪堤工程进行完工验收，此次验收单元工程合格率平均为82%，分部工程全部合格，经监理单位、业主乡政府实地复核，工程合格。

同日 山南市科技局联合措美县卫健委开展“送医药送知识免费义诊”活动，为措美县群众送去价值2万元的常用药品、健康科普宣传材料及生活用品。活动现场，措美县医务人员为群众提供健康讲座、健康体检、义务诊疗、疾病咨询、健康宣教、慢性病等惠民服务，解答群众疑问，对病人情况进行问诊、检查，免费为群众测量血压，对群众用药进行指导。

同日 县委副书记、县长巴桑欧珠主持县脱贫攻坚指挥部第5次专题会议并作讲话，研究分析当前脱贫攻坚工作存在的问题和困难，全面安排部署下一步工作。会议传达学习区党委常委、自治区常务副主席罗布顿珠在自治区脱贫攻坚指挥部第13次会议上的讲话精神；县脱贫攻坚指挥部办公室通报措美县当前脱贫攻坚工作存在的问题和困难；县委副书记、县长巴桑欧珠全面安排部署下一步脱贫攻坚工作。

同日 措美县委统战部组织统战部干部、民宗局干部、驻寺干部、驻寺民警、寺庙僧人，在玛悟觉寺开展“建设美丽寺庙”主题实践活动。15名干部职工和寺庙僧人积极参加，对寺庙周边、公路沿线、转经道等部位开展环境卫生整治工作，清扫生活垃圾2吨。

12日 县应急管理局组织人员对措美县江久林安置点建设工地及措美镇派出所周转房、双职工周转房建设工地进行检查。

同日 县市场监督管理局组织2名执法人员，到乃西乡小学组织开展“小考”期间食品安全检查。此次检查主要以学校食堂和学校周边的食品经营户为重点，开展拉网式检查，突出重点环节，抓住食品原料出入库查验、食品加工操作、餐具消毒、食品留样、食堂从业人员管理、餐饮服务单位经营许可证有无等全面检查。针对检查中发现的问题，执法人员当场提出整改意见，确保考生以良好的身体状态迎接考试，并要求各经营户在期限范围内整改落实到位。

同日 县委副书记、县人大常委会主任洛桑次仁，县委常委、统战部部长普琼，县政协副主席、哲古镇扎杂搬迁项目指挥部负责人尼玛江村和县有关部门负责人及县农业银行负责人等组成的视察组到扎杂村视察搬迁项目进展情况，详细听取项目建设和当前进展情况，实地查看施工现场质量安全、搬迁户户型、安置点周边排洪沟建设情况等。

同日 山南市农业农村局副局长边巴扎西、农机科科长万燕在县农业农村局相关人员、哲古镇农机工作人员、卡珠村驻村工作队的陪同下到措美县卡珠村进行实地检查深松整地作业。

13日 县委书记牛堃主持召开九届县委第56次常委会会议。传达学习《习近平总书记在“不忘初心、牢记使命”主题教育工作会议上的讲话》、《山南市关于解决形式主义突出问题为基层减负的二十条举措》、并研究部署贯彻落实工作；会议原则同意《关于〈措美县2019年财政存量资金统筹使用方案〉的请示》《关于收回县财政存量资金的请示》，由县财政局按照会议要求抓紧落实。会议原则同意《措美县规划外产业项目缺口的请示》《措美县“十三五”规划产业项目资金比例调整的请示》，由县产业办和县农业农村局（乡村产业发展局）按照会议要求，抓紧组织实施。会议原则同意《措美县哲古镇人居环境整治一期工程建设代建的请示》，由县人民政府按照相关程序办理。会议原则同意《关于解决2019年新增建档立卡易地扶贫搬迁缺口资金及实施代建的请示》；听取全县2019年度上半年脱贫攻坚、经济运行、经济发展情况，研究部署贯彻落实工作；会议原则同意《措美县人居环境整治三年行动实施方案》《措美县2019年人居环境整治工作要点》《措美县实施乡村振兴战略试点示范村（2019-2020年）建设方案》，由县农业农村局牵头，根据会议提出的意见和建议作进一步修改完善后，尽快印发实施。

同日 拉萨市规划设计院调研组一行5人，在县农牧局负责人、波嘎村“两委”、驻村工作队负责人陪同下，到波嘎村考察对接村（社区）规划，实地调研文化活动场所、幼儿园、取水点、牲畜集中养殖拟选址点及整村面貌，并在村委会召开交换意见会。

同日 错那县委副书记、政府县长布多率考察团一行22人到措美县考察交流产业发展典型工作经验与做法。措美县委副书记、政府县长巴桑欧珠，副县长王建红陪同考察。布多一行先后到乃西乡具巴村绵羊短期育肥基地项目、六安·措美生态园项目和漫其牦牛肉初深加工项目等地实地考察调研。

同日 山南市政府办驻措美镇波嘎村工作队队长洛松朗加召集村“两委”班子、小组负责人、驻村工作队、骨干宣讲员、双联户代表、党员代表召开学习会议，学习“四讲四爱”第一讲“讲党恩爱核心”“枫桥经验”等内容。研究2011年至2014年村组种子补贴事宜，按照利益共享原则，将32100元种子补贴资金发放到群众手中。

同日 县委书记牛堃、副县长夏猛到2019年内地西藏初中班招生考试措美考点现场检查指导各项工作。全县共76名考生参加2019年内地西藏班初中考试，26名考务工作人员及监考员参与考试考务和后勤保障工作，措美县人大、政协、教育、公安、交警、药监等部门以及家长代表通力配合，各尽其职，做好各项保障和服务工作。

同日 县人大常委会副主任洛桑次仁带队对县人民检察院公益诉讼工作开展情况进行执法检查，县人大法制司法民族宗教委员会主任委员、教育科学文化卫生委员会主任委员、措美镇人大主席、办公室工作人员以及1名基层人大代表共4人参加调研。调研组一行在县人民检察院查看相关资料并听取由县人民检察院侦查监督科科长旦增平措对生态环境保护、药品安全、中小学食品安全等方面的工作汇报。

同日 自治区党委组织部副部长张永合、区党委组织部干部监督处一处处长李瑞根以及市委组织部副部长余前广带领的督导组一行6人到措美县当许社区党员活动室、日常办公等场所，对社区开展的各项工作提出指导意见。县委常委、组织部部长冉启仕，措美镇党委书记杨东林，县委组织部副部长白玛格桑、吴林科陪同。

同日 县举办2019年“四讲四爱”群众教育实

践活动“新旧对比”群众性演讲比赛，教育系统、群众代表共70余人参加，4个乡（镇）共16名选手参加比赛。选手们围绕庆祝中华人民共和国成立70周年、纪念西藏民主改革60周年、“讲党恩爱核心”主题，结合亲身经历，以演讲的形式展现60年来措美县经济发展、社会稳定、民族团结、人民幸福的大好形势。

同日 县委组织部组织召开2019年措美县基层党建工作推进会，4个乡（镇）党委副书记或组织委员、县直6个党总支书记，部分县直单位负责人、部分村（社区）第一书记24人参会。县委组织部常务副部长白玛格桑主持。

同日 县政协副主席扎西尼玛到措美镇、县卫生服务中心等单位，通过召开座谈会的方式向委员们讲解扫黑除恶知识并发放《扫黑除恶倡议书》。

18日 县召开2019年高中阶段学校全区统一招生考试考务工作会议，县教育局局长格桑达瓦主持，副县长夏猛、山南市教育局巡考员、曲松县对调监考员、人大办、政协办、家长代表、措美县监考员、后勤人员等38人参加会议。

同日 措美哲古镇安婕好阳光小学竣工仪式在哲古小学举行。团市委书记拉宗、广州安婕好生物科技有限公司高管黎思彤，县人大常委会副主任、哲古镇党委书记达瓦，哲古小学校长巴桑罗布参加仪式。

同日 山南市委宣传部副部长郭世钦一行到措美县乃西乡恰杂村、县中学、扎西曲林寺督导检查“四讲四爱”第一节点工作开展情况。县委宣传部常务副部长次仁罗布、文化执法大队长土旦昂毛陪同。

同日 措美县政府党组召开第十次理论学习会，集中学习生态文明建设重要文件精神，安排部署生态文明建设相关重点工作，进一步推动全县生态文明建设科学发展、和谐发展、协同发展。县政府党组书记巴桑欧珠主持会议并讲话。县政府在家党组成员赵孙恕、王建红、夏猛、普布扎西，政府系统各单位主要负责人参加会议。

同日 县召开生态红线划定工作补充调整征求意见会，县委副书记、县长巴桑欧珠出席并主持会议，4个乡（镇）、县直各部门主要负责人参加会议。会上，山南市生态环境局措美县分局局长索朗江村汇报当前措美县生态红线划定工作的进度及此次补充调整的意义，与会人员结合辖区、部门实际提出相关意见和建议。

19日 县安委会主办，县总工会、团县委、妇联承办，开展主题为“防风险、除隐患、遏事故”的安全生产法律法规有奖知识竞赛活动。政府副县长王建红出席竞赛活动，参赛单位有县直6个党总支部和4个乡（镇）党委，每队3名参赛人员。

同日 山南市生态环境局措美县分局联合乃西乡人民政府、恰杂村、施工方、监理负责人，到恰杂村检查2019年农村饮用水水源地环境保护项目建设情况，重点对履行环保“三同时”制度、工程质量安全等相关要求进行检查，同时宣传“扫黑除恶、打非治乱”等内容。

同日 副县长夏猛到联系点乃西乡定巴村，扎实开展联系点的调研和指导检查工作。慰问结对帮扶户，向他们送去大米、砖茶等生活慰问物资，折合人民币2000元。

20日 措美县委副书记、县人大常委会主任洛桑次仁带队的执法检查组对措美县落实新修订《宗教事务条例》执行情况进行执法检查。县人大常委会副主任张小武、县人大法制司法民族宗教委员会主任委员及3名县级人大代表参加执法检查。检查组先后到乃西乡乃西寺管会、玛悟觉寺管会、扎西曲林寺管会、县民宗局等地通过查阅资料、听取汇报、与僧人座谈等形式对措美县宗教领域贯彻实施《宗教事务条例》情况进行检查指导。

同日 县人大常委会党组召开第六次专题理论学习会。县人大常委会主任、党组书记洛桑次仁，县人大常委会副主任、党组副书记洛桑次仁，县人大常委会副主任、党组成员张小武参加会议，人大办主任、副主任和各专门委员会主任委员参加学习会。会上先后传达学习《习近平总书记扶贫论述摘编》及系列讲话精神；洛桑江村在自治区十一届人大常委会第十一次会议闭幕会上的讲话精神；王德文在市人大常委会党组 2019 年理论中心组第 3 次集中学习会上的讲话精神。

同日 县农业农村局特邀山南市推广中心高级农艺师次仁卓嘎和农艺师卓玛 2 位技术员，在农业农村局农业技术人员、乡（镇）代表、乡村科技特派员、村“两委”班子等共计 30 人的陪同下，利用为期 3 天时间，到全县 2 个乡（镇）、9 个村（社区），在田间地头，为农牧民进行宣传、培训、监测草地贪夜蛾重要性，调查病虫害发生情况。

21 日 中央扫黑除恶督导组及自治区、市扫黑除恶工作组一行 8 人到当许社区督导检查工作。对社区“两委”班子成员、社区群众做问卷调查，进一步了解社区“扫黑除恶、打非治乱”专项斗争工作开展的详细情况；与社区群众进行座谈交流，通过聊家常的形式了解到群众对“扫黑除恶、打非治乱”专项斗争工作的了解和掌握情况。

同日 县委书记牛堃主持召开九届县委第 57 次常委会会议。审议《措美县 2019 年提前退休和离岗休养人员建议名单》，会议审议并通过《措美县 2019 年提前退休和离岗休养人员建议名单》，会议要求县委组织部、县人社局抓紧向市委组织部、市人社局上报名单，做好对接工作。

23-26 日 为有效控制家畜包虫病的发生和流行，措美县高度重视，安排县农牧综合服务中心技术员达娃罗布，利用 4 天时间到 2 乡 2 个镇召集各村委会主任、乡村兽医、乡（镇）干部等，采取以会代训的形式，全面部署措美县包虫病防控工作，并讲解疫苗药物配法及用药剂量等事项，加强疾病预防控制体系建设，开展包虫病防治工作。

24 日 县委常委、统战部部长、民宗局局长普琼主持县委统战部每周学习会。县委统战部、民宗局全体干部职工及寺管会相关负责人参加会议。会议传达学习山南市委统一战线工作领导小组第一次会议精神和《山南市委统一战线工作领导小组 2019 年工作要点》《山南市委统一战线工作领导小组工作规则》《山南市委统一战线工作领导小组办公室工作实施细则》等相关文件精神，听取前一阶段各项工作进展情况，对下一步工作做安排部署。

同日 县委组织部召开全县村（社区）党建工作安排部署会，组织部副部长白玛格桑主持，16 个村（社区）党建指导员参会。

同日 市委副书记刘志强在县委书记牛堃、措美镇党委书记杨东林的陪同下，深入当许社区开展调研工作。调研过程中，刘志强询问当许社区基本情况及外出务工人员的具体情况和务工方式；就措美县之后的各项发展与牛堃进行研究讨论，多次强调要根据措美县的实际情况搞好牦牛产业的发展，学习那曲、当雄等牦牛领头产业经验方法，努力把牦牛产业真正做起来。

同日 县政协召开主席办公会议，县政协主席索朗欧珠主持，副主席郝高君、扎西尼玛、尼玛江村参加会议。县政协办公室全体干部职工列席会议。

会议听取近期工作开展情况，重点安排部署政协工作，传达学习全区首届政协系统干部培训会议精神和措美县政法委《关于转发〈关于认真开展学习“枫桥经验”学习手册〉的通知》、西藏自治区巡视工作领导小组《关于九届自治区党委脱贫攻坚专项巡视发现有关问题的通报》等一系列文件精神及习近平总书记系列重要讲话精神。

同日 山南市桑日县委副书记、政府县长吾金带队的各乡（镇）主要领导、县直相关部门负责人一行15人到乃西乡恰杂村考察学习农村人居环境整治工作。措美县委副书记、政府县长巴桑欧珠，乃西乡党委书记蒲芝顺陪同。考察团一行先后到恰杂村藏达组、村委会等地，通过实地查看、询问交流等方式，详细了解恰杂村垃圾清运、污水处理、卫生改厕、农村环境卫生综合整治等工作。同时实地考察村级党组织活动场所，详细了解村级党组织在人居环境整治工作中的主导作用等情况。

25日 县自然资源局组织开展主题为“严格保护耕地、节约用地”第29个全国土地宣传日活动。活动通过宣讲政策法规、悬挂宣传标语、发放宣传资料等方式为群众讲解《中华人民共和国土地管理法》《不动产登记暂行条例》《中华人民共和国宅基地管理办法》、地质灾害防治、矿权资源管理及城乡建设用地增减挂钩等国土资源管理政策及科普知识，有效增进群众的法律意识，切实维护群众根本利益。

26日 山南市生态环境局措美县分局牵头，联合县自然资源局、县交通运输局、国道219线总监办等负责人，对国道219线康措段17标段开展环境安全专项检查。

同日 山南市政协副主席赤列央金到古堆乡检查脱贫攻坚第三方巡视整改情况并开展结对帮扶工作。听取关于脱贫攻坚第三方巡视整改工作和在脱贫攻坚工作中存在的问题；到贫困户开展结对帮扶工作；实地考察古堆乡帕仓村水土流失治理工程项目预设点，同时到扎西松多村人工种草项目灌溉点进行实地考察并听取项目成效和存在问题。

同日 安徽省援藏医疗队在措美县特困人员集中供养服务中心开展“措美县安徽医疗队义诊”活动，安徽援藏医疗队的4名队员通过义诊活动，为供养中心的老人们提供免费体检，发放常用必备药品，折合人民币共计1200多元。

27日 山南市政府副市长张福臣一行3人到措美镇波嘎村调研脱贫攻坚工作。县政府副县长夏猛、县发改委、产业办负责人陪同调研。张福臣在村委会通过问答交流的方式了解脱贫攻坚工作特别是解决“两不愁、三保障”突出问题工作开展情况，对脱贫攻坚工作提出指导性意见。并看望慰问波嘎村农场组未脱贫户家庭。

同日 县宗教领域组织召开“四讲四爱”群众教育实践活动第二节点“讲团结爱祖国”宣讲培训会。各寺管会主任、驻寺干部和僧人代表宣讲员、县学教办全体干部参加会议。会议传达刘志强在全市“四讲四爱”群众教育实践活动动员部署会上的讲话精神。通报第一节点“讲党恩爱核心”宣讲工作情况，并对下一阶段宣讲活动进行安排部署。

同日 措美县宗教领域组织开展“四讲四爱”“四条标准”教育实践活动书法比赛，此次书法比赛紧紧围绕“四讲四爱”“四条标准”内容，以藏文主杂、措东、措仍、乌坚等形式在全县宗教领域开展书法比赛，共有44名僧人参与书法比赛。县委常委、统战部部长、民宗局局长普琼及县教育局教研室2名教师担任评委，共评选出一等奖2名、二等奖2名、三等奖2名、四等奖2名，共发放奖金 2200 元。

同日 山南市洛扎县人民检察院党组书记、检察长罗布次仁一行 4 人，到措美县检察院观摩交流公益诉讼工作。县人民检察院党组副书记、副检察长达娃陪同。达娃向观摩组一行 4 人介绍措美县人民检察院 2018 年以来公益诉讼工作开展情况，并着重介绍措美县检察院开展公益诉讼工作以来取得的好的经验和典型案例；双方共同探讨公益诉讼案件调查和立案工作中遇到的问题以及对策，并就公益诉讼工作的衔接达成共识。

28 日 县政协主席索朗欧珠到联系寺庙扎西曲林寺管会下辖的几座寺庙、拉康进行督导。索朗欧珠与寺管会干部、寺庙僧人及民警座谈交流，详细询问他们的生活情况，“遵行四条标准、争做先进僧尼”暨“四讲四爱”群众教育实践活动和当前寺庙工作开展情况。结合“四讲四爱”教育活动的宣传内容，阐述广大僧尼的职责、任务，并要求做一名讲党恩爱核心的好僧人。

29 日 县委书记牛堃到措美镇波嘎村、玉美村督导相关工作。牛堃详细了解两村在脱贫攻坚巩固提升、农牧民群众持续增收、农村人居环境综合整治、扫黑除恶、“四讲四爱”、乡村振兴等相关工作开展情况，同时提出要求，两村要围绕全年目标任务，充分发挥好村“两委”班子带头作用，持续把各项工作抓好、抓实、抓出成效。

同日 措美县各巡察组分别召开组务会议暨临时党支部会议，各巡察组组长主持，全体组员参加。会上，传达学习《赵乐际在市县巡察工作推进会上的讲话精神》《关于做好排查整治“天价烟”背后“四风”问题有关工作的电话通知稿》等相关文件精神；各巡查组组长总结一个月以来组内工作运转、组内成员巡察工作开展情况、日常工作纪律执行情况；各巡察组组长结合巡察工作实际，再次在脱贫攻坚、扫黑除恶等重点工作上作出部署，为发挥巡察利剑作用提供方向。

同日 哲古镇扎杂村搬迁项目驻点指挥部组织县易地搬迁组负责人、村民代表、村民监督委员、村委会代表、监理、施工、设计、跟踪审计、第三方检测等对扎杂搬迁建设项目按照检测数据和有关项目高质量建设要求对主体进行验收。

30 日 措美县中学召开“四讲四爱”群众教育实践活动第一节点总结暨第二节点安排部署会。“四讲四爱”负责人副校长边巴次仁主持，副校长赵昊、骨干教师宣讲员、班主任、学生宣讲员等 30 余人参加。会议总结上一阶段工作开展情况并明确下一步工作方向；学生宣讲员代表对第一阶段主要学习内容进行回顾及发言，赵昊就开展的第一阶段学习进行总结并强调“四讲四爱”群众教育实践活动开展的重要性。

7 月

1 日 措美镇组织召开 2019 年“四讲四爱”第一节点“讲党恩、爱核心”转段会，全体干部职工、村（社区）第一书记、主任及“强基础、惠民生”工作队队长参加会议。

同日 县民政党支部开展“公益福彩情暖高原”西藏福彩助力脱贫攻坚“七一”走访慰问活动。为 5 位困难党员们送去慰问金 5000 元。

同日 为庆祝中国共产党第 98 个生日、迎接中华人民共和国成立 70 周年、纪念西藏民主改革 60 周年，措美县开展爱国主义影视展映展播活动。

2日 措美县古堆乡党委书记土旦桑珠主持迎接国务院第三方评估核查工作动员部署大会。市县两级领导、乡领导班子成员、全乡干部、各村支部书记、驻村队队长、扶贫专干参加会议。

2–5日 县政协主席索朗欧珠带队部分县级农牧民界、科技文化界委员到错那县，考察学习乡村振兴和产业发展情况。

3日 县人民法院院长桑珠次仁、法官巴桑卓嘎、格桑一行3人到哲古镇卡珠村开展普法和“扫黑除恶”专项斗争宣传。村“两委”班子、驻村工作队、农牧民群众等128人参加。桑珠次仁结合与群众生活关系密切的《中华人民共和国婚姻法》《中华人民共和国妇女儿童权益保护法》《中华人民共和国劳动法》《中华人民共和国道路交通安全法》《中华人民共和国食品安全法》《中华人民共和国国土法》等相关法律法规进行宣传讲解。

同日 安徽科技援藏项目藏系绵羊杂交改良与短期育肥项目主持人安徽省农科院畜牧所研究员朱德建、项目合作单位江西省农科院畜牧所副所长杨群等专家组一行7人在措美县乃西乡具巴绵羊短期育肥合作社实地指导藏系绵羊杂交改良与短期育肥技术。

4日 县委常委、组织部部长冉启仕到古堆乡调研基层党建、精准扶贫、村级组织活动场所建设等工作，并入户走访，看望慰问贫困户。

5日 县应急管理局、交运局等部门组成的检查组对措美县国道219线康措段16合同段道路施工地汛期安全隐患排查开展情况进行检查。

6–7日 措美县农牧综合服务中心黄改负责人员到15个黄改点增加液氮，共计增加210立升，并检查配种及登记情况，负责人强调各个黄改点，必须争取完成2019年任务，并且要认真解决公牛去势问题。截至7月7日，措美县黄改冻配数为515头、复配36头，配种率达到35%。

7日 措美镇、哲古镇相继组织村“两委”班子、驻村工作队及在家农牧民群众开展“四讲四爱”环境卫生大清扫活动。清理村庄内房前屋后、过道及水房等地方的垃圾和村庄主干道沿线的固体废物、白色垃圾、牛粪及路面土石清理，有效提升和改善村容村貌。

8日 农村集体资产清产核资第三方工作组到当许社区开展清产核资工作。

同日 国务院脱贫攻坚第三方抽查队，由成都理工大学应用系统系主任、教授范安东带队到措美镇玉美村抽查评估2018年精准扶贫、精准脱贫工作开展情况。县委常委、政府副县长赵孙恕陪同。

9日 县农牧综合服务中心技术人员到乃西乡定巴村开展犏牛杂交技术培训。技术员卓嘎讲解正确掌握配种时间、防止误配漏配、提高受胎率等综合知识，以及孕期母牛饲草料补贴、空怀补贴等政策。参加培训的有定巴村委主任、农户、福星种养公司负责人、技术员等15人。

同日 县政协党组召开2019年度上半年党风廉政建设工作总结暨下半年党风廉政建设工作安排部署会议。

同日 县组织村“两委”班子成员、各小组组长、群众等参观新旧西藏对比图片展。图片展分为两个部分，一部分是落后旧西藏的真相，一部分是在中国共产党的领导下，西藏跨越上千年的伟大巨变。

10日 县教育局召开专题会议安排部署近期工作。教育局局长格桑达瓦就上半年财务、师资、督导、教研、党建、综治、安全、德育等工作开展情况进行通报。

同日 县各县直单位相继召开党风廉政建设专

题学习会议，会议传达学习《关于四起落实中央八项规定精神工作中履行主体责任不到位典型问题的通报》《关于三起扶贫领域腐败和作风问题典型案例的通报》《关于转发〈关于两起扶贫领域腐败和作风问题典型案例的通报〉》文件精神，传达学习《西藏自治区脱贫攻坚责任追究暂行办法》《中国共产党党员教育管理工作》等文件。

同日 县应急管理局牵头，联合县发改、住建、消防等部门及各乡（镇）派出所，对措美县各建筑施工工地安全情况进行检查。

同日 根据“不忘初心、牢记使命”主题教育工作要求，西藏自治区文物局书记尼玛旦增一行到措美县玛悟觉寺、乃西寺、日美拉康开展文物工作专题调研。

同日 山南市委常委、宣传部部长燕红到措美县调研宣传思想文化工作、意识形态、“四讲四爱”群众教育实践活动开展情况。

12 日 措美县农牧综合服务中心技术骨干卓嘎一行 3 人到乃西乡具巴村绵羊短期育肥合作社称“奥寒羊 F1 代”体重。2018 年 11 月，措美县农业农村局援藏干部从安徽引进三只“奥寒羊”种公畜，总配种 50 只藏细绵羊，成活数 47 只羔羊。

13 日 拉顶寺管会干部职工住房建设项目正式破土动工。该项目包括 6 套住房和附属工程，总投资 114 万余元。项目 10 月初竣工投入使用。

13–14 日 山南市政府办第八批下半年驻波嘎村工作队启动调研，分别到波嘎村各小组和各项目点调研了解情况，思考下一步工作计划。

13–16 日 中央电视台《夕阳红》栏目摄制组走进措美县特困人员集中供养服务中心，中央电视台拍摄组 4 人及山南市民政局副局长周青、山南市福利科副科长普珍共 6 人。县民政局局长拉巴央金陪同，拍摄措美县集中供养中心、室内外环境、老人日常生活、娱乐场所等方面视频，将制成纪录专题片在央视播出。

15 日 县委副书记、县人大常委会主任洛桑次仁到哲古镇扎杂村卫生室、宗宗村卫生室、哲古镇卫生院、帕仓村卫生室、古堆乡卫生院、玉美村卫生室、乃西乡卫生院、县人民医院、县藏医院就《关于加快卫生计生事业发展、推进健康山南建设的意见》贯彻落实情况进行实地检查工作。

16 日 县易地扶贫搬迁组、县自然资源局、县住建局、安置点所属乡（镇）负责人和设计单位、监理单位、施工单位工作人员到县域内四个易地扶贫搬迁安置点开展放线工作。县域内四个易地扶贫搬迁安置点建设项目共新建安置房 34 套，总投资 1149.12 万元。

同日 山南市生态环境局措美县分局牵头，联合县发改委、乃西乡人民政府、恰杂村“两委”班子、人大代表、驻村工作队以及项目监理方、施工方共计 8 人，到乃西乡恰杂村开展 2019 年农村饮用水水源地环境保护项目验收工作。

同日 自治区总工会党组书记、常务副主席王纯丁，市总工会党组书记、副主席次仁及相关科室负责人一行 6 人到措美县调研产业工人队伍建设和思想政治工作情况、“五型”工会创建、“552”行动规划开展情况及基层工会建设情况。王纯丁对 5 名在档困难职工进行慰问，共发放慰问金 5000 元。

同日 自治区党委宣传部副部长丁勇一行到措美县五保集中供养服务中心，对特困人员集中供养中心各部门工作开展情况进行调研。

16–21 日 安徽省六安市援藏方志指导组一行 3 人到措美县，对地方志工作及第二轮县志编修进行专业指导。18 日召开修志反馈会，安徽省六安市、滁州市、芜湖市党史和地方志研究室相关负责人和措美、浪卡子、错那三县分管领导及方志负责人参会，山南市委副秘书长索朗格桑主持会议并做讲话，措美县副县长夏猛代表措美县作地方志工作进展情况汇报。

17 日 县武装部负责人组织当许社区群众开展征兵宣传活动。县武装部通过悬挂横幅、发放宣传单、政策宣讲、现场登记的方式开展征兵宣讲。

同日 县文化局、执法大队、扫黄打非办联合组织文化市场经营单位负责人，召开文化市场领域扫黑除恶打非治乱工作推进会议。

同日 县宗教领域组织召开“四条标准”暨“四讲四爱”教育实践活动推进会，五个寺管会主任以及统战部、民宗局全体干部职工参加会议。传达《措美县宗教领域“遵行四条标准争做先进僧人”教育实践活动查摆问题阶段工作实施方案》，听取 5 个寺管会“四项教育”“四讲四爱”活动开展情况汇报及下一步工作计划，并对措美县宗教领域“四条标准”暨“四讲四爱”教育实践活动的开展作具体安排部署。

18 日 县人大常委会组织市县乡三级人大代表举办措美县纪念地方人大设立常委会 40 周年系列活动之知识竞赛，赛题主要围绕人大业务工作常识和人大代表履职手册内容。16 名农牧民人大代表和县直机关单位负责人观看比赛。4 个乡（镇）及机关人大代表团的 20 名代表分成 5 个代表队参加知识竞赛活动。

同日 西藏自治区人民检察院专职委员沈小丁等一行 3 人到县人民检察院调研指导工作，并由检察院党组书记、检察长洛桑汇报工作开展情况。

同日 县农牧局局长布阿南与县林业局、施工单位负责人到措美镇波嘎村恰堆一带调研 53.36 公顷牧草种植基地选址事宜。布阿南就建设波嘎村 66.67 公顷高标准农田项目规划设想征求意见，进行政策解释。

19 日 县举办党务工作人员业务暨发展对象培训会，各乡（镇）、县直单位党务工作者及 2019 年发展对象共 47 人参训。

同日 县旅游局组织召集“哲古牧人节”筹委会领导小组成员和成员单位负责人召开 2019 年哲古牧人节第一次筹备会议。

22 日 县委书记牛堃主持召开九届县委第 58 次常委会会议。传达学习《中共中央关于李平搞形式主义、官僚主义案件查处情况及其教育警示的通报》《习近平总书记在中央和国家机关党的建设工作会议上的重要讲话精神》《中国共产党农村基层工作条例》《习近平对地方人大及其常委会工作作出重要指示》，并研究部署贯彻落实工作；会议原则同意《县委常委同志分工》，由县委办公室按照会议要求修改完善后及时印发；会议同意《干部任免职名单》。

同日 山南市残联工作人员到措美县举行残疾人辅助器具发放仪式。共计发放辅助器具：坐便器 3 台、手杖 4 把、防褥疮坐垫 1 个、轮椅 2 台、助听器 3 台。

同日 县召开第七批援藏干部座谈会。县委书记牛堃主持会议，在家县级干部、各乡（镇）和县（中、区、市）直各单位负责人参加会议。

同日 山南市政府办公室驻措美镇玉美村工作队、村支书等负责人一同到种努、松泽、井通 3 个组的水塘、水渠等地，查看水塘当前蓄水容量、泄洪道通畅以及部分水塘、水渠损毁情况。

23 日 山南市农业农村局党组副书记、局长黄卫军一行到哲古镇卡珠村看望慰问驻村工作队员。

同驻村工作队员进行座谈，了解卡珠村村民、贫困户、产业发展等村（社区）基本情况；随后到西藏漫其食品加工有限公司视察工厂屠宰车间及深加工车间。

同日 县人大常委会副主任张小武组织县人大财经农牧城建环保委员会主任委员及山南市生态环境局措美分局、县司法局、县林业和草原局等相关负责人召开《山南市绿化管理条例（草案）》征求意见会。会上相关部门结合各自领域实际，提出可操作性修改意见。

24日 县人社局在县委四楼会议室开展高校毕业生就业创业政策宣讲活动。局长拉巴卓玛主持并讲解相关就业创业政策，全县4个乡（镇）的应届高校毕业生、往届高校毕业生、高校毕业生家长、企业职工等90多人参会。

同日 措美县市监局组织执法人员对措美县化妆品和药品市场进行专项检查，出动执法人员3人次，执法车辆1车次，重点检查化妆品和药品领域，加强隐患排查治理。共检查市场主体5户（其中诊所1家、药店1家、化妆品店3家），未发现文件里所标注的假冒商品以及过期产品。

同日 县委书记、县扫黑除恶打非治乱专项斗争领导小组组长牛堃和县委副书记、县扫黑除恶打非治乱专项斗争领导小组副组长杜祝涛到县扫黑办督导扫黑除恶打非治乱专项斗争。

24–25日 县委常务副书记张亚东，县委常委、政府副县长张乐带领第七批援藏干部，通过座谈、实地走访等方式，对部分乡（镇）、村（社区）、寺庙基本情况进行调研。

25日 县委常务副书记张亚东一行第七批援藏干部到措美镇了解基本情况，听取了党员人数情况、村级集体经济发展情况、村（社区）简介、脱贫攻坚成效、农村人居环境综合整治等情况汇报，措美镇全体干部职工参加会议。

同日 县政协主席索朗欧珠一行在县政协委员巴桑嘎娃、乃西乡政府副乡长单增朗杰的陪同下调研乃西村植树造林工作开展情况。

同日 县委组织部副部长、老干局局长阿旺朗杰一行代表县委、县政府看望慰问乃西乡具巴村三老人员，并了解三老人员生活状况，了解三老人员对相关政策了解情况。

同日 措美县委常委、组织部部长冉启仕到措美镇调研指导基层党建工作。冉启仕查看措美镇“一站式”党群便民服务中心，到措美镇办公室查阅相关资料、实地查看党员活动室、干部职工在岗情况，并听取工作汇报，详细了解党的建设工作开展情况及日常工作运行情况。

同日 县委常务副书记张亚东一行4人到措美镇雪热村检查指导工作。主要了解雪热村基本情况、村集体发展情况、群众观念和转移就业情况和驻村工作开展情况。随后，张亚东一行走访入户，了解当地设施设备配备情况、村民生活状况以及需要解决的困难和诉求。

同日 措美县城遭遇连续大雨袭击，雨势尤为严重，各排水渠出现严重堵塞，当许社区小康示范村受涝。全镇立刻启动防汛抗灾救灾应急预案，防汛救灾人员第一时间到位，赶赴群众家中进行清淤排水工作。无人员及牲畜伤亡。措美镇2户房屋墙体开裂、雨水渗入到房屋地基下有3户、牛羊圈及饲草料储备间被雨水泥沙浸灌的有1户、入户道路及庭院被雨水泥沙漫灌的有1户、其余几户均为庭院及厨房不同程度的受损。

同日 县召开中央扫黑第13督导组反馈问题整改推进会。县委常委、政法委书记、公安局局长、扫黑除恶打非治乱专项斗争领导小组办公室主任曹龙堂主持会议，县委副书记、扫黑除恶打非治乱专项斗争领导小组副组长杜祝涛出席会议并讲话，县扫黑除恶打非治乱专项斗争领导小组各成员单位负责人参加会议。会上，曹龙堂根据《措美县关于中央扫黑除恶第13督导组第二阶段督导和第6下沉小组督导反馈问题中行业乱象问题的整改方案》中行业部门的整改问题和整改内容进行安排部署和强调。

25–26日 县纪委监委开展“清廉杯”7人制足球比赛，全县共8支队伍报名参加。开幕式由县委常委、纪委书记李胜军主持，县委常委、政府副县长张乐，县人大常委会副主任、哲古镇党委书记达瓦出席开幕式，县委常务副书记张亚东致辞。该届“清廉杯”足球比赛，紧紧与工青妇协办的廉政知识竞赛相结合，达到“以赛促学、营造廉洁”的目的。经过8场小组赛的激烈角逐，第六总支获得该届足球赛冠军。

26日 内蒙古人大工作研究理事会理事长呼尔查带队一行6人的内蒙古人大到藏考察团在自治区人大常委会农环工委副巡视员王春林和市人大常委会党组成员、副主任扎西及市人大财经委员会主任委员次仁德吉的陪同下，到措美县哲古湖、哲古草原、哲古镇人大就水资源保护、草原保护和人大工作研究等内容进行学习考察。县委副书记、县人大常委会主任洛桑次仁等相关部门负责人陪同。有针对性地询问措美县相关部门在草原治理、鼠虫害防疫、人工种草，湖水治理保护，哲古湖景区周边相关项目建设批准实施等事宜。

同日 县政协召开防范和治理返贫问题专题协商会议。县政协主席索朗欧珠、副主席郝高君及部分县政协常委、委员以及分管扶贫工作的副县长普布扎西、4个乡（镇）、县扶贫办、教育局、住建局、产业办等单位负责人参加会议。郝高君主持，索朗欧珠、普布扎西分别讲话。会上，各乡（镇）、县扶贫办、产业办负责人介绍各单位工作开展情况，并就防范和治理返贫问题提出各自的见解。针对措美县脱贫攻坚工作中存在的困难，县教育局、住建局、产业办等相关单位负责人结合本单位脱贫攻坚工作的现状就下一步防范和治理返贫方面做交流发言。

同日 措美县召开2019年安委会第三次全体（扩大）暨防汛工作电视电话会议，会议通报和分析全县当前安全生产和防汛形势，对当前和今后一段时期安全生产和防汛工作进行安排部署。县安委会副主任、县委常委、政府副县长赵孙恕出席会议并讲话，4个乡（镇），县安委会成员单位参加会议。

27日 县政协党组副书记、副主席郝高君到乃西乡乃西村达琼组及县、乡单位通过走访、座谈等方式与吾金旦巴等党外委员开展党员委员联系党外委员活动。

28–29日 县农业农村局到乃西乡、古堆乡、哲古镇、措美镇发放农机具，并现场开展农机具使用方法培训。农业农村局工作人员对此次享受补贴的群众，进一步讲解、宣传农业机械购置补贴政策，同时讲解农机安全生产常识，各公司技术人员带领群众学习机具使用方法，确保每一个购机者会用、能用、放心用。

28–30日 县应急管理局联合县水利局和县交运局就汛期防汛工作和安全生产工作进行检查。督导组重点对两条国道汛期施工现场、高边坡施工、易塌方段和四个乡（镇）境内河道防洪堤及汛期防汛带班值班进行实地督导检查。

29日 县人民政府副县长朗嘎、县农业农村局局长布阿南一行到哲古镇卡珠村进行人居环境整治及牧业改革等工作调研。调研组一行了解卡珠村人居环境整治工作开展情况及面临的问题，就卡珠村可回收垃圾兑换站建设情况进行实地调研并提出意见建议，要求卡珠村继续培养农牧民群众的垃圾分类习惯，提高群众环保意识，改善卡珠村人居环境工作。

同日 县项目办召集用人单位和西部计划志愿者召开见面会。要求志愿者认真遵守项目办管理办法和用人单位管理制度，要求用人单位为志愿者工作和生活提供基本保障，明确志愿者岗位和工作职责，关心、帮助解决志愿者在工作和生活中的困难，为志愿者提供良好的锻炼发展平台。

30 日 措美县农行副行长旦木真带队到哲古镇卡珠村开展“精准扶贫到户到人、精准扶贫你我同在”现场宣讲活动暨中国农业银行掌上银行村挂牌仪式。

同日 县委常委、纪委书记、县委反腐败工作协调小组组长李胜军主持 2019 年度反腐败工作协调小组会议，各副组长、各成员单位负责人参加会议。会议传达学习《关于进一步规范对涉嫌违法犯罪党员作出纪律处分工作的意见》，向成员单位征求对《县委反腐败工作协调小组工作制度》意见；县人民法院、县人民检察院、县公安局、县税务局主要负责人结合部门工作实际，对部门抓反腐败工作情况做交流发言。

31 日 县委书记牛堃到措美镇雪热村调研指导检查工作，并提出以下工作要求：加大植树种草力度，加强对绿植的管理和养护，通过生态环境建设提升产业发展潜力，促进农牧民群众增收致富；积极引导劳动力外出务工，充分用好务工联队这个平台，潜移默化的教育群众外出务工增收；做好雨季沟渠和房屋排水工作，确保雨季沟渠和房屋免受水灾；加强基层党组织建设，发挥好党组织战斗堡垒和党员先锋带头作用；扎实推进扫黑除恶工作开展，加强村“两委”、驻村工作队自身对扫黑除恶政策的了解，扎实开展工作，避免形式主义，切实保障群众利益。

同日 措美县邀请驻军部队官兵、4 个乡（镇）人武部部长、农牧民和机关退役军人代表等在县委三楼会议室召开庆祝“八一”建军节座谈会。县政府副县长普布扎西主持，县委副书记杜祝涛做讲话。并向与会的部队官兵和退役军人代表表示节日的问候并感谢他们为国家、为人民做出的贡献。

同日 县委常务副书记张亚东一行深入哲古镇及其辖区各村（社区）进行调研。先后到哲古镇卡珠村漫其牛肉加工厂、扎杂村、卓德村等地，通过座谈、实地走访等形式，对漫其牛肉加工厂生产及运营情况、农村人居环境整治进行了解。

同日 措美县委常委、纪委书记李胜军主持措美县九届纪委第 6 次常委会，各乡（镇）纪委书记、纪检专干、纪委机关各室负责人参会。会议传达学习习近平总书记在“不忘初心、牢记使命”主题教育工作会议上的讲话精神，习近平总书记关于“扫黑除恶专项斗争工作”11 次批示精神，《关于全面深化改革若干重大问题的决定》第 36 条“三个为主”主要内容，关于认真做好纪检监察系统内集中整治不作为慢作为、文山会海等形式主义、官僚主义突出问题中查摆共性问题整改有关文件精神等。

7 月 30 日 – 8 月 4 日 措美县与四川大学继续教育学院协同举办“措美县村干部综合素质提升培训班”，50 人参加。培训班主要学习“决胜脱贫攻坚，推动乡村振兴”“村级党建教育与管理”“新时期共产党员理想信念与光荣使命”等内容，通过培训开拓村（社区）“两委”班子干部视野，达到拓宽农村工作思路、提升农村党建工作能力、带领村民共同致富的目的。

8 月

1 日 县委书记牛堃、政府副县长普布扎西慰问措美县驻军部队。

2 日 县委常务副书记张亚东和县委常委、政府副县长张乐等一行 6 人先后到县卫健委、卫生服务中心进行调研并听取 2019 年度上半年工作开展情况及下半年重点工作安排部署情况。

2–3 日 县民政局对全县 4 个乡（镇）、16 村（社区）、92 个自然村（社区）开展安装地名标志牌工作。全县各村（社区）地名标志牌安装工作已全部完成，为外来人员辨认各村的入村路口、群众的日常出行提供便利。

3–4 日 山南市教育局副局长仓决一行深入措美县开展教育领域公共服务质量调研工作，调研组到措美镇小学、措美镇人民政府、当许社区，通过召开座谈会、询问、发放双语调查问卷等方式，针对教育领域公共服务质量方面进行调研。

4 日 措美县组织 9 名驻寺干部，历时一个月，创作文艺作品《宣讲在路上》在山南市举办的驻寺干部“唱响四条标准我与祖国同庆”文艺会演中荣获二等奖。

同日 措美县卫健委积极开展优生优育免费技术服务工作，对户籍在措美县的农牧民育龄妇女提供相关技术免费服务，报销金额为 10438.7 元。

5 日 县农村集体资产清产核资工作领导组与第三方到乃西乡具巴村开展相关工作。

同日 措美县农业农村局负责人率设计单位负责人到措美镇波嘎村恰堆组、恰麦组、波嘎组、农场组开展 66.67 公顷高标准农田改造勘测设计调查。波嘎村高标准农田改造项目改造高标准农田 53.36 公顷，投资 240 万元。

同日 措美县发改委、措美镇及项目施工单位主要负责人对波嘎村文化活动场所项目进行验收。波嘎村“两委”、驻村工作队一同验收。

同日 山南市住建局副局长陈永忠一行 4 人到措美县国道 219（16 标段）项目部、国道 560 第二标段项目部及施工现场，采取召开座谈会、查阅台账、实地抽查等方式对民工工资支付情况、劳动合同签订情况、有无拖欠隐患进行检查和现场排查指导。

6 日 措美县司法局、县工商联联合举办民营企业法治培训班。全县民营企业代表 12 人参加培训。

同日 县举办藏传佛教活佛转世专题展览，县委宗教工作领导小组成员单位主要负责人、4 个乡（镇）统战委员、全县 24 座寺庙僧人、县委统战部（民宗局）全体干部职工、县直各单位干部职工、农牧民群众 300 余人参加活动。并对措美县“遵行四条标准、争做先进僧尼”僧人书法比赛 8 名获奖者进行颁奖。

同日 县人社局相关负责人参加哲古镇扎杂村扎杂服饰制作技能培训班结业典礼，培训为期 60 天、培训贫困农牧民人数 20 人、培训资金 9.6 万元。

同日 安徽省第七批援藏工作队领队、临时党委书记、山南市委副书记、常务副市长汪华东一行 3 人到措美县调研指导工作，县委书记牛堃，县委副书记、政府县长巴桑欧珠等陪同。汪华东一行对措美县漫其食品加工公司、措美镇小学、县人民医院、县高海拔科技示范园等地进行实地调研指导。

7日 山南市农业农村局副局长巴桑卓嘎一行3人到措美县检查验收粮食功能区划定成果。

同日 县纪委监委举办提升基层纪检监察人员业务能力培训班，全县各乡（镇）纪委（派出监察室）、各村（社区）村民监督委员会成员共计52人参加。

同日 县政协组织6名市、县民族宗教界政协委员，县政协副主席扎西尼玛带队，到山南市洛扎县开展为期4天的考察学习。

同日 山南市委常委、纪委书记、监委副主任、代理监委主任拉巴加布到措美县调研指导工作。拉巴加布一行3人对措美县纪检监察机关在推进脱贫攻坚、中央巡视整改、扫黑除恶打非治乱专项斗争、监督执纪审查、“两个专项整治”等工作进行调研指导。

8日 政府副县长夏猛到措美镇波嘎村调研了解强久林整组搬迁有关项目进展情况，看望慰问驻村工作队。

同日 县人大常委会召开纪念地方人大设立常委会40周年座谈会并举办专场文艺演出活动。座谈会传达习近平对地方人大及其常委会工作作出的重要批示，各乡（镇）人大和各专门委员会做交流发言。

同日 措美镇派出所组织召开扫黑除恶打非治乱专项斗争线索摸排工作推进会。派出所扫黑办、广场警务站、其夏路警务站负责人参加会议。

9日 由山南市卫健委主办，措美县人民政府协办，措美县卫生服务中心、疾控中心承办的人间鼠疫防控应急演练在措美镇完小操场举行。

同日 易地扶贫搬迁组办公室组织乃西乡、古堆乡、具巴村、定巴村、扎西松多村主要负责人召开措美县迁往贡嘎县昌果乡生态搬迁安置点房屋抽签会议。

同日 措美县召开农机具加油一卡通动员部署会，政府副县长朗嘎主持，4个乡（镇）、农业农村局、应急管理局、公安局、商务局负责人参加。

同日 自治区教育厅厅长尼玛带队，自治区教育厅规划处处长旺堆、山南市教育局局长赤列边巴等组成的调研组到措美县开展教育工作调研。

10日 古堆乡党委书记土旦桑珠主持古堆乡昌果生态搬迁抽签仪式，此次搬迁群众共有61户213人。

同日 措美镇玉美村驻村工作队与措美县蔬菜示范产业园负责人沟通，争取到黄瓜、西红柿、辣椒、韭菜等育苗2000余株，用于扩大玉美村蔬菜大棚的种植面积。

11日 山南市藏医院主治医师次仁一行到措美县开展签约服务工作，对措美县4个乡（镇）30户因病致贫家庭开展签约服务。

11–12日 自治区人大常委会农环工委副主任拉巴平措一行到措美县就《中华人民共和国草原法》《西藏自治区实施〈中华人民共和国草原法〉办法》贯彻实施情况进行执法检查。执法检查组先后在哲古镇卓德村、扎杂村、哲古草原及沿线的部分人工种草点等地，实地对草原保护、人工种草、禁牧草场、草原“三灭”、大型建设工地草原保护、采矿厂草原保护以及牧区新型经济组织发展进行检查。

12日 县召开创建全国民族团结进步示范市活动动员部署暨2019年民族团结进步表彰大会。会议对县公安交警大队等10个民族团结进步模范集体和刘源等15名模范个人进行表彰。

同日 乃西乡具巴村获赠深圳固纬科技有限公司慈善捐赠的光能路灯5盏。捐赠企业负责人朱仙林现场捐赠并讲解安装使用方法。

同日 措美县召开第6次书记专题会，专题听取九届县委第六轮巡察工作情况汇报。会上，县委巡察工作领导小组组长李胜军汇报第六轮巡察发现的问题及意见建议，与会领导围绕第六轮巡察发现问题和巡察整改工作提出意见建议。

13日 县委书记牛堃主持召开九届县委第59次常委会会议。传达学习《刘永富、洛桑江村在西藏自治区深度贫困地区脱贫攻坚现场推进暨深化对口援藏扶贫工作会议上的讲话提纲》《王卫东在全区市县巡察工作推进会上的讲话精神传达提纲》《公务员职务与职级并行规定》。审议并原则同意县政府提交的八项《有关“三重一大”事宜的报告》，审议《措美县总工会干部（会员）职工福利方案（草案）》《措美县总工会会员会费收缴、使用和管理实施办法（草案）》《中共措美县委员会九届四次全会报告》，由县委办和政府办按照会议要求修改完善后再征求常委会意见建议。审议合同制工人退休及干部人事调整事宜。

同日 山南市信访局副局长巴桑次旦一行4人到措美县检查指导信访工作。巴桑次旦一行了解措美县2019年信访总体情况、来信来访办理情况，对县委、县政府高度重视信访工作给予充分肯定。

同日 根据县人大常委会的相关要求和指示精神，古堆乡人大主席团依照代表选举法相关规定，对第六选区选民进行重新登记公布，在古堆乡帕仓村委会召集全体在家选民正式选举。县委常委、政府副县长张乐以134张全票的赞成票，成功当选为措美县第十二届人民代表大会代表。

同日 措美县易地扶贫搬迁组召集乃西乡、古堆乡主要负责人及141名搬迁群众代表，在贡嘎县昌果乡生态搬迁安置点现场举行房屋钥匙分发仪式。

14日 县召开理论学习中心组第10次集中学习会，主要学习贯彻《习近平总书记在深化党和国家机构改革总结会议上的讲话》等文件精神，县委书记牛堃主持。在家县级干部，县（中、区）直各单位、乃西寺管会、措美镇、乃西乡负责人参加会议。

同日 乃西乡第十三届人民代表大会第六次会议在乃西乡视频会议室召开。36名县（乡）人大代表参加，乡党委班子成员列席。大会主要有听取和审议乡政府脱贫攻坚工作报告、选举乡人大主席和乡政府副乡长两项议程。大会共召开预备会议1次、主席团会议1次、全体会议3次，会期半天。

同日 县群团党支部邀请县卫生服务中心医护人员到哲古镇卓德村开展免费“送医送药”活动。

16日 政府副县长夏猛、县发改委、商务局负责人参加山南市2019年中国西藏雅砻文化节招商引资推介会，此次会议达成签约项目2个，金额2.42亿元。

22日 县易地扶贫搬迁组工作人员到4个搬迁安置点进行钢筋验收，并检查项目工程安全设施建设和工程进度情况。县域内4个易地扶贫搬迁安置点建设项目总投资1149.12万元，共新建安置房34套，其中县城内安置点建设项目新建安置房16套，措美镇玉美村安置点建设项目新建安置房7套，哲古镇扎杂下村安置点建设项目新建安置房9套，乃西乡定巴村插花式安置点建设项目新建安置房2套。经验收，县城安置点屋面钢筋符合规范，验收通过。

23日 措美县召开2019年上半年“遵行四条标准、争做先进僧尼”教育实践活动表彰会。

同日 政府副县长夏猛带队，县应急管理局、自然资源局、交通运输局等负责人到龙天勇矿业、国道219线16合同段及棚户区改造项目等重点领域进行安全检查。

25–29 日 县卫健委在哲古牧人节期间，联合县人民医院、妇幼保健站、山南市华康医院为 100 名适龄妇女进行免费“两癌”筛查。

27 日 措美县哲古镇大学生艺术团和各村（社区）先后开展文艺节目比赛，大学生艺术团带来舞蹈、抖音串烧、独唱，哲古镇各村（社区）群众带来当地民族特色舞蹈等。措美县哲古牧人节系列传统体育竞技活动在哲古草原上也相继开展。

29 日 市人大常委会副主任贡觉多吉带队的监察体制改革专题调研组一行，采取“听查看问”的方式，先后在县廉政公园、县监委会办公室等地，了解监察体制改革工作实施情况。

30 日 县委书记牛堃主持召开九届县委第 60 次常委会会议。传达学习习近平总书记给澳门濠江中学附属英才学校小朋友们的回信精神、习近平总书记在中共中央政治局第十五次集体学习时的重要讲话精神和对黄文秀先进事迹作出的重要指示精神、全区寺庙管理工作座谈会主要精神，并研究部署贯彻落实工作。听取关于落实中央督导组第二阶段督导通报问题整改情况汇报和《自治区纪委关于五起扶贫领域腐败和作风问题典型案件的通报》。

9 月

3–4 日 山南市教育局副局长仁增达杰一行秋季开学检查组到措美县检查指导开学情况。

3–6 日 县交警大队对辖区道路开展道路交通安全隐患排查工作。

4 日 山南市妇联（妇儿工委办）联合措美县妇联到哲古镇扎杂村开展母婴营养保健知识讲座活动。

6 日 措美县召开 2019 年基层党建暨干部驻村工作推进会。各乡（镇）、各县（中、区、市）直单位负责人，各寺管会主任、各村（社区）第一书记、驻村工作队队长共 134 人参会。

同日 县委组织部举办 2019 年党员档案规范管理工作培训会。

同日 县人大常委会听取“两院”、公安、司法工作专题报告。各部门负责人分别从各自领域的工作开展情况、存在问题困难、下一步工作打算三个方面进行汇报。

7–9 日 乃西乡具巴村群众顺利搬迁至贡嘎县昌果集中安置点。

8 日 措美县举行 2019 年度新兵入伍欢送仪式，县委书记牛堃参加仪式并作讲话。

9 日 共青团山南市委党组班子成员、副书记拉元一行到措美县调研指导基层组织建设工作。团市委调研组查看乃西乡、措美镇、措美县中学基层团组织建设情况，调研了解合作社团员青年思想动态、生产经营状况等。

同日 山南市生态环境局措美县分局组织县交通局、国道 560、国道 219、贡组公路各标段施工负责人，认真学习交通工程领域召开迎接新中国成立 70 周年环境综合整治会议精神。

同日 山南市信访局党组成员、副局长巴桑次旦带队的工作组到措美县督查督办迎接新中国成立 70 周年大庆重点信访事项。

12 日 县特困人员集中供养服务中心护理员在西藏拉萨市参加 2019 年中央财政支持社会组织参与社会服务项目“护理员素养提升”培训。

同日 县发改委、易地扶贫搬迁组、县住建局和山南城市建设投资有限责任公司（代建单位）、设计单位、监理单位、审计单位、施工单位负责人到县城、哲古镇扎杂村新增易地搬迁安置点进行主体验收。县城内安置点建设项目新建安置房 16 套，投资 429.87 万元；哲古镇扎杂下村安置点建设项目新建安置房 9 套，投资 305.18 万元。

15 日 县委书记牛堃主持召开九届县委第 61 次常委会会议。会议同意《县脱贫攻坚指挥部关于审核确认 2019 年建档立卡贫困户脱贫的请示》，确定措美县 2018 年整体脱贫时剩余建档立卡贫困户 38 户 78 人目前业已符合脱贫条件，请县脱贫攻坚指挥部按照相关程序办理。会议同意《措美县公务员职务与职级并行制度实施方案》《措美县公务员职级职数设置方案》《措美县职级套转建议名单》，请县委组织部按照相关程序办理。

同日 县委常委、政府副县长赵孙怒带领县政府办、住建局、山南市生态环境局措美县分局、安居办相关人员到哲古镇扎杂村实地查看易地搬迁工程施工进度情况。

17–25 日 古堆乡、哲古镇卡珠村相继开展 2019 年度村级“先进双联户”评选表彰推荐活动及镇级“先进双联户”推荐工作。

25 日 县发改委、自然资源局、农牧局、林业局、财政局、扶贫办、产业办、设计单位、监理单位、乡（镇）等单位主要负责人、以及村（社区）、群众代表对哲古镇牦牛手工编织黑帐篷项目进行竣工验收。

同日 县邀请山南市委党校邓建华副教授开展“习近平新时代中国特色社会主义思想”专题讲座。县委书记牛堃，市委第一巡回指导组常务副组长、市委常务副秘书长桑旦，在家县级领导干部和县（中、区、市）直各单位 150 余名党员干部一道聆听讲座。

26 日 驻措美县平安创建督导组组长、市政协副主席加央一行到措美镇雪热村督导检查工作，县委副书记杜祝涛陪同检查。督导组一行对村委会及驻村人员在岗情况、值班日志、巡逻情况、外来人员登记以及相关文件和简报等情况进行检查。

同日 山南市委副书记刘志强到措美县乃西乡定巴村指导检查扶贫领域工作。刘志强详细了解扶贫领域各项工作开展情况，鼓励大家搬迁到边境县或条件较好的地方。

同日 安徽省对口援助专家团队一行 4 人到措美县开展先心病免费筛查工作。共筛查疑似病例 18 人，确诊 1 人。根据患儿病症的急重程度和专家意见，确诊儿童将被列入救助对象，由市卫健委指定统一定点医院实施免费救治。

28 日 县委常委、政府副县长赵孙恕带队县发改委、住建局（安居办）等相关部门负责人到措美镇波嘎村强久林、当许社区达当组对易地搬迁项目进展情况进行指导检查。

29 日 山南市政协副主席、驻措美县 70 大庆平安创建督导组组长加央一行到措美县拉顶寺管会检查指导寺庙工作，县委常委、统战部部长、民宗局局长普琼陪同。

同日 措美镇召开第十三届人民代表大会第六次会议。本次会议应到代表 43 人，实到代表 35 人，镇党委副书记、人大主席次仁单增主持。大会听取并审议措美镇政府《精准扶贫工作报告》《农牧综合服务中心工作报告》《合作医疗工作报告》《民政工作报告》。

同日 县委副书记、人大常委会主任洛桑次仁，政府副县长朗嘎到学校检查安保、安全教育管理及国庆节前各项安全工作落实情况。

10 月

1 日 山南市委统战部副调研员、市委统战部驻乃西寺平安创建督导员巴珠带领全体驻寺干部、民警、寺僧人参加国庆爱国教育活动。

同日 措美镇、乃西乡、哲古镇政府及辖区内各村（社区）、各单位组织全体干部职工集中观看70大庆大会直播盛况，并结合“不忘初心、牢记使命”主题教育撰写心得体会。

同日 措美县特困人员集中供养中心开展“欢度国庆、庆祝70华诞”文艺演出活动。县政府副县长普布扎西出席。表演内容包括舞蹈《四讲四爱》《欢度国庆》、歌曲《一个妈妈的女儿》等15个节目，借此时刻，民政局负责人为老年夫妻们颁发结婚证书。

2 日 县司法局党支部、信访局党支部围绕“学习贯彻习近平总书记关于治边稳藏的重要论述和给玉麦乡卓嘎央宗姐妹的回信精神，提升稳藏兴藏建藏能力”专题召开第二次专题研讨会。

同日 山南市政府副市长、市驻措美县督导组副组长牟永文到乃西乡恰杂村督导检查各项工作。牟永文一行以座谈会形式听取恰杂村驻村工作队各项工作开展情况，以及“不忘初心、牢记使命”主题教育活动开展情况、脱贫攻坚等工作情况。

同日 县群团党支部、措美县月光公司党支部召开“不忘初心、牢记使命”主题教育第一次专题研讨会。会上，学习《习近平在“不忘初心、牢记使命”主题教育工作会议上的讲话》精神，深刻领会主题教育“四个”必然要求。

3 日 县委书记牛堃主持召开九届县委第62次常委会会议。传达学习《中国共产党问责工作条例》《习近平总书记在中央政协工作会议暨庆祝中国人民政治协商会议成立70周年大会上的讲话》《习近平总书记在全国民族团结进步表彰大会上的讲话》，并研究部署贯彻落实工作。会议同意《县总工会关于组织干部（会员）职工赴区外疗休养的实施方案》。审议并原则同意《哲古镇扎杂村高海拔生态搬迁工作推进情况汇报》等13项县人民政府提请的“三重一大”事宜。研究部署村（社区）软弱涣散基层组织整顿工作。

同日 措美县委召开“不忘初心、牢记使命”主题教育第三次专题研讨会。

同日 自治区应急管理厅党组成员、副厅长、自治区“防风险保平安迎大庆”专项整治行动检查组组长旦巴加措一行到措美县检查指导“防风险保平安迎大庆”专项整治行动工作开展情况。

4 日 市政协副主席驻措美县督导组组长加央，县委常委、统战部部长普琼，县人民检察院检察长洛桑一行到乃西乡定巴村检查指导工作，了解定巴村精准扶贫、当年农牧民的收入、增收情况。

同日 县委副书记、县人大常委会主任洛桑次仁一行到哲古镇、哲古社区、宗宗村对平安创建等工作进行督导，并代表县委、县政府向驻哲古镇蹲点督导组、哲古社区蹲点督导组进行慰问。

同日 县委副书记、政府党组书记、政府县长巴桑欧珠主持中共措美县人民政府党组第16次理论学习会暨“不忘初心、牢记使命”主题教育第三次专题研讨会。

6 日 县民政局、特困人员集中供养中心邀请措美县哲古镇藏戏团在重阳节举行藏戏演出活动。

7 日 县农业农村局组织工作组到哲古镇卡珠村，利用群众集中收割牧草间隙，广泛宣传和讲解牧业改革建设的重要性和必要性，充分调动群众积极支持和参与牧业改革试点工作。

8日 县政协副主席尼玛江村、农行措美县支行副行长旦真一行到哲古镇扎杂村，宣讲贷款政策等党的惠民政策。

9日 县委副书记、政府县长巴桑欧珠一行到乃西乡定巴村检查村脱贫情况并对未脱贫户次旦卓玛的转户情况进行了解并出谋划策。

同日 措美县卫健委联合市华康医院、仁爱医院，组织县卫生服务中心、各乡（镇）卫生院在全县范围内开展大病筛查工作。

同日 县委常务副书记张亚东在县委办主任邓先圣的陪同下到拉顶寺管会督导检查寺庙工作。

同日 全县卫生系统重点工作调度会在措美县卫生服务中心召开。县委常委、政府副县长张乐主持，县卫健委主任多吉平措、副主任及县卫生服务中心主任、副主任参加会议。

同日 县委副书记、人大常委会党组书记、人大常委会主任洛桑次仁一行到玉美村、波嘎村开展专题调研，了解村（社区）未就业大学生基本情况、幼儿园建设使用情况、“双拖欠”问题、村集体经济收益情况等事项。

10日 措美县民间艺术团全体演职人员到县古堆乡开展“庆祝共和国70岁生日文艺汇演”，古堆乡全乡干部职工、学校、寺庙及农牧民群众300余人次观看演出。

同日 县政府副县长普布扎西一行到乃西乡恰杂村，对恰杂村康温组的贫困户进行入户调查，同时听取村“两委”班子、组长和驻村工作队的意见建议。

同日 县委书记牛堃到乃西乡具巴村，检查指导村“两委”、驻村工作队各项工作开展情况，并看望慰问驻村工作队全体工作人员。

同日 市委常务副秘书长、市委主题教育第一巡回指导组常务副组长桑旦，市纪委机关办公室主任、市委主题教育第一巡回指导组副组长郇建军一行到措美县检查指导“不忘初心、牢记使命”主题教育工作开展情况。

同日 县委副书记杜祝涛一行到县特困人员集中供养中心进行调研指导，为供养中心捐赠2台洗衣机及10000元现金。

同日 副县长普布扎西、水利局主任科员次仁巴珠一行到哲古镇宗宗村人饮工程点及哲古水库建设点检查指导工程质量及工程进度完成情况，并就现场存在的问题提出整改意见。

12日 自治区党委第三巡回指导组常务副组长叶银川一行到措美县检查指导“不忘初心、牢记使命”主题教育工作开展情况。巡回指导组先后到哲古镇、措美镇玉美村等地，对主题教育开展情况、存在的问题进行了解。

同日 县人大常委会副主任次仁带队，县水利局、县自然资源局、山南市生态环境局措美分局负责人一行调研组，到古堆乡西如河、乃西乡乃西河和措美镇当许雄曲河进行河道采砂管理运行情况调研。

同日 措美县人社局委托方圆职业技能培训学校举办“2019年措美县高校毕业生思想转化教育暨就业创业培训班”。参训人员45人，培训期限13天。

13日 西藏自治区母子保健协会会长白玛央金一行4人到措美县特困人员集中供养服务中心举行“小型医疗康复器械”捐赠仪式。协会为措美县特困人员发放老年人带座椅助行器、残障人员生活起居床、四脚拐杖、轮椅等10种康复器械，价值4.668万元。

14日 县委副书记、政府县长巴桑欧珠到哲古镇哲古社区、公安派出所、镇卫生院、觉康拉康寺管会等地，走访部分贫困户、三老人员、致富带头人等，围绕当前主题教育工作、脱贫攻坚及产业发展、人居环境整治等工作开展调研，并看望慰问基层组织单位、贫困群众和三老人员，送去慰问金及物资，折合人民币 4600 余元。

15 日 县民政局扎实开展与乃东区勘界工作。此次勘界工作查看乃东区与措美县接合界线，并对界线走向情况进行查看，征求界桩所在村（社区）对 2019 年边界的意见建议，到实地摸排现有界碑数量、地理位置、有无纠纷情况，确保情况和数据信息底数清、情况明。

15–17 日 县教育局工作组到措美县中学、四所乡（镇）小学、双语幼儿园、各村级幼儿园开展“月督查”工作。

16 日 县委常委、县委统战部部长、民宗局局长普琼一行到拉顶寺管会检查指导 2019 年措美县“遵行四条标准、争做先进僧尼”教育实践活动现场会拉顶分会场会议相关事宜筹备进展情况。

16–17 日 县农牧综合服务中心技术员、黄改负责人卓嘎一行对各黄改点完成情况进行自验。措美县共有 15 个黄改点及 2 个合作社，上级下达任务 1500 头，实际完成黄牛冻配 1632 头，配种率 108 %，复配 306 头，复配率 18 %。

17 日 自治区文化厅市场处处长王胜一行到措美县检查督导，对措美县文化市场领域“扫黑除恶、打非治乱”专项工作开展情况进行督导检查。县文化局局长米玛罗布陪同。

同日 自治区疾控中心、西藏防治艾滋病协会工作人员到雪热村雪热组、白玛组、恰扎组，就艾滋病和丙肝等防治知识进行宣讲。

同日 山南市应急管理局党组书记、副局长李绍荣一行到措美县调研安全生产工作和应急队伍建设情况。实地对古堆乡龙天勇矿业有限公司和哲古镇安全生产主体责任落实情况、人员安全生产培训教育、冬春救助、日常隐患排查、应急值班值守等情况进行检查，对存在问题提出整改要求。

18 日 山南市退役军人事务局拉巴次仁一行到措美县督导检查退役军人事务各项工作开展情况，并慰问困难优抚对象。

20 日 县人社局委托山南市科网职业技能培训学校，对雪热村建档立卡户 30 人进行为期 45 天的混泥土工培训。

21 日 措美县召开腐败案件协调会，县纪委副书记、监委副主任徐浩，审查调查室主任韩超，县人民检察院检察长洛桑，副检察长达娃参加会议。

同日 措美县委巡察工作领导小组组织县委办、县纪委监委、组织部、财政局、住建局、扶贫办、扫黑办等部门负责人、业务骨干开展九届县委第七轮巡察干部业务培训会。

同日 县委常委、组织部部长冉启仕一行 4 人到措美县特困人员集中供养服务中心举行“不忘初心、牢记使命”主题教育活动之暖心捐赠仪式，捐赠 100 床毛毯，共计 2.6 万元。

21–22 日 措美县国道 219 征地拆迁办负责人次仁带队征地拆迁办及乃西乡人民政府、村委会、驻村工作队人员到 16 标乃西乡鲁麦段同项目负责人协调被征地村民的征地拆迁费。

22 日 县政协组织区、市、县三级政协委员参加全国政协重大专项工作委员宣讲电视电话会议。

同日 县召开 2019 年民族团结进步示范点创建工作部署会。

23 日 县委书记牛堃主持召开九届县委第 63 次常委会会议，研究干部违纪问题处理意见。

同日 县委书记牛堃主持召开九届县委第 64 次

常委会会议。传达学习《习近平在庆祝中华人民共和国成立 70 周年大会上的讲话》《胡春华副总理在藏调研时的讲话精神》，听取《措美县脱贫攻坚工作汇报》《措美县近期扶贫产业相关工作的汇报》，研究部署贯彻落实工作。听取措美县第二批“不忘初心、牢记使命”主题教育开展情况汇报，研究部署贯彻落实工作。会议原则同意《关于规范县直属机关工委议事决策的请示》。听取《措美县环保督察整改工作汇报》，研究部署贯彻落实工作。会议同意《措美县民族宗教事务局关于批准索朗更参担任卓德寺寺庙主任的请示》，县委统战部（县民宗局）按照相关程序办理。会议原则同意《措美县县级干部党建、综治、寺庙（僧人）工作联系点》，县委办公室按照会议要求修改后及时印发。

同日 措美县农牧综合服务中心卓嘎一行在县城周边开展秋季重大动物疫病免疫工作，疫苗接种 74 头猪。

同日 市文物局局长强巴次仁一行到措美县调研文化领域“不忘初心、牢记使命”主题教育工作开展情况，调研组一行对措美县文化领域资金使用情况、县文化综合服务中心、措美镇文化站、乃西乡文化站、乃西寺等领域各项工作开展情况进行调研。

同日 县委书记、扶贫开发领导小组组长牛堃主持措美县扶贫开发领导小组第 6 次会议，会议听取脱贫攻坚指挥部贯彻落实县扶贫开发领导小组第 4 次会议精神情况及前三季度措美县脱贫攻坚工作推进情况。

24 日 县人力资源与社会保障局局长拉巴卓玛参加 2019 年措美县高校毕业生思想转化教育暨就业创业结班仪式。

同日 措美县九届县委第七轮巡察工作动员部署会召开，会议主要传达学习一届市委第十轮巡察动员部署会精神，县委常委、县委巡察工作领导小组组长李胜军安排部署巡察工作，并宣读授权任职决定，县委巡察工作领导小组成员白玛格桑主持。

同日 哲古镇组织辖区 5 个村（社区）驻村工作队队长开展强基惠民工作主题教育专题研讨会，会议围绕学习贯彻习近平总书记关于治边稳藏的重要论述和给玉麦乡卓嘎、央宗姐妹的回信精神，提升稳藏兴藏建藏能力进行研讨。

26 日 市应急管理局巴桑旺堆带队，自治区应急管理厅委托第三方公司邀请专家组，一行 5 人重点对措美县中石油加油站及哲古天马加油站进行安全专项检查。

同日 山南市农业农村局副调研员杨春林、牧业科科长洛桑达娃一行到乃西乡恰杂村进行第三季度结对帮扶探亲慰问。

27–29 日 山南市兽防总站督导员巴桑次仁及县农牧综合服务中心包乡（镇）技术员一行 5 人，到措美县 2 个镇 2 乡（16 个行政村及牧场）督查秋季重大动物疫病防控工作完成情况及免疫卡（档案）登记情况。

28 日 县召开 2019 年“四讲四爱”群众教育实践活动第三节点总结暨第四节点安排部署会。

同日 县委书记牛堃主持措美县委机构编制委员会第一次会议，县委常委、组织部部长冉启仕及编委会成员参加会议。会上传达学习习近平总书记在中央编委第一次会议上的重要讲话精神，研究相关事项。

30 日 山南市政协副主席加央一行到措美县开展委员提案答复情况调研工作。

同日 措美县召开乡村振兴专干座谈会。各乡（镇）相关负责人、扶贫办 15 名乡村振兴专干参加会议，县委常委、组织部部长冉启仕参加会议并作讲话，县委组织部副部长普布桑珠主持。

同日 山南市委第一巡回指导组副组长、市纪委机关办公室主任邬建军一行 3 人到措美镇雪热村检查指导工作。

同日 市政协副主席、市工商联主席赤列央金一行到措美县调研民营企业发展情况。

30–31 日 山南市司法局党组副书记、局长罗布一行 4 人到措美县开展司法行政工作调研及普法宣讲活动。调研组分别到县司法局、2 个乡（镇）人民调解委员会和部分行业性专业性调委会、乃西乡鲁麦村、哲古镇哲古社区了解措美县矛盾纠纷排查调处、普法依法治理、法律援助等与人民群众生产生活息息相关的重点工作。

11 月

1 日 措美县委理论学习中心组召开第 13 次集中学习会，学习贯彻《中国共产党第十九届中央委员会第四次全体会议公报》精神，县委书记牛堃主持。在家县级干部、县（中、区、市）直各单位负责人等 61 人参加会议。

同日 山南市委常委、政协党组副书记、统战部部长丹增一行到措美县，对全县宗教领域“不忘初心、牢记使命”主题教育及宗教事务管理工作开展情况调研指导。

同日 县委书记牛堃主持召开九届县委第 65 次常委（扩大）会议。会议传达《中国共产党第十九届中央委员会第四次全体会议公报》全文内容，研究贯彻落实意见。会议指出，十九届四中全会充分肯定党的十九届三中全会以来党和国家所取得的新成就，明确中国特色社会主义制度是党和人民在长期实践探索中形成的科学制度体系，强调国家制度和国家治理体系 13 个方面的显著优势，全会开启坚持和完善中国特色社会主义制度、推进国家治理体系和治理能力现代化的新征程。

3 日 市发改委副主任鲁绪超一行到措美县古堆乡调研古堆地热项目建设情况。

3–8 日 措美县艺术团以“不忘初心、牢记使命”主题教育活动为契机，到错那县边境乡勒乡、麻麻乡、错那县中学等开展文化交流活动，为当地广大干群送上丰富多彩的文艺节目。

4 日 山南市教育局教研室主任徐进带队，山南市骨干教师、援藏教师一行 7 人到措美县开展“送教下乡”活动。

同日 县退役军人事务局在县小学阶梯教室组织开展“加强国防教育、誓做时代新人”主题国防教育，县人武部政委张军主讲，全体师生 280 余人参加讲座。

同日 市人大常委会党组副书记、副主任陈海清在县委副书记、人大常委会主任洛桑次仁陪同下，围绕“不忘初心、牢记使命”主题教育和人大闭会期间各级人大代表履职作用及维护社会稳定工作中发挥作用情况开展调研。

同日 聚焦中央环保督查工作重点，围绕“不忘初心、牢记使命”主题教育督导调研和检视问题工作要求，县委书记牛堃，县委常委、政府副县长赵孙恕带队，山南市生态环境局措美分局局长、国泽公司负责人、水厂负责人等组成的联合检查组，到县城垃圾填埋场、尾矿库、采沙场、水源点、水厂等领域检查生态环境治理工作。

4–5 日 市人大常委会党组副书记、副主任陈海清率队的调研组先后在措美县宗宗村、哲古镇、乃西乡、乃西村、措美镇、当许社区、县人大办、扎西松多村、古堆乡围绕人大代表在维护稳定工作中作用发挥、引导群众宣传政策法规、淡化宗教消极影响、人大代表之家及村（社区）代表小组活动室使用情况等方面进行专题调研指导。

4–11日 县总工会组织开展2019年干部职工（会员）疗休养活动。组织全县29名干部职工（会员）赴海南、成都两地进行疗休养。

5日 措美县组织广大党员干部接受廉政警示教育，组织全县党员领导干部观看《尽锐出战护航脱贫攻坚—山南市扶贫领域违纪违法典型案例启示录》，县委书记牛堃以及在家县级领导共计200人参加。

6日 县邀请山南市委党校党史党建教研室讲师刘艳到县开展“习近平总书记关于民族团结的重要论述”专题讲座。县委书记牛堃、在家县级领导干部、县（中、区、市）直各单位150余名党员干部聆听讲座，县委常委、组织部部长冉启仕主持。

同日 县委常委、组织部部长冉启仕到卡珠村、宗宗村、帕仓村、扎西松多村、拉顶寺、漫其食品有限公司等开展调研指导，实地解决基层组织标准化建设推进慢、“两新”党组织建设不到位、党员发展程序不规范等突出问题，推动基层党建工作标准化、规范化。

同日 山南市人社局副书记罗布次仁带队，市劳动关系科科长尼玛曲珍、市劳动监察大队队长扎西组成联合调研组，对措美县防范和处置企业欠薪工作及治欠保支，构建和谐劳动关系和就业保障情况进行调研，措美县人社局分管副县长夏猛、县人社局局长拉巴卓玛等相关人员陪同。

7日 县委组织部举办第19期“局长讲座”，由县教体局局长格桑达瓦讲课。全县县直机关67个副科级干部参加讲座。

同日 区、市林草、扶贫工作组到措美县乃西乡乃西扶贫苗圃开展检查验收工作。主要针对扶贫苗圃种植面积、生产经营、用工、土地流转补助资金使用、利益联接机制、财政资金投入情况及项目资料整理归档等方面进行检查指导。

8日 县委书记牛堃主持召开九届县委第66次常委会议。传达学习习近平总书记在中共中央政治局第十七次集体学习时的重要讲话精神、习近平总书记在庆祝中华人民共和国成立70周年大会上的重要讲话精神、习近平总书记在视察北京香山革命纪念地、在中华人民共和国国家勋章和国家荣誉称号颁授仪式上的重要讲话精神，习近平总书记在河南考察时、在黄河流域生态保护和高质量发展座谈会上的重要讲话精神以及《中央扫黑除恶第二、三轮督导“回头看”工作安排》通知精神，研究部署贯彻落实工作。

12日 县政府副县长普布扎西及县住建局、发改委、消防、设计单位、监理单位、施工单位等负责人对措美县民政局特困人员日间照料中心建设项目进行初步验收。该项目总投资为500万元。

同日 西藏自治区“不忘初心、牢记使命”第三巡回指导组副组长次仁罗布一行到措美县哲古镇扎杂村、卓德村、措美镇机关、当许社区检查指导主题教育各项工作开展情况，县委常委、组织部部长冉启仕陪同检查。

14日 县委组织部举办第20期“局长讲座”，县纪委副书记、监委副主任徐浩讲课。全县县直机关50个副科级干部参加讲座。

16日 2019年度高校毕业生就业创业专场精品招聘会在措美县人社局就业创业服务大厅成功举办。招聘会提供就业岗位35个，包含政府购买岗位

20个，公益性岗位补岗15个。

17日 县委书记牛堃主持召开九届县委第67次常委会议，传达学习王鸿津在全国县级巡察办主任提级培训班上的讲话精神、中央巡察办关于《县级巡察工作需要重点把握的问题》《一届市委第十轮巡察业务培训暨动员部署会精神传达提纲》，研究部署贯彻落实工作。传达学习自治区脱贫攻坚专项巡视整改领导小组办公室第七次会议精神，听取措美县中央脱贫攻坚专项巡视反馈问题整改工作情况汇报，研究部署贯彻落实工作。

18–23日 措美县开展为期6天的第1—2期藏传佛教教职人员培训，县政府严格执行自治区标准，统筹解决2.6万元培训经费。

27日 县委书记牛堃主持召开九届县委第68次常委会会议。传达学习《中共中央关于加强和改进人民政协工作的意见》，研究部署贯彻落实工作。听取《措美县开展主题教育专项整治情况的工作汇报》。传达学习《王卫东在九届自治区党委第六轮巡视工作动员部署会上的讲话》《王卫东在全区纪检监察系统“不忘初心、牢记使命”主题教育专项整治工作推进会上的讲话》《唐明英在九届自治区党委第六轮巡视业务培训班开班式上的讲话》，研究部署贯彻落实工作。听取《措美县贯彻落实意识形态工作责任制的工作汇报》。审议并原则同意县人民政府关于提请13项“三重一大”事宜的报告。会议同意《软弱涣散党组织晋位升级的请示》，县委组织部按照相关程序完成晋位升级工作。审议人事议题。

28–29日 县教育局组织各中小学校长、教务主任、学科组长等24人开展为期2天的义务教育阶段学校管理学习交流活动。

29日 团县委到古堆乡小学、古堆乡幼儿园和扎扎小学组织开展“情系下一代大爱无边”慰问活动。此次慰问活动中为35名儿童每人送上保暖衣一套和雪地靴一双，共计4200元。

12月

1–7日 山南市举行第39届物资交流会。县委、县政府高度重视，措美县派驻市物交会指挥部工作人员提前谋划，精心部署，扎实开展物交会期间的各项工作，得到上级领导及周边群众的一致好评。

1–10日 措美县直各单位、4个乡（镇）、各村（社区）、各寺管会相继召开2019年支部组织生活会。

3日 县卫健委宣讲人员到措美镇雪热村与村“两委”、驻村工作队一同开展“包虫病”防治综合宣传教育活动，65人参加此次宣传活动。

8日 县委常务副书记张亚东到县农业农村局调研全县产业项目相关情况。

9日 农业农村部农村社会事业促进司、国家发展改革委社会发展司、中国经济信息社在北京联合发布首批18个全国农村公共服务典型案例。措美县政府副县长朗嘎、县农业农村局局长布阿南代表措美县人民政府应邀参加会议。

同日 县农牧综合服务中心同西藏绿保生物科技有限公司在哲古镇宗宗村开展措美县牲畜泡型包虫病防控灭鼠工作动员暨培训会，讲解灭鼠工作的重要性和必要性，专技人员、村干部、驻村工作队、乡村兽医等20余人参加。并组织4人在宗宗村项目施工地（日玛那）两个样方点共插红旗5001支。

10日 措美县召开十二届人民代表大会常务委员会第十九次会议。县委副书记、人大常委会主任洛桑次仁主持，县人大常委会副主任次仁、张小武参加。会议传达学习自治区十一届人大常委会第十四次、十五次会议精神等全体会议公报；听取县人大常委会组织区、市、县三级人大代表对2019年重点项目视察报告等一系列报告内容；听取措美县十二届人大五次会议议程（草案）；听取措美县十二届人大五次会议上县人大常委会工作报告（草拟稿），并提出修改意见；听取市一届人大五次会议上措美代表团拟提交的意见建议；补选山南市第一届人民代表大会代表。

11日 县政协副主席郝高君、尼玛江村到古堆乡开展党员联系党外委员联谊活动。

同日 自治区生态环境厅副巡视员税燕萍带队的自治区生态环境厅第六核查组到措美县开展2019年措美县生态环境保护考核现场核查工作。

12日 受县委书记牛堃委托，县委副书记、政府县长巴桑欧珠主持召开九届县委第69次常委会会议，专题研究4名干部违纪问题。

同日 县人民检察院组织全体干警开展爱心衣物捐赠活动。全院干警到检察院联系点县中学、哲古镇小学、扎扎小学、古堆小学24名家庭贫困学生捐款4000余元。

12–18日 县委组织部组织干部20人赴安徽省合肥市两区四县学习考察致富带头人发挥情况及乡村振兴工作。

13日 县民政局召开第四季度临时救助联席会议，研究讨论22户申请临时救助困难群众的申请。民政局局长拉巴央金主持，会议研究决定，批准9户群众共6.2万元的临时救助资金。

14日 县林草局组织相关人员对2016年乃西村重点区域生态公益林项目补植补造工作开展县级自验。经检查，此项目造林面积共47.26公顷达标，成活率95%。

15日 县委副书记、政府县长巴桑欧珠一行到乃西乡定巴村检查督导脱贫攻坚成效情况。巴桑欧珠围绕“不忘初心、牢记使命”主题教育，坚持不懈抓脱贫攻坚巩固成果，调研督导恰杂村脱贫攻坚巩固成效工作开展情况。

17日 县人社局牵头，2019年措美县建档立卡户中式烹调技能培训班正式开班。培训42人，其主要培训对象是建档立卡贫困户，培训为期45天，合格后颁发初级厨师等级证书，以中式烹饪理论与实际操作相结合的方式展开。

同日 县委统战部牵头，组织县人社局、学教办等相关单位组成联合评估小组，到5个寺管会对全县29名驻寺干部及9名驻寺民警开展年度履职评估工作。

同日 措美镇当许社区举行砂石厂资源分红仪式，将党和政府的温暖送到贫困户的心坎上。

18日 县委常委、巡察工作领导小组组长李胜军主持县委巡察工作领导小组第14次会议，县委常委、县委巡察工作领导小组副组长冉启仕及其他成员参加会议。会议听取九届县委第七轮各巡察组巡察情况汇报。

同日 山南市藏医院对口帮扶措美县，为措美县小学16名贫困学生送去冬衣、鞋子及日常生活用品。

同日 县委副书记、人大常委会主任、县委教育工作领导小组组长洛桑次仁主持县委教育工作领导小组专题会，研究部署全县教育系统全面从严治党工作。

18–20日 哲古镇分别对辖区5个村（社区）进行考核。

19日 县委书记牛堃主持召开九届县委第70

次常委会会议。传达学习《中央经济工作会议精神》《习近平总书记在中央政治局第十九次集体学习时的重要讲话》《中共西藏自治区委员会办公厅西藏自治区人民政府办公厅关于全力做好中央脱贫攻坚专项巡视“回头看”工作的通知》精神，研究部署相关涉及部门的工作并贯彻落实；听取《2019年县委第二轮巡察工作开展情况报告》，研究部署贯彻落实工作。会议原则同意《措美县2020年度“三大节日”慰问方案》。审议并原则同意县人民政府提请的关于《措美县扶贫办关于设立返贫应急专项资金的请示》等7项“三重一大”事宜的报告。会议同意《措美县2019年度公务员（参公人员）考核优秀人员名单》。

同日 措美县邀请山南市藏医医院对口帮扶措美县藏医医院的藏医专家旦增曲扎、措吉等3人，到县特困人员集中供养中心开展义诊及健康宣讲活动。

20日 措美县妇联（妇儿工委办）在措美镇小学开展“传递书香、文化暖心”图书捐赠活动。活动共捐赠图书1077册，价值20000元。

21日 县委常委、组织部部长冉启仕带队赴成都对离退休老干部进行慰问，并召开措美县驻成都离退休老干部“三大节日”慰问座谈会。

23日 县卫健委组织工作人员在辖区内开展公共场所卫生专项检查工作，涵盖辖区内10余处公共场所，对公共场所卫生、消毒、设施设备进行全面监督检查。

24日 县林草局联合应急管理局、消防大队，到乃西乡恰杂村、具巴村、乃西村、雪热村等村（社区）全面排查森林火险隐患。

同日 县妇联为3名贫困妇女每人发放“贫困母亲两癌救助金”10000元，共计30000元。

24–27日 县卫健委联合林芝农牧学院的9名大学生志愿者，到全县4个乡（镇）开展防艾巡讲巡演巡展宣传活动。

25日 县委常委、副县长赵孙恕带队，县应急管理局、产业组等单位到措美镇玉美村、波嘎村检查指导3.1兆瓦光伏扶贫项目工作。

26日 县级四大班子、司法局党支部、信访局党支部、行审便民服务局党支部召开“不忘初心、牢记使命”主题教育情况通报暨测评会，并进行满意度测评。

同日 县委常委、纪委书记、监委代理主任李胜军主持纪委常委会（扩大）会议，县纪委监委、县委巡察办全体干部职工参加。会议传达学习《中央经济工作会议精神》和《山南市委办公室关于2019年机要密码和保密工作专项检查情况的通报》《中华人民共和国保守国家秘密法实施条例》。

27日 古堆乡、乃西乡、措美镇、哲古镇相继召开“不忘初心、牢记使命”主题教育测评会，通报全乡（镇）主题教育开展情况，并对全乡（镇）主题教育进行测评。

29日 拉顶寺管会召开“四讲四爱”群众教育实践活动第四阶段总结暨“回头讲”工作部署会。

31日 山南市委副秘书长索朗格桑、山南市委党史研究室负责人普布曲珍一行督导检查措美县方志工作进展情况，并召开县志工作进度汇报会。

中共措美县委员会

中共措美县委员会

综 述

【概况】 2019年，中共措美县委员会（以下简称措美县委）机构，高举习近平新时代中国特色社会主义伟大旗帜，学习中共十九大及十九届二中、三中、四中全会精神，贯彻落实习近平总书记关于治边稳藏重要论述和关于西藏工作的重要指示批示精神，贯彻落实党中央"巩固、增强、提升、畅通"八字方针，贯彻落实区、市两级工作部署，扎实开展"不忘初心、牢记使命"主题教育活动，从体制上完成县级党政机构改革，民生政策持续深化落实，进一步加强党的建设，脱贫攻坚工作顺利通过国务院第三方核查评估，在措美县顺利召开全市人居环境综合整治现场会，担当作为、狠抓落实，措美县经济社会和各项事业的发展取得新成效。

【经济发展】 2019年，措美县实现地区生产总值66693万元，社会固定资产投资113711万元，社会消费品零售总额9650万元，财政收入3127万元，税收收入2820万元，农牧民人均可支配收入12644元，同比增长0.54%—42%，13.8%，0.9%—31%，13.02%。第一产业方面：播种农作物14741亩，粮食总产量3124.28吨。措美县牲畜存栏、新生仔畜分别达79315、59633头（只、匹），牲畜出栏率、动物疫病防治疫苗接种免疫率分别达44.31%、100%，改良黄牛1632头。第二产业方面：已完工

2月24日，在县文化活动中心召开中国共产党措美县第九届委员会第三次全体会议

的多塘地综合养殖基地、具巴绵羊短期育肥及其他9个产业项目运行良好，创收2000余万元，解决贫困群众长期就业89人，人均增收24000元，带动1077人就业，人均增收1200元。漫其食品有限公司建成投产，带动群众增收80余万元。11个村光伏扶贫项目覆盖846户建档立卡贫困群众，户年均计划增收6352元。第三产业方面：《措美县旅游发展总体规划（2018—2035）》完成评审。第11届哲古牧人节、第19届物资交流会、首届"一措再措"徒步大会成功举办。2019年接待游客8.12万人次、旅游总收入达到77.76万元，分别增长131.7%、36.9%。

【民主政治】 始终坚持把政治建设放在首位，选派党员领导干部赴上级党校参训，举办县政治能力培训班。严格按程序高质量发展党员。对9个软弱涣散党组织晋位升级。贯彻新时代党的组织路线，

严格干部选拔任用，落实公务员职务与职级并行政策。着力为基层减负松绑，基层蕴藏的活力得到有效激发调动。发挥巡察利剑作用，常规巡察 17 个党组织，对 2 个党组织巡察整改开展“回头看”。念好“教、谈、惩、督、建”五字诀，狠抓党风廉政建设，先后给予党纪处分 6 人，诫勉谈话 2 人，谈话提醒 8 人。党员干部规矩意识得到强化，工作作风不断改进。

【平安创建】 扎实开展“七五”普法、综合治理、“双联户”服务管理工作，严格落实社区矫正、安置帮教人员的教育管控措施，未出现脱管、漏管及重新犯罪的现象。加强民族团结和谐发展。2019 年整改安全生产、食品安全等隐患 2000 余处，纠正违法行为 320 起，查封单位 2 家，责令“三停”1 家，行政罚款 12.71 万元。扎实开展“扫黑除恶、打非治乱”专项行动，持续推进行业乱象治理，发现赌博案件 2 起，处理 9 人。加快推进平安措美建设，调处化解矛盾纠纷 54 起，化解率 100%。2019 年未发生较大及以上安全生产事故。

【民生改善】 持续开展“五个 100%”创建，全力落实控辍保学、“三包”、营养餐改善、上学资助等政策，全面推进素质教育，落实各类教育补助奖励资助经费 929.6 万元。广播、电视覆盖率分别达到 96.8%、98.4%，开展送文化下乡演出 45 场次，受众 3.3 万余人次。农牧民群众免费健康体检完成率达 100%，孕产妇住院分娩率达 100%，婴幼儿零死亡。落实住院分娩、儿童健康保健、家庭医生签约服务等政策，128 例包虫病患者得到充分救治。落实低保、五保、医疗救助、残疾人补贴等资金 204.52 万元。扎实做好退役军人服务保障工作，发放补贴 73 万元。2019 年累计培训农牧民 407 人，劳务输出 5229 人，创收 4149.5 万元、人均增收 8012 元。97 名往届大学生全部就业。

【脱贫攻坚】 “两不愁、三保障”突出问题得到有效解决，高寒地区饮水安全和高海拔生态搬迁取得历史性破解，951 户 3303 人贫困人口全部脱贫，综合贫困发生率降至 0，基本消除绝对贫困。完成当许 92 户 343 人棚户区改造，升级改造 21 处、巩固提升 48 处季节性缺水隐患点。166 户 575 人搬迁至贡嘎昌果、江久林，扎杂高海拔生态搬迁 161 户 754 人和 4 个县域内新增安置点 34 户 124 人达到入住条件。报销医保 721 人资金 642.87 万元、医疗救助 109 人次落实资金 41.13 万元、发放 2316 人生态岗位资金 810.6 万元，落实低保、五保、临时救助、残疾人两项补贴等资金 541.67 万元、草补奖资金 1568.56 万元、小额信贷 81 户 367.5 万元。960 名机关干部结对帮扶 728 户 2541 名贫困群众，落实帮扶资金 40 万余元。先后高标准通过国务院第三方考核、复查，群众对脱贫攻坚工作认可度高达 99.02%。

【宣传文化】 2019 年，措美县共开展“四讲四爱”群众教育实践活动、“扫黑除恶、打非治乱”专项斗争，脱贫攻坚政策宣讲 600 余场次，受众 5.4 万人次，开展各类实践活动 228 场，受众 2.8 万人次，实践活动覆盖率达 100%。网信措美公众号发布信息 1074 条，措美县政府新闻门户网更新 475 条，被山南网转载采用 78 篇，已有 5190 名干部群众关注。措美县广播电视台自办栏目《措美新闻》《一周要闻》《措美藏语新闻》分别播放 163 期、40 期、133 期，“视听措美”公众号已发布各类民生类新闻50余条，受到广大干部职工和农牧民群众的喜爱；措美电视台向上级业务媒体共上传新闻218条，西藏电视台采用4条，市电视台采用57条；2019年两会期间还开办《直通两会》访谈栏目。给古堆乡放牧点发放太阳能卫星直播设备64套。积极组织相关单位，深入措美县4个乡（镇）、16个行政村、6所学校等开展文化科技卫生法律和爱国爱教宣传服务“五下乡”活动1300余场次，参与人数10万余人次，发放宣传资料37300份，发放物资共折合人民币6万元。深入措美县16个行政村、寺庙、学校、集中供养中心等地开展文艺演出，2019年，文艺下乡演出45场次、观众达3.3万余人次。

【生态文明】牢固树立和践行“绿水青山就是金山银山、冰天雪地也是金山银山”的生态理念。中央、自治区环保督察组反馈的87项问题。72项问题均已全部整改到位，15项按时序进度推进。实施措美县雅砻河源头生态功能区项目、恰杂村水源点保护工程、县垃圾临时堆放场综合治理，新增造林面积1500亩、禁牧草场170万亩、国土绿化造林6.92万亩、封山育林1.13万亩、防沙治沙3.51万亩，海拔4300米以下“无树村”“无树户”全部消除。建成9处空气质量监测点和12处水质监测点，整治砖厂、砂石厂13家，兑现征地补偿费915.74万元。29个河湖推行河湖长制。网上环评备案项目53个，耕地保有量2.26万亩，基本农田保护面积1.5万亩。完成全国第二次污染源普查、扎实开展第三次全国土地调查工作，土地矿产卫片整改工作。县域空气质量保持良好以上。环保考核自治区级定为优秀等次。

以“厕所革命”为突破口，推进农村人居环境综合整治，推动全市现场会在措美成功召开。措美县继2016年度再获自治区年度考核“优秀”等次。

县委办公室工作

【概况】中共措美县委员会办公室（以下简称县委办公室）机要局、国家保密局、密码管理局、档案局。机构改革后，县委办公室行政编制8名，暂时使用事业编制1名，部门领导职数4名。实有15人，其中领导职数9人（县级领导职数3人，科级领导职数6人）。机要局实有5人，领导职数1人。县国家保密局实有1人，领导职数1人。县档案局实有3人，领导职数3人。

【综合协调】2019年，县委办公室充分发挥办公室承上启下、协调左右、连接内外的枢纽作用，搞好与领导之间的协调，搞好与人大办、政府办、政协办的沟通协调，搞好与部门之间的协调，化解矛盾、加强协作、凝聚人心、聚合力量，主动适应新形势、新任务、新要求，坚持以服务领导、服务基层、服务群众为宗旨，转变作风、强化措施、提高效率，及时把县委各个阶段的重大决策和重要部署传达到基层，把基层的工作情况、意见建议反映给

3月26日，县委办党支部积极参加措美县“3·28”文艺演出活动

县委，就有关事项根据领导的意见给予答复，较好地完成各项工作任务。

【办文】 2019年，县委办公室严把发文起草关、审核关、发送关、时效关，起草、核发公文130余件。党政内网收发公文、信息825份，撰写汇报材料、领导讲话50余篇，总计30万余字。及时传阅、办理、整理归档上级下发的各类文件，2019年签收、登记、办理中央及自治区、市委文件442件，其中涉密文件113件。无文件丢失及泄密事件。

【办会】 2019年，县委办公室完成中国共产党措美县第九届委员会第三次、四次全委会，县委经济工作会，县委常委会，第六、七批援藏干部座谈会，县基层党建推进会，县综治工作会等会务工作，承办各类会议60余次，编发各类会议纪要30余期。完成区、市领导到县视察接待10余次，严格接待标准，规范接待程序。

【调查研究】 2019年，县委办公室紧紧围绕县委中心工作，围绕党风廉政建设和反腐败斗争、意识形态、脱贫攻坚等工作，到各乡镇、村（社区）密切联系群众走访调研，掌握第一手资料，形成有情况、有问题、有分析、有建议的调查报告，为县委科学决策提供参考，2019年共开展调研10余次，形成调查报告10余篇。

【信息服务】 2019年，县委办公室加强信息报送工作，全面反映党的建设、党风廉政建设和经济发展状况等工作动态和经验成果，突出信息的及时性、综合性，提高信息的针对性和采用率，2019年共上报信息342篇，被市委信息科采用10余条。在微信公众号“网信措美”上及时发布县委领导工作动态30余篇。

【保密工作】 坚持24小时带班值班制度，以“零失误、零中断、零错情”为工作目标，2019年共收发密码电报1812份，14995页。1月，给措美县45家县乡党政信息网入网单位统一替换、配发国产化县、乡党政信息网设备，4月正式投入使用，2019年共收发公文、信息21289份，其中公文收发12794份、信息报送8495份，使用率达到90%以上。电子政务内网共收发600余份文件信息。发放《保密工作》588份、《保密科学杂志》60份。在措美县范围内积极宣传《中华人民共和国密码法》，共制作2个宣传展板，发放300余册宣传手册，有效提升密码管理科学化、规范化、法治化水平。2019年县委机要局被评为全市优秀达标单位，县委机要局仓决荣获全国党政系统机要密码工作先进工作者称号。

【督查工作】 2019年，县委办公室从县委重大决策、领导批示、群众关注的难点热点问题等方面入手，推进决策贯彻执行和督查机制建设。收转督办上级领导、县委领导批示，督查涉及精准脱贫、惠民政策落实、建档立卡生态岗位等社会问题，结果向有关领导及部门反馈，基本做到件件有回音、事事有着落。组织开展2019年度重点工作自查考核，对各乡镇、寺管会、县直各单位党建、脱贫攻坚、党风廉政、保密等工作进行考核，及时发现问题，解决问题，总结经验，促进工作。

【自身建设】 2019年，县委办公室以“不忘初心、牢记使命”主题教育活动为契机，结合党支部“三会一课”制度，制定平均每月两次（晚上）的县委办党支部集中学习机制，制定合理的学习计划，开展多形式、分层次的学习活动，县委书记、副书记以普通党员身份，积极参加党支部学习会，讲党课、谈体会、互交流，运用批评与自我批评有力武器，使红脸出汗、咬耳扯袖在支部形成常态，2019 年共组织学习 30 余次，干部撰写学习心得体会 6 篇。强化干部教育，先后组织 6 名干部职工参加各类学习培训，不断提升业务能力和水平。严格执行“请销假制度”“考勤制度”等内部管理制度，从严从实管理干部职工，确保不出问题、真正发挥作用。严格按照支部委员选举程序，完成支部纪检、宣传委员补选工作。安排 2.8 万余元，购置县委四楼会议室手机屏蔽仪 2 台，屏蔽柜 2 台（60 格），有效保障会议安全。加大对档案保管保护设备设施的投入，安排 9.4 万余元，购置县档案馆监控、空调、复印机等设备，达到档案馆“八防”相关要求。安排 40 万元，为第一批 20 家县直单位购置国产化替代设备，有效解决信息化时代机关单位面临的泄密危险，保障涉密重点单位涉密公文、信息的安全处理。

组织工作

【概况】 中共措美县委员会组织部（中共措美县委员会机构编制委员会办公室，以下简称县委组织部〈县委编办〉），县委编办下设副科级事业单位电子政务中心。2019 年，党政机构改革后，县委组织部加挂措美县公务员局、中共措美县委员会老干部局、中共措美县直属机关工作委员会牌子。县委组织部（县委编办）核定人员编制 7 人，部门领导职数 6 人（含公务员局、老干局、机关工委、编办）。电子政务中心事业编制 3 人，领导职数 1 人，实有 3 人。

2019 年，县委组织部紧紧围绕以习近平总书记为核心的党中央，全面贯彻党的十九大、十九届二中三中全会、中央第六次西藏工作座谈会精神，坚持习近平新时代中国特色社会主义思想指导工作。开展“不忘初心、牢记使命”主题教育，持续推进“两学一做”制度化常态化，教育引导广大党员干部不断增强“四个意识”、坚定“四个自信”、做到“两个维护”。全面推进党的政治建设、思想建设、组织建设、作风建设、纪律建设，把制度建设贯穿其中，充分调动各级干部的积极性，为加快措美县转型跨越式发展提供坚强的组织保障和人才支撑。

【主题教育】 2019 年 9 月，措美县按照党中央、区党委和市委的安排部署，全面启动主题教育。紧紧围绕“不忘初心、牢记使命”主题，紧扣深入学习贯彻习近平新时代中国特色社会主义思想主线，落实“守初心、担使命、找差距、抓落实”的总要求，进展有序、深入扎实，把学习教育、调查研究、检视问题、整改落实贯穿主题教育全过程，以“十二个专项整治”为切口，以“五个一批”实践目标任

6 月 3 日，县委常委、组织部部长、县直属机关工委书记冉启仕（右二）到古堆乡小学督导检查党员活动场所标准化建设情况

务为重点，在学懂、弄通、做实上下功夫，把主题教育贯穿到党的建设和经济社会发展的各个领域。达到“理论学习有收获、思想政治受洗礼、干事创业敢担当、为民服务解难题、清正廉洁做表率”的具体目标。

【党建工作】 2019 年，措美县认真落实新时代党的建设总要求，以政治建设为统领，以提升组织力为重点，以“不忘初心、牢记使命”主题教育为契机，推进基层党组织标准化建设，抓基础、补短板，重基层、求实效，持续规范基础性、基层性工作，基层党组织政治引领明显增强，战斗堡垒作用有效发挥。开展党建大调研活动，督促指导各级党组织党建工作。全年深入调研 16 次，覆盖县直、村（社区）以及“两新”党组织 132 个，查找问题 151 项，提出对策建议 63 条；县级领导联系各村（社区）党组织，准确掌握实情，形成调研报告 17 份，整理“八个不够”[①]共性问题；对照市委组织部问题清单和机关党组织标准化活动场所建设要求，通报批评 9 类 24 项问题，覆盖党组织 37 个。

【基层组织建设】 2019 年，县委组织部全面规范党组织设置，下设支部村（社区）党委（党总支）28 个，更名县直机关林草、应急、农业、卫健等 6 个党支部，联合成立党支部 2 个，单独成立党支部 2 个。组建非公经济组织党支部 21 个，实现应建尽建、“两个覆盖”；建立县直部门领导“多对一”联系“两新”党组织联系点制度，完善台账，强化党建指导，逐步规范“两新”党建。投资 3784.05 万元，完成 15 个村级组织活动场所标准化建设，除具巴村涉及整村搬迁外；村级活动场所功能优化升级项目全面竣工，村级便民服务厅、澡堂、便民超市等项目相继投用。精准定级 9 个软弱涣散基层党组织，于 11 月完成验收考核。打造乃西乡党组织、村集体经济、“两新”党组织建设为内容的党建示范带，措美镇多塘地综合养殖基地、卡珠村漫其食品公司打造“公司（合作社）+ 党支部 + 农户”模式，党建促脱贫产业示范点等，以点带面辐射效益明显。为受区域限制、集体经济薄弱、产业发展缓慢的 5 个村（社区）安排易地产业项目，实现全县 16 个村（社区）集体经济收入均在 5 万元以上。探索村集体经济多种发展模式，哲古镇、乃西乡实施薄弱村抱团项目，有效保障村（社区）有稳定产业、稳定收益。

【领导班子建设】 2019 年，县委组织部着力提升执政能力，配强领导班子。以深化党政机构改革为契机，配强配齐各级班子，优化干部结构。年内，共调整提拔科级干部 149 人，平职调整 63 人，进一步使用 5 人，转任同级领导职务 8 人，提拔 66 人，免职 7 人。调整后县直部门正职中汉族干部占比从原来的 22.2% 提高到 36.8%，县直部门领导班子成员汉族干部占比从原来的 23% 提高到 32.8%，乡镇党政正职一藏一汉，乡镇班子成员中汉族占 36.36%。进一步加大干部激励担当，落实公务员职务与职级并行制度。坚持党管干部原则，实施职务与职级并行工作，职级套转人数 147 人；职级晋升共 86 人。

---

① “八个不够”：1. 工作计划性、统筹性、全局性不够；2. 工作主动性、创制造性不够；3. 工作抓落实不够；4. 工作服从性不够；5. 工作团结协作不够；6. 工作上下结合不够；7. 工作担当作为不够；8. 工作攻坚克难的劲头和勇气不够。

【党员队伍建设】 2019 年，突出政治标准，发展壮大党员队伍，全年发展党员 117 名（其中农牧民党员 85 名），开展“党员档案整治月”活动，规范 230 名党员档案；发挥山南组工、网信措美等平台作用，宣传恰杂村支部书记次仁欧珠、卓德村支部书记央金卓嘎、顿久老人等先进事迹；持续拓展“党员 5+”发展模式，带动贫困群众 121 人；2018 年、2019 年选派 16 名党建促脱贫指导员驻村（社区），明确“十五项”工作职责，发挥业务优势、助力脱贫攻坚。开展干部进村入户、结对认亲交朋友活动，选派县乡两级干部深入一线，解决群众热点难点问题 78 件。

【干部教育培训】 注重干部教育培养，着眼素质提升，持续加大培训力度，依托县委理论学习中心组、党校、远程教育站点、农牧民实用技术培训基地等阵地。年内，县委理论学习中心组专题学习 13 次，各级党组织开展专题学习、集中学习 294 次，党组织书记讲党课 53 次，举办各类知识竞赛 6 次。选派 86 名村干部赴内地、区党委和市委党校等参观学习，举办两期“村（社区）两委班子素质提升培训班”，实现全县 96 名两委班子全部轮训一遍，持续开展 4 期“局长讲座”，214 名科级干部受教育、长见识，综合素质和服务能力同步提高。

【人才队伍建设】 2019 年，措美县人才总量有 2084 人，其中党政人才 506 人、专业技术人才 472 人、企业经营管理人才 33 人、社会工作人才 12 人、农牧实用人才 1004 人、高技能人才 57 人。

【人才技术援藏】 2019 年，协助上级有关部门做好安徽对口支援措美县专业技术人员的接洽工作，引进医疗卫生、城建规划、交通设计、农畜养殖、师资教育等领域短期技术人才 6 名，注重管理、保障服务，圆满完成为期 6 个月的技术援助工作。

【机构编制工作】 2019 年，县委编办认真开展党政机构改革工作，完成办公场所迁移、人员转隶、单位挂牌、“三定”修订、公章更换、档案移交等工作，从体制上完成机构改革，14 名人员转隶、18 家单位挂牌、20 家更换公章、15 家档案移交，8 家资产经费调配；改革后，县直党政机构数量为 35 个（审计局按市里要求未成立）。全县总编制为 884 名，其中行政编制仅为 339 名。与改革前相比，行政编制增加 2 个，事业编制减少 3 个。

【电子政务工作】 2019 年，电子政务中心着力提高机构编制管理科学化规范化水平，严格按照市委编委工作规则、《中共山南市委员会机构编制委员会办公室工作细则》，落实中央、区党委关于统筹各类编制资源的部署，全面推进实名制管理工作，及时更新实名制管理系统，不断完善实名制内容，推进机构编制管理工作电子化、便捷化。全面完成县级事业单位法人年度检验工作，实现事业单位动态管理，统一更换、制发新的统一社会信用代码。

【自身建设】 2019 年，县委组织部以习近平新时代中国特色社会主义思想为指导，全面贯彻落实新时代党的建设路线，不断推动党的建设和组织工作高质量发展、高水平推进长期性基础性工作，强基础惠民生工作、“两学一做”学习教育常态化、“不忘初心、牢记使命”主题教育等重点工作持续深入。坚定正确的政治方向，贯彻落实党中央决策部署。营造良好的政治生态，坚定理想信念，不断增强自我净化、自我完善、自我革新能力。

（索朗益西）

老干部工作

【概况】 中共措美县委老干部局（以下简称县委老干局）是县委领导负责老干部服务管理工作的职能部门，归口县委组织部管理，核定编制 1 名，实有 1 人。2019 年，全县退休干部 90 人。

【服务管理】 2019 年，县委老干部局始终以“管理为本，服务为先”的工作原则，扎实推进老干部服务管理工作，落实退休干部“两项待遇”。年内，组织 28 名退休人员赴海南参加健康疗养，兑现退休干部护工费 89000 元；报销内地治疗时产生的机票、住宿费 13200 元；落实因病住院慰问金 3000 元；落实去世干部遗属慰问金 3000 元以及三大节日”慰问金每人 1000 元；落实各集中安置地活动经费 85500 元，落实党建经费 5600 元，党支部书记工作补贴 31200 元，为老干部开展各类活动提供经费保障。积极落实组织生活制度，以“不忘初心、牢记使命”主题教育为契机，组织理论学习 13 次，老干部座谈会 3 次，集中为退休党支部订阅

9 月 29 日，措美县委老干部局组织召开离退休党支部“不忘初心、牢记使命”主题教育专题学习会。县委组织部副部长、老干部局局长阿旺朗杰主持

报刊杂志等，主题教育期间走访、召开座谈会等形式，解决难点问题 3 件。现有 2 个退休党支部，共计党员 21 人。

（土旦热杰）

宣传工作

【概况】 2019 年，县委宣传部编制 7 人，实有 7 人，部长 1 人，副部长 4 人，科员 2 人；文化执法大队编制 3 人，实有 2 人；互联网评论中心编制 3 人，实有 5 人；县网信办编制 3 人，实有 2 人，科员 1 人。

【理论教育】 措美县委宣传部坚持把县委理论学习中心组学习作为加强领导干部思想政治建设的重要内容，结合“不忘初心、牢记使命”主题教育、“两学一做”学习教育常态化制度化，按照“以科学的理论武装头脑、指导实践、推动工作”的要求，不断推动理论学习向深度和广度延伸，中心组成员的思想素质和理论水平得到提高。年初制定详细学习计划和学习制度并已下发，从理论学习的内容、形式、重点和要求进行周密部署，使县委理论中心组的学习能够做到有的放矢。坚持每月集中学习不少于 1 次，每次时间不低于 2 小时，参学率达到 90% 以上，2019 年完成集中学习 14 次。坚持学习党的经典理论，从经典理论的科学体系和历史传承中全面把握新理论的精神实质；深入学习习近平总书记系列重要讲话精神、中共十九大精神，特别是围绕中央第六次西藏工作座谈会、西藏自治区第九次党代会、自治区党委九届三次全会精神，区、市重要会议精神组织开展形式多样的学习讨论活动，使理论

5月8日，县委常委、宣传部部长扎桑（右一）到群众家教群众使用“学习强国”学习平台

常学常新、不断深化；重点学习社会稳定、反分裂斗争、市场经济、生态环境、民族团结、法制建设、藏传佛教和社会主义相适应等内容。把联系实际、解决问题、推动工作作为理论学习的出发点和落脚点，不断促进学习成果向实践转化。2019年，中心组成员各自撰写调研文章2篇，心得体会2篇，开展中心组成员理论学习成果考试1次，为县委、县政府的决策部署提供强有力的参考，使措美发展思路更加科学，领导意志更加坚定。

【理论宣传】 2019年，措美县委宣传部根据习近平总书记提出“48个字”党的新闻舆论工作的职责和使命，紧扣县委、县政府中心工作、重点工作，多渠道、多层次开展正面宣传，全面展示措美县经济社会发展的新成就、新经验，为措美县经济社会发展营造浓厚的舆论氛围。

深入开展“24字核心价值观”宣传教育活动。4月8日，组织召开2019年度措美县精神文明建设工作会议，成立文明委领导小组，下设文明办公室。根据上级文件精神，措美县组建文明志愿者队伍，制作文明志愿者背心及帽子200套，招录文明志愿者176人，集中开展志愿者服务活动12场次，进一步推动志愿者服务活动制度化、规范化、常态化。在当许淮北大道打造社会主义核心价值观主题文化街道。大力开展文明创建工作，制定下发《措美县开展文明村镇、文明单位、文明学校、文明家庭评选活动实施方案》，开展“人人学典型人人讲文明”网络倡议活动，进一步落实精神文明建设齐抓共管机制，形成强大的创建合力，推动措美县精神文明建设上新水平。授予措美镇等5个县级“文明村镇”称号，授予哲古镇卓德村更旦旺姆等17个家庭县级“文明家庭”称号。

深入开展典型事迹挖掘宣传报道活动。在市委宣传部门和各大媒体的通力协作下，挖掘先进典型，如县委书记就是“四讲四爱”宣讲员—牛堃，具巴村党支部书记索朗扎西、卓德村党支部书记央金卓嘎、卓德村手缝国旗老党员顿久等先进事迹，当许社区民主改革见证人丹增群培、月光公司晋美、安徽省援藏干部彭观勤等先后被中央电视台、学习强国平台App、新华社、新华网、中新网、人民网、中青网、澎湃网、中国农网、“农民日报”、西藏电视台、“西藏日报”、《中国西藏》杂志、山南网、微山南官方等主流媒体报道。大力宣传报道他们的先进典型事迹，引导党员干部群众省身修德、自我提升，切实用群众身边的典型影响人，营造学先进、当典型的浓厚氛围，进一步坚定广大干部群众感党恩、听党话、跟党走的信心和决心。

深入开展“五下乡”活动。重点围绕2019年“五下乡”活动，积极配合市委宣传部山南市“五下乡”扎杂村启动仪式，取得较好的成效。措美县2019年“五下乡”启动仪式在恰杂村举办，县委宣传部积极组织相关单位，到措美县四个乡（镇）、16个行政村、6所学校等开展文化科技卫生法律和爱国爱教宣传服务“五下乡”活动实现全覆盖。据统计，2019 年县委宣传部以“四讲四爱”等活动为载体，共开展 1000 余场次集中宣讲，受教育人数 8 万余人次。

狠抓学校未成年人思想道德建设。宣传部指导并规范 6 所学校德育室建设，确保学生接受正确的道德教育。保证乡村学校少年宫充分发挥阵地作用，县委宣传部把乡村学校少年宫作为未成年人思想道德建设的重要内容和重要抓手，2019 年，对措美县两所乡村学校少年宫指导检查 2 次，考核 1 次，确保工作有序推进。

【意识形态工作】 2019 年初，成立以县委书记为组长的意识形态工作领导小组，制定《措美县 2019 年意识形态工作实施方案》《措美县 2019 年意识形态工作责任制实施细则》，并召开意识形态领导小组专题会议，对工作任务、工作重点进行安排部署。在加强对意识形态工作组织领导的基础上，县委结合措美县实际，按照“守土有责、守土尽责、守土负责”的原则，县委书记与市委书记、县委书记与县委班子成员、县委书记与乡镇党委书记、县委班子成员与其分管部门“一把手”层层签订意识形态工作责任书，并及时将工作任务进行分解，上下联动、层层施压，实现职责、任务、工作“三联动”。

6 月 14 日，县委宣传部常务副部长次仁罗布（中）带队的督导组到哲古镇辖区各单位、各村（社区），督导检查“四讲四爱”第一阶段群众教育实践活动开展情况

强化意识形态工作组织领导。调整充实以县委书记为组长的意识形态工作领导小组，制定下发系列文件，统筹推进措美县各个领域意识形态工作。县委常委会听取意识形态工作情况汇报 2 次，召开意识形态专题会议 2 次，建立健全工作制度 3 项，确保意识形态工作顺畅推进。

强化意识形态工作责任制。签订意识形态工作责任制责任书，将意识形态工作纳入到党建工作责任制，纳入到领导班子、领导干部目标管理，纳入到巡视巡察范围。

2019 年，与县直各单位、四个乡镇、各寺管会和“三家”通信公司等重点部门及县城网吧签订 2019 年网络安全管理责任书，进一步规范各单位网络管理工作，营造安全和谐的网络环境。加强与措美县各单位的联系，促进措美县互联网新闻宣传事业健康、有序开展，加强 60 名核心网评员的管理，并创建微信工作交流平台。

县委宣传部以建立健全管防并举、齐抓共管制度体系为抓手，以培育精神力量、夯实思想基础为载体，充分发挥网信、网评队伍作用，定期开展专项督导检查，助推意识形态工作深入开展。同时在措美县范围内开展非法卫星地面接收设施整治专项行动。2019 年，共开展 6 次非法卫星地面接收设施整治行动，检查中未发现销售、私自安装非法卫星地面接收设施行为。2019 年，召开意识形态专题会议 2 次，县委书记听取工作汇报 3 次，开展调查研究 2 次，建立健全工作制度 3 项，组织宣传系统人员参加上级各类业务培训 22 人次。

9月23日，措美县集中供养服务中心老人为中华人民共和国成立70周年献舞

【新闻宣传】 加强措美政务网、网信措美、县广播电视台自办栏目等新兴媒体和传统媒体建设，实现“坚持党管媒体、党管网络”良好工作局面。“网信措美”以开设“四讲四爱”“不忘初心、牢记使命”“脱贫攻坚”政策解读、转发《习近平新时代中国特色社会主义思想三十讲》系列学习资料以及“阳光西藏”出品的“四讲四爱”语音播报等专栏，“新闻晚班车”“今日头条”等内容每天按时保质更新，2019年，网信措美公众号发布信息1085条，措美县政府新闻门户网更新482条，被山南网转载采用83篇，已有5190名干部群众关注。措美县广播电视台重点报道精准扶贫、重大项目建设、扫黑除恶专项斗争、“不忘初心、牢记使命”主题教育、“四讲四爱”宣讲教育等系列活动，先后推出《直通两会》等专题报道，微信公众号“视听措美”上推出《我们读书吧—县级干部领学〈习近平关于“不忘初心、牢记使命”重要论述选编〉》专栏。自办栏目《措美新闻》《一周要闻》《措美藏语新闻》分别播放166期、42期、133期，“视听措美”公众号已发布各类民生类新闻50余条，深受广大干部职工和农牧民群众的喜爱；措美电视台向上级业务媒体共上传新闻218条，西藏电视台采用4条，市电视台采用57条。

【网络宣传】 2019年，网信、网评工作牢牢把握正确政治方向和舆论导向，深化主题主线宣传，做好重大活动报道，弘扬主旋律，传播正能量，进一步提升传播力引导力影响力公信力，紧紧围绕县委、县政府中心工作，坚持正确舆论导向，深入开展网信、网评各项工作。

加强组织领导，实现党管网络。措美县年初及时调整充实县委网络安全和信息化委员会领导小组，实现“坚持党管媒体、党管网络”良好的工作局面。并按照自治区要求，2019年9月底在措美县范围内开展“网络宣传周”活动。

建立健全各项规章制度，全面提升工作效能。先后制定《措美县网信办公室制度》《措美县网上舆情监测制度》《措美县网络评论员管理办法（试行）》《措美县网络舆情及审核UI舆论处置流程》等一系列工作制度。

签订网络安全目标责任书。年初与县直各单位、四个乡镇、各寺管会和“三家”通讯公司等重点部门及县城网吧签订2019年网络安全管理责任书，进一步规范各单位网络管理工作，营造安全和谐的网络环境。

加强网络队伍建设。为有效控制网上舆论主导权，以县网信办和团县委名义从措美县各单位中分别招募65名网评员、55名网络志愿者、5名网络违法信息义务监督员。

着力强化舆情监测，及时处置网上负面信息。严格落实全网监控制度，对重点网站、论坛、“三微”平台等进行实时监控。

【教育实践活动】 措美县开展“四讲四爱”群众教育实践活动以来，各级各部门严格要求，强化措施，继续强化氛围营造、丰富主题宣讲、实践活动。各项工作组织周密安排、措施到位、推进有力、进展顺利。

深化拓展，创新载体。充分发挥县自办电视台宣传媒体阵地作用，创建“四讲四爱”群众教育实践活动专栏的同时，利用微博、微信公众号等新媒体开设群众教育实践活动专栏，在显要位置、重要时段刊播刊载群众教育活动的重大意义、主要内容、目标任务，着力让广大干部群众参与进来，提升广大干部群众知晓率、关注度。活动开展以来，网信措美专栏推出专题报道89块，县电视台专栏专题报道33条，山南市“四讲四爱”每周要报采用29期，自治区“四讲四爱”工作周报采用4期。

宣传引导，营造氛围。在教育实践活动宣传过程中，活动办自制并印发2000余张“四讲四爱”群众教育实践活动海报，并下发至各乡（镇）、村（社区）、学校、寺管会；各级各部门充分利用各类户外大中型广告牌、LED屏、宣传栏、黑板报、横幅等开展群众教育实践活动宣传，措美县各类户外广告牌、宣传栏、宣传板共计112处。在活动开展过程中充分利用围墙墙体制作“四讲四爱”文化墙，利用道路两旁栏杆制作“四讲四爱”宣传栏，对群众教育实践活动的重大意义、主要目标、取得成果进行全方位宣传，营造浓厚的宣传氛围。同时各乡镇、村（社区）、宗教领域、教育系统不断创新宣讲方式，开展形式多样的活动，确保宣讲内容家喻户晓、人人皆知，使宣传教育热在基层、融入群众。

9月23日，措美县全体干部职工在县中学操场上举行“不忘初心、我和我的祖国再出发，热烈庆祝中华人民共和国成立70周年，措美县首届农民丰收节”升国旗仪式

全民参与，声势浩大。在开展群众教育实践活动宣传过程中，组织措美县干部职工深入扶贫结对帮扶户家中开展“一对一、多对一”的“四讲四爱”宣传引导工作，发动广大农牧民群众、寺庙僧人张贴“四讲四爱”宣传标语，引导在校学生制作群众教育实践活动“黑板报”，充分发挥措美县干部群众在教育实践活动中的主人翁作用，在措美县范围内营造起活动新高潮。针对群众知识水平不高，各乡（镇）、村（社区）、宗教领域、教育系统不断创新宣讲方式，把党的路线方针政策和法律法规知识融入宣讲内容中，深入开展“四讲四爱”群众教育实践活动、学玉麦讲奉献守边疆“做神圣国土的守护者、幸福家园的建设者”和“自力更生、勤劳致富”宣传教育活动，使宣传教育热在基层、融入群众，进一步打牢措美经济社会发展稳定的思想基础、群众基础、基层基础。2019年，县委宣传部组织县、乡宣讲团队深入各乡（镇）、村（社区）开展脱贫攻坚政策宣讲1000余场次，参与人数6.6万余人次。结合“四讲四爱”群众教育实践活动、“五下乡”活动、“三官讲法”“扫黑除恶、打非治乱”专项斗争、“健康扶贫及医疗报销政策宣讲”等活动积极宣传脱贫攻坚政策知识、法律法规知识、健康保健常识以及扫黑除恶应知应会

10 月 1 日，措美县全体干部职工在文化活动中心观看中华人民共和国成立 70 周年国庆大阅兵

常识及线索举报等，引导群众明白“惠在何处、惠从何来”，开展次数达 497 场次，受众人数 34217 人次，开展各类实践活动 123 场，受众人数 14256 人次，实践活动覆盖率达 100%。

【中共十九大精神宣讲】 深入开展十九大精神宣讲活动，以理论工作者和优秀农牧民宣讲员组成理论政策宣讲团，结合文艺下乡深入基层宣讲习近平新时代中国特色社会主义思想和中共十九大精神，推动习近平新时代中国特色社会主义思想进万家，增强维护习近平总书记核心地位、维护党中央权威和集中统一的自觉性坚定性。切实把措美县广大党员干部群众的思想和行动统一到中共十九大精神上来，把智慧和力量凝聚到实现中共十九大确定的各项目标任务上来，万众一心、众志成城，为决战全面建成小康社会，谱写好中华民族伟大复兴中国梦措美篇章不懈奋斗。2019 年开展十九大宣讲活动 138 场次，受众 22646 人次。

【精神文明建设】 深入开展“24 字核心价值观”宣传教育，大力弘扬“老西藏精神”并不断赋予其新的时代内涵，积极引导广大干部群众把社会主义核心价值观内化于心、外化于行。

弘扬正能量，传播好声音，发挥思想引领、道德支撑、精神激励、榜样带动的积极作用。大力宣传报道先进典型事迹，切实用群众身边的典型影响人，营造学先进、当典型的浓厚氛围。进一步激发广大干部群众参与精神文明建设的责任感、荣誉感和使命感，进一步落实精神文明建设齐抓共管机制，形成强大的创建合力。弘扬新风正气，推进移风易俗，培育文明乡风、良好家风、淳朴民风，焕发乡村文明新气象，推动措美县精神文明建设上新水平。县文明委在措美县范围内开展创建文明乡镇、文明单位、文明村（社区）、文明家庭及招募文明志愿者一系列活动，招募 200 余名文明志愿者。文明委推荐县委办公室、税务局两个单位入选第五届自治区文明单位，卓德村被评为自治区文明村镇。以“四讲四爱”群众教育实践活动为契机，县民间艺术团以五一劳动节、七一建党节、党风廉政宣传月、八一建军节、哲古牧人节等为契机，按照“五下乡”活动要求，到措美县 16 个行政村、寺庙、学校等开展文艺演出，2019 年完成送文艺下乡演出 45 场次，观众人数达 3.3 万余人。文化活动中心活动丰富多彩。2019 年，在县文化活动中心举办 2019 年春节藏历新年晚会、3·28 等活动 10 场次，参加干部群众 3800 余人次。增强思想道德建设的渗透力。把着眼点放在基层，坚持以人为本，突出思想道德建设内涵，在重建设上下功夫。加强和改进思想政治工作，突出做好统一思想、理顺情绪、化解矛盾、凝聚力量等工作。以诚信建设为重点，切实加强公民道德建设，大力倡导基本公民道德规范，突出抓好社会公德、职业道德、家庭美德、个人品德教育，加强未成年人思想道德建设。

【公共文化创建】 围绕县委、县政府中心任务，严格按照上级部门的安排部署，抢抓机遇，多措并举，公共文化服务体系示范区创建活动成效显著，创建成果逐步转化为常态化文体活动。

完善公共文化服务体系，巩固示范区创建成果。为不断巩固示范区创建成果，完善服务网格，县新闻出版局积极与上级业务部门协调，完成措美县农家书屋、寺庙书屋2018年度书籍的补充更新。2019年，县文化活动中心、4个乡镇文化站、16个村（社区）文化活动室、16家农家书屋、24家寺庙书屋全部免费开放。第24个世界“读书日”，县文化活动中心组织中学生开展“传承优秀传统文化精神、书香伴我成长”主题读书活动，引导广大师生养成“爱读书、会读书、读好书”的好习惯。积极开展全民健身活动，安排艺术团演员每天在县廉政公园领跳2小时的广场舞。

全力做好“户户通”维护管理工作。为建立健全广播电视公共服务体系，满足人民群众日益增长的精神文化需求，最大限度地扩大广播电视的有效覆盖，县广电局给古堆乡放牧点发放太阳能卫星直播设备64套。组织专技人员深入16个行政村和91个自然村维修“村村通”56台，县广播电视覆盖率均达100%。

打造特色，提升文化影响力。县电影站到农牧区、军营、学校、寺庙等场所，开展《浴血雁门关》《守边人》《血战湘江》《捍卫者》《红河谷》等优秀爱国题材电影放映活动，2019年，共放映电影90余场次，观众人数1.3万人次，极大丰富广大农牧民群众的文化生活。新编节目特色凸显，县艺术团结合乡村振兴、脱贫攻坚等县委、县政府中心工作及“不忘初心、牢记使命”主题教育、“四讲四爱”群众教育实践活动，编创舞蹈《春的祝福》、玄子舞、阿谐、扎念（踢踏舞）、《大地飞歌》、小品《我的致富路》、表演唱《欢迎到乡村里》、联唱《不忘初心、牢记使命》、尾声《天上哲古》等12个原创节目，极大丰富广大农牧民群众的文化生活。

【文化市场】 县委宣传部始终坚持“守土负责、守土尽责”的原则，切实落实三项措施，以踏石留印、抓铁有痕的劲头，净化和稳定文化市场，推动措美县文化市场健康稳步发展。在县委、县政府的坚强领导下，在上级业务部门的大力指导下，县文化执法大队先后开展“三大节日文化市场专项检查”、改革开放40周年文化市场清理整顿专项行动、“哲古牧人节文化市场专项检查”“三项重点任务、五个净化专项行动”以及协助“扫黄打非”办联合开展“清源”“固边”“护苗”“秋风”“净网”等一系列集中专项执法行动和日常检查。始终坚持“一手抓繁荣、一手抓管理”的方针，以建设健康繁荣、竞争有序的文化市场和新闻出版产业为目标，努力落实工作制度，规范经营秩序。结合五个“净化”行动和“三个专项行动”等重点工作内容，加强对出版物市场、娱乐场所、上网服务场所的监管。

互联网上网服务营业场所方面。为有效遏制网吧违规接纳未成年人，规范网吧市场经营秩序，大队积极落实“双随机”工作形式，多形式、多频次、不定期开展网吧市场的文化执法检查，2019年共开展检查100余次，未发现非法接纳未成年人上网等违法行为。

歌舞娱乐场所方面。重点检查场所手续是否齐全、是否存在噪音扰民的情况、是否安全合法经营、是否含有国家法律法规禁止内容的曲目等行为。同时，加强涉黑涉恶线索摸排工作，遏制文化市场涉黑涉恶势力违法犯罪问题，2019年，对一家KTV无证经营的行为进行依法取缔行政处罚，并向相关业务部门进行函告通知，同时将线索移交县扫黑办。

印刷企业方面。重点检查场所是否含有反动、淫秽、迷信内容和国家明令禁止印刷的其他内容的出版物，是否建立、健全承印验证制度、承印登记制度等，是否存在无批准印刷宗教用品的行为，是否存在印刷标有密级的文件、资料、图表的行为，2019 年对 4 家打字复印店进行立案查处，并及时录入《全国文化市场技术监管与服务平台》。

加强文化市场安全检查力度。2019 年印发《措美县开展“庆祝建国 70 周年纪念西藏民主改革 60 周年”暨三月敏感期间文化市场专项整顿行动方案》《关于在措美县文化市场开展扫黑除恶专项行动的实施方案》。积极联合县文化局、公安、消防及县扫黑办开展检查，对措美县网吧、娱乐场所、印刷企业等场所开展 23 次地毯式安全大排查，对 13 处安全隐患进行整改，及时排查各类安全隐患，确保措美县文化市场的安全稳定。

“扫黄打非”专项行动方面。先后制定下发 2019 年《措美县“扫黄打非”行动方案》《措美县扫黄打非“清源·固边”“护苗”“净网”“秋风”专项行动方案》和《措美县“五个净化”专项行动方案》，组织开展 9 次专项行动，对措美县的网吧、打字复印店、娱乐场所等进行地毯式检查，全面开展各类专项行动。共出动执法人员 180 余人次，检查经营单位 500 余家次，办理案件 7 起。有效促进措美县文化市场的和谐稳定，全面巩固基层思想文化阵地，构筑抵御不良思想文化侵袭最广泛、最严密防线。

【廉政建设】 严当头、治标本、全力以赴抓好廉政建设。严格落实中央“八项规定”、区党委“约法十章”[①]“九项要求”[②]和市“十项规则”。严明党的政治、组织、作风各项纪律，始终在思想上、政治上，坚决做到与党中央、自治区党委、市委、县委同心同德、同心同向、同心同行。严格执行民主集中制，严格落实“三重一大”制度，凡是重大问题决策、重大项目安排以及大额资金使用都经过集体研究决定。2019 年召开部务会 10 次，会议研究决定资金使用、人员分工、人员奖惩等重要事项。

（普　赤，普布卓嘎）

统一战线

【概况】 2019 年，县委统战部在区、市、县三级党委、政府的坚强领导下，贯彻落实中央及自治区、市统战民族宗教工作会议精神，紧紧围绕加强党对统一战线工作集中领导为根本，围绕中心、服务大局，敢于担当、奋发有为，不断开创统一战线工作新局面。

【政策理论学习】 2019 年，县委统战部以强化学习、指导工作的方式，组织涉宗干部，召开 15 次专题部署会议和 32 次专题学习会，认真学习贯彻习近平新时代中国特色社会主义思想、习近平总书记关于加强和改进统一战线工作的重要思想、习近平总书记关于西藏工作重要论述，学习贯彻自治区、

① “约法十章”：坚持立场坚定、保持一致；坚持旗帜鲜明、反对分裂；坚持加强学习、解放思想；坚持总揽全局、民主集中；坚持同心同德、维护团结；坚持牢记宗旨、服务群众；坚持求真务实、真抓实干；坚持恪尽职守、勤政高效；坚持艰苦奋斗、清正廉洁；坚持精文减会、转变作风。

② “九项要求”：积极推进政企分开，切实规范行政管理；深化行政审批制度改革，努力提高行政效能；创新政府管理方式，提高政府行政能力；深入开展反腐倡廉，确保权力不被滥用；坚持民主科学决策，努力提高决策水平；建立问责制度，开展绩效评估；坚持依法行政，建立法治政府；强化大局意识，增强政府执行力和公信力；以勤俭办事为原则，积极推进节约型机关建设。

3月18日，县委常委、统战部部长普琼（左二）到拉项寺管会督导检查工作

市维稳工作、统战民族宗教工作会议精神以及各级领导批示指示精神，牢固树立“四个意识”，坚定“四个自信”，以习近平新时代中国特色社会主义思想武装头脑，坚持宗教中国化方向，积极推动宗教与社会主义社会相适应，确保贯彻执行到位、措施落实到位。

【深化教育】2019年，县委统战部联合县人民法院、县人民检察院、县公安局、县司法局到辖区寺庙开展“法律进宗教场所”主题普法宣传教育活动，用通俗易懂的语言讲解习近平中国特色社会主义新思想以及《自治区宗教工作“五项管理意见”》《中华人民共和国宪法》《中华人民共和国网络安全法》等相关法律法规内容。2019年，共开展法制宣传活动15场次，受教育人数102人，发放法律法规宣传资料及书籍200余份，宣传手袋72个。

【创建评选】2019年，以“遵行四条标准，争做先进僧尼”教育实践活动为载体，提升寺庙僧尼爱国守法意识。2019年，共有8座寺庙被授予市县和谐模范寺庙荣誉、75名僧尼被授予市县爱国守法先进僧尼荣誉。

【党外人士工作】2019年，县委统战部在措美县党外知识分子中深入开展“弘扬爱国奋斗精神·建功立业新时代”活动，引导广大党外知识分子在服务决战脱贫攻坚、决胜全面建成小康社会、推动建设社会主义现代化西藏中矢志奋斗、建功立业。

（次　央）

巡察工作

【概况】2019年，县巡察办核定编制4人，办公室1名主任、1名副主任、巡察组1名组长、1名副组长。机构改革后措美县原有的全覆盖党组织数量从49个增加至54个。在县委的高度重视下，2019年共开展了两轮巡查，第一轮巡察共组建4个巡察组，抽调31人，巡察9个党组织；第二轮共组建4个巡察组，抽调31人，对8家党组织进行常规巡察，对2家党组织进行巡察“回头看”，同时安排1名巡察组副组长参加区党委巡视工作。

【巡察会议】2019年3月5日，经县委批准，按照县委常委、纪委书记、监委主任、巡察领导小组组长次仁罗布部署，县委巡察办、巡察组成立巡察整改工作督导组，对县教体局、民政局、发改委、财政局四家部门开展巡察督导工作。

2019年3月中旬，措美县委巡察办、巡察组根据巡察工作流程，对哲古镇、乃西乡、古堆乡、人社局、卫计委五家单位报送关于脱贫攻坚专项巡察反馈问题意见整改情况报告进行审核把关。

2019年5月15日，根据市委要求，县委同意，措美县召开九届县委第六轮巡察工作动员部署大会，安排部署措美县巡察任务和要求，县委副书记、政府县长巴桑欧珠出席并作动员讲话，县委常委、统战部部长普琼主持。会上政府副县长王建红传达学习拉巴加布同志在全市巡察工作会议暨一届市委第九轮巡察部署会上的讲话精神，县委常委、宣传部部长扎桑宣读九届县委第六巡察组组长授权和各组任务分工决定；巴桑欧珠就如何做好全县巡察工作提出具体要求；县委常委、纪委书记、县委巡察工作领导小组组长李胜军作部署讲话。

2019 年 5 月 16 日，为提高县委巡察人员的业务水平，保障巡察工作顺利开展，县委巡察工作领导小组办公室召开巡察工作经验交流座谈会，县委常委、纪委书记、巡察工作领导小组组长李胜军出席会议并讲话，巡察组全体人员参加会议。

2019 年 5 月 17 日，四个县委巡察组分别在县人民法院、县委政法委、县工会、团县委、县妇联、县住建局、县水利局、县文化（文物）局、县商务局等单位召开九届县委第六轮巡察工作进驻动员会。

2019 年 5 月 29 日，县纪委监委巡察业务知识培训班开班，纪委副书记、监委副主任索朗德吉主持开班仪式，县纪检监察巡察干部及各县委巡察组全体组员参加。

2019 年 5 月 29 日至 6 月 4 日，县纪委监委巡察系统举办为期四天的业务培训班。县纪委监委、巡察组、巡察办和九届县委第六轮巡察组抽调工作人员 40 余人参加培训。

2019 年 6 月 24 日，为进一步推动巡察工作扎实有序开展，经县委同意，县委巡察工作领导小组召开第 11 次会议，主要任务是听取九届第六轮巡察阶段性汇报。县委书记牛堃出席会议，县委常委、纪委书记、巡察工作领导小组组长李胜军主持，县委巡察工作领导小组成员、各巡察组组长参加会议。

2019 年 7 月中旬，各县委巡察组在被巡察单位召开立行立改问题反馈会，各巡察组组长主持，被巡察单位全体在家干部职工及各县委巡察组全体成员参加会议。

2019 年 8 月 5 日，县委巡察工作领导小组召开第 12 次会议。县委常委、县纪委书记、县委巡察工作领导小组组长李胜军主持会议并讲话，县委常委、组织部部长、县委巡察工作领导小组副组长冉启仕及县委巡察工作领导小组其他成员出席会议，县委巡察办、各县委巡察组组长、副组长及联络员参加会议。

2019 年 8 月 12 日，召开第 6 次书记专题会，听取九届县委第六轮巡察工作情况汇报。县委书记牛堃主持，县委五人小组成员巴桑欧珠、洛桑次仁出席会议，县委巡察工作领导小组组长、副组长参加会议。

2019 年 8 月底，四个县委巡察组分别在县委政法委、文化（文物）局等 10 家被巡察单位召开巡察情况反馈会议，被巡察单位主要负责人主持。县委巡察领导小组组长、副组长、成员，各县委巡察组组长、全体组员出席会议，被巡察单位在家全体干部职工参加会议。

2019 年 10 月 28 日，县委巡察四个小组分别对县政协办、县委统战部、县公安局、县交通运输局、县后勤服务中心等 10 家被巡察单位召开巡察组进驻动员会，县委常委、巡察工作领导小组组长李胜军，县委常委、巡察工作领导小组副组长冉启仕出席会议。

2019 年 10 月 30 日，为更好地、高质量地完成九届县委第七轮巡察工作任务，切实充分发挥好巡察办公室统筹协调、指导督导、服务保障职能，县委巡察办组织各巡察组组长、副组长，召开九届县委第七轮巡察工作第1次推进会议。

2019年10月31日，市委巡察办主任马玉玲一行到措美县委巡察办调研指导工作，县委常委、县委巡察工作领导小组组长李胜军全程陪同。

2019年11月4日，为准确把握巡察的政治定位，充分发挥巡视巡察利剑作用，进一步增强巡察干部的廉洁自律意识，县委巡察办组织九届第七轮全体巡察干部集中观看《巡视利剑》警示教育片。

2019年11月7日，为更好地完成本年度第二轮巡察工作，县委常委、县委巡察工作领导小组组长李胜军看望县委各巡察组，指导督促各巡察组工作。

2019年12月27日，县委书记牛堃主持召开书记专题会议，听取县委第七轮巡察工作汇报。会议分别听取四个巡察组关于县委宣传部、交通运输局、县委统战部、旅游发展局、公安局、后勤服务中心、司法局、统计局8个党支部巡察工作和政协办、玛悟觉寺管会2个党支部巡察“回头看”情况。

【巡察学习】 2019年5月23日，县委巡察一组、二组、三组、四组分别召开临时党支部会议暨组务会，各组巡察组组长主持，各巡察组全体人员参会。临时党支部会上传达学习区党委巡视办主任李小宁在地（市）委巡察办负责同志研讨会上的讲话精神，学习《中国共产党巡视工作条例》及山南市委巡察工作操作手册关于巡察时准备环节的内容。

2019年6月6日，县委巡察机构召开集体学习会议，集中学习领会拉巴加布《在全市巡察工作会议暨一届市委第九轮巡察部署会上的讲话》、晋美和曹祖宇《在全市巡察工作会议暨一届市委第九轮巡察部署会上的讲话》精神，县委巡察办主任普珍主持会议并讲话，全体巡察干部参加学习。

2019年6月14日，各县委巡察组组织全体组员认真学习《关于印发晋美和曹祖宇同志〈在全市巡察工作会暨一届市委第九轮巡察部署会上的讲话〉的通知》精神、《中国共产党支部工作条例》及相关巡察知识，并开展集体讨论，领会会议精神实质，认真学习条例内容，研究贯彻措施，推动巡察工作在深度和广度上延伸拓展。

2019年6月21日，为高质量完成巡察工作，各县委巡察组召开组务学习会议，主要学习贯彻赵乐际在市县巡察工作推进会上讲话精神。

2019年6月28日，为巩固巡察成果，确保巡察质量，各巡察组分别召开组务会议暨临时党支部会议，各巡察组组长主持，各巡察组全体组员参加会议。会上，各巡察组传达学习《赵乐际同志在市县巡察工作推进会上的讲话精神》《关于做好排查整治“天价烟”背后“四风”问题有关工作的电话通知稿》《关于整治领导干部利用名贵特产类特殊资源谋取私利问题开展监督检查的通知》精神和《扫黑除恶小课堂》知识内容。

2019年7月5日，各巡察组传达学习《关于向敬诚违反中央八项规定精神等问题的通报》，各巡察组组长主持，各巡察组全体成员参会。

2019年8月2日，县委各巡察组召开临时党支部学习会，会议传达学习《王卫东同志在全区市县巡察工作推进会上讲话》精神。

2019年10月21日，为进一步深入学习贯彻习近平新时代中国特色社会主要思想和中共十九大精神，落实全区市县巡察工作推进会精神，提升巡察干部素质能力，建设打造“尖兵”队伍。经措美县委巡察工作领导小组安排，邀请县委办、县纪委、组织部、财政局、住建局、扶贫办、扫黑办等部门负责人、业务骨干，开展九届县委第七轮巡察干部业务培训会。

2019年10月24日，九届县委第七轮巡察工作动员部署会召开，主要传达学习一届市委第十轮巡察动员部署会精神，县委常委、县委巡察工作领导小组组长李胜军安排部署巡察工作；县委常委、县委巡察工作领导小组副组长冉启仕宣读授权任职决定，县委巡察工作领导小组成员白玛格桑主持。

2019 年 11 月 25 日，县委常委、巡察工作领导小组组长李胜军主持召开县委巡察工作领导小组第 13 次会议，会议传达学习全国第一期县级巡察办主任提级培训班会议精神、九届区党委第六轮巡视业务培训暨动员部署会精神，深刻领会自治区人大常委会副主任、市委书记许成仓重要批示精神，听取九届县委第七轮阶段性巡察情况汇报。

2019 年 12 月 18 日，县委常委、巡察工作领导小组组长李胜军主持召开县委巡察工作领导小组第 14 次会议，县委常委、县委巡察工作领导小组副组长冉启仕及其他成员出席会议。会议听取九届县委第七轮各巡察组巡察情况汇报，传达学习《中共山南市委员会巡察工作领导小组第 20 次会议纪要》《违反中央八项规定精神问题类型》文件精神。

（普　珍）

档案管理

【概况】 2019 年，县档案局（馆）以中共十九大精神和习近平新时代中国特色社会主义思想为指导，积极参加县委办党支部学习活动，深入学习十九大报告精神、领会习近平新时代中国特色社会主义思想，切实肩负为党管档、为国守史、为民服务的重任。狠抓档案工作人员配备。机构改革后，配备 1 名档案局局长，1 名档案馆馆长、1 名档案馆副馆长，档案工作逐步走上制度化、规范化、科学化的道路，档案管理水平有明显提升，服务中心工作的能力显著提高，为措美的各项事业发挥积极的作用。

【档案管理与利用】 2019 年，完成馆库、信息化数字中心电路建设，投入资金 9.4 万余元改造库房“三铁一器”等安全设施，具备“九防”条件。档案局（馆）配备配齐办公桌椅、电脑、复印机、档案整理装订机等设备，从山南市档案局购置符合标准的档案装具，有效保障档案的保密、安全管理。2019 年，涉改单位的档案按其归属和流向，共计移交档案 13048 件（其中文书档案 12992 件、实物档案 24 件、门牌 22 件、印章 10 个）。在加强资源整合，丰富档案馆藏的同时，注重提升档案服务社会、服务民生的能力和水平，把文明服务、主动服务、高效服务提上议事日程，在实践中体现馆藏档案的价值，在提供利用中加深社会公众对档案工作的认知度，共提供档案查阅 30 卷，接待社会各界档案利用者 15 人次。

【业务技能】 2019 年，在措美县范围内开展档案业务培训 1 次，措美县档案工作人员学习培训《归档文件整理规则》，参加人数 40 余人。指派专人指导各单位档案整理工作，并对档案工作人员进行个别指导 12 人次。11 月，选派 1 名档案工作人员到四川档案学校，参加第二期西藏档案干部业务培训，有效提升档案工作人员综合素质和业务能力。开展消防安全培训工作，邀请县消防大队工作人员为县档案局（馆）干部职工讲解消防安全知识，增强县档案局（馆）干部防火防灾意识。组织学习《中华人民共和国保守国家秘密法》等保密相关法律法规，强调档案保密重要性，提高县档案局（馆）干部职工档案保密意识。

【档案法治意识】2019年，以中华人民共和国成立70周年及西藏民主改革60周年等为契机，开展以“档案见证改革开放”为主题的“6·9”国际档案日宣传活动，同时以“12·4”国家宪法日为契机，开展档案宣传。通过专版展出、发放宣传品、设立咨询点等形式开展宣传活动，共发放宣传册180余册，引发良好的社会效应。

直属机关工作

【概况】中共措美县直属机关工作委员会（以下简称机关工委）2019年机构改革中从县委办并入县委组织部，核定编制1人，实有1人。2019年县直机关有6个党总支、54个党支部，党员总数819人，2019年转正党员17名，发展35名预备党员。

【党建工作】落实区市各项决策部署，召开机关工委第一次会议，调整充实直属机关工委班子成员，制定《措美县直属机关工委议事规则》，走访县直机关调研25次，组织党建督导检查2次，问责问效责任落实不力、推进缓慢党组织12个。

【党员队伍建设】结合县直机关干部调整、机构变动，对各支部缺额补选工作进行督促落实，更名林草局、应急管理局等6个党支部，联合成立统计局与发展改革委员会等2个党支部，单独成立1个党支部。推进机关党组织标准化建设，现有的54个党组织均参照“九有”要求逐项规范、逐一设置。印发《关于机构改革后党组织换届或改选工作的通知》，2019年支部成员改选党组织31个。按照党员发展的“十六字”①方针，严格审批把关，组织2019年新发展党员签订不信仰宗教承诺书。保证党员队伍的纯洁性和先进性。2019年，共审批预备党员35名，讨论审批17名预备党员转正，持续开展党员档案整治活动，规范机关党员档案89个，确保党员发展质量。

【党建活动】持续开展党员政治教育培训，发挥好“局长讲座”平台，落实“一周一学习”制度；开办多期党建业务知识培训班，围绕日常工作业务知识等方面进行培训授课，切实解决一些机关党务工作者业务不熟悉、能力不足等问题。分别举办措美县基层党务工作者暨入党发展对象培训班和党员档案规范管理培训会，83名党务工作者长知识、懂业务，从入口关增强22名入党积极分子的政治觉悟和入党积极性。落实经费1950元购买《党章电视辅导教材》，与脱贫攻坚政策知识一同纳入各支部学习计划中，常态化组织学习。按照“做合格党员、当先锋模范”主题教育活动要求，按季度开展理论学习、“主题党日”“三会一课”等。组织103名机关党员开展“七一”建党节卫生大扫除“主题党日”活动。举办“党章党规在我心”知识竞赛，营造措美县党员干部学习党章党纪党规、尊崇党章、遵守党纪党规的浓厚氛围。分批次组织72名党员干部到山南市红色教育基地参观学习。

【党内激励帮扶】对14名困难党员、骨干党员开

① “十六字”：全面建设、体系防控、科技强勤、确保安全。

展“慰问送温暖”活动，激发其发挥模范带头作用。集中整顿党组织，审核把关后勤、商务局等5个软弱涣散党组织整改方案和整改措施，分期进行指导和帮扶，并于11月27日顺利通过考核验收。组织各机关党组织深入帮扶联系村摸排涉黑涉恶线索，做好配合线索移交和案件办理等工作。落实每季度看望帮扶一次贫困户要求，组织机关党员不定期深入贫困群众中开展义务劳动、打扫卫生，进一步密切党群干群关系。

（西热旦增）

国家安全

【概况】 根据《中共措美县委员会措美县人民政府关于印发〈措美县机构改革方案〉的通知》文件，将措美县委办公室的国家安全协调联络职责、县维护稳定工作领导小组的有关职责、县公安局的边境管理有关职责整合，组建县委国家安全委员会，作为县委议事协调机构。根据《中共措美县委办公室关于印发〈中共措美县委员会国家安全委员会办公室职能配置、内设机构和人员编制规定〉的通知》文件，县委国安委下设中共措美县委员会国家安全委员会办公室和措美县维护国家安全指挥部两个办事机构。2019年3月18日，中共措美县委员会国家安全委员会办公室和措美县维护国家安全指挥部正式成立。核定行政编制4名，部门领导职数4名，实有人数5名。县委国安委设立县维护国家安全工作指挥部，与县委国安办实行一机构、两块牌子。

【党的建设】 经措美县直属机关工委批准，2019年5月30日，措美县国安办党支部正式成立，并

9月3日，县委国安办主任中巴旦（右二）走村入户了解民情民意

于2019年6月3日召开国安办党支部第一次党员大会，选举产生支部委员成员，并对班子成员进行分工，无职党员设岗定责。2019年，国安办党支部以习近平新时代中国特色社会主义思想为指导，深入学习贯彻党的路线方针政策为主线，制定“357”党建工作思路（即突出思想政治建设、基层党组织建设、纪律作风建设三项重点任务，强化责任、强化教育、强化制度、强化引领、强化督导上下功夫，扎实推进学习深化、理论武装、主题教育、党建引领、廉政教育、作风改进、创先争优七大行动），结合“不忘初心、牢记使命”主题教育活动，深入开展党员干部学习教育、发展党员、调查研究、检视问题、整改落实等各项工作。2019年，国安办党支部共组织党员干部学习教育20次，领导干部讲党课2次，领导干部调研形成报告4份，聚焦“18个是否”检视问题1次，整改问题12项。2019年发展1名入党积极分子。

【平安创建】 2019年，措美县国家安全指挥部在自治区党委、市委、县委和山南市国安指挥部的领导下，通过走村入户了解民情、排查化解矛盾纠纷等方式，完成中华人民共和国成立70周年大庆维稳安保工作，2019年共排查化解各类矛盾纠纷39起，充分发挥群防群治力量。开展社会稳定风险评估报备审查工作，确保重大活动安全有序开展。2019年

共开展社会稳定风险评估报备审查3件，分别为措美县庆祝中华人民共和国成立70周年系列活动，2019年哲古牧人节、措美县2019年物交会。

（土旦卓玛）

信访工作

【概况】 措美县信访局，自2019年4月经机构改革单独成立，编制总数3名，实有3名，领导职数3名。

2019年，县信访局工作坚持“以人为本、关注民生、依法治访、创建和谐”的工作宗旨，以“事要解决”为主要任务，不断创新工作方法，及时就地解决群众合理诉求，为维护群众合法权益、社会公平正义、措美县社会和谐稳定作出积极贡献。

【办文工作】 2019年，县信访局研究制定《措美县信访局2019年工作要点》，并结合《信访条例》和《西藏自治区信访条例》，建立和完善《人民来信来访接待制度》《信访督查督办制度》等12项制度。制定藏汉双语版《信访条例》《依法逐级走访》《依法处理涉法涉诉信访问题》等宣传手册。

【办会工作】 2019年，充分发挥信访联席会议机制作用，组织联席成员单位，召开2次信访工作联席会议，构建齐抓共管工作格局，有效促进信访问题及时就地化解，取得良好的工作成效。

【服务工作】 2019年，措美县按照“谁主管、谁负责”的原则，开展“三级接访日”活动，立足实际解决问题，促使信访工作上水平。2019年，县信访局共受理信访案件29件（次）93人次，已全部办结29件、办结率达100%。

【督查督办】 严格落实《信访事项网上办理工作规程（试行）》，实时关注信访事项办理状态，跟踪做好催办、督办，特别是对即将超期的信访事项，及时采取电话督办、网上督办、实地督办等方式密切跟踪督办，确保信访事项办理的及时有效。

【党建工作】 2019年，根据县委组织部、直属机关工委要求，成立信访局党支部，全面梳理核查党员党组织关系，做到党组织关系清晰明白。所有党员认真开展结对帮扶工作，解决帮扶户反映的热点难点问题。深入开展“不忘初心、牢记使命”主题教育活动，严格落实组织生活会和党支部“三会一课”制度。

【党风廉政建设】 2019年，信访局认真开展党风廉政建设和反腐败工作，制定并签订《措美县信访局2019年度党风廉政建设责任书》，把党风廉政建设和反腐败工作摆在首位，同安排同部署同督促检查，做到安排到位、责任到位、落实到位。认真学习贯彻纪委有关文件精神，年底召开2019年领导班子述责述廉会议。持之以恒推进全面从严治党。

【综治工作】 签订《措美县信访局社会治安综合治理目标管理》责任书，成立领导小组，深入开展排查化解重大风险隐患工作，积极开展社会治安综合治理宣传活动，深化“平安单位”建设，开展消防安全隐患排查工作。

【扫黑除恶】 制定《措美县信访局关于开展扫黑除

5月22日，市信访局党组副书记、局长桑旦罗布（中）一行到措美县检查信访工作开展情况，政府副县长王建红（左二）陪同

恶打非治乱专项斗争工作方案》，成立领导小组，认真开展信访领域扫黑除恶工作，对来信来访案件进行梳理排查，2019年措美县信访领域未发现涉黑涉恶情况。

【意识形态】 通过集中学习与个人自学结合的方式，组织干部认真学习贯彻中共十九大精神、《信访条例》《习近平总书记关于加强和改进人民信访工作的重要思想》，创建“人民满意信访窗口”，打造阳光信访、责任信访、法治信访模式，强化教育引导，加强意识形态阵地管理。

（阿旺德吉）

措美县人民代表大会

措美县人民代表大会

综 述

【概况】2019 年，措美县人民代表大会常务委员会（以下简称县人大常委会）共召开人民代表大会 1 次，召开县委人大工作会议 1 次，常委会会议 6 次，主任会议 13 次，开展视察 4 次，作出决定决议 10 项，依法任免人员 24 人次，完成年初确定的 46 项目标任务，各项工作取得新进展，为决胜全面建成小康社会，建成富裕民主文明和谐美丽新措美作出新的贡献。

根据县委指示要求，积极响应县委号召，县人大常委会班子成员全体下沉，带领所在组员干部与贫困户同吃、同住、同学习、同劳动，认真了解贫困户有关情况，做到帮扶资料填写实现标准化、规范化。积极宣讲扶贫政策，详细了解帮扶队员工作情况和贫困户对帮扶工作的满意度，实地查看贫困户住房情况，认真聆听贫困户需求，逐户列出问题清单，积极与有关单位协调，为贫困户解决生活中遇到的实际困难和突出问题。严格树立围绕中心、服务大局的意识。按照县委总体部署，开展维稳督导检查，组织区、市、县、乡四级人大代表对 2019 年的维稳工作开展情况进行专题调研。

2 月 27 日，措美县第十二届人民代表大会第四次会议主席团第二次会议召开

【重要会议】2 月 26—28 日，措美县第十二届人民代表大会第四次会议召开，会议应到代表 95 名，实到代表 85 名。非代表的县四大班子领导和县（中、区、市）直部门主要领导等 62 人及 52 名政协委员应邀列席会议，共 199 人参加会议。会议表决通过措美县人民政府工作报告；审查和批准措美县 2018 年国民经济和社会发展计划执行情况与 2019 年国民经济和社会发展计划草案的报告、批准措美县 2019 年国民经济和社会发展计划；审查和批准措美县 2018 年财政预算执行情况及 2019 年财政预算草案的报告，批准措美县 2019 年财政预算；听取和审议措美县人大常委会工作报告；措美县人民法院工作报告；措美县人民检察院工作报告；补选措美县第十二届人大常委会副主任和委员；通过措美县第十二届人民代表大会选举法制司法民族宗教委员会主任委员。

【依法监督】始终把对“一府一委两院”的监督工作放在重要位置，紧紧围绕措美县改革发展稳定的大局和群众普遍关心的问题，采取灵活多样的方式，加强工作监督和法律监督。听取和审议专项工作报告 14 个，开展执法检查 5 次，专题调研和委托调研 11 次，工作评议 2 次，对人大、“一府两院”被任命干部 10 人次开展履职评议 2 次，满意度测评 2 次。

依法审议工作报告。听取和审议“一府两院”工作报告，审查财政预算执行情况、国民经济和社会发展计划执行情况以及 2018 年财政预算报告等。

2019 年，县人大常委会重点对措美县 2018 年—2019 年重点工程项目建设实施情况进行实地视察。围绕工程建设进行座谈并形成视察报告；对环境保护法和安全生产法在措美县贯彻实施情况进行执法

6 月 12—13 日，县委副书记、人大常委会主任洛桑次仁（前右三）相续到 4 个乡（镇）检查指导项目推进情况。图为洛桑次仁在哲古镇扎杂村高海拔易地搬迁施工现场检查工作

检查，听取山南市生态环境局措美县分局、县应急管理局工作汇报并指出下一步工作整改意见；围绕群众和社会关注的精准扶贫和环境保护以及优化发展环境等热点、难点问题开展调研；对县十二届人大四次会议提出的代表建议办理情况进行调研，一批人民群众最关心、最直接、最现实的问题得到有效解决；及时提交人大代表对重大项目的视察和异地考察学习的报告；以“人大制度宣传月”活动为依托，进一步优化人大代表履职、人大干部懂法、人民群众知法守法的法治环境；开展以“弘扬宪法精神、普及宪法知识”为主题的宪法宣讲和法制宣传教育活动，有力提升法律和工作的监督力度。

【办理代表议案、建议】2019 年，县人大常委会组成调研组对县十二届人民代表大会四次会议上代表提出的 50 件建议及时进行归纳分类，通过召开交办会，转交相关承办单位，明确办理要求和办理时限。改进督办方式，采取现场查看、办理部门现场解答、面对面向代表答复等方式，县人大常委会组成代表意见建议办理检查组，对会上代表提交的意见建议进行跟踪督办，不断推动代表意见建议的办

理有效落实。

【自身建设】 县人大常委会始终把自身建设作为夯实人大工作的基础，作为提高人大履职能力和水平的重要内容，强化政治素养，提高履职能力，不断加强和改进自身建设，不断适应新时期人大工作的需要，为县人大常委会依法履职提供有力的保障。采取集中和自学相结合的方式，把学习贯彻习近平新时代中国特色社会主义思想和习近平总书记关于坚持和完善人民代表大会制度重要思想，作为主要政治任务来抓，认真学习贯彻中共十九大精神和习近平总书记系列重要讲话精神以及《中国共产党廉洁自律准则》和新修订的《中国共产党纪律处分条例》等一系列内容。结合人大业务工作，重点学习全区人大工作座谈会和市委人大工作会议精神，新修改的《中华人民共和国宪法》《中华人民共和国选举法》《中华人民共和国预算法》和如何组织执法检查和代表视察、如何开展工作监督和法律监督等业务知识。使人大常委会党组班子成员及人大常委会组成人员全面、深入地掌握相关理论和法律法规、人大工作原则和程序等人大业务知识，提高业务理论水平，增强依法履职能力，促进人大常委会机关效能建设。2019 年，共参加县委理论中心组学习 14 次，组织人大常委会党组学习会 22 次，党支部集中学习 22 次。

经请示县委批准，在县人大常委会的统一安排下，组织县、乡人大工作人员和部分人大代表赴安徽合肥和西藏阿里等地，就人大工作和精准扶贫相关工作进行考察学习。学习区内外人大在人大工作和精准扶贫等方面好的做法和经验，对措美县人大进一步创新工作思路，加强基层人大建设，充分发挥人大代表作用提供很好的借鉴。依托地方设立人大常委会 40 周年纪念活动，先后组织代表们开展座谈会、知识竞赛、文艺演出等活动，进一步密切与代表之间的联系。

县人大办公室

【概况】 2019 年，措美县人民代表大会常务委员会办公室（以下简称县人大办公室）编制 2 人，其中领导职数 2 人。县人大办公室坚持把提高文字服务水平作为机关一项重要的工作，切实把好文字材料的草拟、审核关，力求公文符合政策、法律法规；认真领会文件精神，贯彻领导意图，努力提高文字的理论性、政策性、可操作性，通过办文、办会服务，发挥办公室的参谋助手作用。2019 年共起草形成党组文件 5 份、常委会文件 30 份、办公室文件 10 份、上报信息简报 94 期，对所有来文来电都能及时准确地签收办理，未发生耽搁送阅影响工作的现象。公文制发、文件收发和传阅都有时间要求和规定手续，操作规范。

【办会】 人民代表大会会议、常委会会议和主任会议服务是办公室工作的核心内容。2019 年，县人大办公室认真履行工作职责。2019 年共参加筹办 1 次县人代会（县十二届人大五次会议），6 次常委会会议、13 次主任会议，这些会议的顺利召开，保证县人大常委会工作的有序开展。

【结对帮扶】 2019 年，办公室工作人员能经常到精准扶贫帮扶联系户开展结对认亲活动，调查、慰问、提出致富门路等方式发挥人大干部的优良作风，发挥自身优势，较好地完成各项工作任务，受到各级领导的好评。

【自身建设】 2019年，县人大办公室以深入开展习近平新时代中国特色社会主义思想和习近平总书记关于坚持和完善人民代表大会制度重要思想，作为主要政治任务来抓，认真学习贯彻中共十九大精神和习近平总书记系列重要讲话精神以及《中国共产党廉洁自律准则》和新修订的《中国共产党纪律处分条例》等一系列内容。结合人大业务工作，重点学习全区人大工作座谈会和市委人大工作会议精神，新修改的《中华人民共和国宪法》《中华人民共和国选举法》《中华人民共和国预算法》和如何组织执法检查和代表视察，如何开展工作监督和法律监督等业务知识为契机，结合工作实际，组织常委会及办公室干部职工采取集中学习和自学相结合的方式，在党支部会议上学习，在常委会会议上学习，认真做好笔记并撰写心得体会。通过学习宣传，进一步领会和吃透会议精神，对各类会议精神的认识和理解有新的提高，坚定信心、鼓舞斗志，在思想和行动上同党中央保持高度一致，把思想切实统一到中央的大政方针和重大决策上来，进一步增强做好工作的责任感和使命感。上级人大及县委对人大组织机构和干部队伍建设给予高度重视，选派常委会副主任、办公室工作人员到内地学习，同时参加区、市人大业务培训。通过安排区内外的考察学习和短期培训，人大常委会组成人员及办公室工作人员的理论水平和实际业务水平有大幅度的提高。党风廉政建设不断加强。组织党员领导干部学习有关文件精神，认真开展专题警示教育活动，引导广大党员干部，特别是领导干部从中吸取深刻教训，警钟长鸣，引以为戒，举一反三，进一步加大党员干部的廉政教育，帮助党员干部树立正确的人生观、世界观、价值观，做到自重、自省、自警、自励，把好关、用好权、做好事，切实筑牢拒腐防变的道德防线，狠抓作风建设。

【专门委员会设立】为贯彻落实深化党和国家机构改革的决策部署，按照措美县机构改革实施意见提出的“进一步健全措美县人大组织制度和工作制度，完善人大专门委员会设置，更好发挥其职能作用”的要求，根据《中华人民共和国地方各级人民代表大会和地方各级人民政府组织法》规定，由县人大常委会机关起草，经县委编办审核、县委机构改革领导小组同意，设立县人民代表大会财经农牧城建环保委员会、县人民代表大会法制司法民族宗教委员会、县人民代表大会教育科学文化卫生委员会。

措美县人民代表大会
财经农牧城建环保委员会

【概况】 县人民代表大会财政经济委员会编制1人，实有1人。2019年在县人大及其常委会的领导下，市财经委的指导下，财经农牧城建环保委员会坚持以习近平新时代中国特色社会主义思想为指导，牢固树立“四个意识”、坚定“四个自信”、做到“两个维护”，深入贯彻落实中共十九大及十九届二中、三中、四中全会精神，按照县十二届人大四次会议安排部署和县人大常委会年度计划要求，统筹推进经济监督、执法检查、调查研究、自身建设等各项工作，认真履行人大财经工作职责，较好地完成2019年各项工作任务。

【监督工作】审查计划、预算草案报告。依法做好县十二届人大四次期间计划、预算草案审查工作，对《措美县2018年国民经济和社会发展计划执行情况与2019年国民经济和社会发展计划报告及草案》《措美县2018年财政预算执行情况与2019年财政预算报告及草案》进行审议，向大会主席团提出审查结果报告，代拟大会关于计划报告、预算报告的决议草案。

听取和审议专项工作报告。2019年听取和审议县政府《关于措美县2018年财政决算的报告》，形成审议意见，已提请县十二届人大常委会第17次会议审议通过，并转交给县政府及其职能部门办理。听取和审议县政府《关于措美县2019年上半年国民经济和社会发展执行情况的报告》《关于措美县2019年上半年财政预算执行情况的报告》《关于2018年度精准扶贫精准脱贫工作情况的报告》《关于2018年度环境状况和环境目标任务完成情况的报告》，形成审议意见，已提请县十二届人大常委会第18次会议审议通过，并转交给县政府及其职能部门办理。

【专项调研检查】开展做好市人大委托调研工作。协助常委会开展《山南市河长制湖长制条例、羊卓雍措管理条例》《山南市河道采砂管理条例》等立法调研工作。组织山南市生态环保局措美县分局、自然资源局、水利局及部分基层人大代表，深入实地开展调研，通过听取汇报、召开座谈会、实地检查、广泛征求意见等多种方式，全面深入了解各项调研的基本情况，撰写调研报告，提出针对性建议，为山南市立法工作提供参考依据。

开展雅砻环保行活动。按照市人大财经委的委托，以雅砻环保行活动实施方案要求，结合措美县实际，以“百里生态走廊”建设、环境整治建设、环境督察整改为重点，扎实开展“雅砻环保行”活动，县人大常委副主任带队，组织相关部门，组成检查组赴部分乡（镇）检查雅砻环保行活动落实情况，专门听取生态环保部门工作汇报，查阅资料、召开座谈，检查组肯定措美县雅砻环保行工作取得的成绩，指出发现问题，提出针对性的意见和建议。

开展代表视察。按照人大常委会年度工作计划，组织市、县、乡三级人大代表对措美县重大项目、农村环境整治工作实施情况进行视察，形成代表视察报告，提请人大常委会19次会议审议通过。

开展专项调研。7月份，县人大常委会组织办公室、三个专门委员会、乡（镇）人大主席及部分人大代表，调研组深入基层、单位，对十二届人大四次会议期间代表建议办理情况进行调研，对代表建议办理情况形成报告，提请人大常委会16次会议听取审议通过后，转交给县政府和相关部门办理；认真组织开展2019年度环境状况和环境目标完成情况调研，人大常委会副主任张小武带队，深入实地重点调研环境责任目标污染防治环境综合治理等方面，形成报告提请人大常委会第19次会议审议通过后，转交给县政府和山南市生态环境局措美县分局办理。

【完成工作任务】2019年，县人大财经委以“五查五增质效提升”活动为契机，认真参加“不忘初心、牢记使命”主题教育活动和纪念地方人大成立40周年活动，加强思想建设、能力建设、制度建设、作风建设，使财经委干部树牢“四个意识”、坚定“四个自信”、做到“两个维护”，自觉置身于县人大及其常委会的领导之下，主动服务县人大常委会工作大局，积极配合做好县十二届人大四次会议的各项筹备工作，及时高效地提交各项审查、审议报告。加强与对口联系单位的沟通协调工作，开展结对帮扶贫困户工作，自觉做好重要节点的维稳值班备勤工作。

措美县人民代表大会法制司法民族宗教委员会

【概况】 县人大法制司法民族宗教委员会编制1人，实有1人。2019年县人大法制司法民族宗教委员会在县委、县人大常委会的坚强领导下，坚持以习近平新时代中国特色社会主义思想为指导，深入学习习近平总书记关于人民代表大会制度的思想，严格按照县人大常委会2019年度工作安排，紧紧围绕中心工作服务大局，较好地完成各项工作任务。

【业务学习】 坚持把学习放在重要位置，注重学习习惯的养成和学习实效的提高。积极参加常委会及支部组织开展的集体学习活动，采取集体学习和个人自学相结合，深入学习党的各项方针政策，积极参加“五查五增质效提升”专题学习活动，学习有关法律法规和条例、办法等业务知识，通过学习，进一步增强政治理论水平、依法履职能力、分析问题和解决问题的能力和水平得到提高。

【监督工作】 根据县人大常委会2019年度业务工作安排，3月26日，县人大常委会分管副主任带队，县人大法制司法民族宗教委员会、县、乡人大代表组成的执法检查组，对措美县贯彻实施《中华人民共和国工会法》和《西藏自治区实施〈中华人民共和国工会法〉办法》的情况进行执法检查，形成县人大常委会执法检查组关于检查《中华人民共和国工会法》和《西藏自治区实施〈中华人民共和国工会法〉办法》实施情况报告，提交县人大常委会审议并报送山南市人大法制委办公室。

根据县人大常委会2019年度业务工作安排，4月28日，县人大常委会分管副主任带队，县人大法制司法民族宗教委员会及县、乡人大代表组成的执法检查组，对措美县贯彻实施《中华人民共和国道路交通安全法》（以下简称《道路交通安全法》）贯彻落实情况进行执法检查，形成的执法检查报告在县十二届人大常务委员会16次会议上第一次审议，并提出修改意见。8月22日县十二届人大常务委员会17次会议上第二次审议。会后，根据县人大常委会审议意见交办给县政府及相关部门。

根据县人大常委会2019年度业务工作安排，6月20日，县人大常委会主任带队，县人大法制司法民族宗教委员会主任委员及三名县级人大代表组成的执法检查组，对措美县贯彻落实新修订《宗教事务条例》贯彻执行情况进行执法检查。执法检查组对措美县宗教领域贯彻实施《宗教事务条例》情况、宗教工作部门执法主体建设情况、宗教活动场所管理情况及存在的突出问题开展详细检查。将执法检查中发现的问题及时反馈给县委统战部和民宗局。

根据县人大常委会2019年工作安排，9月6日下午，县人大常委会听取“两院”、公安、司法工作专题报告。县人大常委会副主任主持，县人大三个专委会主任委员、4个乡（镇）人大主席及两名代表参加。对“两院”、公安、司法工作专题报告进行民主测评及评议意见，会后办公室把形成的评议意见交办给相关部门。

受山南市人大常委会委托，9月16日，县人大常委会分管副主任带队，县人大法制司法民族宗教委员会、人大代表组成的执法检查组，深入县人力资源与社会保障局及部分乡（镇）对《中华人民共和国就业促进法》和《西藏自治区实施〈中华人民共和国就业促进法〉办法》贯彻实施情况进行检查，并形成执法检查报告上报山南市人大有关专门委员会。

根据措美县人大常委会2019年度监督工作计划，县人大法制司法民族宗教委员会及时与县人民法院、县人民检察院进行对接，按照《措美县人大常委会关于对县人民法院司法公开公正情况、县人民检察院公益诉讼检察工作情况进行工作评议的方案》安排，12月10日县十二届人大常委会第十九次会议听取和审议《措美县人民法院关于司法公开公正情况的报告》《措美县人民检察院关于公益诉讼检察工作情况的报告》，并进行民主评议，形成评议意见。

【宣传工作】 县人大法制司法民族宗教委员会及时把市人大制作的藏（汉）双语版《山南市城市建设管理条例》印发给措美县相关职能部门，并明确宣传活动主题与目的、宣传活动时间和范围、宣传活动内容及分工、宣传方式、工作要求等，为《条例》的实施营造浓厚氛围。

【征求工作】 县人大法制司法民族宗教委员会组织相关成员单位，对《西藏自治区民族团结进步模范区创建条例》及《山南市实施的河长制湖长制条例》《山南市绿化条例》召开修改稿征求意见会。将征求到的意见建议及时反馈给市人大法工委。

【任前考试】 根据相关法律规定，完善人大常委会人事任免工作程序，是保障人大常委会更好行使人事权的一项重要举措，对16人进行任前法律知识考试。

措美县人民代表大会
教育科学文化卫生和社会建设委员会

【概况】 县人大教育科学文化卫生和社会建设委员会编制1人，实有1人。2019年在县人大及其常委会的领导下，深入贯彻落实中共十九大精神，以习近平新时代中国特色社会主义思想为指导，立足新时代、展现新作为，围绕教科文卫领域民生重点和年度工作目标，依法履职，积极作为，完成各项工作任务，为促进措美县教科文卫事业的持续健康发展做出积极贡献。

【立法工作】 陪同市人大教科文卫开展立法调研，广泛对《山南市文明行为促进条例（草案）》初稿征求意见建议。

【监督工作】 **加强教育监督工作，推进教育事业科学发展。** 为进一步推进教育改革、促进教育公平、提高教育质量，根据措美县人大常委会2019年度监督工作计划和县人大教科文卫委员会2019年度工作要点安排，对县政府及教育部门《关于深化教育改革推进教育事业科学发展调研报告的审议意见》整改落实情况进行全面细致的跟踪检查，形成跟踪检查报告并向主任会议和常委会进行报告。

加强卫生监督工作，推进卫生事业健康发展。 为了解掌握《推进健康山南建设情况报告的审议意见》的整改落实情况，促进措美县卫生健康事业科学发展，推进健康山南建设，根据措美县人大常委会2019年监督工作计划，县人大教科文卫委员会组织人大代表、县卫健委、县人社局等相关单位负责人成立跟踪检查组，采取多种形式对审议意见整改落实情况进行跟踪检查，形成跟踪检查报告并向主任会议和常委会报告。

【业务培训】 *落实业务培训计划*。4月9日至11日，举办全市首届人大教科文卫干部培训班，进行人大业务培训。集中学习《中华人民共和国宪法》《宗教事务条例》等法律法规，习近平总书记关于坚持和完善人民代表大会制度的重要思想、人大监督工作理论与实务、专题报告写作等人大工作者应具备业务知识，开展“培育和践行社会主义核心价值观”专题讲座，现场参加和学习交流等活动。

参与各项学习教育活动。根据常委会统一安排部署，县人大教育科学文化卫生和社会建设委员会深入贯彻落实十九大部署要求，坚持把政治建设摆在首位，加强政治纪律教育，坚持“两学一做”学习教育常态化制度化，积极参加措美县人大系统开展的“五查五增质效提升”及“法在我身边”活动，第二批“不忘初心、牢记使命”主题教育工作，按照“严、细、实”的要求，推动作风转变，提高工作质量和效率。

措美县人民政府

措美县人民政府

综 述

【概况】 2019年，县人民政府坚决落实中央、自治区、山南市和县委部署，不断统筹推进稳增长、促改革、调结构、惠民生、防风险、保稳定等各项工作，经济持续发展，社会持续稳定。

【经济发展】 措美县生产总值、全社会固定资产投资、社会消费品零售总额、财政收入、农牧民人均可支配收入、城镇人均可支配收入分别完成78358.4万元、69160万元、9718万元、3127万元、12644元，同比分别增长0.54%、8.2%~%64%、14.6%、0.9%、12.9%。金融机构存贷款余额分别达60344万元、53515万元。

【脱贫攻坚】 紧扣“两不愁、三保障”突出问题，认真落实“五个一批、六个精准”脱贫措施，综合贫困发生率降至0，基本消除绝对贫困。完成92户343人当许棚户区改造，升级改造21处、巩固提升48处季节性缺水隐患点。166户575人搬迁至贡嘎昌果、江久林，扎杂高海拔生态搬迁161户754人和4个县域内新增安置点34户124人达到入住条件。报销医保721人资金642.87万元、医疗救助109人次落实资金41.13万元。发放2316人生态岗位资金810.6万元，低保五保、临时救助、残疾人两项补贴等资金541.67万元、草补奖金1568.56万元、小额信贷81户367.5万元。960名机关干部结对帮扶728户2541名贫困群众，落实帮扶资金40万余元。科学健全防范返贫和稳定脱贫长效机制，为脱贫返贫保驾护航。

【项目建设】 2019年，录入国家重大建设项目库190个，总投资达232546万元。录入西藏投资项目在线审批监管平台项目275个，总投资240000万元。新（续）建项目90个，完成投资114350万元。引进藏源商贸、伯爵酒店2个招商引资项目，完成投资2595万元。措美镇、乃西乡1000余亩高标准农田建设项目有序推进。小型农田水利专项县、县公共体育场、古堆乡防洪堤、县城4个新增易地搬迁安置点等重大项目投入使用。G560、G219措美段公路升级改造工程全线贯通，新建公路237千米，总里程达680千米，乡镇公路通畅率达100%，通村公路通达率、通畅率分别达到100%、87.5%，与乃东等8个县（区）实现互联互通。鲁麦村成功纳入全国第五批传统村落保护名录。

【农牧业发展】 科学调整粮经饲比例70：14：16，播种农作物940.19公顷，粮食总产量3203.14吨。措美县牲畜存栏、新生仔畜分别达124553、49850头（只、匹），牲畜出栏率、动物疫病防治疫苗接种免疫率分别达44.31%、100%，改良黄牛1632头。肉、蛋、奶产量达1753.87吨。多塘综合养殖基地、具巴绵羊短期育肥、采石采砂产业、入股项目等9

个项目运行良好，解决贫困群众长期就业89人，人均增收24000元，带动1077名群众人均增收1200元。漫其食品有限公司建成投产试运营，带动群众增收80余万元。第11届哲古牧人节、第19届物资交流会、“一措再措”徒步大会成功举办。2019年接待游客8.12万人次、旅游总收入达到77.76万元，分别增长131.7%、36.9%。

【民生事业】 26项惠民补助足额兑现。教育“五个100%”目标基本实现，小学初中入学率和城镇学前受教育率均达100%，农牧区学前两年受教育率达98%。落实“三包”、营养改善、大学生资助等政策，兑现各类教育补助奖励资助经费929.6万元。国家公共文化服务体系示范区得到有效巩固，广播电视覆盖率分别达到96.8%、98.4%。农牧民群众免费健康体检完成率100%，孕产妇住院分娩率达100%，婴幼儿零死亡。128例包虫病患者得到充分救治。2019年累计培训农牧民407人，劳务输出6486人，创收4577.8万元，人均增收7057.99元。措美籍97名应届高校毕业生实现全部就业。城镇登记失业率控制在2.1%以内，“五大保险”参保率达100%，使有意愿的五保户集中供养率达100%，19名孤儿全部得到有效救助。扎实做好退役军人服务保障工作，发放补贴73万元。初步建立以城乡低保、灾害应急救助、大病医疗救助、助学救助和临时救助为主的社会救助体系。72套保障性住房建设全面完成。

【环境保护】 牢固树立和践行“绿水青山就是金山银山、冰天雪地也是金山银山”的生态理念。中央、自治区环保督察组反馈的87项问题，其中72项问题均已全部整改到位，15项按时序进度推进。实施措美县雅砻河源头生态功能区项目、恰杂村水源点保护工程、县垃圾临时堆放场综合治理，新增造林面积1500亩、禁牧草场170万亩、国土绿化造林6.92万亩、封山育林1.13万亩、防沙治沙3.51万亩，海拔4300米以下“无树村”“无树户”全部消除。建有9处空气质量监测点和12处水质监测点，整治砖厂、砂石厂13家，兑现征地补偿费915.74万元。29个河湖推行河湖长制。网上环评备案项目53个，耕地保有量在2.26万亩，基本农田保护面积1.5万亩。完成全国第二次污染源普查、扎实开展第三次全国土地调查工作，土地矿产卫片整改工作。县域空气质量保持良好以上。环保考核定为优秀等次。

【自身建设】 2019年，深入开展学习践行十九大精神系列活动，推进“两学一做”学习教育常态化制度化，扎实开展“不忘初心、牢记使命”“四讲四爱”群众教育实践活动，推动党员干部真学、真做、真看齐，2019年召开政府党组学习会22次。2019年召开政府常务会议12次，研究事项146项。加强对“三重一大”事项研究，扎实推进“七五”普法宣传工作，顺利通过自治区中期验收。认真贯彻落实中央八项规定及实施细则精神。立案审查6件6人，对14名党政“一把手”和2名党员干部进行问责，下达监察建议3份。2019年“三公”经费支出655万元，同比下降3%。市审计专项组对县政府审计反馈的13个具体问题全部整改到位。自觉接受人大、政协监督，并主动汇报工作，办理人大代表建议50件、政协提案45件，办复率和满意率均达98%以上。广泛听取工商联、社会各界人士意见，工会、共青团、妇联等人民团体更好地发挥作用。农村集体土地确权、县志综合年鉴编修工作稳步推进。

措美县人民政府办公室工作

【概况】 措美县人民政府办公室（外事办）是县政府综合管理全县经济建设和社会发展事业，主管县政府日常政务工作，协助县政府领导处理日常事务的工作部门，属正科级单位。目前，已配备领导职数一正、三副（1 名主任、2 名副主任），工作人员 7 名。

2019 年，在县委、政府领导下，围绕政府中心工作，牢固树立“四个意识”、坚定“四个自信”、坚决做到“两个维护”，坚决贯彻落实中央、自治区、山南市和县委部署，发挥参谋、综合协调、督导检查等职能作用，保障政府工作高效运转。

【办文办会工作】 2019 年，县政府办严格执行《国家行政机关公文处理办法》规定，规范收（发）文程序，严格文件审批，严格控制公文印发数量和范围，明确专人对行文进行认真审查，以办文“零差错”“零失误”高标准严要求，严把文稿内容关、格式关、流程关，规范公文及各类稿件运行程序和运转速度，提高办文效率。在办会方面，严格落实中央八项规定，控制会议数量和规模，始终坚持做到会前精心谋划、会中严谨有序、会后及时总结，不断提升会议活动的计划性和前瞻性。共办理来文来电 611 件，办理各乡镇、县直各单位请示、报告 40 余件，下发文件 170 余件，比上年同期减少 36%。截至年底，共召开县人民政府党组理论中心组学习会议 22 次、政府常务会议 12 次、专题会议 16 次，认真研究和部署经济社会发展工作，解决人民群众迫切的难点问题。

【综合协调】 坚持统筹兼顾，权衡大事小事、分清急事缓事，坚持抓大事不放、抓急事先办，确保领导交办的事情、群众关注的事情和必须要办的事情都高效推进。加强与县委办、人大办、政协办之间的协调服务，搞好部门之间的沟通协调，以化解矛盾、加强协作、凝聚人心、形成合力为目的，经常与部门交流情况，协调处理好各部门间的关系，推动全县形成团结一致求发展、齐心协力抓落实的良好氛围。增强上下级之间的协调服务。及时把政府各阶段的重大决策和重要部署传达到基层，把基层的工作情况、意见建议反映给政府和上级，并就有关事项根据领导的意见认真给予答复。同时为县直部门和乡镇做好协调服务，确保政府各项工作顺利开展。

【服务工作】 2019 年，县政府办注重提高工作人员整体素质，通过例会集中学、个人自学、派出培训学等方式，深入学习习近平新时代中国特色社会主义思想、党的十九大和十九届二中、三中四中全会精神、认真贯彻习近平总书记关于治边稳藏的重要论述和一系列重要批示指示精神；围绕 2019 年全县推进“五大工程”、实施“五大战略”、建设“五型政府”的任务，紧扣“参谋助手、高效服务、综合协调、督查督办”工作职能，培养干部“严谨细致、雷厉风行、精益求精、勤奋好学、吃苦耐劳、团结协作”精神，提升整体工作能力服务水平，树立良好办公室形象。

【督导检查】 2019 年，政府办严格落实县政府重要决策跟踪督办制度，采用现场督查、会议督查、跟踪督查、突击督查、专项督查、明察暗访等方式，切实加强《政府工作报告》目标任务、县政府重要会议议定事项、重大工作部署、政府重要文件、领导批示和群众关注的热点难点问题的跟踪检查与督查，确保政府各项工作件件有落实、事事有回音，起到较好的督查效果。工作任务交办单11个，督办事项50余项。2019年，办公室工作人员累计下基层120余次，协助解决问题32件，提出对策建议18条，撰写调研报告10余篇。

【自身建设】 政府办以“不忘初心、牢记使命”主题教育、“四讲四爱”群众教育等为载体，结合政府党组理论学习、党支部“三会一课”制度、党支部组织生活会等，重点加强马克思主义理论学习，特别是中国特色社会主义理论体系和习近平治国理政精神的学习，坚持理论联系实际，不断提高自身的政治敏锐性和政治鉴别力，牢固树立政治意识、大局意识、责任意识，坚决维护以习近平同志为核心的党中央权威，坚决贯彻执行党的路线方针政策。不断加强办公室工作人员的大局意识，提高工作能力和综合素质，提高服务意识，协调处理好各个部门的服务工作。全年共组织学习24次，开展组织生活会29次，撰写个人对照检查材料20份，通过广泛征求意见和建议，共征求到意见建议12条、归纳梳理为3条，已全部整改到位。完善财务、车辆、值班等管理制度。各项工作严格按照党的纪律规矩执行。

扶贫开发

【概况】 措美县扶贫开发办公室从事县扶贫、脱贫攻坚工作。编制人员6人，其中领导职数4名，实际工作人员13人（中共党员11名），其中抽调人员3名。

【精准识别】 按照“应纳尽纳，应退尽退”的要求，措美县2019年建档立卡贫困户共计951户3303人，剩余21户61人未脱贫。11月份，严格按照标准和程序退出后，脱贫21户61人，措美县贫困发生率降低至0。

【社会保障】 2019年，统筹整合资金6721.97万元，其中：中央资金投入5238.09万元，自治区资金投入1112万元，县级资金投入371.88万元，用于发展生产1834.54万元，基础设施建设3993.357万元，生态岗位832.1万元，农牧民技能培训61.98万元，统筹整合项目15个，均已全部完工并投入运营。

【产业扶贫】 立足措美资源禀赋、充分论证、优化调整“十三五”规划产业项目13个，总投资2.13亿元，截至2019年底，项目开工率达100%，已完工12个项目，项目完工率达92.3%，规划产业共到位政策性资金15868.91万元，拨付项目工程款15626.8741万元，10个产业项目投入运营，总创收达2000万余元，纯收入500余万元，项目吸纳89名建档立卡贫困群众稳定就业，年人均工资性增收达2.4万元，辐射带动1077名贫困群众，年人均增收1000元。

【生态扶贫】 为进一步精准实现建档立卡贫困人员通过劳动增收绿色脱贫，不断激发贫困人口脱贫致富内生动力。2019年措美县共设立林业生态保护、草原生态保护、水生态保护（含村级水管员）、农村公路养护、旅游厕所保洁、村级环境监督员、地

5 月 24 日，措美县委副书记、政府县长巴桑欧珠（前右六）带队县水利局、农业农村局、易地搬迁组办公室、扶贫办、哲古镇等单位负责人实地检查和了解当前扎杂村搬迁项目建设情况及存在问题

质灾害群防群测等生态补偿脱贫岗位，引导措美县 16 个行政村（社区），16 周岁 ~65 周岁有劳动能力的建档立卡贫困人员、农村低保人员、低收入农牧民就地转成生态保护人员。2019 年吸纳建档立卡贫困人口 2316 人参与生态环境保护和建设，共发放生态补偿岗位资金 810.6 万元，人均每年 3500 元。

【易地扶贫搬迁】2019 年，措美县共安置群众 149 户 530 人。县域内新建安置房 34 套，包括围墙、大门、电照、总体给排水、庭院硬化、园林绿化等附属工程。项目总投资 1149.12 万元（国家投资 744 万元，群众自筹 34 万元，县级投资 371.12 万元），项目建成后共安置群众 34 户 124 人，包括县城二期安置点 16 户 57 人，扎杂村二期安置点 9 户 34 人，玉美村安置点 7 户 25 人，定巴村插花式安置点 2 户 8 人，2019 年底已全部搬迁入住。2019 年措美县意愿搬迁至县域外的群众共计 115 户 406 人，其中贡嘎县昌果乡团结新村二期搬迁安置点 52 户 182 人，乃东县多颇章安置点 63 户 224 人。

（普布扎西）

强基础 惠民生

【概况】第八批干部驻村工作开展以来，措美县各级驻村干部严格按照自治区党委、市委的安排部署和县委的具体要求，以村为家、蹲守一线，扎根基层、勤奋工作，以密切党同人民群众的血肉联系为核心，以解决各族群众最关心、最直接的利益问题为重点，抓住新时机、明确新要求，解决新问题、建好新机制，紧紧围绕干部驻村“七项重点任务”稳步推进各项工作。

【建强基层组织】各驻村工作队找准工作定位，

始终把村（社区）“两委”挺在前面，积极协助推进“五型”党组织建设。队伍建设上，坚持发展方针和原则，严格按照发展流程，深化拓展“双培双带”和“三培养”工作，在保证质量的同时壮大数量，不断夯实党在基层的执政基础。制度建设上，帮助村级组织健全村规民约3条（自力更生、勤劳致富、“四讲四爱”和严格控制建档立卡贫困户的宗教活动费用支出），党务、村务公开制度34条，党风廉政建设等方面的规章制度28条，严格执行“三会一课”“四议两公开”和班子成员坐班等不断规范党内政治生活，全面加强党员的教育管理，扎实推进“两学一做”学习教育常态化制度化；在加强活动组织上，组织村“两委”班子成员上文化课120余学时，上党课200余学时，上政策理论课120多学时，举办3期党员培训班，培训党员143名。通过各驻村工作队的不懈努力，基层党组织的堡垒作用发挥更加明显。

【平安创建】 各级驻村工作队认真贯彻落实自治区、市、县三级关于维稳工作的会议精神及工作要求，做好责任分解，执行高效的安排部署，确保措美县全面稳定、持续稳定和长期稳定。

6月7日，县人大常委会副主任、强基办分管领导张小武（左一）到鲁麦村检查指导脱贫攻坚工作开展情况

开展“扫黑除恶、打非治乱”专项活动。各驻村工作队主动联系驻点实际，结合“四讲四爱”群众教育实践活动，积极配合村“两委”开展“扫黑除恶、打非治乱”专项活动，认真摸排，面对面宣传“扫黑除恶、打非治乱”政策，动员各经营户积极参与专项斗争，引导广大农牧民群众自觉抵制、举报涉黑涉恶行为，营造高压打击态势，把宣传活动推向高潮。充分发挥双联户长、小组组长和党员群众，坚持露头就打的惩治决心，专项打击村霸和其他“非乱”行为，为基层经济社会发展营造风清气正氛围。

坚持学习和实践不放松。各级驻村工作队始终把学习教育摆在重要位置，及时深入传达各级维稳会议精神，克服麻痹思想和松懈情绪，维护国家主权统一和领土完整，逐步从“要我稳定”向“我要稳定”转变。据统计，措美县各级驻村工作队开展维稳学习宣传70场次，受教育群众1.2万人次。广泛学习“枫桥经验”，领会实质，合理借鉴经验解决实际问题。市政府办驻波嘎村工作队大力践行“枫桥经验”，在春节藏历新年前协调县人社局、交通运输局，妥善解决波嘎村通村公路项目拖欠的农民工工资13万余元问题。区人保财险驻鲁麦村工作队深刻领会“枫桥经验”实质，加强与国道219建设联系，强化外来务工人员管理，理性处理好生产生活与施工建设的关系，累计协调处理好75起建设纠纷。及时维护农牧民群众的合法权益，也为道路建设施工提供方便。

各驻村工作队帮助驻点建立健全工作机制36条，组织“四护队”和“三支力量”，对重点场所、危险路段、危化品、矛盾纠纷（主要是草场纠纷、婚姻纠纷、劳资纠纷三类）等工作进行排查管控，开展二十四小时值班和巡逻、排查工作，落实“零报告”制度。深入开展安全隐患梳理排查。措美县驻扎杂村工作队充分发挥人民警察职能作用，不定期深入组户开展摸排工作，在措美镇小学放学放假和交通高峰期，有序疏导道路交通，确保驻点平安和谐。

县强基办在“三大”节日期间，积极组织工作组深入各村（社区），对重点领域开展安全检查，对学校、超市、建筑工地、道路桥梁等进行重点检查，做到检查不留空白、不留死角，严防各类安全生产及食品安全事故发生，督促检查维稳措施落实情况，2019 年，措美县在对驻村工作队维稳方面的督导检查 60 余次，针对措施不到位和措施不具体的现象督促限期整改落实，确保维稳督导检查不留死角，真正做到维稳从督导检查上抓落实。

【感恩教育】 措美县广大驻村干部深刻领会驻村任务，以“四讲四爱”群众教育实践活动为载体，结合身边的新发展、新变化、新生活，走村入户面对面的向群众深入宣讲中共十九大精神和习近平新时代中国特色社会主义思想，深入宣讲习近平总书记和党中央为西藏制定的一系列特殊优惠政策和对西藏各族群众的关心关怀，教育引导广大农牧民群众爱党爱国爱核心，更加坚定感党恩听党话跟党走的信心决心，不断弘扬社会主义核心价值观。市委宣传部驻哲古社区工作队充分发挥自身资源优势，在春节藏历新年期间，积极争取派驻单位支持，邀请市民间艺术团赴驻点开展丰富多彩的文体活动，通过一个个富有寓意的节目不仅传达党的恩情，也拉近干群关系，密切党群联系，不断丰富群众业余生活，参与群众 300 余人次。市农业农村局驻卓德村工作队结合开展“不忘初心、牢记使命”“四讲四爱”群众教育活动为契机，诚邀坚持缝制悬挂国旗 40 多年如一日的顿久现身说法。组织农牧民群众观看新旧西藏对比图片展，通过一幅幅新旧西藏对比图，讲述着一件件新旧故事，用鲜活的事例和强烈的视觉冲击，教育全村党员群众珍惜西藏民主改革开放的成果，引导全体党员群众牢记历史、珍惜当下，做旧西藏的揭露者，做新西藏的歌颂者。措美镇各驻村工作队依托“3·28”百万农奴解放纪念日，创新开展庆祝西藏民主改革 60 周年暨“提升内生动力、我脱贫我光荣”主题文体活动，不断激发广大农牧民群众爱党爱国爱核心的热情和摒弃“等靠要”“穷光荣”思想，激发他们干事创业的激情，大力践行社会主义核心价值观，通过饱富深意的文艺节目，有效渗透广大农牧民群众的思想，提升农牧民群众的整体素质，参与人数 2500 余人次。2019 年，措美县各驻村工作队开展“藏汉”双语宣讲习近平新时代中国特色社会主义思想和中共十九大精神 150 场次，受教育群众覆盖面 100%，举办专题讲座 60 余次，发放宣传材料 8000 余份，开辟专题宣传栏 44 期，召开感党恩教育大会 60 余场次，政策宣讲 100 余场次，群众受教育覆盖面 100%，举办专题讲座 40 场次，发放宣传材料 14000 余份，组织群众开展新旧西藏对比活动 50 余场次。

【脱贫致富】 巩固脱贫成效，拓宽致富门路，重点是要解决贫困户可持续增收问题。各级驻村工作队结合驻点实际，认真对劳动力保有量和技能培训需求进行摸底造册，形成人才培训档案库，积极与县人社等相关部门衔接，大力开展就业技能培训工作。措美县驻宗宗村工作队积极与县商务局沟通协调，针对 30 名贫困群众开展为期一个月的电商培训，让群众初步掌握线上的操作与运用，激发群众致富的内生动力，2019年，已有3名群众开设微店。就近就便安排劳动力就业，各级驻村工作队结合国道560、国道219建设需求，积极与施工单位对接，推送符合要求的劳动力就业。措美镇充分利用县机械租赁公司产业项目，通过入股分红、劳务补助、以奖代补等形式带动84人增收。其中，入股分红21人，每人每年分红1000元；劳务补助人员44人，每人每年1500元岗位工资；以奖代补19人，以奖代补奖励资金每人每年1500元。不断壮大务工联队队伍，加大转移就业力度，有组织有规模安排剩余劳动力外出就业。市政府派驻工作队充分利用自身资源优势，积极与山南雅投等用人企业联系，达成长期用人协议，转移30余人稳定就业。

【办实事解难事】 各驻村工作队充分发挥派驻单位坚强后盾作用和自身资源优势，用心用情为民办实事好事，解群众之急、排群众之忧。措美县驻扎杂村工作队得知村自来水因天气寒冷导致地下管道结冰爆管造成群众饮水困难的情况后，立即与村“两委”商议决定将该情况向县委、县政府反映，得到县委、县政府主要领导的重视，也得到县水利局出资10万余元购买饮水管道的大力支持。随后工作队与村“两委”积极动员广大群众捐物投工，连续工作一个月，解决恰杂村群众饮水难问题。市农业农村局驻卡珠村工作队组织动员号召8名在读返乡大学生，利用假期时间开展“假期义务补习班，回馈家乡养育恩”活动，在村“两委”和党支部第一书记的大力支持下，此次假期补习班共开班3个，受教育学生57名，既充分发挥返乡大学生“传、帮、带”作用，体现大学生现实价值，也为村“两委”和广大群众排忧解难，受到全村上下的一致好评。市农业农村局驻恰杂村工作队从县农牧局争取40吨饲料，免费发放给群众，确保5248头（只、匹）牲畜的饲料供给充足。县驻宗宗村工作队积极与县级各相关单位沟通协调，为精神残疾人员解决入学难问题、为身患乳腺癌的贫困户提供力所能及的帮助。人保财险西藏分公司驻乃西村工作队队员兼驾驶员扎西尼玛在入户走访期间，了解到驻点的农牧民群众家中自产的农副产品富余较多，但苦于山高路远、物资分散、没有销售渠道等原因导致产品贱卖甚至过期腐烂的问题，扎西尼玛积极与工作队和村“两委”商议，决定利用自身资源优势，为驻点农牧民群众代言，帮助大家销售家中富余农副产品。扎西尼玛利用每次外出的机会，把从农牧民群众回收的酥油、奶渣等农副产品带回拉萨，积极跟身边的亲朋好友推销，把销售的货款全额交给出售群众。2019年，扎西尼玛为群众销售酥油、奶渣等农副产品1000千克，销售额8万余元。

【精准扶贫】 各级各部门按照脱贫不脱责任、脱贫不脱帮扶的总体要求，大力开展干部结对帮扶工作。

入户帮扶解决实际问题。各级帮扶责任人按照每季度不少于1次入户的帮扶要求，积极主动入户帮助“亲戚”答疑解惑、解决实际问题和困难。各级帮扶责任人入户从政策讲解和答疑、处理生活琐事、跑办各类报销、解决就业就学就医等方面开展工作，用实际行动、真心真情融入“亲戚”，大幅消除群众对干部的“戒心”。

大力开展帮扶工作。市人民检察院驻村工作队邀请山南市藏医院副院长、湖南省第八批医疗援藏队带队的医疗援藏队到驻点开展“关注基层健康水平宣传疾病保健急救知识”主题义诊帮扶活动。活动当天为200余人测量血压，为176人监测血糖血脂，为 86 人进行健康指导，发放健康宣传资料和开具健康处方 328 份，免费发放药品价值 4 万余元。人保财险西藏分公司作为驻村工作队的坚强后盾，党组班子领导经常深入驻村点，看望慰问驻村干部，了解驻点实际困难，力所能及帮助解决。9 月 17 日，区人保公司党委书记兼总经理杜洪河到乃西乡看望驻村队员与县委主要领导座谈，就持续推进人身意外伤害保险全乡覆盖达成共识。截至 2019 年 11 月，乃西乡全乡 2153 名农牧民群众全员参保，保险产品分别是主险“农牧民小额意外伤害险”、附加险“附加意外伤害医疗保险”，保额分别是建档立卡户 7 万元的主险、1.5 万元的附加险，非建档立卡户 5 万元的主险和 1 万元的附加险，出单保费 77667 元。

【惠民政策】 各驻村工作队积极配合协调村“两委”，大力开展精准脱贫政策宣传教育，努力营造学习氛围，始终坚持扶贫同“扶志”“扶智”有机结合，教育引导农牧民群众从“要我脱贫”向“我要脱贫”转变。措美县各驻村工作队利用集中和入户等方式开展宣讲 400 余场次，受教育群众 14000 余人次，发放扶贫宣传手册 8000 余份、开辟宣传栏 60 余期。

7 月 1 日，当许社区驻村工作队组织农牧民党员，举办“七一”建党节系列活动

*举办扶贫专项知识竞赛 16 场。*各驻村工作队协助村“两委”以党中央和国务院出台的扶贫领域各项政策，特别是关乎群众切身利益的生态岗位资金、定向补助、教育“三包”政策、大学生资助、合作医疗等政策为内容开展脱贫攻坚政策知识竞赛，对表现优秀的农牧民群众给予奖励，不断提高群众政策知晓率。

*充分发挥致富带头作用。*驻村工作队积极与致富带头人沟通，邀请致富带头人开展经验交流大会，讲述致富经历和现实经验，并鼓励致富带头人在党和国家给予的各项惠民政策的大力帮扶和支持下，充分发挥带头作用，不断发展壮大，更好带动乡邻们就业创业致富。

*挖掘典型。*措美县驻当许社区工作队挖掘 4 名主动脱贫的建档立卡户讲述自身在脱贫路上的事迹和经验，用身边的生动例子引导广大农牧民群众摒弃传统观念，转变“等、靠、要”思想，不断激发内生创业就业动力，积极作为，自力更生，劳动致富。

【优化环境】 各驻村工作队按照人居环境 3 年整治行动要求，结合“村庄清洁行动”和“六清六改”活动，广泛开展人居环境整治工作，着力整治农牧区脏乱差问题，加快美丽村庄建设。市政府办驻波嘎村工作队制定农村人居环境综合整治方案，创新实施片区责任制、流动红旗制、门前三包制等工作机制，逐户检查庭院卫生，大力发动生态岗位人员广泛参与，并经过多方协调，解决 1 辆垃圾清运车和 20 只大型塑料垃圾桶，价值 15 万余元。市农牧局驻乃西乡恰杂工作队以召开人居环境综合整治现场会为契机，完善村规民约，实行村容村貌责任制和奖惩制。从山南市生态环境局措美县分局争取 122.8 万元环保基础设施设备建设项目，其中 8 处水源保护点、8个简易垃圾填埋场、15辆三轮电动车、60把铁锹、24把十字镐、86个垃圾桶。

县强基办从县水利局争取饮水工程项目，该项目总投资为70万元，新建10间阳光房饮水点。

各驻村工作队始终坚持“绿水青山就是金山银山、冰天雪地也是金山银山”理念，全力动员，积极行动，着力在消除无树村、无树路上下功夫。市政府办驻波嘎村工作队协调县林业草原局解决4000株树苗，由广大农牧民群众、“两委”成员和驻村干部义务栽种，协调落实113亩退耕还林项目。市农业农村局驻恰杂村工作队从县林业局争取3500株树苗，由广大农牧民群众、“两委”成员和驻村干部义务栽种，此外以分散户形式在该村试种“喜拉22”100亩。县林业草原局分别为波嘎村恰杂村解决2万元、3万元苗木管护经费。市农业农村局驻具巴村工作队组织群众全民参与植树造林和人工种草，已全面完成全村313.7亩植树造林任务及334.3亩人工种草任务。此外，其余各村都在县委、县政府统一安排部署和县林业草原局的大力支持下开展植树种草活动，为措美“多一片绿”作出积极贡献。

（蒋　星）

机关后勤服务中心

【概况】 措美县机关后勤服务中心成立于2009年12月，隶属于政府下属单位。后勤服务中心有23辆车，在编人员48人：事业干部14人、正式工15人、公益性15人、临时工4人、宾馆服务员15人、机关食堂厨师1人、保安1人、治安员1人。

【接待服务】 机关后勤服务中心本着“热情周到、勤俭节约、规范高效、严格标准”的原则，实行接待报告制度，凡因工作关系发生的接待，一般由负责该项工作的部门负责；凡有重要接待活动，主动与相关部门协商并提出接待方案报有关领导审批。截至2019年，后勤服务中心共完成各类接待200余次，涉及6000余人次，其中接待自治区及地厅级领导干部30余次、兄弟县（区）来往接待20余次、大中型会议接待40余次。同时，县机关后勤服务中心不断改善接待条件，提高接待餐饮及住宿的卫生水平，保质保量完成各项接待工作，在接待过程中以市委、县委接待文件要求进行接待。2019年，共产生接待费10余万元。

【就餐服务】 县机关后勤服务中心，继续经营机关干部职工食堂，通过加强内部管理，从各个环节减少和杜绝浪费，干部职工食堂饭菜提质不提价，饭菜多样丰富，得到干部职工的赞誉。

【公车使用】 机关后勤服务中心正常运行的有23辆车（含专车），共安全行驶95万千米；产生的油料费共168.9万元。为措美县各级领导干部和各

9月9日，后勤服务中心副主任洛桑达瓦（左一）对驾驶员开展安全文明驾驶教育

部门的工作顺利开展，提供坚强的保障。始终坚持“安全第一”主题，狠抓驾驶员的职业道德和安全教育，杜绝酒后开车，2019年公务活动派车4000余台次，交通安全实现零事故。对车辆进行统一管理，按照“统筹兼顾、突出重点、合理安排”的原则调配，实行专人负责、选派一名善于协调、敢于负责的干部负责车辆派遣调度、登记建档、维修保养、证件办理等事宜，县直单位将用车单提前一天送到后勤办公室后由车辆调度人员统一安排，路程相同的合并用车，提高车辆使用率。

【素质教育】 后勤服务中心认真组织干部职工及驾驶员，学习中共十九大、习近平总书记系列重要讲话精神，开展“不忘初心、牢记使命”主题教育，以及县委、县政府各项会议精神，每月开展驾驶员安全文明理论学习、观看道路交通安全警示教育片等活动。

（拉巴次仁）

藏语文编译

【概况】 2019年，措美县藏语文工作委员会办公室（编译局）开展日常藏语言普及学习，规范措美县各机关企事业单位藏语文使用，承担县委、县政府交办的重要文件翻译工作及措美县大型会议材料翻译工作，承担措美县藏语文社会用语检查整改工作。县藏语委办（编译局）核定事业编制3名，领导职数2名。实有4人。

【藏语言工作】 2019年，县编译局学习贯彻全国民族语文工作现场会议、全区藏语言文字工作电视电话会议和全区藏语委办（编译局）主任（局长）座谈会精神，向县人民政府呈报《关于进一步加强藏语文工作的意见》，组织人员到4个乡镇检查指导会议精神落实情况。2019年县编译局利用业余时间认真组织局内干部职工开展学习藏汉版《拉萨日报》和《山南日报》及上级部门下发的新词术语。

【藏语言调研】 8月，根据市编译局的要求对4个乡镇、16个行政村及寺庙进行地名普查。组织工作人员先后对县城、各乡镇商铺牌匾、广告标语、街道名称、横幅等藏语文社会用字进行9次调研与检查。

【藏语文普及】 2019年，县编译局参与推动县教育部门学前“双语”教学，重点普及中小学藏语言文字学习，完善措美县“双语”教育教学体系，巩固“双语”教育成果。协助县委、开展机关干部藏语学习教育指导3场次，干部参与藏语学习50余人次。2019年，县编译局协助县教育（体育）局开展学习、使用、发展“双语”工作，在日常工作中，定期不定期前往各学校，协助县教育（体育）局检查“双语”社会用字情况。

【规范藏语言及文字使用】 2019年，县编译局重点规范县城主街商铺牌匾、门牌、道路交通牌、宣传栏等县境内藏语文社会用字，形成常态化检查，并无偿提供规范社会用字服务。2019年检查各类牌匾（含LED电子屏幕）360个，发现问题130个，整改问题120个，整改完成率达到93%。2019年，县藏语文工作委员会办公室（编译局）先后对县城及各乡镇的藏语文社会用字进行15次检查整改，对检查过程中存在错误使用社会用字和藏汉双语不齐全等现象，及时下发整改通知书，督促整改。

【翻译工作及队伍建设】 2019年，县编译局本着保质保量和忠实原文的原则，围绕经济工作会议、“两会”以及各类大中型会议，为30多家县直部门和各单位及个人提供无偿的翻译服务。2019年翻译县四大班子文件、县重要会议材料和各单位工作报告等材料161张，翻译其他各类材料、横幅、社会用字共翻译777张，字数达371448字。充分利用每年4月藏语言文字工作宣传月契机，发挥翻译职能，大力宣传藏语言文字工作的重要意义，提高干部职工和群众对弘扬本民族文化的认识。同年11月、12月，连续派2名翻译骨干赴杭州、上海参加全区翻译干部培训班。

（仓决卓玛）

中国人民政治协商会议
措美县委员会

中国人民政治协商会议措美县委员会

综 述

【概况】 政协措美县委员会于 2012 年 7 月 16 日成立，起始核定县政协委员名额 53 名。该届产生委员 51 名（暂空缺 2 名待增补），其中党外委员 31 名，占委员总数的 61%；妇女委员 13 名，占委员总数的 25%；共设 6 个界别，分别为中共界委员 9 名、工青妇社会保障界委员 8 名、民族宗教界委员 8 名、农牧业界委员 9 名、文化教育体育卫生新闻界委员 10 名、经济科技工商界委员 6 名。驻措美县的区、市政协委员分别为 2 名、8 名。县政协常委按照人数不低于委员总数 20% 的要求，产生县政协常委 11 名。2019 年，在市委、市政府和县委、县政府的高度重视下，配齐配全政协主席 1 名、副主席 4 名（其中 1 名为兼职）；内设办公室，配备办公室主任 1 名、副主任 1 名、工作人员 1 名；2019 年 12 月 24 日组建综合委员会，配备 1 名主任，配备 4 个乡镇兼职政协联络员，为抓好全县政协工作打下很好的基础。

【全体委员会议】 政协第二届措美县委员会第四次会议于 2 月 26 日—28 日召开。会议应到委员 50 人，实到委员 41 人。会议听取政协常委会 2019 年度工作报告和提案工作情况报告；审议通过《政治决议》《常委会工作报告决议》《提案工作情况报告决议》。全体委员列席县人代会，听取并讨论《政府工作报告》等相关报告。

【常务委员会议】 政协第二届措美县委员会常务委员会第 14 次会议于 2 月 25 日召开。会议审议通过召开措美县政协二届四次会议决定（草案）、大会议程（草案）、大会日程（草案）、大会委员分组名单和召集人名单（草案）、大会提案审查委员会组成人员名单（草案）、大会两项报告及报告人名单（草案）。

政协第二届措美县委员会第 15 次常委会议于 2 月 26 日召开。会议听取第一次分组讨论情况汇报。据统计，委员分组讨论共提出意见建议 32 条。

政协第二届措美县委员会第 16 次常委会议于 2 月 27 日召开。会议审议通过政协措美县委员会二届四次会议政治决议（草案）、常委会工作报告决议（草案）、提案工作情况报告决议（草案）。

政协第二届措美县委员会第 17 次常委会议于 2 月 27 日召开。会议听取第二次分组讨论情况汇报，归纳梳理出委员们提出的意见建议 14 条，审议通过提案审查情况报告（草案）。

政协第二届措美县委员会第 18 次常委会议于 3 月 21 日召开。会议研究制定《政协措美县委员会委员年度考核办法（试行）》，安排部署政协专题协商、专题调研视察及委员考察学习方面相关工作。

5月10日，山南市政协主席巴珠（左二）到措美县，对县政协工作开展情况进行调研。县政协主席索朗欧珠（右二）、副主席扎西尼玛（右一）全程陪同

政协第二届措美县委员会第19次常委会议于4月28日召开。会议研究制定《政协措美县委员会2019年度协商计划》，同时研究办公室购买办公设备经费请示等具体事项。

【重要活动】 1月25日，措美县政协党组召开民主生活会，县政协党组书记、主席索朗欧珠主持。县政协党组各成员参加会议。县纪委监委、县委组织部领导到会指导，“两代表一委员”应邀列席会议。会上索朗欧珠代表县政协党组班子带头作个人对照检查，其他班子成员逐一进行个人对照检查。党组各成员以对党和人民高度负责、对党组勇于担责、对同志坦诚相待、对自己严格要求的精神，开展批评和自我批评，并提出整改落实方向和措施。

3月21日，召开政协二届四次会议提案交办会，就40件提案向各承办单位进行分解交办，县政府常务副县长谭修生主持，县政协副主席郝高君出席，19家承办单位主要领导参加会议。会上县政协向会议通报2018年提案办理情况及委员满意度情况，强调提案办理工作要求，并对提案答复复文格式进行说明。

12月4日，县政协党组召开“不忘初心、牢记使命”主题教育专题民主生活会，县政协党组副书记、副主席郝高君主持。县政协党组各成员参加会议。县纪委监委、县委组织部领导到会指导，“两代表一委员”应邀列席会议。会上郝高君代表县政协党组班子带头作个人对照检查，其他班子成员逐一进行个人对照检查并相互开展批评与自我批评，达到“红红脸、出出汗”的效果。

*开展巡河（湖）督察工作。*根据《山南市总河长办公室关于加强河（湖）长巡河（湖）履职》精神，县政协主席索朗欧珠先后10次深入河（湖）实地进行巡查，全面落实河（湖）长制。

*深入开展扫黑除恶工作。*坚决贯彻执行党中央的决策部署，政协机关干部职工积极参与扫黑除恶斗争，集体参加扫黑除恶专题考试3次，先后宣传5次，发放宣传单700余份；向委员发放扫黑除恶专项斗争倡议书60份。

*开展党员委员联系党外委员活动。*深入学习贯彻习近平总书记关于加强和改进人民政协工作的重要思想，充分发挥党员委员的模范作用和思想政治引领作用，按照中共西藏自治区政协党组《关于党员委员联系党外委员的意见》及中共山南市政协党组《关于党员委员联系党外委员的意见》精神，结合措美县政协实际，2019年7月开始，县政协党组带头开展党员委员联系党外委员活动，进一步凝聚人心、夯实基础、提供保障。

2019年，县政协班子成员先后5次深入联系村（社区）、承担维稳督导任务，在重要时段和节点，承担维稳一线指挥部值班带班工作。进一步引导广大农牧民群众及寺庙僧尼增强“四个意识”，坚定“四个自信”，做到“两个维护”，践行“四讲四爱”，为党和国家各项事业发展作出新的贡献。抓好县政协机关维稳工作，强化综治、维稳联系点工作，先后深入联系点卡珠村督导综治维稳工作2次。

【理论学习】 强化政治理论学习。以党组理论学习为平台，通过集中学习和自学等方式深入学习中共十九大及十九届二中、三中、四中全会精神，学习习近平新时代中国特色社会主义思想和中共中央关于新时代加强和改进人民政协工作的意见；学习全国、自治区、山南市“两会”等系列重要会议和文件精神，引导广大政协委员和政协机关干部增强“四个意识”，坚定“四个自信”，做到“两个维护”，增进“五个认同”，夯实团结奋斗的共同思想政治基础。2019年，召开党组专题理论学习会议13次、党支部学习会27次，观看警示教育视频5次，召开党建及党风廉政建设工作安排部署会议2次、党员委员学习座谈会5次。

按照县委统一部署，扎实开展“不忘初心、牢记使命”主题教育，组织学习习近平新时代中国特色社会主义思想，学习主题教育重点书籍和重要文件精神，坚持把学习教育、调查研究、检视问题、整改落实贯穿始终，开展学习活动16次，组织专题研讨8次；5名县级领导干部经常深入基层一线开展调查研究，形成调研报告8篇；坚持问题导向，深刻查找自身不足，共检视出班子存在问题11个，针对问题列出清单，明确整改方向，制定整改措施，建立整改台账，限时整改，做到长期坚持。

【协商目标任务】 继续发挥全委会、常委会等协商平台作用，在“两会”期间，委员们围绕民生改善、基础设施建设、生态保护等方面向县委、县政府及相关部门提出意见建议44条，为县委、县政府决策提供参考依据。召开专题协商会议。7月26日，召开防范和治理返贫问题专题协商会议。县政协主席索朗欧珠，副主席郝高君、政府分管扶贫副县长以及部分县政协常委、委员以及4个乡镇、县扶贫办、教育局、住建局、产业办等单位负责人参加会议，就防范和治理返贫工作进行深入交流。

【专题考察】 4月17日，山南市贡嘎县人民政府副县长次仁罗布和索朗赤来带队的25名乡镇、村（社区）主要领导到乃西乡恰杂村，考察学习农村人居环境整治工作，县政协副主席尼玛江村陪同。6月3日—6日，县政协主席索朗欧珠带队，组织部分区、市、县三级政协委员，到隆子县玉麦乡、扎日乡、斗玉乡等地，考察学习小康建设及产业发展工作取得的典型经验和好的做法。学习卓嘎、央宗姐妹扎根雪域边陲为国守边的感人事迹。7月2日—5日，县政协主席索朗欧珠带队，组织部分市县级农牧民政协委员，到错那县麻麻乡、吉巴乡、贡日乡、勒乡等地，考察学习易地搬迁、产业发展、乡村振兴等方面典型经验和好的做法，重点对麻麻乡生态文明小康示范村和勒乡门巴族茶叶农牧民专业合作社的经营进行深入考察学习。8月7日—10日，县政协副主席扎西尼玛带队，组织部分市县级宗教界政协委员，到洛扎县边巴乡、拉康镇、色乡、扎日乡、次麦村等地考察学习寺庙创新管理、产业项目、生态旅游发展、特色产业发展、村集体经济壮大等方面成功经验。就机关党建、委员管理、社情民意、提案办理、视察调研等工作进行深入探讨。10月16日，普兰县政协党组副书记、副主席旺琼带队的一行15人到措美考察“六安·措美现代化农业科技示范园”，县政协党组副书记、副主席郝高君陪同。

【脱贫攻坚】2019 年，按照县委“三包三责”“四同”活动要求，县政协领导班子以上率下、靠前协调，先后到当许社区、玉美村、雪热村、卡珠村等联系村（社区）23 次，解决实际困难和问题 4 个。县政协机关干部先后 17 次深入结对帮扶户家中，宣传党的惠民政策，教育群众靠双手致富奔小康，寻找增收渠道并为贫困户送去砖茶、大米等生活用品折合人民币 3000 元，发放慰问金 5100 元。

12 月 23—28 日，县政协副主席郝高君带队，县政协办、县人社局干部到联系村卡珠村开展下沉活动，通过召开大会、入户调查共排查梳理问题 73 个，当场解决问题 7 个，其他问题列入清单逐一解决。

【舆论宣传】2019 年，向区、市两级政协报送信息 163 期，山南市政协微信公众号和网信措美分别采用 56 条、72 条，及时反映县政协工作动态，展示县政协工作的新进展，新成效。

【民主监督】组织区市县三级政协委员 50 人次参加县直各单位组织生活会、听证会、咨询会、评议会、督查督导会、审判会和各类考试巡考、法院庭审观摩等，重点对惠民政策落实、精准扶贫、教育卫生、生态环保等方面监督，对 G219、G560 措美段提升改造工程等进行视察，助推关乎群众利益问题解决。

【发挥委员作用】2019 年，为进一步巩固脱贫攻坚成效，政协委员在各自岗位上带头履职尽责，尤其是经济科技工商界委员、月光建筑有限责任公司董事长晋美，在春节、藏历新年之际，主动慰问县集中供养中心老人，发放慰问金、慰问品共计 78076 元。其他各界别委员也结合自身实际，发挥自身优势，先后 51 次宣传区、市“两会”精神，宣传党的惠民政策、“四讲四爱”、扫黑除恶打非治乱、精准扶贫等相关知识，5 名委员积极参加演讲比赛。积极参加“3・28”暨民主改革 60 周年庆祝等重要活动，彰显委员的履职风采。

【队伍建设】为提高委员服务质量，加强委员管理，充分发挥委员主体作用，增强委员履职实效，提高政协工作制度化、规范化、程序化水平，根据《中国人民政治协商会议章程》和全国、自治区、市政协有关规定，起草《政协措美县委员会委员年度考核办法（试行）》《政协措美县委员会 2019 年协商计划》；形成《中共措美县政协党组关于党员委员联系党外委员的实施意见》；拟定《中共措美县政协党组成员联系界别的制度》，经政协第 18 次、19 次常委会研究通过，请示县委同意组织实施。开展县政协党员委员联系党外委员活动 6 次；开展县政协党组成员联系界别与委员面对面交心谈心活动 3 次。2019 年度安排政协干部、政协委员参

6 月 3—6 日，措美县政协党组书记、主席索朗欧珠带队的县政协委员考察学习组，到隆子县对小康示范村建设、特色产业发展等工作进行考察学习

加全国、区内外党校学习培训7人次。举办委员培训，对区、市、县政协委员进行全面培训，以提高委员履职能力和水平。

【作风建设】 召开专题会议，安排部署党风廉政建设工作，层层签订党风廉政建设责任书，强化责任落实，从严教育管理政协干部。深入开展政治纪律教育，通过上党课、学习研讨、公开承诺、召开支部专题组织生活会等形式，教育引导党员干部始终严守党的政治纪律和政治规矩。通过开展“不忘初心、牢记使命”主题教育，对发现的问题立行立改，切实保证政协机关风清气正。

【提案工作】 措美县政协加强承办单位和政协委员之间的沟通联络工作，在办理过程中，承办单位主动与提案人联系，听取提案人对提案办理的意见，促进提案办理落实。

（益西卓玛）

表 1

级别 项目	措美县	合计
组织数	1名	1名
委员数	50名	50名

中国人民政治协商会议措美县委员会办公室及综合委员会

【概况】 中国人民政治协商会议措美县委员会办公室于2012年7月16日建设。办公室主要职责：负责政协机关日常工作事务；负责牵头筹备县政协全体会议、常务委员会议、主席会议等重要会议相关工作；负责起草、办理机关的日常文件，负责保密、保卫和档案资料的管理工作。县政协办公室人员编制5名，办公室主任1名、副主任1名。中国人民政治协商会议措美县委员会综合委员会于2019年12月24日建设成立，即综合委员会，正科级，主要负责政协委员提案的征集、初审等工作。

【调研考察】 根据2019年度协商计划，县政协办公室积极协助常委班子，负责起草《年度协商计划》，起草《政协措美县委员会关于组织政协委员到隆子县考察学习的请示》《政协措美县委员会关于组织政协委员到错那县考察学习的请示》《政协措美县委员会关于组织政协委员赴洛扎县考察学习的请示》，撰写《政协措美县委员会关于组织委员赴错那县考察学习情况的报告》《政协措美县委员会关于组织委员赴隆子县考察学习情况的报告》并上报措美县委、县政府、市政协。

【提案办理】 二届四次会议以来，共收到40件委员提案，政协办公室负责翻译，并协助常委班子督促提案答复落实工作。向自治区、市两级政协分别提交提案1件和4件，其中“关于继续开展优化发展环境工作的提案”被列入山南市政协重点提案，“关于措美县乃西乡河道治理项目的提案”已被市水利局列入规划，正在办理前置手续。6月5日，召开政协措美县委员会二届四次提案办理工作汇报会，听取19家承办单位对目前提案办理进度和存在的问题汇报，要求进一步增强责任感和紧迫感，认真办复每一件提案。

【履行职能】 为提高委员服务质量，加强委员管理，充分发挥委员主体作用，增强委员履职实效，提高政协工作制度化、规范化、程序化水平，根据《中国人民政治协商会议章程》和全国、自治区、市政协有关规定，办公室负责起草翻译校对《政协措美县委员会年度考核办法（试行）》《政协措美县委员会2019年度协商计划》，形成《中共措美县政协党组关于党员委员联系党外委员的实施意见》，拟定《中共措美县政协党组成员联系界别的制度》。

【反映社情民意】 二届四次会议期间，组织该届政协委员进行2次分组讨论，并记录讨论内容，委员们围绕措美县经济社会发展、民生改善、维护社会稳定等方面提出44条意见建议，经办公室整理后呈报政协常委审议后上报县委、县政府。

5月27日，县政协办党支部召开第11次集中学习会

【自身建设】 加强党组织建设，认真贯彻落实“三会一课”制度。为进一步激发党员先锋模范作用的发挥，坚强基层党组织战斗堡垒，加强党员教育培训，召开党员大会4次、支部委员会12次、讲党课4次、开展“主题党日”活动12次、组织党员干部（党员委员）专题学习《习近平谈治国理政》12次、扶贫专题学习8次、举办培训1次、组织专题考试2次，参加县委安排的扶贫知识考试3次，进一步提高机关干部及委员履职水平。

【机关作风建设】 负责起草党风廉政建设责任书，协调组织机关党员召开党风廉政建设会议，强化责任落实，从严教育管理政协干部。深入开展政治纪律教育，通过上党课、学习研讨、公开承诺、召开支部专题组织生活会等形式，教育引导党员干部始终严守党的政治纪律和政治规矩。通过开展“不忘初心、牢记使命”主题教育，对发现的问题进行立行立改，切实保证政协机关风清气正。

【文史资料工作】 注重发挥文史资料存史、资政、团结方面的重要作用，收集整理措美县成立以来文史资料1篇，完成《措美政协年卷（2018年卷）》编纂工作，向自治区政协报送“我与人民政协”征文3篇。向区市政协报送“共商防范和治理返贫问题，助力脱贫攻坚提质增效”“加强学习‘不忘初心、牢记使命’做好新时代政协人”“以习近平新时代中国特色社会主义思想为统领不断开创新时代统一战线工作新局面”等委员发言材料。

【会务工作】2019年，措美县政协办公室认真筹备政协二届四次全会，召开常委会议8次、党组会议9次、专题协商会议1次、党组理论学习会议13次、党员大会4次、支部委员会12次、讲党课4次、支部学习会议15次。

（益西卓玛）

纪检监察

纪检监察

综 述

【概况】 2019年，措美县纪检监察机关一体推进不敢腐、不能腐、不想腐，县党风廉政建设和反腐败工作取得新进展新成效。2019年，县纪委监委编制共13名，其中行政编制10名，事业编制3名。

【重要会议】 2019年3月2日，中共措美县第九届纪律检查委员会第四次全体会议召开，会上县委常委、纪委书记、监委主任次仁罗布回顾总结2018年纪检监察工作，安排部署2019年工作任务，县委书记牛堃就做好2019年全县坚定不移推动全面从严治党向纵深发展、巩固发展反腐败斗争压倒性胜利作讲话。

2019年7月29日，县委2019年反腐败工作协调小组第一次会议召开，会议总结上半年反腐败协调工作，安排下半年工作任务，县委常委、纪委书记李胜军就进一步加强措美县反腐败协调工作作讲话。

2019年9月2日，县召开扶贫领域腐败和作风问题移送工作协调会议，县委常委、纪委书记、监委代理主任李胜军就推动扶贫领域腐败和作风问题再上新局面作讲话。

8月7日，措美县纪委监委举办提升基层纪检监察人员业务能力培训班，全县各乡(镇)纪委(派出监察室)、各村(社区)村民监督委员会成员52人参加

2019年9月19日，召开全县党风廉政建设和反腐败工作推进会，县委常委、纪委书记、监委代理主任李胜军总结党风廉政建设和反腐败工作开展情况，县委书记牛堃针对党风廉政建设和反腐败斗争新形势作讲话。

【查办案件】 2019年，共处置问题线索27件，立案审查调查4件、给予党纪政纪处分6人，收缴违纪资金40340元。精准运用监督执纪“四种形态”，批评教育和帮助处理16人次。其中，运用第一种形态，给予谈话提醒、诫勉谈话10人次，占“四种形态”处理总人次62.5%；运用第二种形态，给予轻处分5人次，占比31.25%；运用第三种形态，给予重处分1人，占比6.25%，达到教育大多数、惩治极少数的目的。

【政治监督】 聚焦政治生态，强化政治监督，持续开展政治纪律教育活动。紧盯重要节点时段，开展监督检查15次，专题调研2次。开展政治生态调研1次，形成专题调研报告1份。依托县委理论学习中心组学习会，组织党员干部学习违反政治纪律典型案例通报2次。发放《党内政治生活警示录》150余本，警钟长鸣，不断增强党员干部遵守政治纪律和政治规矩意识，筑牢思想防线。聚焦落实管党治党责任，强化政治监督。深入贯彻落实区党委、市委“两个责任”培训会精神。结合日常监督严把廉政意见回复关，加大对干部提拔、评优评先工作的监督力度，2019年共回复廉政意见96期1066人次，对12名党员干部和1家单位提出取消评优评先建议，严防“带病提拔”。

【常规监督检查】 坚持把纠治“四风”作为严肃的政治任务来抓，紧盯重要节点持续发力，开展重大节日监督检查9次，为党员领导干部发送1500余条廉政短信。开展公务用车常规监督检查6次，对措美县45辆公车二维码进行更换张贴。强化专项监督检查。2019年开展公务用车和办公用房专项检查15次，发现问题21个，开展督促整改3次。深入排查“天价烟”“高档酒”“高价茶”背后的“四风”问题。扎实开展利用名贵特产特殊类资源牟取私利问题整治工作，对各单位自查中发现的1条问题，督促及时整改，涉及资金9万余元。以丁青县“矮窗”问题为镜鉴，联合有关职能部门，开展“矮窗”问题专项检查，提出改进意见1条。开展不作为、慢作为、文山会海等形式主义、官僚主义突出问题专项整治工作专项监督检查1次，专题调研1次，形成调研报告1份，发现并反馈整改问题4条。开展整治“景观亮化工程”过度化等“政绩工程”“面子工程”问题、人防系统腐败问题、沼气建设项目问题等监督检查工作，严肃查处干部职工在工作中履职不力，审核把关不严等形式主义、官僚主义等问题。通报违反中央八项规定精神典型问题1期。严格按照《中国共产党纪律检查机关监督执纪工作规则》《监察机关监督执法工作规定》，做实做细监督，在日常监督、长期监督上探索创新，为措美县248名科级领导干部建立廉政档案，做到底数清、情况明。

【执纪审查安全】 中共十八大以来，县纪检监察机关查处案件47件次，开展纪律处分执行情况“回头看”21人次，确保纪律处分的严肃性和权威性。对谈话室标准化建设自查2次，发现并整改消防安全隐患4处，组织办案人员开展应急处突、消防、医疗安全培训3次。

【党风廉政警示教育】 坚持正面引导和反面警示相结合，组织党员干部深入学习中央八项规定及其实施细则精神、“四风问题”、典型案例通报。在措美镇试点性开展“以案为镜、以案促改”警示教育，对扶贫办等4家单位下发监察建议书，提出有针对性的整改建议，推动主体责任落实，堵塞制度漏洞，营造正风肃纪反腐良好氛围。深入开展党风廉政宣传教育活动，邀请70余名党员领导干部参加“走进纪委监委开放日”活动，“零距离”接触纪检监察日常工作；在廉政广场，县委书记带头领学《中国共产党廉洁自律准则》，增强党员干部廉洁意识；组织800余名党员干部和公职人员参加线上廉政知识考试；积极参加廉政书法活动；组织各级党员干部观看《全面从严治党在西藏》《反腐追逃在西藏》《尽锐出战·护航脱贫攻坚》等警示教育片，使广大党员干部受警醒、明底线、知敬畏；开展廉政文化宣传，创新开展“清廉杯”足球比赛；举办提升基层纪检监察人员业务能力培训班。加强家风建设，县纪委监委联合妇联、教体局开展“倡清廉之风、建和谐家庭”家风建设活动，通过发放倡议书，树立“家风正则民风淳，民风淳则社稷安”宣传牌等方式，以家风建设促党风建设。

【加强自身建设】 2019年，县纪委常委会始终高度重视思想政治建设，共召开14次纪委常委会、15次理论学习会，集中学习习近平总书记系列重要讲话和指示批示精神，学习中央纪委国家监委、自治区、市纪委监委和县委有关会议、文件精神，深入开展“不忘初心、牢记使命”主题教育活动，专题研讨8次，班子成员开展调查研究3次，认真检视查摆问题，结合实际制定整改措施。加强自身业务能力提升，按照中央纪委全员培训工作要求，通过集中、自学等方式，学深弄懂18门培训光盘讲义。采取职能科室轮流出题的方式，组织县乡两级纪检监察干部考试4次，参考人员累计70余人次。2019年，县纪委监委选派6人赴内地（安徽、湖南、北京）学习，24人次赴自治区纪委参加培训，9人赴市纪委跟班学习，4名乡镇纪委干部到县纪委跟班学习。带头落实基层减负各项举措。2019年，县纪委监委在措美县范围内共召开4次会议，下发文件5个，同比减少50%、分别减少40%。坚持严管厚爱，完善内控机制，建立健全干部请销假制度、学习制度等。建立措美县35名纪检监察巡察干部廉政档案，强化内部监督。县乡两级10名纪检监察干部提拔使用或职级晋升，干部队伍调整充实11人，县、乡两级纪检监察干部实有人数达到35人。

【党政机构改革】 以深化党政机构改革为契机，推动深层次、高水平“三转”，优化机关内设机构，坚持既相互衔接又相互制衡的原则，监督检查和审查调查部门分设，使监督的再监督职责更加突出。积极推动监察工作向基层延伸，班子成员、科室负责联系指导乡（镇）派出监察室，健全完善监督范围、职责等各项制度，积极协调乡（镇）党委配强纪检监察工作人员。按照中办、国办《关于建立健全村务监督委员会的指导意见》要求，在全市率先研究制定村务监督委员会成员教育培训制度、培训回访制度。通过邀请市纪委监委、县直部门相关专业人员进行专题讲解授课等方式，组织措美县48名村务监督委员会成员开展2轮能力提升培训，并发放藏文版《关于建立健全村务监督委员会的指导意见》《中华人民共和国监察法》《中国共产党问责条例》等资料。县纪委监委通过召开座谈会、征求意见等方式，向乡（镇）纪委、村（社区）“两委”班子成员、村务监督委员会成员开展培训回访2次，收集整理有效意见20余条，为做好之后培训工作积累经验；哲古镇纪委建立村务监督委员会向乡（镇）纪委月报告制度；措美镇、乃西乡纪委也切实加强对村务监督委员会工作的指导。县政府大力支持党风廉政建设工作，2019年落实村级党风廉政建设和反腐败工作经费32000元，为48名村务监督委员会成员兑现工资报酬465120元。

（柯希雄）

人民团体

人民团体

工 会

【概况】 2019年，措美县总工会编制3人，实有2人。全县基层工会组织共33个，会员1955人，其中党政机关、事业单位工会组织17个，工会会员1018人，退休工会会员121人；村级工会组织16个，工会会员816人。

【会员实名制录入】 2019年6月，措美县总工会开展工会会员实名制信息系统数据采集录入工作，对县基层工会组织和会员人数逐一登记录入系统，对破产企业工会组织和失联工会会员进行消除，进一步加强会员服务管理，提升会员精准化服务水平。

【节日慰问】 2019年1月，措美县总工会开展“三大节日”送温暖活动，县财政出资21000元，按照每人1000元的标准，看望慰问在档困难职工18人、病困职工2人、去世职工1人。

【帮扶救助】 2019年，措美县总工会共帮扶救助53人次，帮扶金额103300元。其中4月发放2018年低保困难职工解困脱困专项救助金12000元，8名在档困难职工受益；6月发放2018年脱困解困困难职工救助金10000元，5名在档困难职工受益；11月对2019年在档困难职工进行第一次集中生活救助（第一批中央专项资金），发放生活救助金19300元，13名在档困难职工受益；12月对2019年在档困难职工进行集中生活救助（第二批中央专项帮扶资金）第一批次救助发放生活救助金27000元，13名在档困难职工受益，第一批次发放助学救助（金秋助学）8000元，1名在档困难职工子女受益；12月对2019年在档困难职工进行集中生活救助（第二批中央专项帮扶资金）第二批次救助发放生活救助金27000元，13名在档困难职工受益。

【女职工权益维护】 2019年3月，县总工会以《女职工劳动保护特别规定》《促进工作场所性别平等指导手册》为主要宣传内容，旨在进一步提高措美县女职工的法律意识和自我保护意识，营造关爱女职工、维护女职工的良好氛围。组织措美县职工通过微信公众号“高原劳动者”积极参与女职工权益保护及性别平等相关法律法规知识竞赛活动，通过答题在全县营造关心女职工权益、关爱女职工身心健康的良好氛围。

【关爱孤寡老人】 2019年4月，县总工会与团县委、县妇联组织青年志愿者，工会会员开展“感恩教育”活动，在县特困人员集中供养中心陪老人聊天、给老人包包子，为老人们送去关怀和温暖，弘扬尊老爱老的传统美德。

【基层活动】 2019年8月，措美县总工会在全县范围内开展以“送温暖、送文化、送法律、送政策、送医送药”为主要内容的“喜迎新中国成立70周年工会服务在基层”系列服务职工活动。联合团县委、县妇联等单位深入乃西乡乃西村、哲古镇卓德村开展活动，活动邀请县法院、禁毒办、县卫生服务中心参与。活动对332人进行现场会诊，送出价值7453元藏药。活动现场，县人民法院院长桑珠次仁为大家讲解《中华人民共和国婚姻法》《中华人民共和国劳动合同法》，如何用法律武器维护自己的合法权益，就职工群众关心的工会维权问题进行解答。县刑侦队队长索朗达瓦为大家讲解《中华人民共和国禁毒法》和《戒毒条例》等相关法律法规，发放宣传资料300多份。

【弘扬劳模精神】 2019年3月，县总工会推荐措美镇雪热村监督委员会主任兼岗苏组组长格桑单增参加西藏自治区第五届劳动模范和先进工作者评选活动，5月格桑单增被评为西藏自治区第五届劳动模范。

【疗养休养】 2019年11月，县总工会组织29名长期在高海拔地区工作的干部职工赴海南、成都参加疗休养，保护和调动职工的工作积极性。

【文体活动】 2019年3月，县总工会联合团县委、县妇联举办“3·28”趣味运动会，丰富干部职工业余文化生活。5月开展“走·发现美”职工漫步游活动，210名干部职工在徒步过程中捡垃圾、拍照片，共同为美丽措美做贡献。6月组织20余名干部职工开展包粽子活动，让干部职工切身感受传统节日的魅力。7月协助县纪委监委开展“清廉杯”

4月15日，县总工会组织干部职工参加市篮球比赛

足球比赛。9月与团委、县妇联联合开展喜迎70大庆全民趣味活动，活跃节日氛围。

【知识竞赛活动】 2019年6月，为把措美县2019年“安全生产月”“安全生产措美行”活动推向深入，使安全生产工作真正落到实处，县应急监督管理局主办，县总工会、团县委、县妇联承办，开展以“防风险、除隐患、遏事故”为主题的安全生产知识竞赛，来自4个乡（镇）和县直6个党总支的30名选手参加活动，政府副县长王建红出席。

【农牧民职业技能培训】 2019年10月，县总工会组织4名就业困难工会会员参加市总工会举办的技能培训班（3名参加挖掘机技能培训，1名参加厨师培训），学员全部拿到资格证。

【乡（镇）工会规范化建设】 2019年10月，县总工会为有效推进乡（镇）工会规范化建设，为乡镇干部职工提供更好的休闲学习娱乐场所，有效改善乡镇干部职工休闲方式单一的现状，10月为乃西乡工会新建“乃西乡职工活动中心”及配套设备等，项目建设总投资 65 万元。

【宣传活动】 2019 年，3 月开展综治宣传月、女职工维权行动宣传月活动。4 月开展“全民国家安全教育日”宣传。6 月开展安全生产宣传咨询日。8 月开展法制宣传教育活动。9 月开展网络安全宣传活动，利用悬挂横幅、设置宣传栏、发放宣传资料、设立咨询台的方式宣传《中华人民共和国工会法》《中华人民共和国劳动法》《中华人民共和国劳动合同法》《中华人民共和国妇女权益保障法》以及与社会治安综合治理有关的各项法律法规。

（桑旦卓嘎）

共青团

【概况】 2019 年，中国共青团西藏措美县委员会（以下简称团县委）以组织青年、引导青年、服务青年、维护青少年合法权益为中心工作，团的基层组织网络覆盖全体青年，使团委各项工作和活动影响全体青年。基层团委 5 个，团总支部 22 个，团支部 76 个，团员 849 人，2019 年发展团员 35 人。2019 年团县委核定行政编制 3 人，领导职数 2 人，实有 3 人。

【青年文明号组织建设】 团县委紧抓窗口一线青年集体，深入开展青年文明号争创活动，号召措美县青年集体和广大团员青年勇立潮头、振奋精神，以更优、更严、更实的作风投入到生产、经营、管理和服务中。组织青年文明号单位县税务局开展“送温暖、献爱心”环卫工人关爱慰问活动，为 23 名环卫工人送上冰红茶、大米、可口可乐、砖茶、食用油等慰问品，折合人民币 10000 元；组织县青年文明号单位民间艺术团前往措美镇小学开展以“关爱学生、情系校园”为主题的志愿服务活动。

【理想信念教育】 团县委围绕青少年理想信念教育从发展学生的兴趣着手，将理想教育融入各项活动之中，组织必要的社会实践锻炼，培育和践行社会主义核心价值观。组织措美镇小学观看“五星红旗，我为你自豪”为主题的《开学第一课》视频。组织措美县中学毕业生开展“青春陪伴中考减压”活动。组织措美县乃西乡恰杂村开展“童心向党阳光成长”六一主题活动。组织措美县乃西乡恰杂村和鲁麦村幼儿园开展“好习惯伴我成长，扣好人生第一粒扣子”主题的“献爱心、送温暖”活动。组织措美县残疾青年开展“真情面对面、关爱心贴心、温暖实打实”慰问活动。组织措美县古堆乡小学、古堆乡幼儿园和扎扎小学开展“情系下一代大爱无边”慰问活动。

【关爱慰问活动】 2019 年，团县委围绕关爱青少年成长工作，积极引入各种渠道争取关爱资金，旨在进一步加强措美县青少年关爱帮扶工作。团县委到县邮局开展“冬日递暖”慰问关爱活动，为县邮政局 9 名快递从业青年每人送去一床价值 230 元的棉被，总计价值 2070 元。5 月 31 日，在乃西乡恰杂村开展“童心向党阳光成长”六一主题活动，为参加活动的 11 名小朋友切蛋糕，过上一个集体的生日，并发放书包、卷笔刀、文具盒、肥皂等礼物，共计 2000 元。6 月 17 日，团县委联合县中学团委组织开展“青春陪伴中考减压”活动，参加活动的 4 个毕业班 160 余名师生，活动所需用品共计 3000

11月29日，团县委到古堆乡小学、古堆乡幼儿园和扎扎小学组织开展“情系下一代 大爱无边”慰问活动

元。6月18日，哲古镇安婕妤阳光小学竣工仪式在哲古小学举行，项目资金共30万元，主要用于澡堂维修、添置太阳能路灯、美术教室、鼓号队器材等，为哲古镇300余名高原师生带来更加便捷、舒适的学习生活环境。8月1日，团县委联合县工会、县妇联在乃西乡乃西村开展“五送”活动，为200余名群众进行诊治，并送出价值4848元藏药。10月11日—10月12日，团县委在措美镇小学操场举行第四届“青年杯”足球比赛，8支代表队参赛，发放奖金3800元。11月25日，团县委组织开展“真情面对面、关爱心贴心、温暖实打实”慰问活动，慰问4名残疾青年，向他们每人送上一套棉被、一件保暖衣和一双棉鞋，慰问物品折合价值920元。11月29日，团县委为古堆乡小学、古堆乡幼儿园和扎扎小学开展“情系下一代 大爱无边”贫困学生慰问活动，此次共慰问贫困学生、儿童35名，发放保暖衣35套、雪地靴35双、袜子35双，慰问物品折合4200元。

【维护青少年合法权益】 团县委在县城主干道开展“三月综治宣传月”宣传活动。开展全民国家安全教育日宣传活动。在县城主干道开展“群策群力防灾减灾同心同德共建和谐”主题宣传活动。开展“安全生产月”宣传活动。以“6·26”国际禁毒日为契机，团县委联合县禁毒委开展禁毒防艾宣传活动。组织措美县讲师团到波嘎村开展“法律进乡村”普法宣传活动。开展预防青少年违法犯罪法制宣传活动。开展以“弘扬法制文化传播法制文明”为主题的国家宪法日法制宣传活动，共宣传8场次，发放宣传单2000份，受益人数2000余名。

【志愿者服务】 2019年3月5日，团县委组织平安志愿者开展治安巡逻活动，8名平安志愿者重点对县城街道、人员聚集场所及学校周边进行巡逻排查，为维护措美社会局势稳定积极奉献自己的力量。4月18日，团县委组织青年志愿者和青年文明号集体开展“青春心向党建功新时代”主题义务植树活动。10月16日，2名西部计划志愿者胡惠生和褚红翠到五保户老人家里，看望慰问，为老人送上200元的生活慰问品。

（白玛拉姆）

妇 联

【概况】2019年，西藏措美县妇女联合会（以下简称县妇联）以服务大局、服务妇女为宗旨，推进妇女基层组织建设，发挥组织优势，参与社会管理，维护妇女儿童权益。乡镇妇联4个，村（社区）妇代会16个，县直机关妇委会8个。建立乡（镇）、村（社区）级妇女之家20个，两新组织妇女之家1个。县妇联核定行政编制3人，领导职数2人，实有2人。

【劳务输出】2019年1—12月，措美县劳务输出总人数5229人，其中女性2596人；总创收4189.56万元，其中妇女创收2079.96万元；人均创收8012.16元，其中妇女人均创收8012.17元。

【宣传活动】3月联合县公、检、法、司在县城主街道举办以“维护妇女儿童合法权益”为主题“三八”妇女维权周宣传咨询活动，面向干部群众提供法律咨询，宣传《中华人民共和国妇女权益保障法》《法律援助条例》《平安家庭》等法律法规，发放宣传资料400余份。措美县人民法院获得全区维护妇女儿童合法权益先进集体称号。

【妇女儿童发展规划】为进一步落实自治区、市妇儿工委工作会议精神，总结2019年措美县“两规”实施以来各项目标指标达标情况，查找不足、促进整改、推进重点难点目标任务落实，5月23日措美县人民政府、妇儿工委在政府三楼会议室召开工作推进会。政府县长、县妇儿工委主任巴桑欧珠出席会议并讲话，政府副县长、县妇儿工委副主任朗嘎及各成员单位参加会议。

2019年12月20日，措美县召开政府妇女儿童“两规”工作推进会。县政府妇儿工委副主任、政府副县长朗嘎，各乡（镇）政府主要负责人，县政府妇儿工委各成员单位主要负责人参加会议，县妇儿工委办主任、县妇联主席扎西拉姆主持。会议对县妇女儿童工作委员会相关知识进行普及，通报2019年措美县“两规”实施以来各项目标指标达标情况，安排部署下一步工作，县教育局、人社局、卫健委围绕“两规”实施工作交流发言，各成员单位针对相应的指标填报存在的疑问和困难进行深入讨论。

【爱心帮扶活动】2019年1月2日，在“两节”到来之际，县妇联开展“冬日送暖零距离关怀”贫困母亲主题慰问活动，为措美镇当许社区20户贫困母亲家庭发放大米、花生油、砖茶等价值4500元的慰问品。3月8日，县妇联慰问宗宗村驻村女干部、患病“两癌”贫困母亲和单亲家庭、县公安局110指挥中心和县一线维稳指挥部、县人民医院女医生、乃西乡小学女教师、县特困人员供养中心工作人员等妇女工作者发放慰问金7500元。

2019年3月8日，群团党支部为县特困人员供养中心老人们送去甜茶、水杯等慰问品，该单位为妇女过集体生日。活动慰问17名女性工作人员和49名老人，发放慰问金1500元，发放水杯55个，价值1815元。3月15日，措美县妇联举行“中华全国妇女联合会中央专项彩票公益救助金项目贫困母亲‘两癌’救助金”发放仪式，为措美县2018年度2名患宫颈癌的贫困妇女发放每人10000元的救助金，共计20000元。

2019年6月25日，县妇联开展“不忘初心关

1月2日，县妇联开展“冬日送暖零距离关怀”贫困母亲主题慰问活动

爱儿童健康成长”主题慰问活动，为宗宗村幼儿园12名儿童发放保温杯，折合人民币600元。10月8日，县妇联深入哲古镇宗宗村走访慰问“两癌”贫困母亲，送去4000元慰问金。10月17日，群团党支部开展“敬老、爱老、助老”主题党日活动，看望慰问五保户老人，送去价值350元的生活品。12月24日，县妇联为3名贫困母亲，每人发放“两癌”救助金10000元，共计30000元。

【妇联组织建设】2019年，县妇联健全基层妇联组织，为4个乡（镇）妇联配备兼职妇联干部4人，16个村（社区）妇代会配备妇女主任。县妇联在乃西乡定巴村建立“妇女之家”示范点，依托“妇女之家”开展妇女技能培训、开设讲座等活动，宣传优秀妇女干部、先进妇女组织和创建致富带头人，引导广大妇女“学习典型，争当典型”，使“妇女之家”成为农牧区传播知识的课堂、传递信息的纽带、联系和服务妇女群众的窗口、展示妇女风采的平台。

【家庭助廉工作】为切实发挥妇联组织的工作优势，积极推进家庭助廉教育工作，措美妇联专门制定廉政文化进家庭实施方案，并积极组织活动。以“五好文明家庭”创建活动为载体，突出家庭廉洁的内容，重点引导广大家庭移风易俗，对婚丧嫁娶家事不大操大办，追求健康文明的社会风尚，使家庭成为宣传反腐倡廉的重要阵地。2019年以来措美县妇联组织全县副科级以上妇女干部职工及男性干部职工家属开展“家庭助廉”承诺活动。

【家长教育】注重教育，不断提升家长教育水平。措美县妇联联合县教育局积极开展家长学校建设工作，完善各个学校家教体系建设，并通过学生开学、“六一”儿童节、家长会等契机举办一系列家长教育活动，向广大家长宣传普及科学的家庭教育理念，营造亲子和谐共融的家庭教育环境，2019年县妇联共举办家长教育4场次，为340余名家长进行上课。

【家庭建设】开展“传家风，立家规”宣传活动。开展亲子阅读活动，营造“书香伴我行”的家庭氛围，提供平台提高父母的艺术修养以带动影响下一代。深化“平安家庭”创建活动，有效促进家庭平安和社会和谐，授予多吉曲珍家庭等40户家庭“平安家庭”称号，为获评县级“平安家庭”示范户的家庭授牌并送去每户200元奖金。

（扎西拉姆）

工商联

【概况】2019年，措美县工商联配备3名人员，其中主席1名，副主席1名，科员1名，另外兼职副主席3名、执委常委8名。兼职副会长4名、常务理事8名，3个非公企业党支部。县工商联班子政治坚定、团结进取、廉洁自律，制定并完善执委会议、常委会议、主席会议制度，为工商联正常顺利开展工作奠定坚实的基础。

2019年，措美县工商联组建微信群，通过线上交流等形式，开展经常性沟通联络、互评互学，发送相关政策信息。立足县工商联实际，以政治引领、法律服务、参政议政、搭建平台等方式，保持与民营企业沟通交流。截至12月开展走访调研、座谈交流、政策宣讲6次。

【组织建设】2019年，措美县工商联联系3个党支部，共有19名党员。措美县共有会员27名。企业141户（其中私营企业105户），注册资金99616.12万元，农牧民专业合作社83户，注册资本4109.15万元，个体工商户1238户，注册资金17696.64万元。措美县2019年新增市场主体163户（其中私营企业125户，内资企业38户），新增私营企业注册资本75840.5万元，新增内资企业注册资本19679.22万元，其中措美县入驻公司15家，农民施工队11家，为非公经济组织各项事业发展奠定良好基础。

（张蒙蒙）

法 治

法 治

政法协调

【概况】 2019年，措美县委政法委深入贯彻落实自治区、山南市、措美县政法工作会议精神，狠抓社会治安综合治理各项工作，抓住群众关心的热点难点问题，深入推进社会矛盾化解，切实加强社会治理创新，持续深化“平安措美”建设，努力为县委、县政府实现科学发展、跨越发展、和谐发展目标和贯彻落实中共十九大、十九届二、三、四中全会精神，营造更加和谐稳定的社会环境。

中共措美县委政法委为正科级单位，内设机构有综治办、维稳办、平安建设办、防线办、双联办、加强和创新社会管理办、法学会等共8块牌子。中共措美县委政法委编制4人，共有在职干部7人。其中正科级3人，副科级2人，一般干部2人（借调市扶贫办1人）。

【平安创建】 2019年，措美县委政法委积极传达学习上级有关安保工作会议精神，并采取治安巡逻、设立卡点、武装拉练等方式维护措美县治安稳定。做好安保工作。加强突发事件处置预案的演练，加强部门、人员之间的配合，有效提高措美县公安民警处置各类突发事件的能力。年内，共开展各类演练10余次，出动警车3200辆次，出动人员7300余人次。加强社会面巡控工作。按照“白天见警、晚上见灯”的原则，在各个时间节点，通过步巡、车巡的方式，加强对社会面巡逻。2019年，开展巡逻共3000余次，出动警力9800余人次，警车1885次。严格落实“四必查”①制度，发挥“护城河”作用。措美县范围内设立检查站。2019年，措美县检查外来车辆共9209辆，19683人次。2019年5月，因措美县行政单位机构改革工作要求，已将安保工作职责转隶至措美县委国家安全委员会办公室。

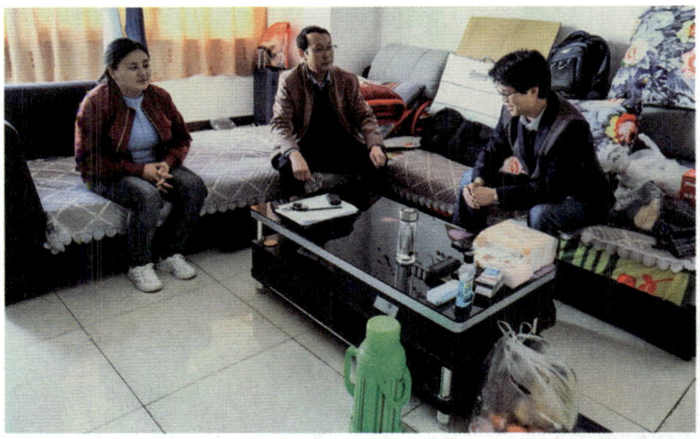

8月7日，县委常委、政法委书记、公安局局长曹龙堂（中）代表县委、县政府深入县司法局看望慰问全国律师服务团—措美县法律援藏律师秦韶华（右一），并了解法律援助工作开展情况

① “四必查”：1、对党的理论和路线、方针、政策的态度；2、政治历史和在重大政治斗争中的表现；3、遵纪守法和遵守社会公德情况；4、直系亲属和与本人关系密切的主要社会关系的政治情况。

【社会管理创新】2019年，围绕“不忘初心、牢记使命”主题教育活动、“两学一做”学习教育、“四讲四爱”群众教育实践活动和“先进双联户”创建评选为主线，以“严打整治”和“扫黑除恶打非治乱”专项斗争为切入点，狠抓平安建设，强化治安防控，全面推进社会治安综合治理，巩固“平安措美”建设成果。

【户籍管理】认真开展实有人口清理登记专项工作，对居民户口簿、居民身份证、实际情况逐项进行核查，解决户籍管理中“一人多户、应销未销、应登未登、人户分离、身份号码重错”等群众关心的热点难点问题。2019年，措美县登记常住人口共16734人，登记户口共4748户。其中，家庭户口人员14964人，共计4746户。集体户口人员8人，共计2户；迁入33人，迁出46人，新生入户436人。

【出租房屋管理】结合辖区出租房屋分布、治安状况、管理力量配备等实际情况，落实出租房屋登记（备案）和签订治安责任书制度，对租住的流动人口实行来即登记、走即注销。2019年，措美县共办理居民身份证1050张，临时身份证203张，登记外来流动人员5539人、出租房屋239间，办理居住证239张，暂住证1392本，办证率100%。

【安置帮教】针对城乡接合部、出租屋、歌舞厅，完善以乡（镇）为依托的流动人口服务管理平台，进行经常性排查整治。针对社会重点人群，加强管理和帮教，严格落实安置帮教、社区矫正人员“一人一档”和“五对一”“6+1”的管控措施。2019年，措美县安置帮教范围的刑满释放人员共28人，安置帮教率达100%；转移矫正人员1人，累计安置帮教人员28人，在册接受社区矫正人员1人，累计社区矫正人员2人，重新犯罪率为0。

【健全机制】将党的管理模式直接导入企业管理中，提升“两新组织”参与社会管理的能力和水平。截至2019年底，措美县个体工商户共有1238户，注册资金达17696.64万元，其中，内资企业共38户，注册资金达19679.22万元，私营企业105户，注册资金达99616.12万元。2019年措美县新增市场主体163户，其中，私营企业125户，内资企业38户，新增注册资金16060.1万元，其中，私营企业注册资金6135万元，个体户注册资金9925.1万元。所有企业均建立综治组织，制定调解、治保等内部综治制度。

坚持“人防、技防、物防”并举，着力构建覆盖措美县科学适用的防控体系，全面压缩违法犯罪空间。合理调配警力，完善军、警、民多方联动的巡逻机制，加强对社会面的动态巡逻管控，最大限度地把警力摆上街面、路段。在重要节假日期间，在城乡出入口和交通要道，设置治安卡点，有效预防和减少各类案件的发生。充分发挥监控系统功能，提升技防工作科技含量和工作效率，不断增强人民群众的安全感。2019年，措美县受理查处治安案件共11起。处理违法人员42人，其中，行政罚款26人，行政拘留并处罚款13人，治安案件查处率100%。

【交通管理】加强节日期间道路交通管理、路面管控、车辆检查等工作，开展预防和杜绝重特大道路交通事故集中整治“酒后驾驶”“两无”①车辆整治等专项整治行动，有效震慑各类交通违法行为，确保车辆安全行驶，最大限度预防道路交通事故的发生。2019年，措美县查处各类交通违法行为共515起，其中，无证驾驶18起，超速行驶20起，乱停乱放76起，其他违法行为411起，罚款10.4万元，教育群众500余人次。

【排查矛盾纠纷】 组织政法各部门深入基层，排查各类矛盾纠纷，扎实开展下访接访活动。围绕排查出的问题，定期召开矛盾纠纷排查调处协调会议，充分调动各方面力量，切实做到矛盾纠纷发现早、调处得当，解决在基层。此外，由县信访局牵头，联合县委政法委、县司法局等相关部门深入措美县4个乡（镇）、16个行政村辖区进行矛盾纠纷、信访案件排查调处。2019年，措美县排查调处各类矛盾纠纷共32起。调处成功32起，成功调解率为100%。

按照“属地管理”原则，强化涉传人员教育管控，严防非法传销活动在措美县蔓延。根据《山南市打击传销工作七项机制》《措美县先进“双联户”创建评选活动实施方案》，措美县委政法委积极与县市场监督管理局进行沟通协调，及时研究制定符合县实际的《措美县打击传销“十个一”工作法》和《措美县打击传销工作考核办法》，明确措美县打击传销工作的目标和任务，同时，将打击传销工作与开展“双联户”服务管理活动相结合，充分发挥“双联户”“十八员”②作用，切实做到打传工作不漏一村一户。

【平安校园】 以“平安校园”创建为载体，集学法、用法、守法和警示教育为一体，建立青少年法制教育基地，全面开展家校互防、警校联防、部门共防、社会协防活动。2019年，措美县6所学校均成立护校队，各校均建立门卫值班室，配备保安人员。在校园周边环境综合整治方面，县委政法委联合县教体局制定下发《措美县校园及周边治安综合治理工作要点》，明确工作职责、任务，为措美县开展“学校周边治安治理”工作提供依据。

【平安村（社区）】 按照现有村级行政区划，以各村（社区）综治工作站（驻村警务室）为平台，按照乡（镇）十二项综治重点工作的要求，夯实“平安村（社区）”各项工作基础，充分利用各村（社区）综治工作站（驻村警务室）的职能作用，积极协助村“两委”班子，开展“双联户”服务管理各项工作，健全完善村（社区）十二项综治台账，加强群防群治工作。各村（社区）组织开展治安巡逻（护村队）活动994次，解决和预防各类民间治安

---

①“两无”：无驾驶证、无号牌。

②“十八员”：1. 当好政策法规的讲解员 2. 当好社情民意的收集员 3. 当好矛盾纠纷的调解员 4. 当好维护稳定的消防员 5. 当好安全隐患的排查员 6. 当好全民健康的宣传员 7. 当好防震减灾的信息员 8. 当好安置帮教的教导员 9. 当好创新争优的先锋员 10. 当好勤劳致富的指导员 11. 当好经济建设的参谋员 12. 当好上下联系的通信员 13. 当好方便群众的服务员 14. 当好改革开放的调研员 15. 当好政策落实的督导员 16. 当好党群关系的传递员 17. 当好生产生活的引导员 18. 当好排忧解难的勤务员。

问题69起，有效解决各类治安隐患，为措美县农牧民群众生产生活提供和谐稳定的社会环境。措美县农牧民群众的安全感、幸福感得到进一步的提升。

【平安宣传】 以三月“综治宣传月”、六月“综治宣传周”“9·16综治宣传日”等宣传活动为载体，县综治委制定下发《措美县2019年三月综治宣传月活动实施方案》《关于认真做好社会治安综合治理宣传周活动的通知》《关于认真做好“9·16综治宣传日”宣传活动的通知》等系列宣传活动方案，及时组织各乡（镇）、县综治委各成员单位，围绕推进社会矛盾化解、社会治理创新、公正廉洁执法的措施，人民调解、司法调解和行政调解衔接机制的经验，排查调处影响社会稳定各类矛盾纠纷的成效，平安和谐措美建设、基层社会治理、综合管理及护路护线工作的新方法、新模式等工作成效全面开展。2019年，措美县在各类宣传活动中共悬挂横幅180余条，设立展板40余个，播放道路交通安全、法制宣传教育等光碟30余种，免费体检180余人，发放常用药品10余种，发放宣传资料2000余种12000余份，受教育群众达3200余人次。

【先进双联户创建】 为进一步加强措美县“双联户”服务管理工作，根据“双联户”户长补贴标准，2019年对措美县578个联户长共兑现补贴资金554880元，切实提高广大干部群众对开展“双联户”服务管理的积极性和支持率，为全面深入开展“先进双联户”创建评选活动打下坚实的基础。为进一步提升措美县各联户长的致富带头能力和方便群众的服务能力，县双联办以开展人居环境综合整治活动为契机，大力宣传“双联户”相关优惠政策及联户长补贴政策，在措美县范围内发放印有“双联户”优惠政策的门帘、画册、画报，起到很好的宣传效果。开展“金牌双联户”创建评选活动。县委、县政府下拨15万元“金牌双联户”创建评选活动专项经费，确保此项活动顺利取得实效。被评为“金牌双联户”的联户单位，由县委、县政府授予“金牌双联户”荣誉称号，给予各联户长3000元的补助奖励，同时给予所在联户单位内每个联户成员家庭一次性500元的奖励。

【扫黑除恶打非治乱】 2019年，县委、县政府高度重视“扫黑除恶打非治乱”专项斗争工作，多次召开专题会议研究部署当前阶段以及下一步工作重点。同时集中组织公安、交通、民政、人社、司法等扫黑成员部门人员深入各辖区项目施工场所，重点对措美县重点项目工程的G560、G219路项目部开展建筑领域涉黑线索的摸排调查，对是否存在黑恶势力影响项目施工的“沙霸、行霸”等现象进行摸排。2019年，全县召开“扫黑除恶打非治乱”专项斗争动员部署会共8次，推进会4次，联席会2次，设立举报箱28处，悬挂宣传横幅60余条，张贴藏汉双语扫黑通告6000余份，发放其他宣传材料3500余份，在网信措美微信平台发布扫黑通告2次，措美县共组织宣传249次、组织摸排263次。其中，措美镇组织宣传75次、组织摸排30余次；哲古镇组织宣传70次、组织摸排76次；乃西乡组织宣传52次、组织摸排52次；古堆乡组织宣传52次、组织摸排105次。措美县“扫黑除恶打非治乱”专项斗争宣传工作实现全覆盖。工作受理行政案件11起处理42人，其中，警告3人，罚款26人，拘留13人。2019年，措美县交巡警部门出动警力共753人次，摸排10余次，2019年县交警大队受理行政案件共27起，处理27人，其中无涉及黑车领域受理案件。

【执法监督】2019年，措美县深入学习贯彻中共十九大、十九届四中全会精神，认真贯彻中央及自治区、市有关工作指示精神，坚持以做好安保工作为目标，深入推进社会矛盾化解、社会治理创新、公正廉洁执法三项重点工作，加强对措美县政法机关执法活动的监督与指导，全力做好安保工作，严厉惩治各类刑事犯罪活动，执法监督工作取得显著成效，为措美县转型跨越式发展营造良好的法治环境。

【政法队伍建设】为全面加强政法队伍建设，深入开展政法各项工作，根据区党委政法委《关于对全区政法工作开展调研工作的通知》要求，由措美县委政法委牵头，专门组织召开县公、检、法、司主要负责人座谈会，抽调人员组成调研组，通过座谈走访、收集资料等多种方式，围绕平安措美、法治措美建设，维护措美县社会稳定及政法队伍建设现状进行专题调研。通过调查座谈和综合分析，掌握措美县维稳工作、综治工作开展情况及政法队伍建设的基本情况，并提出关于加强维稳工作、综治工作开展及政法队伍建设的建议和对策。

2019年，措美县政法各部门始终把思想政治教育放在首位，先后组织开展“立党为公、执法为民”“规范执法行为、促进司法公正”主题教育、“三严三实”①专题教育、“全面加强政治建警、打造过硬政法队伍”专项教育整顿及持续开展“两学一做”学习教育常态化制度化、“四讲四爱”群众教育实践活动等活动，坚持用党的最新理论武装头脑，着力在理论联系指导实践上下功夫。加强教育，解放思想。“不忘初心，牢记使命”主题教育等活动，措美县政法各部门开展思想教育学习共533次，廉政学习95次，政法队伍培训39次，党风廉政会议43次。抓好班子，带好队伍。抽调具有一定法律知识和执法实践经验的专业人员充实到政法部门，强化业务培训，切实提高执法监督工作人员法律实务能力和执法监督的水平，把工作重点放在总体部署和指导督查，推进县委政法委执法监督工作落实到政法工作的各个环节。县公安局、司法局狠抓业务学习教育，实行月考核、季讲评，定期不定期对机关作风情况进行抽查。县公安局狠抓岗位练兵，广泛开展岗位大练兵活动，开展创建“学习型”机关、争当学习型民警活动。全面推行警务公开，在措美县4个派出所及窗口单位普遍设立警务公开栏，自觉接受群众监督。县法院聘请12名人民陪审员，并不定期地邀请人大代表旁听法庭，在县域内的2乡2镇共配备5名法务工作人员，推行法官联系乡（镇）制度。县检察院及时对接市检察院，并由市人民检察院统一聘请人民监督员，定期通过简报信息的方式向有关部门报送，全方位接受监督。公正司法，做好安保工作。促进司法机关依法办案，提高执法水平和办案质量，预防冤案错案的发生，积极为群众提供司法救助等法律服务，确

① “三严三实”：严以修身、严以用权、严以律己；又谋事要实、创业要实、做人要实。

保司法公正。深入调查研究，了解掌握突出问题，分析原因，进一步明确执法监督的内容和重点，研究制定加强县级政法委执法监督工作的办法和措施；适时组织开展专项检查和专项治理，在普遍性和苗头性问题上下功夫、做文章，对有重大影响、群众反映强烈的案件，督促政法部门及时、依法公正处理，对有争议的重大、疑难案件，协调统一认识，维护法律权威。

县综治委45个成员单位严格按照联系点工作要求抓落实，确保综治联系点工作有序开展。健全完善4个乡（镇）综治工作中心和16个村（社区）综治工作站，配齐配备工作人员及办公设备。同时，借鉴县、乡（镇）社会管理服务中心运行成功经验，在16个村（社区）建立集党建、民政、医保缴纳等为一体的“一条龙”便民服务中心和“温馨调解室”，提供便民服务。措美县高度重视加强和创新社会治理工作，成立工作专班，明确专人负责。

（边巴旺堆）

公 安

【概况】 2019年，措美县公安局（以下简称县公安局）内设机构8个，有指挥中心、办公室、国内安全保卫大队、刑事侦查大队、交通警察大队、治安管理大队、公共信息网络安全监察室、看守所。派出机构10个，有措美镇派出所、哲古镇派出所、乃西乡派出所、古堆乡派出所、措美县其夏路便民警务站、措美县安徽广场便民警务站、措美县小康示范村便民警务站、措美县哲古居委会便民警务站、措美县玛悟觉寺警务室、措美县扎西曲林寺警务室。

【反恐反暴】 2019年，措美县公安局聚焦中华人民共和国成立70周年大庆安保维稳工作主线，特别成立由局长任组长的维稳工作领导小组，制定安保工作预案，加强民警突发事件演练。县公安局共开展各类突发事件演练12次，出动警车30台次，出动人员240人次，措美县社会稳定，未发生任何突发事件。

【社会治安综合治理】 严厉打击各类刑事犯罪。2019年，县公安局共接盗抢骗案件4起，破获3起，其中故意伤害案1起，抓获犯罪嫌疑人1名；“8·07”电信诈骗案1起，涉及措美县电信诈骗案件的区外10名犯罪嫌疑人已由浙江公安机关抓获；拒不支付劳动报酬案1起，9月20日，公安局举行拖欠民工工资集中发放仪式，现场为21名农民工兑现工资款597266元。

切实加强社会治安管理。2019年，县公安局治安部门共受理查处治安案件11起，其中，赌博4

1月21日，措美县公安局政委单增罗布（右一）看望驻村工作队

起、殴打他人6起、阻碍执行公务1起。处理违法人员共42人，其中行政罚款26人、拘留并处罚款13人、警告3人。

切实提升社会治安防控管理水平。充分发挥社会群防群治力量参与到社会面防控工作中，形成各类群防群治力量为辅的巡逻防控力量，努力形成全面动员、军警民联防联动的社会面治安防控体系。2019年，措美县共建立4个治保组织，16个治保小组，共计115人。

加强寄递物流业安全管理工作。年初，同寄递物流企业签订安全管理责任书，明确相关管理规范制度，不定期联合邮政管理部门，开展隐患排查。会同相关部门，督促指导寄递物流企业加强精细化管理，推动落实“三个100%”制度。2019年，措美县寄递物流业未发生违禁物品寄递现象。

加强对特种行业、娱乐场所的管理。2019年，县公安局坚持“管服结合”的原则，开展旅馆业扫黄打非和打击赌博卖淫嫖娼等专项行动，措美县特种行业、娱乐场所未发生“涉黄、涉毒”等案件。

加强油气管理工作。2019年，县公安局累计检查加油站50余次，措美县油气管理工作情况良好，未发生安全事故。

加强学校周边环境治理。2019年，县公安局开展“护校安园”宣传活动10余次，张贴宣传海报50余份，发放200余张宣传单，校园未发生危安案（事）件。

加强矛盾纠纷排查化解。2019年，县公安局严格按照属地管理原则，共开展矛盾纠纷排查90余次，排查化解各类矛盾纠纷18起，其中家庭纠纷3起，劳资纠纷11起，草地占地纠纷1起，民事纠纷1起，其他纠纷2起。调解17起，移交相关单位1起。未发生因排查化解矛盾纠纷工作不到位而引发群体性及非正常上访等案（事）件。

深化户籍改革、人口管理服务工作。2019年，县公安局共登记实有人口16734人、常住人口14972人、共计4748户（其中家庭户4746户14964人，集体户2户8人），办理迁入33人，迁出46人，清理重人重户2人，新生入户436人，死亡注销73人，补录人口22人，办理居民身份证1050张、临时身份证203张。

加强流动人口及出租房屋管理制度。2019年，县公安局共登记流动人口5539人，其中区内1560人，区外3979人，在措美县居住一个月以上2886人，在措美县居住一个月以下2653人，登记备案出租房屋239间，办理居住证239张，已出证239张，办理暂住证或登记暂住人口1392人。全县外出务工人员1124人，区内1124人，区外0人。

深入开展犬只管理工作。2019年，县公安局共养家犬300只、办理养犬证300张，录入犬只管理信息系统300条。抓捕流浪犬271只，流浪犬只已全部送至山南市流浪犬收容中心。

【专项行动宣传】2019年，县公安局开展“治爆缉枪”专项行动宣传工作7次，张贴治爆缉枪宣传海报100余张，发放宣传资料500余份，开展清查收

3月15日，措美县公安局在县城主街道开展徒步巡逻

缴枪支弹药、管制刀具专项行动 10 余次。

【道路交通安全管理】 道路交通安全宣传。2019 年，县公安局交警大队在县城开展宣传活动 15 次，深入农牧区开展宣传 5 次，学校宣传 2 次，施工工地宣传 1 次，共发放宣传单 2000 余张。

交通执法。2019 年，县公安局交警大队共查处各类交通违法行为 515 起，其中，无证驾驶 18 起，酒后驾驶 10 起，违法停车 76 起，其他违法行为 411 起。罚款 104000 元、行政拘留 8 人。发生简易处理的道路交通事故 40 起。车辆管理所驾驶证审验 23 本，机动车年审 28 辆，补办驾驶证 26 本，补办行驶证 7 本，补办车牌号 28 个，机动车上户 1 辆。

危险路段管理。2019 年，县公安局交警大队共排查道路交通安全隐患 77 处，危险路段及时报告给县政府和相关部门，同时民警对排查发现的道路交通安全隐患进行先期处置，摆放警示牌，引导路面车辆绕道或靠路边行驶，确保车辆安全通行，最大限度预防道路交通事故的发生。

【社会面管控】 2019 年，县公安局各派出所、警务站按照“白天见警、晚上见灯”的原则，在重大节日、重要节点，通过步巡、车巡的方式，加强社会面巡逻防控。县公安局共设立临时卡点 2 个，检查车辆 9209 辆，人员 19683 人次。

【法治宣传】 2019 年，县公安局共开展各类宣传 180 余次，发放宣传资料 7000 余册，受教群众 8500 人次。

【信息建设】 2019 年，县公安局各派出所、警务站实现四级网全覆盖，共报送 350 篇信息，采用 289 篇，开展各项信息化教育培训 5 次。

5 月 14—16 日，山南市公安局教官团一行 4 人到措美县开展为期 3 天的“送教基层行”活动。图为措美县公安局向市局教官团赠送锦旗，全体学员与教官团合影留念

2019 年，县公安局根据公安部提出的“科技强警”口号，坚持向科技要警力、向信息化要战斗力，以继续加强信息中心建设为中枢，努力做好基础性信息的采集、录入，把信息化的要求与日常各项基层基础工作结合起来，并充分应用到日常各项打击、防范、管理等基础工作中，用信息化手段不断提升基层基础工作的质量和水平，加快实现由传统警务模式向现代警务模式的转型，切实提高打防控的实战能力。按照自治区党委、区人民政府关于大力建设便民警务站，进一步落实以人为本的执法理念，转变社会治安警务模式，全面建立社会面防控工作和服务群众、打击犯罪的长效机制的指导思想。

【培训训练】 2019 年，县公安局开展警务实战大练兵工作，强化全警素质能力和技能培训，政工监督室、治安大队根据不同警种、不同岗位的工作特点，有针对性地突出相应的培训内容，突出警务技能、体能训练。保证足够的训练时间和强度，达到训练适应公安工作的需要。提高应对和处理突发性群体事件的能力。

【执法规范】健全台账、整理归档。健全完善刑事执法、行政执法、基础数据、整改问题等各类执法工作台账。严格按照公安部《查摆整改问题登记表》，对存在的问题进行归纳分类，对不同类型的问题对照整改到位。

重点剖析、分析研判。县公安局法制室牵头，充分发挥龙头作用，主动组织开展会商研究，重点分析，攻坚克难。

通报推进、严肃追责。全面掌握局执法部门集中整改阶段工作进展情况，不按要求上报，敷衍塞责的部门，由法制室进行通报批评，对造成严重后果的将严肃问责。

检查督办、落实整改。由业务部门骨干力量，成立检查组，集中检查各业务部门整改问题工作成效。对检查中发现的有关案件问题，限时整改到位。

【队伍建设】强化理论学习。县公安局以党建带公建，深入开展“四讲四爱”“两学一做”“不忘初心，牢记使命”主题教育实践活动，每周利用两天时间（周二进行理论学习、周五开展专题研讨）组织全体民（辅）警开展学习教育，重点深入学习贯彻中国特色社会主义理论体系，习近平新时代中国特色社会主义思想，中共十九大及十九届二中、三中、四中全会精神等相关文件精神，不断强化民（辅）警思想修为，坚定思想信念，统一思想认识，筑牢民（辅）警高举旗帜、听党指挥、忠诚使命、坚定不移、坚决跟党走的思想根基。

强化队伍管理。2019年，县公安局按照上级公安机关的工作目标和部署要求，年初组织召开措美县公安局公安工作会议，为2019年公安工作新局面提供坚强保障。与每位民（辅）警签订“三项纪律”①“纪律条令”“党风廉政责任书”“保密责任书”等责任书，局长与领导班子签订，分管领导与部门负责人签订，部门负责人与民警签订，通过签订责任书，做到层层抓管理，层层抓落实。局督察大队制定《措美县公安局纪律作风管理规定》，每周不定期检查警容风纪、公车管理等情况，并随机抽查人员在岗情况，一经发现按照《措美县公安局纪律作风管理规定》进行处理。

落实从优待警。县公安局领导班子按照上级指示要求，以解决关系民警切身利益的问题为重点，在民警住房、就医等问题上，积极协调争取县委、县政府和相关部门的支持，尽最大努力为民警谋福利。领导班子经常性深入基层一线部门，了解民警思想状况和动态，积极与民警开展交心谈心和思想交流，引导民警思想认识和行为表现，做好民警前进方向的领路人。

【实战大练兵活动】2019年，县公安局共召开动员部署会6次，分批次集中开展实战大练兵3次，集训时间为15个工作日，坚持每天早晨出操，每周五开展理论学习。

【政风行风建设】2019年，县公安局以政风行风建设为抓手，以“认真履行工作职责、深化警务改

① “三项纪律”：公安民警决不允许面对群众危难不勇为、决不允许酗酒滋事、决不允许进夜总会娱乐。

革、落实便民措施、创建人民满意的执法单位、树立良好形象、规范执法行为、解决突出问题”为主要内容，稳步推进政风行风党风廉政建设工作。年初，主要领导与分管领导，分管领导与分管部门签订《党风廉政建设责任书》和《三项纪律》，明确责任，以“三项纪律”为准则，以解决群众反映强烈的热点、难点问题为突破口，进一步提升公安机关的整体形象。

【创新执法理念】 2019 年，县公安局在继续深化社会主义法制理念教育和执法规范化教育基础上，要求全体民警进一步创新执法理念，改进执法方式，完善执法规范管理，自觉把惩治犯罪与保护人权、追求效率与实现公正、执法目的与执法形式结合起来，努力实现法律效果和社会效果的有机统一。从民警日常执法活动最急需的方面入手，进一步规范、细化各类执法标准，将执法要求通过程序规定，具体到与年终考核相挂钩，切实提高民警的政治素养和执法水平，做到自觉学法、真正懂法、模范守法，有效推进公安机关的执法公信力。县公安局参加全区执法考试 12 人。

检 察

【概况】 2019 年，措美县人民检察院在山南市人民检察院和县委的坚强领导下，在县人大及其常委会的有力监督下，在县政府大力支持下，政协的民主监督和社会各界的关心支持下，坚持以习近平新时代中国特色社会主义思想为指导，认真学习贯彻落实中共十九大及十九届二中、三中、四中全会精神，紧密联系中国特色社会主义新时代检察工作，站在新的历史起点上的最大实际，紧紧围绕服务保障，措美长治久安和长足发展的目标任务，认真落实习近平总书记关于对政法工作的重要指示、全国检察长会议、全区分市院检察长座谈会以及区市县三级政法维稳会议精神，在忠实履行宪法法律赋予的职责中体现新担当、展现新作为，推动新时代检察事业发展取得新的进步。

【侦监、公诉工作】 2019 年，措美县人民检察院公诉部门受理公安机关移送审查起诉的故意伤害、交通肇事等案件 4 件 4 人，依法起诉 4 件 4 人，县人民法院采纳人民检察院的量刑建议和有罪判决率均达到 100%。

【法律监督】 2019 年，县人民检察院通过不定期走访公安机关及 4 个乡（镇）派出所、查阅案件台账和案卷材料等方式，及时准确了解案情和处理情况，对有案不立、立而不侦或者不应当立案而立

9 月 25 日，措美县人民检察院开展“庆建国 70 周年主题党日活动”之与国旗同框环节。图为措美县人民检察院工作人员与国旗同框合影

6月26日，人民检察院党组副书记、副检察长达娃（右一）等工作人员开展“6·26”禁毒日宣传活动。图为向农牧民发放宣传手册

案等进行监督，共办理立案监督案件1件。加强侦查活动监督，对侦查活动违法情形发出纠正违法通知书1份，同比持平。发出检察建议1份，同比持平。对证据不足的退回补充侦查1件次。

【公益诉讼】2019年，县人民检察院牢固树立双赢多赢共赢检察监督理念，进一步强化对严重侵害公益行为的监督，发挥检察职能，加大公益诉讼案件办理力度，依法保护国家利益和社会公共利益，推进法治政府建设。2019年，共收集公益诉讼案件线索13件，食药、环境资源保护和城市建设领域立案10件，同比上升100%，向相关行政执法部门发出诉前检察建议10件，同比上升100%，结案率100%。相关行政机关根据诉前检察建议限期整改率达到100%。

【调研座谈】2019年，西藏自治区人民检察院专职委员沈小丁等一行3人到人民检察院调研指导工作、召开座谈会并视察人民检察院12309检察服务大厅、案管大厅、监控室、党建办公室、视频会议室、干警周转房、职工食堂等基础设施建设情况。

【精准扶贫】为进一步贯彻落实区、市、县脱贫攻坚会议精神，扎实推进措美县人民检察院脱贫攻坚工作，2019年先后派出28人次，到3个村居开展脱贫攻坚工作，干警结对认亲7户，捐助资金1.7万余元。结合初心教育办实事活动，措美县人民检察院干警捐款8000余元为措美县4所学校24名特困生购买过冬的衣服、裤子和鞋子。

【软件设置建设】2019年，以夯实基层、打牢基础，着力提高检察院保障能力为目标，按照高起点规划、高水平设计、高标准建设的要求，不断加大物质装备建设。在县委、县政府及上级部门的大力支持下，2019年为各科室局配备空调、制氧机等设备，为干警创造一个良好的工作、学习生活环境。

（旦增平措）

审 判

【概况】2019年，措美县人民法院共受理各类案件41件（旧存案件6件），其中，民事案件23件，刑事案件5件，执行案13件，已结案38件，案件均已在审限内结案，正在审理3件，案件结案率为92.6%。公开开庭审理11次，庭审直播6次，在中国裁判文书网公开生效裁判文书6件，公开信息11件，制作藏文裁判文书2件，充分做到司法权在“阳光”下运行，法院审务工作透明公开。

【立案工作】2019年，措美县人民法院共登记立案35件，同比下降27%，其中，民事案件19件，刑事案件4件，执行案件12件，当场立案3件，立案准确率达 100%。

【刑事案件】2019 年，措美县人民法院共受理刑事案件 5 件，其中贪污罪 1 件（旧存，移送至上级法院），交通肇事罪 3 件、故意伤害罪 1 件，均已按照普通程序进行公开审理，已审结完毕，法定审限内结案率达 100%。

【民事案件】2019 年，措美县人民法院共受理民事案件 23 件，其中，劳动争议案 1 件（旧存）、房屋租赁纠纷案 2 件（1 件旧存）、变更抚养纠纷案 1 件、劳动合同纠纷案 1 件（判决）、财产损害赔偿纠纷案 1 件、装饰装修合同纠纷案 1 件、买卖合同纠纷案 2 件、合伙协议纠纷案 1 件（判决）、婚姻纠纷案 6 件、民间借贷纠纷案 4 件（旧存 1 件）、建设工程施工合同纠纷案 3 件（旧存 1 件，判决 1 件）。正在审理 3 件、中止 1 件、已结案 20 件，其中调解结案 15 件、判决 3 件、撤诉 2 件，驳回起诉 1 件，结案率达 86.96%，调撤率为 75%，同比 2018 年调撤率下降 15.4%。

【案件执行】2019 年，措美县人民法院共受理执行案件 13 件，其中恢复执行 2 件，旧存 1 件，其中借款合同纠纷案 5 件、合同纠纷案 3 件、租赁合同纠纷案 3 件、买卖合同纠纷案 1 件、婚姻家庭纠纷案 1 件、申请执行标的为 269 万余元，执结标的为 259 万余元，整体结案率达 100%，法定审限内结案率达 100%。

10 月 22 日，县人民法院党组书记、院长桑珠次仁（左二）走访卓德村人大代表，了解基层审判相关工作群众满意情况

措美县人民法院采取执行联动惩戒相关情况，各类执行惩戒措施采取人数，拘留 1 人，限高 2 人，纳入失信被执行人名单 1 人，无其他惩戒措施。

措美县人民法院加强信息化手段应用，执行案款“一案一账号”管理机制正常上线运行，确保执行案款“一案一账号”工作管理模式规范有序、管理严格、高效透明。

【来信来访】2019 年，措美县人民法院接到来信来访登记 23 件，接受群众法律咨询 43 次。

【平安创建】2019 年，措美县人民法院深入开展反分裂斗争，认真贯彻落实各项维稳制度，依法审理各类案件，做到案结事了，严肃维稳工作纪律，强化内部安保工作，严格执行 24 小时带班值班制度。共投入警力 80 余人次、车辆 60 余次，投入经费 30000 元。

【思想政治建设】2019 年，措美县人民法院，加强党员干警的思想政治工作，开展“两学一做”学习教育、“政治建警”专题学习教育，通过采取党组学习、支部学习、政治建警专题学习、个人自学等形式，组织干警学习 60 余次，开展应知应会测试 2 次，观看警示教育纪录片 8 次。

【法制宣传】2019 年，措美县人民法院多措并举促进普法宣传形式多样化。开展法律进校园、乡（镇）、村（社区）、寺庙等宣传共30余次，经费达4万余元，解答群众咨询400余人次，发放自编法律宣传手册和宣传单1500余册，受教育群众达2000余人。同时积极配合县人大常委会开展三级人大代表培训活动，并为代表们讲授相关法律法规。

【司法改革】2019年，措美县人民法院和派出法庭编制共有17人，实有人数17人，其中法官7人、法官助理2人、书记员1人，司法警察3人，司法行政人员4人，2019年1月入额员额法官2名。

【人民陪审员工作】2019年，措美县人民法院按照上级业务部门的人民陪审员倍增计划要求，联合县司法局、公安局对个人申请及组织推荐的候选人员进行政审批并公示，在经过严格的资格审查和筛选后，对符合选任条件的15名人民陪审员在网信措美上公示，公示通过后，报县人大任命。2019年，措美县人民法院共邀请9名人民陪审员参审5件刑事案件及10件民事案件，充分发挥人民陪审员参与审判监督的作用。

2月21日，措美县人大常委会上，县人民法院两名干警晋升为法官，颁发证书并进行宣誓。

【接受监督】2019年，措美县人民法院邀请人大代表、政协委员列席会议、视察座谈、旁听庭审、见证执行11人次。邀请9名人民陪审员参审各类案件，让人民群众参与司法、监督司法的广度和深度进一步拓展。2019年向县委汇报工作3次，向人大、政协汇报工作情况3次，邀请人大代表、政协委员及政法委、检察院、纪检委、组织部、人社局等相关单位负责人视察措美县人民法院办公环境及工作开展情况，同时召开座谈会并汇报措美县人民法院工作情况，主动接受监督2次，邀请人大代表、政协委员参加庭审观摩1次，走访县级人大代表及政协委员24名，并与县人大代表及政协委员建立联络平台，保持与县人大代表及政协委员的联络，并接受监督。

【精准扶贫】2019年，措美县人民法院坚持助推精准扶贫工作，走访结对帮扶共102人次，帮扶资金达18000元，走访联系点寺庙3次，解决困难资金共计10000余元。为贫困党员捐款共计1000元。

【培训学习】2019年，措美县人民法院注重党员干警的思想政治工作，2019年人民法院党支部开展党组理论中心学习会12次，支部学习会12次，意识形态领域、社会主义核心价值观教育4次，民主生活会2次。政治建警学习共开展16次，其中廉政教育活动15次，警示教育活动8次。选派干警到甘肃省国家法官学院交流学习1次，参加各级各类业务培训共10次，培训人数共10人，有效提高县人民法院干警司法审判服务水平和能力。

【信息化建设】2019年，措美县人民法院制定长效的信息化保障机制，加强信息化的培训工作，针对不同应用层次的管理和技术人员开展培训，增强干警网络安全意识，逐步形成一支高素质的管理和技术队伍。在数字法院应用方面，措美县人民法院裁判文书录入率达 100%。电子卷宗上传率达 100%。电子签章使用率达 83.5%。案件数据质检合格率为 100%。使用科技法庭开庭达 100%。做到案件录入信息准确、及时。

【意识形态】2019 年，措美县人民法院认真学习贯彻落实习近平总书记系列重要讲话精神和治国理政新理念新思路新战略，增强“四个意识”，切实增强做好意识形态工作使命感和责任感，严格落实意识形态工作制，制定工作计划，成立意识形态领导小组，2019 年共开展意识形态工作学习会 6 次。

【机要保密】2019 年，措美县人民法院认真贯彻落实上级有关保密工作方针、政策、指示，严格按照有关文件精神，认真贯彻领导干部保密工作责任制，成立保密工作领导小组，明确院长分管保密工作和机要工作职责，配备专门干警承办日常机要保密工作。制定计划，开展保密宣传教育，定期和不定期组织干警学习保密知识，与措美县人民法院干警签订保密责任书。

【环境建设】2019 年，措美县人民法院为创建优美、和谐、文明的措美环境，2019 年开展大扫除活动 10 余次，参加措美县组织的植树活动共投入人力 19 人次，投入资金 2550 元。

（格桑旦增）

司 法

【概况】2019 年，是全面实施机构改革司法行政系统重组的改革之年，措美县司法局在县委、县政府的领导和上级业务部门的指导下，紧紧围绕中心工作，以中共十九大及十九届二中、三中、四中全会精神和习近平新时代中国特色社会主义思想为指导，坚持以人民为中心，统筹推进依法治县，进一步凝聚普法合力、强化人民调解指导、规范社区矫正执法、拓展基层法律服务、提升法律援助质效，促进司法行政工作再上台阶，为措美县“脱贫攻坚、全面小康”提供优质的法律服务和法治保障。

【机构改革】2019 年 3 月，通过机构改革，原县政府法制办职责与措美县司法局整合，重新组建县司法行政系统，为措美县人民政府工作部门，确定机构行政编制为 5 名，其中部门领导职数 4 名，不设内设机构。同时，6 月县委组织部落实措美县 4 个乡（镇）司法所人员编制，配备司法所所长各 1 名，共 4 人。

【普法宣传】2019 年，措美县普法办以习近平总书记系列重要讲话精神和依法治国理政新理念、新思想、新战略为指导，坚持全面依法治国战略布局和“谁执法谁普法”原则，以贯彻落实“七五”普法规划为总目标，深入开展“法律七进”普法宣传活动。3 月，突出措美县维护稳定工作大局，县司法局、县委统战部、政法委、公安局、民宗局、宗教办联合举办以“遵行四条标准、争做先进僧尼”为主题的“法律进宗教场所”“三官”讲法普法宣传教育活动，深入宣传讲解《中华人民共和国宪法》《中华人民共和国国家安全法》《中华人民共和国网络安全法》《中华人民共和国宗教事务管理条例》《中华人民共和国反间谍法》《中华人民共和国文化保护法》等法律法规，提高广大僧尼法治意识，促进措美宗教事务与社会主义社会相适应和社会和谐稳定，活动覆盖措美县宗教活动场所24个、宗教教职人员86名，覆盖率达100%。8月—10月份，为营造中华人民共和国成立70周年大庆期间法治环境，大力开展以“服务大局普法行”为主题的“法律进农牧区”活动，重点宣传与群众生活息息相关的法律法规知识和党中央对西藏的特殊关怀及党的富民惠民政策。8月6日，县司法局联合县工商联举办首届“措美县民营企业法治培训班”，讲授民营企业常见矛盾纠纷多元化解途径法律知识和《中华人民共和国合同法》，并宣布措美县“民营企业法律服务窗口”站正式设立，进一步拓宽民营企业法律服务渠道。根据2019年普法工作部署，县普法办调整充实措美县5个中小学法律辅导员和法治副校长，措美县共聘请法律辅导员5名、法治副校长5名，把法治教育纳入学校重点教学日程，认真落实春秋季“法治第一堂课”主题“法律进校园”活动。依托措美县委理论中心组学习培训、举行线上线下考试等形式，开展领导干部法治宣传教育5次，受教育干部达800余人。同时，县普法办以“3·28”西藏百万农奴解放纪念日、“三八维权周”、“民族团结月”、新中国成立70周年和西藏和平解放60周年大庆、“12·4”国家宪法宣传日等各类普法宣传节点为契机，积极开展专项普法宣传教育。

9月20日，中华人民共和国成立70周年大庆期间，县司法局带队联合县人社局、信访局到古堆乡开展矛盾纠纷排查化解工作

2019年，措美县普法办联合各成员单位共开展普法宣传教育活动240余场次、悬挂横幅180条、法治讲座10场次、发放普法宣传资料12000余份，累计受教育人数达3.1万余人次。

【人民调解】 2019年，措美县司法局积极组织发挥措美县28个基层人民调解委员会职能作用，开展人民调解工作。2019年，共排查化解各类矛盾纠纷49起（婚姻家庭纠纷32起，邻里纠纷1起，劳资纠纷15起，征地拆迁1起），其中已调解44起，未调解5起。共涉及人数354人，挽回经济损失达698.43万元。2019年，措美县波嘎村人民调解委员会、恰杂村人民调解委员会和调解员次仁多吉分别被推荐评选为山南市市级金牌调解室和金牌调解员。

【安置帮教】 2019年，措美县司法局严格落实刑满释放人员信息化管理，全面应用刑满释放人员管理系统和司法行政基层网上管理平台，全面落实刑满释放人员安置帮教工作。2019年，扎实落实刑满释放人员安置帮教工作，共走访8名生活困难人员家中开展帮扶慰问活动2次，联合县妇联开展家庭情感帮教活动1次。2019年，措美县在册刑满释放人员28人，共解除帮教6人，年末在册22人。2019年，措美县司法局深入推进在监服刑人员信息核查工作，共核查在监服刑人员信息 2 人，信息核查率为 100%。

【社区矫正】 2019 年，措美县司法局持续深入贯彻社区矫正人员“五对一”“一人一组”管控模式，进一步健全与政法各单位的常态化联动配合机制，与县法院落实法律文书衔接、抄送工作机制，与县检察院落实检察监督机制，与县公安局落实社区服刑人员出入境管理、治安处罚、涉毒查处等工作机制，杜绝延期交付执行和避免出现重新违法犯罪行为。截至 12 月底，共接收社区服刑人员 1 人、居住地变更转移 1 人、在册 1 人，开展社区矫正审前调查评估 1 次、集中教育 7 次、公益劳动 1 次、走访入户 4 次、帮扶慰问 1 次，2019 年未出现脱管、漏管和因工作失职造成的重新犯罪现象。

【法律援助和服务】 根据全国“援藏律师服务团”活动的实施，措美县司法局申请签订一名短期援藏律师，2019 年 6 月，措美县首批援藏律师到位开展法律援助和服务工作，拓宽有效提供专业化公共法律服务的渠道。截至 12 月底，措美县法律援助中心工作站共接待群众法律咨询 26 人次、代写文书 16 份；为 2 起案件（故意伤害案、交通肇事案）被告人提供指定辩护；为雪热村切姆组 35 户群众买卖案登记提供法律援助。3 月 12 日，为全面落实人民陪审员制度，进一步促进司法公正，县司法局、县人民法院共同举办 2019 年措美县新任人民陪审员培训班，并向 15 名新任人民陪审员颁发聘任证书。8 月，根据《西藏自治区司法厅自治区强基础惠民生活动办公室关于开展村（社区）法律顾问工作的实施意见》精神，对措美县 16 个行政村（社区）法律顾问员进行调整充实，共确定 31 名法律顾问员，覆盖率为 100%，进一步拓宽为农牧民群众提供法律服务渠道。

11 月 30 日，政府副县长刘建伟（中）督导检查措美县“12·4 国家宪法日”普法宣传活动开展情况

2019 年，根据自治区、市统一部署，措美县正式成立全面依法治县委员会，措美县全面依法治县委员会办公室设在司法局。

【法治政府建设】 2019 年，根据自治区、市统一部署，措美县正式成立全面依法治县委员会，措美县全面依法治县委员会办公室设在司法局。原措美县政府法制办职责划入司法局以后，司法局积极衔接各项业务，7 月成立措美县法治政府建设工作领导小组，办公室设在县司法局，有效开展法治政府建设各项工作。2019 年，共接待县直各政府机关部门咨询 13 次、审查重要合同 11 份、提出立法文件修改意见建议 3 份、协助政府法律顾问单位参与处理政府采购活动中投标公司投诉案 1 件。加强行政复议和行政应诉工作，推进行政复议规范化建设，畅通行政复议渠道，依法受理、审理行政复议案件，2019 年共受理行政复议案件 1 起。11 月 22 日，县司法局积极协调邀请措美县法律顾问单位拉萨欧珠律师事务所律师，组织措美县副科级以上领导干部举办行政复议法制讲座 1 次。扎实推进行政执法“三项制度[1]”，严格规范行政执法，促进依法行政，推进行政执法机构、职能法定化，依法履行职责，接受社会监督。10 月—12 月，开展行政执法部门执法主体、职权依据和执法人员开展清理审核公布工作，此次“三项清理”[2]涉及行政执法部门 25 家、2068 项行政职权、104 名执法人员。12 月，根据市司法局统一部署，措美县 8 个行政执法单位分别选派 1 名执法人员参加全市行政执法培训，并通过考试由西藏自治区人民政府统一颁发“西藏自治区行政执法证”8 个，进一步充实措美县行政执法队伍，促进行政执法法治化、规范化。

（德吉）

①“三项制度”：行政执法公示制度、行政执法全过程记录制度、重大行政执法决定法制审核制度。

②“三项清理”：僵尸企业、闲置土地、低效厂房。

军 事

军　事

人民武装

【概况】2019 年，县人武部深入开展“不忘初心、牢记使命”“传承红色基因、担当强军重任”主题教育活动，认真学习习近平总书记关于改革强军系列重要论述，不断增强“四个意识”，坚定“四个自信”，加强“两个维护”。组织现役官兵及民兵认真收看新中国成立 70 周年大庆阅兵盛况。官兵坚决落实党中央、中央军委和习主席的决策部署，按照走在前列的标准要求，不断提高实战化训练水平，加强正规化建设，坚持政治建军、改革强军、科技兴军、依法治军思想，不断提高有效履行新时代使命任务的能力。

【军民共建】2019 年，县人武部对口帮扶贫困群众 9 户，发放大米、面粉 30 余袋，食用油 30 余桶，

3 月 14 日，措美县武装部组织民兵在县城内主街道开展巡逻工作

帮扶困难户均实现脱贫，为措美县脱贫攻坚贡献力量，推动措美县军民共建不断向前发展。

【国防知识宣传教育】2019 年 9 月 15 日，县人武部广泛开展全民国防教育日活动，到县中、小学校进行国防知识教育，组织学生和适龄入伍青年参观武器装备和民兵训练，制作并发放国防知识手册。

（黄伟才）

武　警

【概况】中国人民武装警察部队西藏总队山南支队执勤一大队措美中队（以下简称武警山南支队执勤一大队措美中队，2018 年编制体制调整，兵力调动使用权限变动后，不再称措美县中队）组建于 1966 年 9 月，前身系西藏自治区山南地区公安处民警大队措美县队。

【党建工作】2019 年，武警山南支队措美中队以习近平新时代中国特色社会主义思想为统领，深入学习贯彻中共十九大精神以及总队、支队三级党委（全体）扩大会议精神，喜迎中华人民共和国成立 70 周年，按照总队、支队和大队党委部署安排，全面推进政治建军；坚持以稳中求进的总基调，在打

牢安全基础的前提下，努力探索新方法、研究新技能，狠抓部队政治教育方向引领，增强官兵“四个意识”，坚定“四个自信”，做到“两个维护”，下大力气提升党支部建设“三个能力”①，培养“三支队伍”②过硬素质，坚持在抓首位举齐铸魂中强化维护核心政治信仰，深入开展“条令年”“学法规、抓落实、除隐患、保安全”教育整顿活动，2019 年发展团员 3 名，预备党员 3 名，转正 2 名，研究推荐技术学兵 5 人，增补选举新一届支部委员会委员 1 次，修订完善各类组织计划 15 个，表彰测评 10 名优秀士兵、1 名获三等功；做好战士的服务保障和管理工作，努力为战士创造良好的工作环境，在固本强基中以依法正规、从严有序的工作中提升中队建设质量。

【行政管理】2019 年，武警措美中队以暑期“百日安全”活动为抓手，着眼推进安全工作“八个规范”③落地见效，结合老兵复退、士官选改以及中华人民共和国成立 70 周年大庆重要时期，深刻领会上级党委首长讲话精神，严格落实封闭式管理要求，对在外人员的现实情况进行摸底调查，建立部队、家庭、社会“三位一体”联管联控机制；对中队人员思想、训练安全、勤务积弊、枪弹问题及住房隐患进行分析研究，及时将隐患矛盾化解；结合 70 周年大庆安保对所属官兵逐一进行政治审查，确保中队依法正规、从严有序的管理。

【练兵备战】2019 年，中队大抓军事训练的氛围浓厚，聚力向实战化训练靠拢，练兵备战水平和官兵整体素质得到提升，研究推选战士参加总队、支队各类集训比武，官兵上下一致，“要我练”向“我要练”转变明显。

【平安创建】2019 年，武警山南支队措美中队紧贴习近平主席训令训词，落实支部议训、研训刚性措施，以“考、比、拉”为牵引，以坚决打赢“三场维稳战役”为总体目标，确保措美县社会面大局稳定，遵照“十六字”执勤方针，注重常态安保与阶段处突相交融，严密组织元旦、春节、全国“两会”、中华人民共和国成立 70 周年大庆等节点联勤武装巡逻，针对性增援处置方案演练 18 次，2019 年 7 月 25 日，参加抢险救援行动 1 次，有效保证人民群众财产安全，确保措美县社会面以及部队内部的高度集中统一和安全稳定。

【精准扶贫】2019 年，武警山南支队措美中队深入贯彻落实习近平主席《关于脱贫攻坚一系列重要决策指示精神》和《关于打赢脱贫攻坚战三年行动的指导意见》为根本遵循，根据支队党委安排部署，结合地方政府工作要求，精准扶贫、精准施策，坚持当前与长远结合、输血与造血并重、扶贫与扶志同步、增收与增智兼顾，按照“一年全面铺开、二年实现脱贫、三年巩固提高”大力开展扶贫项目，所属官兵深入一线挂钩对口贫困户进行慰问，传授

---

①“三个能力”：解决自身问题的能力 领导单位全面建设的能力 带领官兵遂行作战任务的能力

②“三支队伍”：党员队、军官队伍 、军士队伍

③“八个规范”：安全教育 安全训练 安全组织 安全制度 安全环境 安全设施 安全活动 安全责任

农副业种植技术，主动到贫困户家庭进行义务劳动，对贫困户家庭子女进行教育扶贫，并指定专人为其开展党的政策法规宣讲。共计走访慰问5次，送出大米10袋、粮油4桶、面粉10袋，砂糖5箱，有效推进扶贫工作精准落地。

【军地文化】2019年，武警措美中队坚持以丰富警营文化生活为抓手，筑牢官兵“以队为家”思维认识为根本，通过参加措美县文化活动、县有关部门对武警措美中队进行慰问以及县民间艺术团的慰问演出，有效推动军地联谊，营造互敬互爱的良好氛围。

【综合保障】2019年，措美县武警中队围绕“中心”抓保障、紧盯“效益”抓管理，突出“弱项”抓整改的工作思路，狠抓后勤队伍建设，强化后勤专业兵业务技能，不断健全完善综合保障能力。严密组织后勤领域重点问题“清仓归零”整治活动，扎实开展主副食清查整治活动。立足现有条件，搞好两业生产，做到“少投入，多产出”。有效做好卫生防病、治病工作，确保官兵身心健康，积极协调地方县委、县政府为中队购买办公用品、生活用品，极大地改善官兵工作生活条件。

（贾映宏）

经济社会事业

经济社会事业

援藏工作

【援藏交接】按照安徽省委和西藏自治区党委、山南市委的统一安排部署，安徽援藏第六批淮南、六安工作组与第七批合肥工作组及时召开工作对接会，移交各项工作资料，介绍援藏工作情况，到措美县援建项目现场查看工程进展情况。第六批淮南、六安工作组，三年省财政安排计划内资金1.9亿元，实施援助项目13个。淮南、六安市，三年计划外支持措美县教育、卫生、市政建设、乡村建设、双向交流等援助项目36个，合计资金5846万元。2019年，计划内、计划外项目实施进度达91%，剩余部分第七批合肥工作组将于2020年前全面实施到位。

【援藏基础】第七批援藏工作组进驻措美县以来，把深入基层一线调查研究、了解措美民情作为工作突破口。援藏工作组6人克服高原气候多变、村镇道路险峻、牧区生活艰苦等困难，行程1000多千米，集体到措美镇、哲古镇、乃西乡、古堆乡、合作社、企业、学校、医院调研。观察经济社会发展情况，感受基础设施状况，体验群众生产生活，对措美县经济社会稳定发展有直观印象。分类型召开发改、住建、教育、卫生、农牧、旅游等不同系统领域座谈会，听取情况介绍，了解工作进展，梳理对口援藏工作思路。工作组和措美县有关部门紧密会商，共同研究汇总援建项目备选库，逐一深入论证。

【队伍建设】工作组在安徽省第七批援藏工作队临时党委和措美县委、县政府的领导下，始终把加强自身建设放在工作首位，突出政治、熟悉业务、强化安全。成立措美工作组临时党支部，将先期进驻措美县开展工作的7名安徽短期援藏专业技术人员纳入统一管理。召开支部会议6次，深入学习习近平总书记关于治边稳藏的重要论述和中央援藏工作战略部署，学习李锦斌书记和省委、省政府对口援藏的安排部署、工作要求。主动邀请措美县安徽籍党政领导干部作民族政策、宗教文化、民情风俗讲座，帮助大家尽快适应、熟悉、融入措美工作生活。尤其是上海援藏医生赵坚、首届援藏律师团律师程东等4人牺牲后，工作组依托自有医疗专业技术人员，开展高原健康知识讲座，在措美县卫生服务中心组织心脏彩超检查体检。开展工作组成员结对互助，确保工作组全体人员身体健康、生命安全。

【项目谋划】2019年11月4日，西藏山南措美县党政代表团赴合肥参观考察，对接对口支援工作。安徽省委常委、合肥市委书记宋国权主持召开两地工作交流会，合肥市发改、财政、建设、卫生、教育、文旅等单位负责人参加会议。按照合肥市委要求，

11月15日，合肥市城乡建设局组成专班，进藏赴措美县开展计划外援建项目前期调研工作。调研组由合肥市大建办牵头，市建设局村镇处、城建处和巢湖市住建局有关人员参加，安徽省城建设计总院水环境治理、城镇规划和景观、环卫四大专业技术人员组成。进藏后，调研组克服高原缺氧，身体不适等困难，用一周时间对措美县哲古镇及哲古湖、哲古草原基本情况进行系统的了解。调研组召开农牧民和镇村党员干部座谈会，查阅基础资料、发放问卷调查，利用无人机对哲古镇区及有关村组进行航拍，按技术专业分组深入农牧民群众家中开展访谈。以当前人居环境和基础设施存在问题为导向，详细掌握哲古镇供水、排水、厕所、垃圾和群众生产生活习惯等各方面的基本资料。全方位梳理项目前期资料，为明确计划外合肥市对口支援措美县援建项目和方案设计打好基础。调研组回合肥后，通过两周时间，梳理出拟合肥计划外援建措美县哲古镇人居环境整治项目工程清单，项目涉及哲古镇供水、排水、改厕、污水处理、垃圾处理、道路硬化、景观提升等，初步概算资金8200余万元。

【双向交流】合肥援藏工作组会同措美县委、县政府商定三年合肥措美两地双向交流项目和实施时序。9月6日，合肥市委组织部组织援藏干部派出单位，进藏赴措美县看望慰问，对接援藏工作。合肥市委拨付200万元市管党费，专项用于开展措美县基层组织建设、干部教育培训、人才对口支援等方面交流项目，加强两地党建、经济、文化等各领域深度交流互动。合肥市庐江县支援工作组工作经费100万元。12月12日，措美县农村党员致富能手培训班在合肥举办。培训班以专家授课、两地农村发展能手座谈交流、农业产业化龙头企业和新农村建设、人居环境整治示范点参访为主，进一步开拓措美农村党员发展能手视野。12月，合肥市财政及有关县区专项拨付文化交流资金140万元，支持措美县艺术团赴合肥巡演，加强两地基层文化交流。

7月12日，措美县领导干部与第六批安徽省援藏工作队合影留念

发展和改革

【概况】措美县发展和改革委员会（以下简称县发改委）由发改委、经信局、粮储局三个部门组成，下设质监、物价和粮食公司部门。编制 6 人，领导职数 4 人，实有人数 5 人。2019 年，发改委按照县委、县政府部署，坚持稳中求进的工作总基调，统筹推进稳增长、调结构、促改革、惠民生等各项工作，经济发展呈现稳中有进、稳中向好的态势。

【国民经济】2019 年，措美县经济总体上保持平稳较快发展。2019 年完成生产总值 78358.4 万元，同比增长 8.2%；农村人均可支配收入 12631.7 元，同比增长 12.9%；全社会固定资产投资 69160 万元；社会消费品零售总额 9718 万元，同比增长 16.6%；财政收入 3127 万元，同比增长 0.9%。

【项目建设和管理】2019 年，措美县录入国家重大建设项目库 190 个，总投资达 232546 万元。录入西藏投资项目在线审批监管平台项目 275 个，总投资 240000 万元。新（续）建项目 90 个，完成投资 113711 万元。分行业完成情况：交运局 57753 万元、水利局 3019 万元、教育局 1273 万元、发改委 14131 万元、住建局 10085 万元、文广局 240 万元、农牧局 150 万元、环保局 1488 万元、产业办 11540 万元，其他部门 14032 万元。

【“十四五”规划前期工作】扎实开展“十四五”规划项目储备工作、“十四五”援藏规划前期调研工作。根据国家及自治区、山南市的大方针、大走向，措美县“十四五”期间共储备项目 354 个，总投资 240.90 亿元，储备“十四五”援藏项目 20 个，总投资 3.5 亿元。

【招商引资】2019 年，措美县招商引资工作始终高举中国特色社会主义旗帜，在县委、县政府的大力支持下，紧紧围绕措美县经济发展总目标，强力推进招商引资工作。2019 年实施项目共 3 个：措美北控 49.5 兆瓦风力发电项目、措美县兴化商砼站项目、山南市伯爵酒店开发项目。积极推进的项目：古堆乡 80 兆瓦地热发电项目、措美县 22 兆瓦高海拔风电开发技术研究及应用科技示范项目。

【工业指标】2019 年，措美县工业总产值完成 1438.6 万元，同比增长 −5.2%。措美县无规模以上企业，6 家规模以下企业自我发展能力不强，应对宏观政策调控、抵御市场风险、创新产品、开拓市场的能力不强。

【粮食流通】2019 年，保障市场稳定、保障粮食安全为目标，积极促进粮食流通事业健康发展，有效增强粮食经营者经营意识，确保粮食收购市场秩序井然，农民利益得到切实保障，截至 2019 年底，内地粮食期初库存 42747.5 公斤，销售 32325 公斤，

8 月 5 日，措美镇、县发改委及项目施工单位主要负责人对波嘎村文化活动场所项目进行验收

从企业购进 5000 公斤，期末库存 15422.5 公斤（其中：大米期初库存 20405 公斤，销售 18225 公斤，期末库存 4680 公斤，面粉期初库存 22342.5 公斤，销售 14100 公斤，期末库存 10742.5 公斤）。当地粮食期初库存 376029.45 公斤，收购 174000.5 公斤，销售 414835 公斤，期末库存 135194.95 公斤（其中：小麦期初库存 8333 公斤，收购 13995 公斤，期末库存 22328 公斤；青稞期初库存 367696.45 公斤，收购 160005.5 公斤，销售 414835 公斤，期末库存 112866.95 公斤）；油脂油料期初库存 1657.05 公斤，销售 837 公斤，期末库存 820.05 公斤（其中：青油期初库存 1657.05 公斤，销售 837 公斤，期末库存 820.05 公斤）。

（张　奎）

文化管理

【概况】措美县文化局（文物局）核定编制总数 4 名，其中行政编制 3 名，事业编制 1 名，局领导职数 4 名。配有局长 1 名、副局长 2 名。县文化事业单位设置县艺术团、文化活动综合服务中心。核定编制 7 人，实有 4 人（其中专技人员 1 人、副主任 1 人、电影放映员 2 人）。县艺术团有演职人员 28 人，男演员 13 人，女演员 15 人。

【群众文化生活】文化活动异彩纷呈。2019 年，文化局把文化活动作为一项惠民工程来抓，认真开展一系列活动。

县文化活动中心组织中学生开展以“传承优秀传统文化精神、书香伴我成长”为主题的第 24 个世界“读书日”活动，引导师生养成“爱读书、会读书、读好书”的好习惯。积极开展全民健身活动，为丰富广大干群的精神文化生活，安排艺术团演员每天坚持跳 2 小时的广场舞。成功举办 2019 年“哲古牧人节”，向外界展示独居特色高原牧区文化和旅游资源，在措美县上下受到良好的反响。认真开展文化交流活动，2019 年 8 月，措美县艺术团与浪卡子县艺术团开展文化交流活动，通过开展文化交流加深与兄弟县的情谊。

文化下乡工作有序推进。县艺术团以“三大”①节日、“3·28”百万农奴解放纪念日、“五一”劳动节、“哲古牧人节”、中华人民共和国成立 70 周年大庆等重要节庆为契机，按照“五下乡”活动要求，深入措美县 16 个行政村、寺庙、学校、集中供养中心等广泛开展文艺演出，2019 年，文艺下乡演出共 60 场次，顺利完成 2019 年度演出场次任务，观众人数达 3.4 万余人。

繁荣文化艺术的创作。2019 年措美县艺术团积极创造新作品，舞蹈《春的祝福》、小品《我的致富路》、演唱《欢迎到乡村里》等创造一批群众喜闻乐见，符合时代要求的优秀作品。

注重文艺人才培养。在上级业务部门的支持下，2019 年 6 月底至 7 月底为期一个月的时间，选派 21 名演员到自治区群艺馆进行业务培训，9 月在自治区宣传部的应邀下，措美县 19 名演员参加由西

①“三大”职能：教育、管理、服务。

藏自治区宣传部举办的中华人民共和国成立 70 周年大庆文艺演出活动。进一步提高演员的业务水平，同时历练舞台经验。

【非遗保护工作】为有效保护传承珍贵的传统文化遗产，多次到基层挖掘优秀的民族文化。经文化局领导班子认真评审，县人民政府严格审核后具有代表性的“恰诺银器加工技艺”“古堆谐钦”等六项列入第二批县级非物质文化遗产代表性项目名录。

在非遗日期间，联合县文化活动中心和县中学举办非遗节目专场文艺演出，挑选一批具有代表性的文化遗产项目在现场进行集中展示。进一步提高广大干群保护文化遗产的意识扩大非遗文化的影响力。

积极开展“非遗进校园”活动。通过开展非遗进校园活动，让广大师生了解非遗。同时为进一步管理和监督非遗传承人，对全县非遗传承人进行全方面细致的考核。

【文物安全保护】全面开展文物保护单位安全生产、消防安全督导检查工作，加大文保单位安全隐患排查整治力度，县文物局联合县应急管理局、民宗局、消防等相关部门多次到措美县各文物保护单位进行文物安全状况大排查专项行动，及时排查消除文物安全隐患。年初，县文化局组成工作组到措美县范围内的野外看管点督导检查野外文物安全情况，并与野外文物看管人员签订责任书，明确看管责任，确保野外文物安全。有针对性地制定文物安全管理措施，建立健全文物安全制度体系，并为每一位看管人员发放笔记本，制作工作证，进一步规范和明确措美县的野外文物看管人员责任。

【文化市场监管】认真贯彻自治区、市、县相关文件精神，严格监管文化市场。认真开展文化市场“扫黑除恶、打非治乱”工作，积极联合相关职能部门，对县域内的娱乐场所及上网服务点，进行监管检查，2019 年，开展文化市场检查 75 次，未发现违纪违规现象。为措美县文化市场健康有序发展营造良好的环境。

（拉　宗）

11 月 9 日，措美县艺术团到错那县开展文化交流活动

市场监督管理

【概况】2019 年，因机构改革，原措美县食品药品监督管理局和措美县工商行政管理局合并成立措美县市场监督管理局，作为政府工作部门。措美县市场监督管理局机构编制为 6 名，其中，正科级干部 1 名，副科级 3 名，2 名科员。

【监管工作】2019 年，措美县市场监督管理局深入开展整顿和规范市场经济秩序工作。加强安全生产检查工作，保障市场经营秩序，杜绝各类安全事故，维护人民群众财产和生命安全。加强消费维权工作，进一步完善消费维权体制。认真开展打击传销工作，确保措美县社会安全稳定。全面开展“双随机一公开”[①]工作。联合检查，加大市场专项整治力度。加大学校食堂食品安全专项检查力度，确保广大师生饮食安全。加强食用农产品的安全监管，全面保障蔬菜等食用农产品质量安全。2019 年，共出动执法人员 126 人次，执法车辆 56 车次，检查食品经营单位 582 户次，责令整改 25 家，立案处理 2 家。2019 年，措美县共有市场主体 1484 户，其中，个体工商户 1238 户，注册资本 17696.64 万元；企业 163 户（其中私企 125 户），注册资本 95519.72 万元；农牧民专业合作社 83 户，注册资本 4109.15 万元。2019 年新增市场主体 309 户，其中新增企业 15 户，个体工商户 294 户。

【个体私营经济监管】根据市局有关开展无照经营查处取缔工作的要求，并下发无证无照取缔考核办法，措美县监督管理局将查处无照工作列入年度各项业务考核范畴，并制定《措美县查处无证无照经营专项行动实施方案》，2019 年，共开展专项行动 8 次，出动执法车辆 12 台次，出动执法人员 28 人次。

【市场监管和消费维权】2019 年，措美县监督管理局继续深入开展整顿和规范市场经济秩序工作。2019 年，流通领域食品安全专项整治中共出动执法人员 25 人次，检查食品经营户 510 余户次，没收过期食品总价值达 0.05 万元，均予以当场没收销毁并警告处理。开展农资市场检查 6 次，共出动执法车辆 6 车次，执法人员 12 人次，检查农资经营户 24 户。开展危化品专项整治 10 余次，出动执法人员 18 人次，出动执法车辆 6 台次，检查加油站 20 户次，个体工商户 130 户次。

9 月 11 日，措美县市场监管局执法人员开展砖厂规范检查

① “双随机一公开”：监管过程中随机抽取检查对象、随机选派执法检查人员，将抽查情况和查处结果及时向社会公开。

【打击传销】针对传销和变相传销不断向农村渗透的趋势，措美县市场监督管理局组织各乡（镇）开展传销人员排查工作，同时与各乡（镇）签订打击传销工作责任书，明确成员单位责任。2019 年共开展宣传活动 4 次，出动宣传人员 12 人次，发放宣传单 500 余份，制作横幅 1 条，创建无传销村居 1 个。

【文化市场整顿】为确保措美县意识形态和文化市场安全，维护措美县社会和谐稳定，有效杜绝非法政治性出版物及无标识、盗版在措美县传播，结合措美县实际，联合县文化执法局，2019 年共开展专项活动 15 次，出动执法人员 25 人次，出动执法车辆 8 台次，检查市场主体 24 户次。

【竞争执法】2019 年，措美县市场监督管理局集中开展农资、家电、通信、服装鞋帽等重点领域、重点行业的监管工作，继续打击“傍名牌”和制售假冒伪劣商品等行为，严厉打击各类不正当竞争执法行为，维护公正透明的市场竞争环境。

【商标战略】加强知名度商标的培育工作，继续突出主导产业、传统优势产业、区域经济支柱产业、特色产业，继续加强跟踪指导，坚持培育一批、选拔一批、申报一批，做到成熟一个、申报一个，形成有层次、有梯度、循序渐进的滚动发展态势。落实“六书二卡”①商标行政指导制度，指导辖区内的各类经营主体规范使用注册商标，同时结合“企业大走访”活动，采取走进企业、实地查看、专题访谈、交流指导等各种方式，指导企业用好商标战略实施各项优惠政策。2019 年，措美县已完成注册的商标共有 45 件，申请地理标志 1 个（措美牦牛）。

（边巴扎西、旦　真）

商　务

【概况】2019 年，措美县商务局核定编制 3 人，1 名正科，2 名副科，领导职数共 3 名，截至 2019 年底，实有人数 6 名，1 名局长，2 名副局长，1 名主任科员，1 名工人，1 名公益性人员。2019 年，措美县商务局紧紧围绕措美县经济发展总目标，加大商务工作管理力度，加强市场建设和监管，为推进措美县商务局经济社会又好又快发展作出应有贡献。

【市场监测】市场监测运行平稳，各种数据均能按时上报，让上级业务部门从整体上及时了解市场动态，便于市场宏观调控，促进理性消费，通过对市场动态进行预测，起到稳定市场、稳定物价导向作用。

【安全管理】为认真贯彻落实上级关于安全生产工作系列指示要求及市县两级一系列安全生产会议精神，措美县商务局严格按照“全覆盖、零容忍、严执法、重实效”总要求，共对措美县油气领域安全检查 24 次，安全整改 37 项，确保“平安措美”建

① “六书二卡”：商标注册证有效期续展提示书、商标规范使用提示书、商标违规使用警示书、认定和保护驰著名商标建议书、商标注册建议书、商标变更提示书；两卡：商标维权联系卡、驰著名商标跟踪服务卡。

设持续推进。积极配合县相关单位开展安全生产宣传活动，制作宣传横幅 6 条，发放宣传单（册）520 余份。

【物资交流会】2019 年 11 月 16 日，为期 5 天的措美县第十九届物资交流会开幕，该届物交会参会商户 326 户（特色产品 8 户，娱乐业 20 户，餐饮业 30 户，日用百货 190 户，家具 7 家，服装业 70 家，肉类 1 家），商品种类多达 25 种，成交额达 102.63 万元，其中家具类商品销售占总交易额 30.5%。为助力脱贫攻坚工作，物交会设立建档立卡群众农畜产品代销点，增加收入 2.64 万余元。

【雅砻文化节特色产品展销】8 月，措美县商务局积极组织县域内 6 家合作社，参加 2019 年西藏·雅砻文化节特色产品展销活动，参展商品种类达 18 种，成交额达 18.4 万余元。

【“哲古牧人节”特色产品展销】搭建特色产品展销平台共 10 个，参展品种达 18 种，其中波嘎雪菊和大学生创业平台颇受消费者青睐。成交额达到 10.2 万元。

8 月 16 日，措美县在山南市召开 2019 年中国西藏雅砻文化节招商引资推介会，政府副县长夏猛（左一），县发改委、商务局负责人参加招商推介会

【雅砻物资交流会】12 月，措美县商务局积极组织群众参加第 39 届雅砻物资交流会，据统计，市物交会措美县参展商户共 977 户 1530 余人，统一搭建商铺 669 户，上市商品有牦牛肉、羊肉、藏被、服装、披肩、藏式摆件、雪菊、黑青稞糌粑、奶渣、人参果等 10 余种，商品销售总额达到 2407.2 万元，比 2018 年同期增长 433.35 万元。

【加油站】为了满足农牧民群众日益增长生产、生活水平，解决乃西乡恰杂村、定巴村、具巴村、鲁麦村等农牧民群众加油不便问题，措美县商务局积极与市商务局及中石化西藏分公司对接，拟于乃西乡鲁麦村修建标准加油站一座，2019 年该项目土地选址等前期工作基本完成，预计 2020 年完成建成并投入运营。

【项目推进情况】措美县生活必需品储备库建设项目开展情况。积极协调县发改委，申报对接措美县生活必需品储备库项目，2019 年已完成项目选址、可研、设计、风险评估、节能登记、环境影响。该项目计划投资 540 万元，预计 2020 年正式实施并投运。

电子商务进农村项目开展情况。为开创措美县农村流通网络新局面，营造电子商务进农村良好氛围，结合措美县商务局实际，研究制定《措美县电子商务农村综合示范县工作实施方案》，2019 年已完成电子商务公共服务中心建设、场地租赁及室内软件设施添置工作，预计 2020 年在区商务厅统筹指导下全面投入运行。

（达瓦平措）

旅游发展

【概况】2019年，措美县旅游发展局（以下简称县旅发局）核定编制4人，1名正科，2名副科，1名科员，实有人数4人。全年共接待区内外游客8.1万人次，实现旅游经济收入77.76万元。

【宣传推介】大力宣传措美旅游形象，并推荐山南G560、G219边境大通道旅游线路产品和沿途自然风光。从4月份开始，措美县旅游发展局分别参加山南市旅游发展局在拉萨组织的“2019·520勒布沟杜鹃花发布会暨山南旅游产品推介会”、山南市2019年“中国旅游日”活动启动仪式、“2019中国·西藏雅砻文化节”“共享地球第三极·藏源山南”山南旅游湖北武汉分会场旅游推介会、措美县第十一届“哲古牧人节”、山南市第二届“一措再措”徒步大会、措美县各类宣传日宣传活动，累计向各旅行社、媒体及游客发放宣传画册、手册及资料1900余份，进一步加大措美县景区、景点和旅游特色产品的宣传推广力度，提高和展现独具特色的措美自然和人文旅游景观。

【开发特色旅游业】鼓励和扶持农牧民群众增加农畜产品的加工、藏药材的开发，引导农牧民群众开发独具措美特色的旅游纪念品。旅游业带动农牧民群众经营副食、销售旅游商品，扶持农牧民兴办家庭旅馆、牧家乐、农家乐、草原露营帐篷接待点等。着力培育特色商品，鼓励和帮助农牧民销售旅游特色商品，切实增加农牧民收入。深入推广“哲古牧人节”旅游节庆品牌，继续下大力气组织开展“哲古牧人节”活动。

【2019西藏·措美“哲古牧人节”】2019年8月25日，在哲古湖畔举办措美县第十一届“哲古牧人节”，活动期间市、县直各部门及区内外游客、商户以及当地农牧民群众共接待游客16000人次，参加牧人节的商户155户，总交易额达112万元，实现旅游收入29.5万余元。

【旅游安全生产工作】2019年，措美县旅游发展局与各家庭旅馆、农家乐、牧家乐等业主签订《2019年旅游安全生产目标责任书》，明确旅游安全生产责任人的职责。积极组织协调县公安局、交运局、市场监管局、应急管理局、消防大队等相关部门负责人对旅游行业领域安全生产进行专项检查和安全隐患排查工作，发现问题及时进行整改，2019年，措美县旅游发展局对措美县旅游景区、景点、农家乐、牧家乐、家庭旅馆进行24次食品卫生、道路交通、消防安全检查，进一步落实安全生产行业主体责任，保障旅游行业领域的绝对安全。与县公安交警配合严格执行旅游车辆安全监督检查工作，小型车辆严格执行7座以上禁止通行，县公交客运车辆严格执行“两限一警”①要求。

【景区（点）环境整治】2019年，措美县旅游局同旅游行业经营者签订《措美县旅游局“十三五”期间景区（点）环境综合整治目标责任书》《景

①“两限一警”：限制车辆载客数量、限制车速以及每车配备警察。

区周边施工期间环境保护责任书》，建立健全旅游环境综合治理长效机制；加大环境综合整治力度，同县生态环境局深入哲古景区检查环境卫生，整治1处临时垃圾转运站，并要求哲古社区立即清理和转运，有效保护旅游景区周边的环境。动员措美县干部职工和雇佣周边农牧民群众，对哲古景区周边及公路两旁的白色垃圾、生活垃圾等进行卫生大清理，有效保障哲古景区的环境卫生。

【脱贫攻坚】抓好结对认亲帮扶。深入村（社区）联系户，了解结亲对象的基本情况、掌握贫困户收入动态、填写结对帮扶台账等工作，做到心中明、底数清。精准扶贫、抓就业增收。措美县旅游局精准扶贫，安排生态保护转移就业岗位厕所保洁员81名，兑现工资283500元，从建档立卡贫困户中选出转移就业岗位43名，与贫困户所在乡（镇）、村（社区）和保洁员签订管理合同，脱贫17户、共63人，旅游产业带动脱贫人数32人。争取7000元扶持资金用于家庭旅馆银星、铜星的评定，鼓励更多农牧民和贫困户参与旅游服务行业。

【第二届“一措再措”徒步大会活动】由山南市旅游发展局主办、西燕传媒集团承办，措美县旅游发展局协办的2019山南第二届“一措再措”徒步大会于2019年9月27日在措美县哲古景区开展。徒步大会，组织百名徒步游客体验哲古错——羊卓雍错集藏南人文、自然、旅游资源，在哲古景区设立接待点，期间，游客可以观赏到广袤无垠的哲古草原、成群结队的藏野驴、牛羊群、以及波澜壮阔的哲古湖，同时为游客提供具有牧区特色的“篝火晚会”。

【旅游景点】国家Ⅱ级景区哲古景区

哲古草原位于哲古镇，平均海拔4600米，草场总面积为323多万亩。草原上随处可见野生动物，有国家一级保护动物藏野驴、盘羊、黑颈鹤、雪豹。国家二级保护动物岩羊、黄羊、银狐、猞猁、雪鸡、水獭、旱獭、灰鸭、斑头雁、豺狼等。

哲古湖

哲古湖位于哲古草原上，面积60多平方千米，平均水深20多米。冬季湖面晶莹剔透，犹如一面明镜镶嵌在草原上；春夏季节，湖面波光粼粼，与蓝天相接。湖内生长着各种无磷鱼，湖面上鸟类聚集，湖四周则是一望无际的草原和连绵起伏的雪山。湖的正前方是洛扎县境内雪山，后方是雄伟壮丽的雅拉香布雪山，直耸云端。

藏南朝圣古道第一刹—玛悟觉寺

玛悟觉寺位于措美县城东北侧玛悟觉山腰上，海拔4500米，于公元12世纪中叶，由藏传佛教宁玛派伏藏大师阿达·娘尼玛维色始建，已有900余年的历史。玛悟觉寺后期被誉为藏南朝圣古道第一刹。始终传承藏传佛教宁玛派。

藏南朝圣古道

历史悠久，玛悟觉寺恰为“藏南朝圣古道”第一关，该寺在藏南朝圣古道上所占的位置之高，”藏南朝圣古道“沿途的幽、奇、惊、险、奥、深的文化内涵，是西藏境内少有的独特旅游资源。

藏獒之乡—古堆

山南市措美县古堆乡有“藏獒之乡”之称，藏獒是当地牧民和牲畜的忠实伙伴和保护神，2005年组建古堆藏獒养殖基地。古堆作为藏獒之乡，与其特殊的地理环境和恶劣的气候条件是密不可分的。古堆乡位于措美县东部，地处高山草甸区域，霜冻、暴雨、雹灾、雪灾等自然灾害频繁。严酷的自然环境赋予古堆藏獒高贵、典雅、沉稳、勇敢的王者气质。

恰拉脱岗雪山

恰拉脱岗雪山位于措美县西南乃西乡恰杂村，最高海拔 6785 米，最低点位于措美县乃西乡与洛扎县交界处，恰杂村素有“麦雄”的别称，其意为水资源丰富，地域性的小气候，生物品种繁多，藏药材丰富，境内有 400 多种动植物及藏药材。公历 5—6 月份雪山脚下盛开大片的杜鹃花。恰拉脱岗雪山旁还有一处湖泊名叫“古如拉错”。

（唐　钊）

自然资源

【概况】2019 年，措美县自然资源局团结协作，扎实工作，坚持开源与节流并举，在资源规划、开发、利用和保护上切实履行国土资源管理的职能职责，确保各项工作稳步推进，为措美县经济和社会发展提供资源保障。措美县国土资源和规划局（不动产登记局）为县政府工作部门，正科级建制。2019 年 4 月，政府系统机构改革，由国土资源和规划局（不动产登记局），名称改为自然资源局，核定行政编制 4 人，领导职数 4 人，实有 4 人；不动产登记中心，实有 4 人。

【矿产资源管理】2019 年，全面强化矿产资源管理，措美县境内矿产资源较为丰富，主要有金、银、锑、铅、锌，非金属矿产有泥炭、大理石、花岗岩，另地热、风能、太阳能也极具开发前景，是山南市矿产资源较丰富的县之一。2019 年有探矿企业 8 家，采矿企业 1 家。各矿山企业在划定的勘查作业区内进行规定的勘查作业，按照规定做好探矿各阶段的资金和技术投入，完成基本的地质工作，也及时向县政府和自然资源局汇报工作成果，做好矿权年检工作，维护矿权，认真落实各项环境保护措施，及时上缴税收，全额兑现集体和群众草场补偿费。

【土地管理与利用】根据土地利用变更调查，截至 2019 年底，措美县耕地保有量 2.31 万亩、基本农田 15020.74 亩，确保耕地面积总量不低于 2.26 万亩。在耕地保护中，严格执行基本农田保护制度，按照“五个不准”①的要求，采取有力措施，确保基本农田面积不减少，质量不降低，用途不改变。特别是在建设用地审查报批过程中，只要是涉及基本农田的，一律不予申报，严格落实耕地占补平衡政策，按照占一补一的原则，实现耕地总量不变。措美县严格按照节约集约用地原则，切实保护耕地，最大限度地利用农村现有建设用地，依法办理农用地转用审批手续。措美县按照上级部门的要求和相关法律法规，严格执行土地管理法，进一步做好土地报备、流转、出让等工作。加强群众思想教育工

①“五个不准”：不准占用基本农田进行植树造林、发展林果业；不准在基本农田内挖塘养鱼、建设用于畜禽养殖的建筑物等严重破坏耕作层的生产经营活动；不准违法占用基本农田进行绿色通道和城市绿化隔离带建设；不准以退耕还林为名违反土地利用总体规划，将基本农田纳入退耕范围；不准非农建设项目占用基本农田（法律规定的除外）。

作，合理合情补偿土地费用，避免发生土地纠纷及事件。

【征地补偿】征地补偿标准。根据县统计局提供数据，措美县统一年产值调整为措美镇、乃西乡 1300 元 / 亩，哲古镇、古堆乡 1250 元 / 亩。按照《中华人民共和国土地管理法》认真执行。

补偿费兑现情况。措美县认真贯彻国务院关于深化改革加强土地管理的决定精神，加大清理兑现拖欠群众征地费力度，切实维护群众利益，配合做好被征地农民的补偿和社会保障工作，妥善安置被征地农民的生产和生活。2019 年，兑现征地费 915.471 万元，其中，县人民政府对措美县体育场、棚户区改造等建设用地安置补助费共 450.739 万元，兑现村集体土地补偿费共 73.732 万元，协和光伏用地征地费共计 391 万元。全部以“打卡”形式兑现到被征地农民手中。

妥善处理失地农民群众。对于失地农民，不能仅仅进行一次性资金买断补偿，而应该站在统筹城乡发展、构建和谐社会、维护社会稳定的高度，着力解决实地农民的“三难”①问题，即拆迁安置难、失地就业难、生活保障难的问题。措美县为妥善解决失地农民的安置问题，多次召开专题会议，出台《措美县失地农民安置暂行办法》，解决失地农民的生计问题。

【地质灾害监测防治】积极与上级业务部门衔接，争取“乃西村泥石流地质灾害治理工程项目”项目

5 月 15 日，山南市局地质环境科李学文和 405 地质队到玛吾觉寺实地查看山体崩塌情况

资金 723 万元，2019 年实施并已竣工，切实保障群众生命财产安全。邀请安徽测绘院专家对全县逐一排查汛前、汛期地质灾害隐患点，强化地质灾害基础数据，自然资源局组织地灾排查工作 10 余次。完成编制《措美县 1：50000 地质灾害排查及治理规划》工作。

【不动产登记工作】按照自治区、市两级要求，及时完成措美县地籍和房权数据测绘工作，2019 年邀请第三方测绘公司，开展各乡（镇）不动产权测绘工作，2019 年，已经完成古堆、乃西的外业工作，整理后，资料移交不动产登记中心。

开展便民服务，按照自治区、市两级要求，以“打造一流的服务平台、创造一流的工作效率、营造一流的服务环境、锻造一流的干部队伍”为重点，不断创新创优行政许可服务方式，不断拓展“一个窗口对外、一条龙服务、一站式办结”的服务功能。

（格桑曲珍）

① “三难”：拆迁安置难、失地就业难、生活保障难。

统 计

【概况】措美县统计局 2010 年 10 月升级为正科级单位，挂在发改一起合署办公。2017 年 2 月按照《关于印发〈西藏措美县统计局（社会经济调查队）主要职责内设机构和人员编制规定的通知》文件要求科级领导编制 2 名，工作人员 3 名。措美县统计局配备正科级干部 1 名，副科级干部 1 名，工作人员 4 名负责政府职能统计工作。

【人口与状况】措美县 2019 年末总人口数为 14980 人，其中，非农业人口为 1894 人，农牧业人口为 13086 人（其中，男 6375 人、女 6711 人）。非农牧业人口占总人口数的比重为 12.64%；农牧业人口占总人口数的比重为 87.36%。措美县妇女人口 8356 人，其中，农牧区妇女 6711 人，机关妇女 462 人。2019 年措美县总户数 4427 户，其中，农业户数 3647 户、非农业户数 780 户。非农业户数占总户数的比重为 17.62%；农牧业户数占总户数的比重为 82.38%。乡村劳动力资源数 7101 人，其中，男 3568 人、女 3533 人。乡村劳动力资源数占措美县总人口比重为 47.4%。

11 月 7 日，措美县统计局局长云旦顿珠（左二）检查扎扎服饰专业合作社

【普查与常规统计】2019 年，措美县范围内进行全国性经济普查，措美县统计局牵头领导的普查办对措美县所有企业进行走访普查。县统计局及时完成的常规统计报表有生产总值 GDP、农牧业、固定资产、建筑业、批发零售和住宿餐饮业、工业、工资报表、固定资产投资联网直报、规下工业投资联网直报、建筑业企业联网直报、小型建筑业企业联网直报、村社会基本情况联网直报、2019 年人口调查村、（社区）基本情况表联网直报等，并协助相关部门公众安全调查、党风廉政调查、群众安全感调查工作等任务。

2019 年完成县生产总值 78358.4 万元，可比价增长 8.2%。其中：第一产业增加值完成 2882.3 万元，可比价增长 3.1%；第二产业增加值完成 46119.6 万元，可比价增长 3.9%；第三产业增加值完成 29356.6 万元，可比价增长 16.4%。人均生产总值 52309 元，比上年增长 18.19%。2019 年农村经济总收入 27435.19 万元，比上年增长 9.59%。年末，措美县单位从业人员 1244 人，比 2018 年同期增加 67 人，增长 5.4%，从业人员工资总额 140535 千元，下降 7.9%，年人均工资 112970 元，下降 12.9%。年末城镇登记失业率控制在 2.1% 以内。

种植业和畜牧业

措美县农作物总播种面积为 940.19 公顷，实现粮食总产量 3203.14 吨，同比增长 2.28%。油菜籽播种面积 101.48 公顷，实现油菜产量 209.53 吨，比上年同期下降 28.61%; 蔬菜播种面积 38.62 公顷，实现产量 868.8 吨，产量比上年同期下降 27.25%。青饲料播种面积 66.65 公顷，实现产量 1119.93 吨，比上年同期增长 110.6%。

2019年累计出售和自宰的猪牛羊总头数58054头（只），比上年下降6857头（只），同比下降10.56%。牛出栏9836头，比上年同期下降915头，同比下降8.51%；羊出栏48170只，比上年减少5851只，同比下降10.83%；猪出栏48头、比上年减少91头，同比下降65.47%；家禽出栏1500只，比上年减少70只，同比下降4.46%。

肉类总产量实现2253.20吨，比上年同期减少26吨，下降12.84%。其中，牛肉产量1565.32吨，同比减少18吨，下降1.63%；羊肉产量683.23吨，同比减少4吨，下降0.6%；猪肉产量2.4吨，同比减少5吨，同比下降67.57%：禽肉产量2.25吨，同比减少0.05吨，下降2.57%。牲畜出栏率44.31%，奶类产量3912.61吨，比上年同期减少810吨，同比下降17.15%，羊毛产量138.92吨，比上年同期减少28吨，同比下降16.9%。以上统计数据中可以看出，2019年肉类产量比2018年下降26吨。各类牲畜存栏数为124553头（只、匹），比上年同期减少6465头（只、匹），其中，牛26041头，羊97892只，新生仔畜成活数49850头（只、匹），仔畜成活率93%。2019年成畜死亡1167头只，死亡率0.94%。

工业和建筑业

2019年，实现工业增加值完成1438.6万元，同比下降5.2%。实现建筑业增加值44680.9万元，同比增长4.2%。

固定资产投资

2019年，措美县500万元以上在建项目有61个，在建项目2019年计划总投资117754万元，2019年1月—12月累计完成投资69160万元（其中5000万元以上项目完成投资48976万元，500~5000万元项目完成投资20184万元），比2018年同期下降64.6%，完成年度计划的41.9%。其中，国家投资项目49个，1月—12月累计完成66678万元。招商引资项目2个，1至12月累计完成投资974万元。民间投资项目1个，1至12月份累计完成142万元。援藏项目9个，1至12月累计完成投资1366万元。

12月14日，措美县统计局局长云旦顿珠（右二）一行人深入各乡镇检查规模以下工业企业，图为：在哲古镇宗宗村检查工作

2019年新建项目偏少，续建项目占总项目的73.77%。由于固定资产投资统计改革，500~5000万元项目按照财务支出法统计，很多项目已经完工，但是项目款未拨完，所以竣工项目数偏少。从投资结构来看，国家投资占完成投资总量的96.41%，拉动投资总量的主导地位；其次招商引资占完成投资总量的1.41%；援藏项目占完成投资总量的1.98%。5000万元以上大型项目完成投资成效显著。2019年，5000万元以上项目完成投资48976万元。500~5000万元项目完成20184万元。

商业

2019年1月—12月，措美县实现社会消费品零售总额9718万元，比上年同期增长14.6%。按销售单位所在地分。城镇累计销售总额为5638万元，比上年同期增长14.6%。乡村累计销售总额为4080万元，比上年同期增长14.5%。按行业分。批发业累计总额741.7万元，零售业累计销售总额6013.5万元，比上年同期增长3.6%；住宿业累计销售总额37万元，比上年同期增长68.18%；餐饮业累计销售总额2925.8万元，比上年同期增长10.2%。

交通、旅游

措美县完成货运量6.1万吨，比2018年同比增长0.15%，货运周转量61.8万吨公里，比2018年同期增长0.16%。完成客运量2.2万人次，客运周转量50.8万人公里，增长0.13%。年末措美县民用汽车保有量730辆，比上年末增长0.2%，其中：私人汽车431辆，增长0.2%。2019年，接待国内外游客81297人次，比上年增长131.7%。实现旅游总收入77.7万元、增长36.9%。

财政和金融

措美县本级财政收入为3127万元，比上年同期增长0.9%，税收收入2820万元，比2018年同期下降31.4%。各项存款余额达到60344万元，同比下降9.65%；各项贷款余额达53515万元，比2018年同期增长82.7%。

教育

措美县共有各类学校20所，在校生1615人，其中，初中生295人、小学生885人、幼儿园435人、专任教师210人，农牧区学前两年入学率100%。小学入学率达到100%、初中入学率达到100%。

卫生、文化

2019年末，措美县卫生机构19个，床位46张。其中，医院1个，床位30张；乡镇卫生院4所，床位16张；疾病预防控制中心（防疫站）1个，村卫生室12个，门诊、诊所（卫生所、医务室）1个。卫生人员总数（包括村级卫生人员）97人，其中，执业（助理）医师34人，注册护士7人，其中5名正式，1名三支一扶，1名临时工。措美县民间艺术团1个，从业人员27人，广播电视综合人口覆盖率99.5%。

人口、人民生活和社会保障

措美县人口14980人，比上年减少8人。其中，非农业人口1894人，占措美县总人口12.64%，农业人口13086人，占措美县总人口87.36%。城镇居民人均可支配收入36653元，比上年增长10.4%、农村居民人均可支配收入12631元，比上年增长12.9%。

城乡居民基本养老保险。正常收费人数6028人次，征缴金额64.96万元。机关事业单位养老保险。参保人数1008人，2019年征缴金额为3475.86万元，完成率100%。机关事业单位基本医疗。参保人数为31772人次，2019年征缴金额为1615.06万元。城镇职工医疗保险。参保人数1071人，2019年征缴金额为1400.60万元，完成率100%。工伤保险。参保人数14356人次，2019年征缴金额为15.03万元，完成率100%；失业保险。参保人数541人，2019年征缴金额为43.38万元，完成率100%。生育保险。缴费人数为1071人，2019年征缴金额为98.01万元，完成率100%。职业年金。核定人数12127人次，2019年核定资金548.86万元。公务员补助资金。核定人数512人，征缴金额209.61万元。城镇居民医疗保险。参保为738人，2019年征缴金额为14.3万元。各类医疗、生育报销情况。共受理报销74人，报销金额91.94余万元。全民参保登记情况。措美县总人口14980人，已入户调查登记共计14980人，入库率达到100%。

年末，措美县享受城镇最低生活保障有42户，人数89人，已落实城镇低保资金36.78万元，措美县农村低保对象128户362人，已落实农村低保资金 52.68 万元。措美县共有农村五保供养对象 125 人，其中，分散供养 25 人，集中供养五保老人 100 人，2019 年落实农村五保对象供养经费 123.74 万元。临时救助 44 户，共发放救助资金 28 万元。2017—2018 年冬季受灾群众自然灾害生活补助物资发放工作，核实受灾人口，及时发放受灾物资共计 129 万元。享受城乡低保失能老人 45 人，共计落实补贴资金 2.7 万元。老年人健康补贴 544 人，共落实资金 30.92 万元。

（桑吉拉姆）

民 政

【概况】2019 年，经中央机构改革工作调整后，措美县民政局编制 7 人，其中行政编制 4 人，事业编制 3 人。措美县民政局下属单位 2 家，现有行政 3 人，事业编制 6 人。即措美县特困人员集中供养服务中心、措美县申请救助居民家庭经济状况核对指导中心。2019 年，民政工作紧紧围绕县委、县政府中心工作，以服务民生为主线，切实履行改善民生、落实民权、维护民利的基本职责，扎实工作，为民务实，突出重点，整体推进，促进各项民政工作健康有序发展。

【救灾救济】2019 年，冬春受灾群众自然灾害生活补助物资发放工作，核实受灾人口，及时发放冬春受灾群众自然灾害生活救助资金 75 万元。5 月救灾工作已移交至县应急管理局。

【城乡低保】措美县民政局按照县级入户 30%，乡（镇）入户 100% 的要求，按照 2019 年农村低保线 4450 元标准，对措美县原有 137 户 389 人的农村低保对象及低保新申请对象进行入户核算低保家庭收入，农村低保动态调整后措美县有低保户 128 户 362 人，2019 年第一季度为 137 户 387 人落实农村低保资金 13.4141 万元，第二季度为 130 户 362 人落实农村低保资金 12.9978 万元，第三季度为 128 户 362 人落实农村低保资金 12.9978 万元，第四季度为 130 户 366 人落实农村低保资金 13.1889 万元。补充第一、二、三、四季度农村低保“十大民心”工程资金 11.075 万元。2019 年共落实农村低保资金 63.7559 万元。城镇低保有 42 户 89 人，落实城镇低保资金 36.7802 万元。城镇低保“十大民心”工程资金 21.36 万元。

【医疗救助】按照“严格救助的原则、严格对象界定、严格审批程序、严格救助办法、灵活救助比例”的办法和“注重大病救助、降低小病救助门槛”，截至 3 月困难群众医疗救助 61 人次，救助金额 19.98 万元。基本解决困难群众看病难、就医难的问题。4 月医疗救助工作移交县医疗保障局。

6 月 19 日，市民政局局长周青（右四）、援藏干部主任王金安（左二），到措美县就社会救助、项目建设等工作进行调研（图为：在措美镇当许村困难户家中了解生活生产情况）

【五保供养】2019 年新增五保对象 7 人，农村五保供养对象 125 人，其中，分散供养 25 人，集中供养五保老人 100 人，集中供养率达 80%，其中女性 49 人，男性 51 人，最大年龄 92 岁，最小年龄 33 岁，平均年龄为 63 岁。落实供养金 123.7352 万元（其中包括第一、二、三、四季度分散五保供养金 17.354875 万元）。

【城乡临时救助】按照村民个人申请、村民委员会评定、乡镇审核、县民政局初审、社会救助联席会研究审批的程序予以救助。为进一步有效发挥临时救助托底线、救急难作用，解决城乡困难群众的突发性、紧迫性、临时性基本生活困难。同时为建立健全临时救助备用金制度，特向各乡（镇）下拨临时救助金。不断增强临时救助时效性、便利性。按照以家庭申请最高线 10000 元 / 户 / 年标准，以个人申请最高线 5000 元 / 人 / 年标准。2019 年，为 51 户困难群众落实临时救助资金 32.5 万元。70 岁以上寿星老人补助金 41 万元。

【婚姻登记】2019 年，共办理婚姻登记 216 对，其中结婚登记 178 对，离婚登记 38 例，补办结婚登记 13 例，无一例违法登记事件发生，无投诉现象，登记合格率 100%。

【勘界联合检查】进一步加强行政区域界线管理，充分发挥与毗邻双方县实施行政区域界线联合检查作用，完成与乃东行政区域界线联合检查工作，经联检，两县勘界人员勘定，界线明确、走向清晰、界桩稳固、管理到位、边界和睦、安定有序、资料完成、档案齐全，并由双方勘界人员填写《西藏山南市、县级行政区域界限联合检查记录表 1、2》《措美县—乃东区、县级行政区域界线联检工作记录》；签订两县关于创建平安边界的协议，促进两县边界平安、和谐。

8 月 14 日，措美县民政局召开工作总结会议，会议由民政局局长拉巴央金（左三）主持，全体在家干部职工参加

【民政项目建设】2019 年措美县民政局实施完成两个项目。

措美县特困人员集中供养机构日间照料中心建设项目。建设总投资 500 万元，占地面积 1200 平方米，建设面积 1106 平方米，集老人生活服务、保健康复、娱乐、辅助用房等一体的日间照料中心，该项目于 2019 年 4 月 1 日开工建设。2019 年已完成总投资 95%。

措美县特困人员集中供养服务中心附属设施建设项目。项目投资 399.93 万元，建设公共卫生间、蓄水池、洗衣房以及附属设施，该项目于 2019 年 7 月 6 日开工建设。2019 年已完成总投资 95%。

【宣传活动】开展第二十九次“全国助残日”宣传活动。走村入户为 5 名重度残疾的贫困残疾人送去靠背夹、坐便器、轮椅等辅助器具，开展以“关注孤独症儿童、走向美好未来”为主题的宣传活动，为 12 名残疾儿童送去 6000 元的慰问金及价值 855

元的书包和文具，共 6855 元，让他们充分感受到党和国家的温暖。

【残联动态更新】2019 年 8 月，县残联到各村（社区）对 715 名残疾人进行残疾人基本服务状况和需求数据动态更新工作入户调查，进一步了解残疾人基本信息和状况，为之后更好地开展康复、就业等工作奠定良好的基础。

【残联资金兑现】2019 年，为措美县残疾人发放“两项补贴”，即困难残疾人生活补贴及重度残疾人护理补贴共 254.54 万元。为积极鼓励残疾人就业工作，2019 年底为 3 名残疾人发放自主创业扶助资金 4.5 万元（标准 1.5 万元 / 人），进一步推进残疾人就业发展工作，11 月 7 日，为 8 名残疾人兑现残疾人事业发展“阳光家园”项目资金 1.2 万元（标准 1500 元 / 人），为进一步落实好严重精神障碍患者监护人的监护责任，为 34 名严重精神障碍患者发放监护人补贴资金 8.16 万元（标准 200 元 / 人 / 月）。

【贫困户建档立卡】根据中国残联、国务院扶贫办关于抓紧做好残疾人贫困户建档立卡及有关工作事项的通知文件要求，措美县民政局积极配合县扶贫办，继续将措美县已建档立卡的残疾人同所在村委会共同逐一核实，补充完善相关信息，通过摸底排查，措美县贫困残疾人员有 206 人。为实现精准康复工作，市康复中心专技人员到措美县对有需求的 52 名残疾人适配辅助器具（轮椅夹、坐便器、拐杖、助听器、仿座疮垫等）。

（李忠鹏）

退役军人事务

【概况】措美县退役军人事务局于 2019 年 3 月 22 日正式挂牌成立，核定编制 3 人，均为行政编制，上半年实有人数 1 人，下半年实有人数 2 人。措美县退役军人事务局下属单位措美县退役军人服务中心于 2019 年 5 月 28 日正式挂牌成立，核定编制 3 人，均为事业编制，2019 年，退役军人事务工作紧紧围绕县委、县政府中心工作，以服务拥军优属为主线，维护军人军属合法权益，加强退役军人服务保障体系建设，建立健全集中统一、职责清晰的退役军人管理保障体制，扎实工作，为民务实，突出重点，整体推进，促进各项职能工作健康有序发展。

【双拥工作】充分利用会议、座谈、宣传栏、重大节日、标语等宣传形式，宣传双拥政策及政策法规，使双拥工作深入人心。措美县制作双拥宣传横幅并在县城范围醒目处悬挂固定标语 3 条，打造拥军优属、拥政爱民的社会舆论。定期深入乡村召集退役军人开展宣传现有的退役军人相关政策法规，加强思想教育管理服务工作，协调双拥领导小组村（社区）、要求落实退役军人优先优待政策，有效

9 月 8 日，措美县举行 2019 年度新兵入伍欢送仪式，县委书记牛堃（中）参加仪式并作重要讲话

地维护退役军人的合法权益。积极推荐措美县退役军人晋美获评模范退役军人，并举办措美县“不忘初心、牢记使命”主题教育全国模范退役军人先进事迹报告会；积极开展退役军人立功受奖登门送喜报，体现党和政府对军人家庭的重视，增强军属的荣誉感，激发广大部队官兵安心服役，建功军营的热情。在措美县退役军人事务局和县人武部联合协作开展征兵工作，措美县范围加大宣传参军入伍政策，严格审核新兵入伍程序。

加强实施国防教育，增强全民国防意识。2019年3月份对中、小学校师生进行国防知识教育，由县人武部派人主讲，宣教在校师生中切实起到良好的作用，受教育面达到96%。同时措美县把每年的八月视为“双拥月”即八月的第一周设定为“双拥周”，并在此期间举行各种形式的座谈、慰问和走访、文艺演出等活动，县委、县政府领导亲自参加，了解优抚对象和部队中存在的问题和困难，沟通感情并将慰问品送到他们手中。增强措美县军警民的光荣感和自豪感，激发尊重军人、关心群众、关爱优抚对象的热情。

为切实解决好优抚对象的生活困难问题。县委、县政府在政策上给予优抚对象倾斜，在“三大节日”、八一建军节等加大优抚慰问数量，资金上给予扶持，就业上优先优待，变“输血”为“造血”，从根本上解决优抚对象的实际困难。3月措美县退役军人事务局积极联系协调驻军部队开展以“扶贫济困、爱心传递”为主题的活动，官兵们到驻地贫困群众家走访慰问贫困户，看望特困供养中心“五保”老人，为老人打扫卫生、洗衣服、剪头发等，驻军部队结合各自实际，开展扶贫助困、敬老爱老，拥政爱民活动。

【优抚工作】认真落实党的优抚政策，扎实开展拥军爱民活动。落实退役士兵优待及自主择业资金。根据上级《关于下达2018年度退伍士兵家属优待金及自主择业一次性补助预算指标的通知》文件精神，措美县退役军人事务局对2018年退役的士兵按照标准，共发放资金54万元。落实老义务兵、老烈士子女抚恤补助资金。根据上级相关部门文件精神，措美县退役军人事务局积极开展60岁以上老义务兵、老烈士子女的入户统计工作，并于6月份发放2019年老义务兵生活补助资金3.69万元。落实困难优抚对象补助资金1万元；走访慰问困难优抚对象和驻军部队。“三大节日”“八一”、“建军节”节日前摸排调查并与各乡（镇）村（社区）沟通协调了解困难优抚对象，制定慰问方案、预算慰问资金。“三大节日”前，县委、县政府领导带队对措美县范围内困难优抚对象（包括城镇困难优抚对象5户）进行走访慰问，了解他们实际困难和思想状况，每户慰问资金（慰问金500元、物资500元）“八一”建军节92周年之际措美县开展送温暖和文艺演出活动，为农村籍困难退役军人和城镇籍困难退役军人送去每人300元的节日慰问金和驻军部队每家5000元，为措美县驻军部队退役老兵送去慰问金共计2700元。

【其他相关业务工作】为切实开好头、起好步，措美县退役军人事务局在市级退役军人事务局的有力指导和县委、县政府的正确领导下加快推进措美县退役军人事务其他各项工作。积极协调配合，确保光荣牌发放悬挂工作。措美县于3月20日，启动为“三属”、现役和退役军人等家庭集中发放和悬挂光荣牌活动。入户摸底排查，强化政策资金落实工作。3月至11月，措美县退役军人事务局组织人员先后5次开展走村入户摸底排查和走访看望回乡老退役军人家庭、建档立卡贫困户退役军人家庭，了解他们的思想状况和实际困难，宣传退役军人及其优抚各项政策，讲解和说明相关政策，制定和填写措美县60岁以上贫困户建档立卡，现役、退役军人入户登记台账，制定退役军人老弱病残困难台账，退役军人党员台账，建立健全城镇、农村退役军人和重点优抚对象基本档案及台账、分门别类建立重点优抚、移交安置、自主就业、复员军人、军转干部等台账和系统录入工作。就业创业、保险接续工作有序推进。2019年，开展35岁以下退役军人职位需求摸底统计，安保员职业需求相对集中，意愿参加其他职业技能培训相对较少，意愿汽车驾考参训12人，2019年协调县组织部、人社局移交政府安置1人，机关部门就业安置4人，第一、二批消防招录2人，2019年无人报名高职院校，退役军人整体参加培训、高职院校、成人高考等意愿不强；同时，积极开展退役军人保险接续核实工作，除了个别回农村退役军人个人不愿意缴费养老保险以外不存在保险断缴现象。

措美县退役军人服务保障体系有序推进深入贯彻落实习近平总书记重要批示精神，落实吴英杰指示要求，县、乡（镇）成立退役军人服务中心，县机构事业编制3人、乡镇服务站各配备一名工作人员，措美县退役军人事务局积极与县组织部、财政局协调人员、经费保障工作，人员年底全部配齐，经费纳入财政预算，基本上做到有机构、有编制、有人员、有经费、有保障。

（措吉拉珍）

人力资源和社会保障

【概况】2019年，措美县人力资源和社会保障局、劳动保障监察大队在上级业务部门的指导下，在县委、县政府的正确领导下，始终坚持以习近平总书记系列重要讲话精神为导向，深入贯彻落实自治区、市两级人力资源和社会保障工作会议精神，紧紧围绕县委、县政府的中心工作和人社工作重点，局领导班子团结协作，全体干部职工开拓进取，不断加大就业再就业工作力度，积极推进社会保障体系建设，切实维护劳动者合法权益，不断强化队伍管理，各项工作都取得明显的成效。

【就业技能培训】2019年，措美县人力资源和社会保障局聚焦增收重点，提升就业和再就业服务质量。2019年，开展14期培训人数505人，其中建档立卡农牧民130人，培训投入资金267万元。

【高校毕业生就业创业】2019年，县人力资源和社会保障局借助高校毕业生微信交流平台，及时发布有关高校毕业生就业创业政策、培训、招聘、就业指导等相关信息。2019年措美县毕业生总人数95

1月20日，自治区人社厅副厅长邵昌（前排中间）督导社保资金落实情况

人，就业率100%。考公职岗位9人、市场就业86人。2019年共开展政策宣传19次，受益人数1000余人，发放宣传资料1700余份，发布就业信息60余条。

【劳务输出】2019年，措美县劳动输出5225人，劳务创收4167万元，人均创收8080元。

【公益性岗位安置和管理】2019年，共招录25名公益性岗位，其中22名高校毕业生，3名临时工转公益性。

【全民参保情况】2019年，措美县城乡居民基本养老保险缴费人数8994人，缴费金额为72万元，参保率达到100%，农村60岁以上享受养老保险待遇人数1724人。机关事业养老保险，2019年，措美县参保人数1025人，2019年征缴金为3471万元。城镇职工养老保险，2019年，措美县参保人数221人，缴费金额227余万元。城镇职工工伤保险，2019年，措美县参保城镇职工工伤保险1167人，缴费金额14.7万元。城镇职工失业保险，2019年，措美县共参加城镇职工失业保险541人，缴费金额60万元。全民参保登记，2019年，入户调查登记共计14123人，入户率达到100%。

【劳动监察】2019年，共开展宣传20场次，发放宣传单1000余份。开展用工情况日常巡查101次，专项检查5次，下达责令整改通知书10份，补签劳动合同200余份。对农民工工资支付情况进行督导检查8次，检查用人单位15家，通过主动监察、接受群众来信来访等途径，受理案件29起（包括市长热线转办单2起、劳动监察案件转办单1起），涉及农民工573人，涉及劳动者工资907.34万元。2019年，共缴存农民工工资保证金77.3万余元，涉及施工单位7家。设立专户用于农民工工资保证金的缴存及退还，做到保证金专户专管。

【工资福利】2019年，兑现措美县301名事业干部工资增资补发（自2018年7月至2019年4月）共计1796427元。兑现措美县事业干部303人高寒补

8月6日，措美县人社局副局长元旦加措（中）到哲古镇扎杂村参加扎杂服饰制作技能培训班的培训结业典礼

贴共计 1460997 元。新招录的 25 名公益性岗位人员按照每人每月 2145 元标准，其中，12 人进行补发 5—10 月工资共计 154440 元。2019 年事业干部调入共计 6 人，调出共计 6 人。整理完善公益性岗位人员 107 人的个人纸质档案与电子档案，并续约劳动合同。整理完善 80 名临时工个人档案，并续约劳动合同。对措美县 46 名事业干部调整五年级别工资，16 名干部调整 8 年固定工资。2019 年度事业干部（事业专技人员 3 人，工人 5 人）的退休事宜，待上级部门批准。完成已退休干部的退休待遇重算。

（旦珍）

科 技

【概况】措美县科学技术局与县农业农村局合署办公，县农业农村局局长兼任科技局局长，援藏干部 1 名分管科学技术全面工作，科学技术管理工作人员 4 名，科技特派员 28 名。

【科技项目】2019 年度，科技三项经费项目有奶肉两用牛品质改良科学养殖技术示范，项目执行单位是措美县福星种养殖有限公司，项目总投资为 35 万元，2019 年山南市科技三项经费解决 35 万元，该项目重点开展西门塔尔肉牛良种选育、人工授精、母牛标准化养殖，草蓄高效转化、疫病防控等技术研究，种植紫花苜蓿和黑麦草等优质牧草 2000 亩，开展培训培养专业技术人员等。通过对母牛全价营养饲料补饲、冬季保暖保膘、夏季强度放牧、高效疫病防控等技术手段，能够达到繁殖成活率 5% 以上、产肉率提高 20% 以上、肥牛日增重 200 克以上，鲜草产量达到 2200 千克 / 亩，累计年实现收入 252 万元，有机配料收入为 40.5 万元。

【科普宣传】科普宣传周期间，面向干部农牧民群众开展科普宣传 3 次，发放宣传材料 2800 份。

【考核机制】2019 年，措美县围绕农牧业增效、农牧民增收的目标开展科技服务培训工作。根据农牧业发展的实际需要，择优选聘 28 名具有较高素质、有实践经验的科技特派员在 15 个行政村开展科技服务工作。科技特派员根据自身优势，结合特长进行示范、引导，带头参与项目建设，示范引进推广新品种，对群众增收起到很好的示范和带动作用。县科技局积极开展培训工作，举办以动物防疫检疫、蔬菜种植、新农药使用技术、农药管理等为主的培训班，累计培训农牧民科技特派员 250 人次。为满足广大农牧民对科技的需求，科技特派员们在田间地头，采取现场讲解、示范指导、集中培训等形式，把科技渗透到千家万户，使农牧民群众掌握作物种植技术和管理、病虫害防治及春耕春播技术。

【科技下乡】多次邀请安徽省专家到乃西乡具巴村绵羊改良项目基地和措美县生态园进行考察和技术指导，以县农牧综合服务中心专技人员为主体，到各乡（镇）开展种子精选、药剂拌种、牲畜防疫和包虫病防控等方面技术培训以及科技政策的讲解，通过科技知识和辐射作用带动农牧民群众致富。

（白玛央珍）

行政审批和便民服务

【概况】措美县行政审批和便民服务局于2019年3月成立，为正科级机构。行政编制3名，部门领导职数3名。2019年，在县委、县政府的正确领导下，在入驻部门的大力支持下，措美县行政审批和便民服务局认真贯彻落实上级决策部署，大力推进“互联网＋政府服务”工作，努力构建政府服务的长效机制，各项工作均取得较好的实效。

【政务服务大厅建设】2019年，在县委、县政府的大力支持下，措美县政务服务大厅于10月8日正式运行，共入驻窗口单位7家（民政局、公安局、住建局、人社局、自然资源局、医保局、市场监管局），窗口工作人员9人，可办理事项27个。实现内网、电子政务外网全覆盖。

【互联网政务服务】成立由县政府主要负责下任组长，分管副县长任副组长，各相关部门主要负责人为成员的领导小组，并在县行政审批便民服务局下设办公室，具体负责推进“互联网＋政务服务”日常工作。积极协调市工信局，协同县工信局、电信局等部门，先后4批次对措美县41家单位进行电子政务网接入工作，接入率达100%。7月起，措美县行政审批和便民服务局先后组织30家单位，分批次开展事项梳理及办件事项录入工作。

10月15日，县委副书记、政府县长巴桑欧珠（右三）安排部署“互联网＋政务服务”相关工作

【政府采购工作】2019年，措美县行政审批和便民服务局严格按照《中华人民共和国政府采购法》《措美县政府采购管理办法》等法律法规，先后征求各方意见以及借鉴其他兄弟县的好经验好做法，并结合措美县实际，对措美县原政府采购管理办法进行补充完善，并上交县委、县政府常委会研究。新的政府采购管理办法已下发至相关单位，为下一步政府采购管理提供依据，政府采购更加规范。

（次仁拉姆）

应急管理

应急管理

综 述

【概况】机构改革以来，措美县安全生产工作、防灾减灾救灾工作坚持“安全第一、预芳为主、综合治理”方针，以强化隐患排查整治、提升全民安全生产意识、建立安全生产格局、形成安全生产齐抓共管合力为重点，有效地预防及减少生产安全事故的发生，确保措美县安全生产总体形势稳定。

【救灾救济】2019 年受灾情况。草场受灾面积共 165.5 万亩，主要分布在哲古镇各村（社区）；人工种草受灾面积为 51 亩，分布在措美镇波嘎村；农作物受灾面积共 473.8 亩，其中青稞 412.8 亩，油菜 61 亩，主要分布在措美镇和乃西乡各村（社区）；房屋受损 3 户，主要分布为哲古镇扎杂村、措美镇当许社区。2019 年兑现受灾群众冬春救助资金 223480 元。

【责任落实】2019 年，共召开 2 次政府专题会议、4 次安委会全体（扩大）会议及 5 次道路交通安全专题会议和 2 次防汛抗旱部署会议，研究部署安全生产重点工作。并根据措美县安全监管实际制定下发《措美县安委会成员单位安全生产工作职责》的通知，将措美县的各项安全生产工作任务细化分解到各乡镇和县直各部门，进一步明确各级各部门的安全生产工作重点、目标和任务，切实压实安全生产责任。

【重点工作】认真开展安全生产交叉检查，重点建设项目安全检查，危化品及易燃易爆物品，道路安全专项整治，非药品类易制毒化学品检查，“打非治违”及安全生产大排查大整治大执法、安全生产百日专项等重点领域专项整治活动。2019 年，开展安全生产联合执法检查活动 1800 家次，发现并整改隐患 1320 余处，纠正违法行为 320 余起，临时查封单位 2 家，责令“三停”1 家，行政罚款 12.71 万元，对安全生产非法违法行为形成有力震慑。

【隐患排查整治】县应急管理局严格落实安全生产责任，会同相关行业部门积极开展各类安全隐患排查工作。道路交通领域。2019 年，共发现并解决安全隐患问题 150 余项，协调企业增设危险、冰雪路段，限速、导向警示标志牌等 180 余块。交警大队共梳理 77 处违法行为多发区域，作为阶段性管控重点。共现场查处各类违法行为 615 起，无证驾驶 18 起、酒后驾驶 10 起、违停 76 起、其他违法行为 511 起，罚款 10.36 万元，行政拘留 8 人。2019 年，消防领域。共检查单位 900 余家次，发现火灾隐患 400 余处，督促整改火灾隐患或违法行为 400 余处，下发责令整改通知书 300 余份，下发行政处罚决定书 7 份，责令“三停”1 家，临时查封 2 家，罚款

15400元。同时，深入乡镇、寺庙、农牧区、学校、福利机构开展群众性消防安全宣传9次，培训受教育人数2000余人次。特种设备领域。2019年，共开展隐患排查30余次，突击检查10次。危险化学品和非煤矿山领域。2019年，对措美县3家危险化学品经营企业和矿山普查18次，发现并解决隐患问题60余处，下发督办整改通知4份。建筑领域。2019年，对建筑施工领域开展安全大排查10次，发现并解决问题60项，下发整改通知单15份，停工通知2份。教育领域。2019年，共开展校园安全检查19次，开展突发事件紧急疏散演练3次。措美县中小学、幼儿园2019年未发生安全事故。食药品领域。2019年，对食品经营户、各类食堂等领域开展执法检查25次，检查食品经营户400余户次，查处过期、变质、假冒产品35种，合计约5400元。责令整改70余家，下发整改通知26份，立案查处2起，罚款8100元。

【安全宣传培训】2019年，先后开展安全生产宣传活动85场次，开展各类应急演练5场次，悬挂横幅120余条，发放各类宣传资料5000余份，接受群众咨询150余人次，举办知识竞赛1场，受教育干部群众达8000余人次。

（白　玛）

消　防

【概况】措美县消防救援大队成立于2008年，隶属于山南市消防救援支队，服从上级党委领导，具有监督、指导、管理和灭火救援的职能。目前大队共有18人，大队现有指战员7人（干部4人，消防员3人），合同制消防辅警11人，文员2人，水罐消防车3辆，抢险救援车2辆，行政用车4辆。

【工作综述】2019年，措美县消防大队贯彻总队和支队两级党委《关于加强和改进消防工作的意见》，扎实开展火灾隐患排查整治工作，倾力推进消防力量建设步伐，全面改善消防安全环境，有效预防和减少各类火灾事故的发生，为全县经济社会发展创造良好的社会环境。2019年，大队共出警4次，其中灭火救援2次，抢险救援2次；共检查社会单位1476家次，发现火灾隐患1253处，督促整改火灾隐患1154处，下发《责令限期改正通知书》588份，《行政处罚决定书》3份，《临时查封决定书》1份，罚金6000元。

【思想政治建设】措美消防大队以强化党员干部作风建设为抓手，以抓好管理人员的履职为突破口，有效推动官兵思想政治工作提升。抓好学习。首先制定全体党员学习计划，利用空闲时间，着重学习《思想政治教育文集》等书籍。抓好落实。每名党员干部要制定学习计划，按时撰写心得体会，分阶段进行总结交流，真正发挥好战斗“壁垒”作用。

【内部管理建设】措美消防救援大队积极采取措施推进队伍内部管理稳定。狠抓制度落实，规范指战员言行，提高遵章守纪意识。结合思想教育，区分队伍层次，筑牢部队稳定基础；紧贴人文关怀，体现队伍“大家庭”温暖，营造栓心留人氛围；针对薄弱环节，注重敏感时期，消除各类安全隐患。

【灭火救援】为有效做好灭火救援工作，确保队伍“拉得出，冲得上，打得赢”，大队积极思考，采取措施为灭火救援工作创造有利条件。制定详细的灭火救援预案，预防突发事件的发生；树立科学灭火救援的思想，创新灭火救援手段；做好灭火救援工作的各项准备和保障工作。

【班子建设】为贯彻落实科学发展观，有效履行消防部队职责使命，扎实推进消防部队各项事业发展建设，措美县消防大队结合大队实际，设立党支部。

（泽仁平措）

民族与宗教事务

民族与宗教事务

综 述

【概况】 2019年3月，措美县民宗局核定编制7名，实有5名；县宗教工作领导小组办公室核定编制5名，实有1名。2019年4月机构改革，措美县民宗局归县委统战部，实行合署办公，县宗教工作领导小组办公室机构名称改为县委宗教工作领导小组办公室，承担县委宗教工作领导小组日常工作，设在县民族宗教事务局。县委统战部、县民宗局核定编制10名，实有8名。

2019年，措美县民宗局认真贯彻落实党的统战民族宗教工作方针政策，贯彻落实自治区、市、县三级党委、政府关于统战民族宗教工作及加强和创新寺庙管理工作决策部署，坚决贯彻党的民族宗教工作基本方针，加强民族团结，依法管理宗教事务。

【民族构成】 截至2019年，措美县常住人口15045人，主要有藏族、汉族，分别占98.7%、1.2%。回族、蒙古族、门巴族、傈僳族、土族、苗族、壮族、白族等占0.1%。措美县机关企事业单位、学校、餐饮、零售、手工业、农牧业等行业均有分布。

【利寺惠僧政策】 2019年，措美县民宗局督促各寺管会开展僧访、家访72次，落实慰问金7.52万元，为寺庙、僧人办实事16件，投入资金6.75万元。在寺庙“九有”①工程全面落实的基础上，成功申报扎西曲林寺维修项目，项目投资28万元，落实扎西曲林寺体育健身工程项目，该项目总投资78万元。以“遵行四条标准，争做先进僧尼”教育实践活动为载体，提升寺庙僧尼爱国守法意识。8座寺庙荣获市县和谐模范寺庙荣誉，75名僧人获市县爱

3月4日，县政协副主席、民宗局局长扎西尼玛（左一）到乃西寺管会督导检查三月维稳安保工作开展情况

①寺庙“九有”工程：有四位领袖像、有国旗、有道路、有水、有电、有广播电视、有电影、有书屋、有报纸（人民日报和西藏日报）。

②“一覆盖”：教育实践活动全覆盖。

国守法先进僧尼荣誉。落实“一覆盖”②，落实资金2万余元，开展在编僧尼免费体检活动，完善健康档案。

【模范创建】2019年，措美县民宗局加强民族团结进步模范创建工作的组织领导，切实提高民族团结进步创建评选工作的重要性认识，制定《2019年措美县关于开展民族团结进步模范创建评选活动实施方案》，及时成立领导小组，采取自下而上、逐级推荐、好中选优、综合平衡、公告公示等方法评选表彰10个县级民族团结进步模范集体和15名县级模范个人，落实11万元表彰资金。

（次　央）

11月22日，措美县委统战部（民宗局）组织开展措美县第1–2期藏传佛教教职人员培训班。图为培训班全体人员在克松村红色教育基地参观学习。

玛悟觉寺

【概况】 严格按照自治区、市、县三级加强和创新寺庙管理决策部署，充分发挥“教育、管理、服务”三大职能，深入宣传中共十九大精神、十九届系列全会精神以及习近平新时代中国特色社会主义思想，积极教育引导僧众自觉践行“政治上靠得住、宗教上有造诣、品德上能服众、关键时起作用”的要求，确保玛悟觉寺佛事和顺、宗教和睦、寺庙和谐。

【政治理论学习】 玛悟觉寺管会高度重视干部队伍建设和提高理论水平。年初制定干部学习计划，严格按照学习计划表组织干部深入学习中共十九大、十九届系列全会精神，同时认真学习《中华人民共和国宪法》《中华人民共和国民族区域自治法》党的民族宗教政策，新修订的《中华人民共和国宗教事务条例》《中华人民共和国文物保护法》等，增强广大干部的法制观念，提高干部理论知识水平，有效提高工作效率，为寺管会开展各项工作奠定坚实的基础。

【规范管理】 玛悟觉寺管会以“遵循四条标准争做先进僧尼”教育实践活动为契机，进一步完善寺规僧约，在寺内形成“用制度来办事、用制度来管人”良好局面。经寺管委会研究决定，成立寺庙财务监督领导小组，人事领导小组、佛事活动领导小组，认真履行工作职责，全面负责寺庙财务、人事、佛事活动等监督工作。严格执行《中华人民共和国国家文物法》，对寺内文物做到底数清、情况明、数据准。

【落实政策】 通过开展“六个一”“九有”工程、“两保一险”“一覆盖”“四讲四爱”“四条标准”等各种教育活动，积极主动与僧人交朋友，了解广大僧人所思所想，积极解决僧人实际困难，及时调整充实工作领导小组，建立完善驻寺干部联系僧人制度，使每个驻寺干部都与一名或多名僧人交朋友。2019 年对 18 名僧人每季度开展一次家访，共开展家访 48 次，送去慰问金及慰问品折合人民币共计 25800 元，每周组织干部打扫寺庙周边环境卫生，为美化寺庙环境。同时与县林业局联系，扩大寺庙周边种植苗木面积及补植补栽 70 余棵。

【文物保护与管理】 玛悟觉寺管会始终把文物安全工作放在首位，积极宣传《中华人民共和国国家文物保护法》，提高僧众的文物保护意识，同时深入寺庙及僧舍，与广大僧人集思广益，采取多种形式，保护文物安全，管委会协调上级有关部门，通过县委、县政府的关怀和帮助，配备消防器材、保险柜，在寺内安装 5 头监控器，确保文物的安全。

【宣传教育】 玛悟觉寺管会召开宣传教育动员部署会，制定活动实施方案和宣讲方案，设立办公室，调整充实工作领导小组和宣讲小组，并要求全体驻

5 月 8 日，玛悟觉寺管会组织僧众集中学习“四条标准”教育实践活动主要内容和精神实质

寺干部和民警及僧人代表当宣讲员，定期不定期开展学习宣讲活动，做到干部先学一步，学深一步，努力在真学真懂真用上下功夫，激发全体干部比、学、赶、超的学习热情，有力推进宣传教育活动进程，对整个活动扎实开展提供有力保障。通过集中学习、入户宣讲、一对一宣讲、发放宣传资料、张贴宣传标语等方式，大力开展宣传教育，营造活动氛围。2019 年，共更换宣传标语 4 条、横幅 3 条、发放学习手册 42 册，集中宣讲 18 场次，一对一宣讲 42 场次，干部撰写宣讲稿 8 篇，僧人分别撰写“四条标准”“四讲四爱”学习心得体会各 2 篇，干部与僧人召开交流会 1 场，实践活动 8 场次。通过开展一系列宣传教育实践活动，增强广大僧人爱国意识、法制意识、公民意识，能自觉维护祖国统一、维护民族团结。

【自身建设】玛悟觉寺管会严格按照山南市驻寺干部“十个一”工作要求，扎实深入开展一系列学习教育活动，管委会内部严格执行《西藏自治区驻寺干部管理办法》，规范干部的言行举止，积极学习理论知识，提高干部业务技能，严格执行“三会一课”制度，建立健全各项规章制度。

（桑珠次仁）

扎西曲林寺

【概况】扎西曲林寺管会成立于 2011 年 11 月 7 日，管委会位于措美县措美镇雪热村境内，距县城 7 公里，平均海拔 4600 米。辖区内有 6 座寺庙、3 座拉康（分别为扎西曲林寺、强久林寺、拉沃寺、拿顶寺、布朵寺、扎玛寺、达玛森康、日美拉康、贝西拉康）。

【政治理论学习】2019 年，扎西曲林寺管会党支部不断加强干部自身学习，深入开展“两学一做”学习教育活动，转变工作作风，提高驻寺干部的工作责任感和使命感。用科学发展观统领管委会各项工作，全面提高班子成员的管理和议事办事能力。增强理论学习的紧迫感和自觉性，形成浓厚的学习氛围，发扬理论联系实际的学风，坚持领导带头学习。

自县委“不忘初心、牢记使命”主题教育活动开展以来，扎西曲林寺管会结合工作实际制定主题教育的工作方案、领导小组、专题研讨安排表、学习计划表，并组织寺管会全体党员召开动员部署会，2019 年，共开展专题研讨会 7 次，集中学习 5 次，每名干部撰写心得体会 2 篇，悬挂横幅 3 条、制作 2 个 LED 宣传栏。组织全体干部及警务室民警、寺庙僧人开展升国旗仪式、观看爱国影篇《我的喜马拉雅》。开展形式多样、内涵丰富、广泛有效的爱国主义教育活动，激发广大党员干部和寺庙僧人的爱国热情。

规定每周五上午为学习日，学习中央第六次西藏工作座谈会，中共十九大，十九届三中、四中全会精神，县委统战、县民宗工作会议精神，落实科学发展观，做到学以致用。学习法律法规知识，增强法治观念，学习《宗教事务条例》，依法履行职责。完善《管委会主任、副主任、班子成员的职责分工》《管委会干部学习、考勤制度》《干部和僧人请销假制度》等各项制度，完善各项议事办事程序和规则，促进管委会工作走向规范化、正规化、制度化。

【寺庙管理】2019 年，扎西曲林寺管会按照西藏自治区党委、人民政府《关于加强和创新寺庙管理的决定》，加强领导，强化责任，深入开展加强和创新寺庙管理工作，实施寺庙“九有”工程和“十个一”规定。形成一套完整的工作机制。成立寺管会党支部书记、主任为组长的工作领导小组，细化各项工作职责，加强对寺庙周边巡逻排查，清除各项安全隐患，维护宗教活动场所的正常秩序，结合各寺庙实际，建立健全各项规章制度，使广大僧众做到照章办事、依法行事，认真普查，建立各寺庙、拉康基本情况档案，对外来观光旅游、朝佛人员实行登记管理制度、询问制，做到有事报事、无事报平安。

【加强管理】加强团结教育，寺管会干部经常与僧人一起学习、劳动、进行谈心交心活动，增进感情信任，同时也了解僧人家庭的实际情况。以“四讲四爱”主题教育实践活动为契机，在广大僧人中开展一系列法律宣讲活动。认真学习法律知识，撰写学习心得体会。通过教育引导，广大僧人达到知法、学法、懂法、用法，寺庙营造良好的氛围。

【利寺惠僧政策】2019 年，扎西曲林寺管会辖区各寺庙、拉康全面实施“九有”工程。在开展“六个一”活动中，按照上级要求，寺管会每名干部与 3–4 名僧人结对帮扶，与僧人交朋友，制定寺管会干部与僧人联系卡，详细建立僧人档案，深入走访僧人家庭，加强与僧人家属之间的沟通联系，为僧人和僧人家庭办实事、解难事。通过走访，对家庭较为困难的僧人进行慰问，解决力所能及的问题。对 39 名僧人进行节日慰问，送去慰问金 3200 元和慰问品折合人民币 1230 元。对拉沃寺、日美拉康、拿顶寺饮水工程进行维修。寺管会积极与县林业局协调争取 300 根树苗，美化寺庙周边环境。

【文物保护与管理】2019 年，扎西曲林寺管会对辖区 6 座寺庙、3 座拉康的文物进行逐一清点并登记造册给寺管会办公室和各寺庙、拉康留底，为更好地保护文物。

【宣传教育】扎实开展“四讲四爱”主题教育活动。到各寺庙拉康，紧紧围绕“四讲四爱”主题教育活动，截至 2019 年，宣讲次数达 8 场次，发放宣传资料 15 件，投入资金 2000 余元，僧人参学人数累计达 78 人次，平均每名僧人撰写心得体会 1 篇。

【学习教育活动】扎西曲林寺管会专门成立宣讲小组深入辖区各寺庙、拉康。进行宣讲，同僧人一起学习讨论，进一步提高僧人的爱国意识、法治意识、道德意识。扎西曲林寺管会在深入开展宣传教育的基础上，积极探索“2+5”（开展美丽寺庙建设、开展爱国爱教读书日，开展 1 次参观考察学习、开展 1 次宗教界代表人士宣讲、开展 1 次寺管会成就展、开展 1 次主题演讲比赛、每周开展 1 次升国旗仪式）实践活动思路。共计开展美丽寺庙建设活动 19 次，清扫寺庙周边垃圾 0.7 吨，义务植树 150 棵，爱国爱教读书 9 场次。先后 2 次组织僧人参观措美县现代农业科技示范园，组织宗教界代表人士到洛扎县考察学习 1 次。组织僧人宣讲员和宗教界代表人士在信教群众中开展 2 次宗教政策宣传和脱贫攻坚政策宣传。组织辖区僧人开展寺管会建制以来成就展 1 次。开展 1 次庆祝中华人民共和国成立 70 周年暨西藏民主改革 60 周年主题演讲比赛。发放附有“四条标准”字幕的杯子、音频资料等 78 套。2019 年，制定宣传活动实施方案，专门成立宣讲组，深入各寺庙、拉康巡回宣讲 16 场次，集中宣讲 2 次，僧人参学率达 98%。通过学习，增强僧人的法治意识和爱国爱教意识。

【自身建设】2019 年，扎西曲林寺管会按照“教育、管理、服务”三大工作职能要求，按照《扎西曲林寺管会工作纪律》要求，完善《扎西曲林寺管会党支部学习制度》《寺管会党支部“三会一课”制度》《干部、僧人请销假制度》《寺管会考勤制度》《寺管会干部行为规范“十不准”》①等各项制度，落实寺庙文保、财务、综治、消防、学习、生活等规章制度，确保寺管会工作顺利进行。

觉康拉康寺

【概况】继续巩固创新寺庙管理，以“管理、教育、服务”三大职能为工作重点，深入贯彻落实习近平新时代中国特色社会主义思想和“治国必治边，治边先稳藏”“加强民族团结、建设美丽西藏”的重要战略思想，在寺庙僧尼和寺管会干部中扎实有序开展以“遵行四条标准、争做先进僧尼”为主题的教育实践活动，落实各项利寺惠僧政策，加强寺庙僧人管理教育服务工作力度，坚持在“导”字上下功夫，积极引导藏传佛教与社会主义社会相适应。2019 年登记外来朝佛人员 152 人次，登记车辆 42 台次，报送工作简报 117 期。

【政治理论学习】2019 年，觉康拉康寺管会着力转变工作作风，提高驻寺干部的工作责任感和使命感，增强寺庙僧人爱国爱教和守法意识。觉康拉康寺管会按照全区宗教领域学习教育实践活动的内容和要求，在寺庙僧尼和驻寺干部中深入有序开展“讲党恩爱核心、讲团结爱祖国、讲贡献爱家园、讲文明爱生活”和“政治上靠得住、宗教上有造诣、品德上能服众、关键时起作用”精神的宣传，教育引导实践工作。活动中干部和僧人撰写心得体会 34 篇，学习笔记次数平均每人达到 3 万余字，编发活动信息 77 期。组织干部职工和寺庙僧人每周安排一次集中学习活动，2019 年组织干部和僧人学习各项方针政策、法律法规 59 次，参加学习人数 302 人次，通过学习，提高全体干部职工及寺庙僧人政治理论水平和业务素质，凝聚思想共识、明确工作方向，使宗教领域“三个一”①思想深入人心，使广大僧众更加拥护党的领导，坚决维护祖国统一和民族团结。

---

①《寺管会干部行为规范“十不准”》：1. 不准参与任何形式的赌博和封建迷信活动，制造、传播、散布谣言和小道消息，组织、教唆、参与非法上访活动。2. 不准在工作中回避矛盾，推诿扯皮，推卸责任，不履行职责。3. 不准在上班时间参与打扑克、搓麻将、下棋、玩电脑游戏、炒股票、上网聊天等与工作无关的娱乐活动。4. 不准编造借口欺骗组织，擅自做主离开工作岗位。5. 不准收受与行使职权有关的单位、企业、个人现金、有价证券、支付凭证、贵重物品和旅游安排，不许接受、参加可能影响公正执行公务的宴请及各种消费娱乐活动。6. 不准利用职务之便，为本人、配偶、子女升学、乔迁、生病住院之机收受礼金 7. 不准用公款请客送礼、相互宴请、赊账消费和参与公用款支付金融投资及高消费娱乐活动。8. 不准违反规定处置国家和集体资金、资产 9. 不准对监管服务对象野蛮执法、刁蛮、打击、报复和吃、拿、卡、要，不许酒后执法。10. 不准无法定依据处罚，处罚偏轻偏重，以罚代管。

3月12日，县委常委、县人大常委会主任洛桑次仁（右一）到觉康拉康寺管会督导检查

【寺庙管理】2019年，觉康拉康寺管会加强对寺庙的各项管理，持续深入开展“十个一”②活动，按照《藏传佛教宗教事务管理条例》，严格执行僧人请销假制度，明确审批程序。年初与寺庙每名僧人及后勤人员间签订文物保护、网络社交媒体安全、交通安全等各类责任书。对外来观光旅游、朝佛人员严格实行登记管理制和询问制，做到有事报事、无事报平安。以宗教领域各项学习教育实践活动和“法律进寺庙”活动为契机，在广大干僧中开展一系列法律和政策宣讲活动。全体干部和僧人积极参加活动，认真学习活动内容，撰写学习体会。通过教育引导，增进广大僧人爱国爱教意识，成为知法、学法、懂法、用法的好僧尼。

【帮扶政策】2019年，觉康拉康寺管会开展“六个一”活动中，结合片区分布分散，点多面广的实际，制定片区责任制和干部与僧人结对认亲方案，规定主任和副主任每人结对2名僧人，其他干部一对一与僧人交朋友，加强与僧人家属之间的沟通联系，为僧人和僧人家庭办实事、解难事。2019年看望慰问僧人及家庭12次，送去慰问金3000余元。平时为体弱多病僧人和学经僧人提供车辆服务，为僧人出行提供便利和安全。按照僧人和信教群众的意愿，加强与上级有关部门的沟通和协调，积极争取资金，完成片区各宗教场所消防设施配备和电路改造升级工作，同时对规模大的寺庙配备文物保险柜，使得宗教场所的安防、消防设施日趋完善。宣传和落实各项惠僧政策，僧人养老保险和社会医疗保险参保率100%，僧人实现应保尽保，实现老有所养，老有所依。

【文物保护与管理】2019年，觉康拉康寺管会寺庙文物保护工作中，在原来文物部门登记造册的基础上，对文物进行逐一清点并统一保管。安装监控探头，保障文物安全。实行保护措施，解决唐卡等文物长期储藏容易损毁的问题。对不宜长期储藏和具有较高欣赏价值的文物，摆上展厅，供朝佛人员参观。加强寺庙消防安全隐患排查和整改工作，严格实行寺庙用火用电每日排查登记，确保文物安全。

---

①“三个一”：举办一次涉宗干部学习宗教法规政策培训班；开展一次驻寺干部履职评估；清查一次宗教活动场所。
②“十个一”：开展一次集中学习；办一件实事；开展一次慰问活动；开展一次座谈会；开展一次寺庙安全隐患排查；开着一次僧人爱好学习班；开展一次家访活动；建立一套档案；畅通一条渠道；形成一套机制。
③“四项教育”：“四讲四爱”宣传教育活动；“四条标准”宣传教育活动；《宗教事务条例》宣传教育活动；《中华人民共和国宪法》宣传教育活动。

【宣传教育】2019年，觉康拉康寺管会深化“两学一做”学习教育实践活动，深入开展以“遵行四条标准，争做先进僧尼”为主题的宗教领域“四项教育”③实践活动，按照自治区、市、县委、县政府对“四项教育”实践活动的要求和安排，凝聚思想共识、明确工作方向。通过考试考核、知识竞赛、撰写心得体会、讨论发言、歌唱比赛、书法比赛等多种形式督促鼓励学习，检验学习活动效果。活动中全体干僧撰写心得体会32篇，学习笔记平均每人达到3万余字，编发活动信息77期。同时结合“四项教育”活动，在广大干僧中广泛开展学习党的各项方针、政策和法律法规共59次，参加学习人数达302人次。

【自身建设】2019年，觉康拉康寺管会根据寺管会教育、管理、服务工作职能要求，严格执行《宗教事务管理条例》《山南市寺庙管理委员会干部管理制度》《山南市寺庙管理委员会干部请销假制度》等相关法规政策。规范干部言行，改变工作作风。广泛听取寺庙僧人的意见，研究制定并认真执行《觉康拉康寺管会干部工作纪律准则》《觉康拉康寺管会干部寺内言行规范条例》，提高干部自身素质，推进寺庙工作的有效开展。结合觉康拉康寺管委会和片区工作的实际，完善《觉康拉康寺管会干部考勤制度》《寺庙文物保护管理制度》《寺管会党支部学习制度》等各项制度，明确寺管会干部职责，规范干部和僧人管理制度，确保寺庙各项工作顺利开展。

（巴桑）

拉顶寺

【概况】拉顶寺管会2011年挂牌成立。2019年，拉顶寺管会在县委、县政府的坚强领导下，在统战、民宗和宗教办公室的大力支持和具体指导下，坚持高举中国特色社会主义伟大旗帜，深入贯彻落实中共十九大、十九届二中、三中、四中全会和中央第六次西藏工作座谈会精神，以习近平新时代中国特色社会主义思想为指导，贯彻落实习近平总书记治边稳藏重要战略思想和加强民族团结、建设美丽西藏的重要指示以及给隆子县玉麦乡群众的回信精神，大力实施以“神圣国土守护者，幸福家园建设者”为主题的乡村振兴战略，增强“四个意识”，坚定“四个自信”，统筹推进“五位一体”总体布局和协调推进“四个全面”战略布局，坚持党的治藏方略和“依法治藏、富民兴藏、长期建藏、凝聚人心、夯实基础”的重要原则，按照自治区第九次党代会和区党委九届三次全会、市委一届二次全会及县委九届二次全会的部署要求，“不忘初心、牢记使命”，坚持以人民为中心的发展思想，全面贯彻落实党的宗教工作基本方针和《宗教事务管理条例》，进一步加强新时代寺庙僧尼思想教育工作，深入开

10月24日，县委常委、统战部部长、民宗局局长普琼（左二）参加“四条标准”现场会

展“遵行四条标准、争做先进僧尼”教育实践活动，举办措美县“四条标准”现场会议拉顶寺管会分会场，巩固提高寺庙僧尼对伟大祖国、中华民族、中华文化、中国共产党、中国特色社会主义的认同。

【政治理论学习】2019年，拉顶寺管会规定学习时间，要求干部时刻保持学习热情、深化学习内容、改进学习方法、形成持之以恒的学习习惯。寺管会主任洛桑旺旦参加自治区举办的全区第六期驻寺干部培训班。认真制定和开展“不忘初心、牢记使命”主题教育活动、党的宗教方针政策、学习月活动、党的政策理论、“两学一做”学习教育、习近平新时代中国特色社会主义理论、《习近平谈治国理政》等学习活动，驻寺干部集中学习48场次，干部参学率达到100%，撰写心得体会30余篇，僧人集中学习40场次，僧人参学率达94%。

【利寺惠僧政策】2019年，拉顶寺管会始终坚持“教育、服务、管理”的工作原则，全体寺管会干部本着“教育先行、管理到位、服务周到”的要求，认真贯彻落实精准扶贫相关政策宣传教育等工作，截至年底，拉顶寺管委会共组织干部结对帮扶4次，送去大米、面、砖茶等价值4000余元的慰问品；认真贯彻落实利寺惠僧政策，深入开展“六个一”活动。僧人文娱活动室、文化联谊室已投入使用，改善寺庙的公共服务设施。落实好僧人“两保”[①]“一覆盖”“一创建”[②]工作，不断提升服务水平，确保僧人老有所养、病有所医、难有所解。

【自身建设】拉顶寺管会建立健全寺管会工作职责、寺管会成员工作职责，保密工作制度，请销假制度，宗教活动场所管理等共50多项规章制度，并在实践工作中严格执行各项规章制度，规范寺管会干部的管理，同时规范文件归档管理。

【宣传教育】拉顶寺管会为开展创建评选活动，以法制宣传主题教育为抓手，突出加强和创新寺庙管理工作重点，狠抓“宗教和睦、佛事和顺、寺庙和谐”核心，按照“政治上团结合作、信仰上相互尊重”的原则，不断加强寺庙法制宣传教育，创新宣传方式、注重宣传教育的实效，教育和引导寺管会辖区僧人弘扬藏传佛教优良传统，积极创建和谐模范寺庙，争当爱国守法先进僧尼，大力营造爱国爱教、遵规守法的良好氛围。“遵行四条标准、争做先进僧尼”宣传教育40余场次，受众200余人次。“四讲四爱”群众教育实践活动30余场次，受众200余人次。

（多 吉）

① “两保”：养老保险、医疗保险。
② “一创建”：创建和谐模范寺庙暨爱国守法先进寺庙。

乃西寺

【概况】乃西寺管会深入贯彻落实中共十九大及十九届二中、三中、四中全会精神和中央第六次西藏工作座谈会、中央民族宗教工作会议精神，全面贯彻党的民族宗教各项方针政策，认真落实自治区、市、县三级党委指示精神，以健全寺庙管理长效机制为基础，以提高僧人综合素质为出发点、以落实惠僧利寺政策为重点，认真履行职责，踏实勤奋工作，严格执行“教育、管理、服务”职能，不断推动寺庙管理“三大”职能走向规范化、制度化和法制化。

【政治理论学习】2019年，乃西寺管会把加强全体驻寺干部、驻寺民警、寺庙僧人政治理论学习，提高驻寺干部、驻寺民警、寺庙僧人思想理论素质作为日常工作的重中之重。采取集中学习和自学相结合的方式，每周安排半天的集中学习活动认真学习党的各项方针政策、法律法规。2019年，组织干部安排到社会主义学院学习，在寺管会干部中3人参加外地学习，占全体驻寺干部的60%。通过学习，进一步提高全体驻寺干部、驻寺民警和寺庙僧人的政治理论水平，在思想上和行动上始终与党中央和上级党委保持高度一致的觉悟，树立正确的祖国观、民族观、宗教观、文化观。

【规范寺庙管理】2019年，乃西寺管会在深入辖区各寺庙、拉康调查研究的基础上，认真总结寺庙管理存在的问题和不足，并进行认真归纳总结，按照上级有关部门下发的各项规章制度和在原有的乃西寺管会各项规章制度上建立健全《乃西寺管会寺庙、拉康管理制度》《寺庙僧人学习制度》《寺庙僧人考勤制度》《寺庙财务管理制度》《寺庙文物保护制度》《消防安全制度》等10项规章制度，制作《寺庙值班僧人每月财务收入公开栏》，每月进行一次财务公开，将收支情况向全体僧众公布。更新各类宣传栏，各类台账造册12本，使辖区僧人做到照章办事、依法行事。

11月3日，乃西寺党支部组织开展干部集中学习会

【利寺惠僧政策】2019年，乃西寺管会认真贯彻落实自治区、市、县三级利寺惠僧政策。通过开展“六个一”“九有”“两保一险”“一覆盖”、争创爱国守法先进僧尼和创建和谐模范寺庙等相关工作，积极主动与僧人交朋友，了解寺庙僧人的思想、身心状况，切实解决僧人及家庭实际困难，建立完善驻寺干部联系僧人制度，使每个驻寺干部都与一名或多名僧人交朋友。2019年，乃西寺管会协调上级有关部门修缮定巴寺挡墙，共投入资金2万元。荣获1座县级和谐模范寺庙、3名县级爱国守法先进僧人。亦僧亦俗管理有序，开展帮扶工作，解决僧人实际困难3件，干部帮扶解决资金2400余元，“三大节日”慰问16000元，僧人养老、医疗金全部缴费完成，发放领袖像10余份，发放国旗30余份。寺庙书屋建设有序推进，完善更新书籍2000余册，借阅

制度、后续管理制度逐渐完善，寺庙通路通电通水基本全覆盖。组织干僧开展绿化环境植树活动占地面积 2 亩，种植 3000 余棵杨树、柳树。

【文物保护与管理】2019 年，乃西寺管会全面贯彻落实“保护为主、抢救第一、合理利用、加强管理”的文物工作方针。根据《中华人民共和国国家文物保护法》《西藏自治区文物保护管理条例》《西藏自治区文物单位消防安全管理办法》等法律法规，对管委会辖区 2 座寺庙、5 座拉康的文物进行逐一清点并登记造册，寺管会和寺庙、拉康各留一份底。在辖区寺庙僧人中广泛宣传文物保护各项工作方针及法律法规，牢固树立辖区僧人文物安全意识、保护文物责任意识。

【宣传教育】2019 年，乃西寺管会高度重视寺庙僧人宣传教育引导工作，紧紧围绕党中央及自治区党委、市委、县委的决策部署，认真制定学习方案、制度和计划，合理安排时间，在辖区寺庙僧人中扎实开展“遵行四条标准、争做先进僧尼”“四讲四爱”，《中华人民共和国宪法》《中华人民共和国宗教事务条例》“五项管理意见”“扫黑除恶”等宣讲活动。组织驻寺干部、民警、寺庙僧人深入学习中共十九大精神和《中华人民共和国国家安全生产法》“七五”普法等法律法规，组织僧人观看《西藏高僧大德谈藏传佛教》的录像。通过考试考核、知识竞赛、书写心得体会、讨论发言等形式，督促鼓励学习，检验学习效果。组织僧人观看重要新闻、爱国主义电片、报纸等相关资料，2019 年，乃西寺管会共开展宣传教育活动 60 余次，制做宣传栏 5 个，召开专题安排部署会议 4 次，动员大会 4 次、发放各类宣传材料共计 232 份，发放宣传包 16 份，上级督导检查 15 次、组织培训教育 10 余次，宣传教育全覆盖，使寺庙僧人增强爱国爱教意识、国家意识、法治意识、公民意识，能自觉维护祖国统一、维护民族团结、维护社会稳定，用实际行动拥护习近平总书记为核心的党中央。

【自身建设】2019 年，乃西寺管会按照“教育、管理、服务”三大工作职能要求，规范驻寺干部、民警言行举止。广泛听取寺庙僧人意见建议，结合寺管会实际，先后制定《乃西寺管会干部管理制度职责》《乃西寺管会长效管理机制》《寺管会干部履职注意事项》等 10 项制度。定期召开寺管会干部职工会议，通过座谈会形式查找自身不足，并要求自觉限期整改，提高驻寺干部、民警自身素质，改变工作作风。落实寺庙文物、财务、综治、消防、学习、生活等规章制度，确保寺管会工作顺利开展。

（益西次旺）

教育

教育

综述

【概况】2019年，措美县教育局（体育局）核定编制4名，共配备有1名正局长、4名副局长，3名事业干部，14名教研员。中学配备校长（副校长）4人，各小学配备校长（副校长）共14人。措美县各级各类学校共有21所，其中初级中学1所，乡（镇）小学4所，县城幼儿园1所，乡（镇）幼儿园2所，村级幼儿园13所。在校学生1617人，其中中学295人、小学885人、学前在园人数437人。初中入学率100%，小学入学率100%，学前两年幼儿受教育率100%，学前三年幼儿受教育率100%。

【教学质量】积极开展质量监测考试，科学诊断教育改革。加强中小学教育教学质量监督管理，正确评价学校、教师教学工作，促进学校教学质量的稳步提高，实现质量、效益同步发展。结合措美县实际，6月保质保量按期完成中小考考务工作，严格落实小学毕业班月考命题、制卷、阅卷、质量分析。通过网络继续开展“三科”①培训工作，提升教师业务能力。坚持开展每月督查，规范教研活动，课堂教学行为，提升课堂教学效率，每月定期开展月督查活动，深入课堂实施听、评、说课活动，检查教师备课、作业批改情况，检查教研工作落实情况，并将优秀教师的经验做法推广给年轻教师。结合自治区、市相关要求大力开展五个100%创建工作。选拔充实教研队伍，实行教研员学科负责制、责任校区督学制、月督查制。注重突出“两个加强”（加强教育科研，坚持以教育科研为先导，做到资源共享、上下联动、整体推进；加强课改评价制度探索，所有教研员入学校、进课堂、上讲台，与教师一道听课、说课、讲课、评课，组织各校中青年骨干教师开展赛课活动）。同时积极推进教师能力的提升，组织开展藏、汉、数等学科为主的县本培训、校本培训，进一步提高教师专业能力水

9月3日—4日，由山南市教育局副局长仁增达杰(右三)带队的秋季开学检查组到措美县检查指导开学情况。县教育局局长格桑达瓦(右二)全程陪同

①"三科"：语文、道德与法治、历史。

平，有效解决学科结构不合理，教师能力参差不齐的问题，促进教育教学质量稳步提升。按照上级业务部门要求认真推选、选拔小学教师教学竞赛、中小学实验教学说课比赛、初中教师教学竞赛与教学技能培训、中小学藏语文教学培训及赛课活动等参训人员，均取得优异的成绩。哲古镇扎扎小学校长群培获“山南市第三届名校长”称号；措美县中学教师洛桑催成获“山南市第三届名教师”称号；措美镇小学教师边巴次仁、哲古镇小学教师索朗次仁等5名教师获“山南市优秀教师称号”。

【教育保障】2019年，本级财政对教育的投入为584万元，占本级财政的17%。2019年，开复工项目7个，其中续建项目1个，新建项目5个，计划开工项目1个。措美县公共体育服务设施建设项目国家总投资850万元，2019年新建项目有哲古小学多功能体育场建设项目国家总投资263万元；哲古镇扎扎小学供暖建设项目，国家总投资295万元；措美镇五人制足球场建设项目，国家总投资50万元；乃西乡小学五人制足球场建设项目，国家总投资50万元；古堆乡小学五人制足球场建设项目，国家总投资50万元。措美县中学信息化建设项目总投资500万元，资金已到，由市教育局统一实施，计划开工时间未确定。县教育局计划完成投资2058.00万元，1-12月累计完成投资1558万元，占年度计划76%。

2019年，落实教育“三包”[①]经费550.8万元。落实营养改善计划资金93.5万元。落实大学生资助金378.7万元，落实建档立卡大学生资助资金7.7万元。

【校园安全】建立健全各项安全制度，切实做好各个节点学校安全稳定工作，深入开展校园安全隐患排查整治及安全教育工作，层层签订《综治目标责任书》《学校安全稳定目标责任书》《消防安全目标责任书》《道路交通安全目标责任书》《食品药品安全目标责任书》。2019年县教育局联合应急管理局、市监局、消防大队等相关单位对各个学校累计安全检查25次。利用“开学第一堂课”、家长会、法治手抄报、法治主题班会、法治进校园等活动，积极宣传校园安全相关知识，进一步提高师生、家长的安全意识，牢固树立“安全第一”的思想意识。大力开展校园级周边治安综合治理、预防青少年违法犯罪、平安校园建设、先进双联户创建评选等工作。为综治联系点雪热村解决经费5000元。

【党建工作】建设开展党建+平台创建工作，紧紧围绕以办好人民满意的教育发展为目标，主动适应经济社会发展新常态，推进教育持续健康发展，创新教育工作思路，以党建工作指引带动各项教育事业同步发展。2019年教育支部党建工作受到县级检查好评，哲古小学党支部党建整改工作取得不错的成效。坚持“两学一做”学习教育常态化，认真开展“四讲四爱”“不忘初心、牢记使命”主题教育活动。加大对雪热村党建工作指导力度，为雪热村解决党建经费5000元。认真落实党风廉政建设主体责任，每月召开教育系统党建、党风廉政会议，旨在提高广大教育系统干部职工责任意识，严明纪律

①教育"三包"：包吃、包住、包学习费。

要求，把纪律和规矩放在首要位置，认真落实好中央八项规定精神、自治区党委“约法十章”“九项要求”、市委“十项规则”和县纪委关于严明纪律的相关文件精神，坚决不做违规违纪的事情，按照巡察要求，及时整改巡察期间发现的问题。

【教师队伍】为打造高素质教师队伍，建立健全《关于加强中小学教师队伍建设的实施意见》《关于加强师德师风建设的实施意见》《措美县教育系统师德师风建设制度》《措美县教育局关于开展骨干教师评选活动的实施方案》《措美县中小学教师培训制度》《措美县中小学校长、教师交流工作制度》，建立健全《措美县义务教育学校校长、教师交流轮岗工作实施方案》《措美县中小学教职工管理办法》《措美县中小学（幼儿园）教职工调入调出管理办法》，为稳步推进县域内义务教育学校校长和教师定期交流及教师管理奠定基础。

2019 年，共选派 329 人次参加各级各类培训。配齐配强措美县中学、措美镇小学、哲古镇小学校级领导和中层班子，不断深化骨干教师培养力度，建立健全教育系统骨干教师人才储备库，顺利开展教师交流、学习取经、教师道德考核等工作。完成教育系统职称申报、提前退休和离岗休养工作。进一步加强师德师风建设，加强与援藏领导的沟通，协调安徽省淮南市，邀请优秀援藏教师为措美县教师进行“1122”素质提升工程第二、三阶段送培送教活动。

【德育教育】利用“四讲四爱”青少年教育实践活动宣讲平台，按照教育工作实际，创新宣传方式方法，利用教育系统骨干宣讲员积极开展“三包”“营改”“大学生资助”、义务教育阶段免费教育、安全教育、职业病预防、环保、关爱残疾儿童、“扫黑除恶打非治乱专项斗争”宣讲活动，教育引导广大师生、群众，知党恩、感党恩、跟党走，确保校内稳定、和谐。教育系统累计开展各级各类宣传活动 30 余场次。以爱国主义教育、民族团结教育、新旧西藏对比教育、社会主义核心价值观教育、“3·28”文艺会演、西藏民主改革 60 周年演讲比赛、措美县教育系统欢庆中华人民共和国成立 70 周年文艺会演”等活动为内容，深入开展教育系统“四讲四爱”主题教育活动，教育系统举办各类活动 30 余场次。

【素质教育】2019 年，措美县中学、三所小学（措美镇小学、哲古镇小学、扎扎小学）顺利通过市级第二次素质教育评估验收。共 3 名学生考上内地（分别考上西安、上海、合肥）西藏初中班。

【教育信息化】为提高措美县教育信息化建设及管理应用水平，进一步充实教育信息化管理领导小组及各学校信息化管理人员。措美县信息化管理人员每月及时审核、更新、上报全国教育信息化工作进展系统的数据工作，协调上级、组织各学校完成“互联网＋教育城域网”项目工作；指导、督促措美县中学数字化校园建设工作。措美县各幼儿园监控系统全覆盖。教育局推广实施教育珠峰旗云平台。措美县中小学电子白板全面维修已正常使用，基本实现教学信息传播的信息化。

【学前教育】2019 年，稳步推进学前教育发展，学前双语幼儿园增加至 16 所，帕仓村幼儿园、乃西村幼儿园、波嘎村幼儿园顺利通过市级评估验收。学前两年幼儿受教育率 100%，城镇学前三年幼儿受教育率 100%。均衡发展九年义务教育，巩固控辍保学成果，小学入学率达到 100%，初中入学率达到 100%。开展内地（分别考上西安、上海、合肥）西藏中职班、“两后生”技能培训等职业教育。认真做好残疾儿童摸底调查统计及接受继续教育协调工作。措美县适龄残疾儿童 17 人，随班就读 12 人，市特殊教育学校在校生 5 人，残疾儿童入学率达到 100%。

县教育局对各村级幼儿园添置实用性强的教学设施设备，进一步完善村级幼儿园缺少基础设施设备问题。措美县行政审批和便民服务局正在与亿童培训机构积极沟通协商，扩大学前教育资源，规范办园和保教行为，加快学前教育发展，提高学前教育的整体水平。制定 2019 年内地（西安、上海、合肥）西藏中职班学生暑假返藏、秋季返校运输工作和暑期在藏期间的安全管理工作方案，顺利完成内地（西安、上海、合肥）西藏中职班学生返藏、内地西藏中职班毕业生普通高考和对口高职考试及体检工作。

【体育建设】认真开展初中毕业生升学加试体育考务工作。完成 1177 名学生体质监测工作，达标率达到 96%。组织参加山南市“第八届体彩杯”足球赛荣获亚军。组织参加山南市“全民建设”篮球比赛获得优秀组织奖。组织人员开展全国第七次体育场地普查工作，普查对象为中区直单位、各乡镇、村（社区）、学校的各种体育活动场地。措美县在市级第二次素质教育督导评估验收中体质监测取得优异成绩。2019 年，学生课间分为广播操和民族锅庄舞。

（德吉曲珍）

9 月 28 日，教育系统开展庆祝中华人民共和国成立 70 周年文艺活动

措美县中学

【概况】措美县中学位于措美县城东南面，学校前身为措美县“五七”中学，措美县完全小学。根据改革形势需要，于 1995 年正式挂牌成立措美县中学。学校占地面积 36452.85 平方米，校舍建筑面积 10876.52 平方米。在校学生 295 人，开设 7 个教学班。正式在编教职工 45 人（区外教师 13 人），女教师 23 人，占教职工总数的 51.1%；党员教师 20 人，占教职工总数的 44.4%；专任教师 45 人（其中一级教师 23 人），学历合格率 100%。

学校拥有多媒体教室、理化生实验室、音乐室、美术室、形体室等在内的较为完备的现代化教学功能室，为学生的全面发展提供良好的教育环境。2019 年，学校坚持德育为首，大力推行养成教育。开设美术、音乐、科学、足球以及藏文书法等多类兴趣班，强化理化生等学科（实验）的开齐开足率，多措并举，落实五个 100%，进一步提高学生综合能力，促进学生健康快速发展。

【德育管理】2019 年，措美县中学坚持“以德育人”的办学思想，把德育作为教育教学工作的重中之重来抓。通过班会、板报、国旗下讲话、学习贯彻十九大精神、开展“四讲四爱”等活动，对各年级学生进行文明礼貌、养成习惯、自主学习等教育。学校加强对学生的法制教育，结合普法活动，对学生进行一次法律知识学习活动，对措美县中学各年级学生进行有关法律知识测试。强化学生的法制意识，杜绝学生重大违纪现象的发生。依托“四讲四爱”主题教育活动，结合学校实际情况开展“三节三爱”①教育，加强反分裂、爱国主义和民族团结教育，弘扬民族文化、激发学生爱国情感，增强学生社会爱心。进一步弘扬社会主义核心价值观，推动措美县中学学生不断践行爱国责任，开展“传递正能量，践行社会主义核心价值观”主题演讲比赛。政教处、团委继续以学生会为主体，充分利用黑板报和校园广播站等宣传工具，在渲染校园文化等方面做出良好成绩。每期板报都进行检查评比，通过评比结果进行评优评先。继续强化值班、带班制，对学生执行日常行为规范情况进行督促和严格检查，推行班级量化评比活动，每周公布，每月评比一次，量化评比结果与班主任业绩挂钩。学期结束进行量化评比结果汇总，并作为评比先进年级、班级的重要依据。对学生佩戴胸卡提出具体要求，以班级、年级、学校检查相结合，日日查，周周查，以培养学生的文明行为习惯。使学生养成自觉遵守中学日常行为规范的习惯，强化规范教育，把养成教育当作德育工作的一个重点。加强卫生、安全保卫工作。进一步落实、强化保卫工作制度和岗位职责。严防社会闲杂人员混入校园，寻衅滋事。对校园内重点部门、重点部位落实防火、防盗措施，做到有备无患、警钟长鸣。

【教育教学】2019 年，措美县中学积极推进素质教育，提高教育教学成效。确立课程改革为学校工作重点，严格贯彻落实西藏自治区教育厅“五个”100%

① “三节三爱”：节水、节电、节粮；爱学习、爱劳动、爱祖国。

的目标，开足开启课程，确保各项实验课程开课率达到 100%。通过参加培训、讲座、观摩课、看录像等形式加强“课改”理论学习和培训。组织学科骨干教师参加国培、区培、市培的新课程标准及教材培训，把学习新课程标准同实际教学结合起来贯彻新课标，靠近新课标，渗透新课标。在“备讲批辅”等教学环节上大胆探索，一切从促进学生发展出发，教案变学案，开发学生中的教学资源，引导学生探究式学习。以“教学为中心、质量为生命”为主题，开展一系列教学教研活动，抓住“备、讲、听、说”四环节，打磨教学基本功，促进教师专业成长。加强制度建设，狠抓落实，不断提升学校管理的规范性。对德育、教学、后勤、财务，尤其是安全管理、课堂教学管理、学生、教师评价机制上规范、完善、细化一系列规章制度，并通过学习、督查、考核的落实，提高教职工履行岗位职责的自觉性，切实促进学校各项工作的规范、健康和高效发展。强化课堂常规管理，向 40 分钟要质量。学校想方设法使课堂教学真正做到“严要求、轻负担、低消耗、高质量”。切实落实课堂教学双向反馈监督机制，在教学管理过程中进一步规范检查、落实、激励等制度，重视和发挥好教师对班级课堂学习情况的反馈以及学生对教师的课堂情况的反馈，落实“人人懂常规、个个守规范，班班有秩序”的要求。坚持领导深入班级听课制度，努力创设互相学习、互相观摩、互相促进、共同提高的教学氛围。校级领导、教务主任、教科研主任深入课堂第一线听课，了解教师教学情况，把握教学方向，提高教学对策，不断提高教师教学能力。创新工作思路，推行“阳光体育”计划，学生参与率达 100%。结合第二课堂开展丰富多彩的校本课程，有效促进全体学生全面发展，第二课堂取得较好的成效。常抓不懈，使学校卫生工作上一个新台阶。学校卫生工作是学校工作不可缺少的一个重要组成部分。“一日三扫”制度化，责任区域具体化，督导检查经常化，检查内容数字化，检查结果公开化。2019 年中考成绩比上年再上一个台阶，中考成绩总分 500 分以上学生数比上年多 3 个，400 分数的学生比上年多 40 余个，教学成绩全市总体排名进步一个名次。

【校园安全】2019 年，措美县中学紧紧按照上级部门的文件精神，将维稳工作作为学校的头等大事。严格落实二十四小时带值班、每日“零报告”制度。明确“安全第一、预防为主”的安全工作方针，树立“加强安全管理、确保学校平安、保持稳步发展”的管理理念，定期组织开展消防、地震演练，提高学生的自救自护能力。利用主题班会、国旗下讲话等契机，加强对学生安全教育的渗透，切实提高安全教育工作的实效性。落实周值班、校巡逻队制度，定期对校园安全隐患进行排查，为师生创建良好的校园环境。召开一年一度的家长会，强调道路交通安全，同每一位学生和接送学生的家长签订道路安全责任书。注重食品卫生与安全，学期初同主管校长、主管主任、食堂工作人员层层签订安全责任书，协同县食药局不定时对食堂的采购物资进行抽查，确保学生用餐安全。

【后勤保障】2019 年，措美县中学严格执行重要项目申报审批制度并公开操作，提高学校教育经费的使用效益，做到开支精打细算。2019 年，共落实“三包”经费 109.74 万元，营改经费 32.6 万元。在确保学生用餐安全的基础上，做好一日三餐，利用有限经费保障学生健康、营养用餐。坚持校产管理及采购制度化、常规化，制定较为详细的校产管理、公物支领、检查及损坏赔偿制度等。明确责任，做到物品经常有人保管，损坏有人报告，损毁有人赔偿，丢失有人查找。加强财会管理，做到账目清楚相符，日清月结。后勤人员不断提倡岗位奉献精神，提倡勤俭节约，规范上班制度，逐步树立起服务至上的意识。学校严把食堂的卫生关，食品卫生工作长抓不懈，对食品采购、加工，要定期监督检查，确保师生的健康，努力打造平安校园。不断加强伙食质量及价格检查，严防中毒事件发生，使学生安心，家长放心，2019年无安全事故发生。

【自身建设】2019年，措美县中学党支部大力发展党的基础建设，努力培养积极分子，全面学习中共十九大报告内容，深入开展“四讲四爱”等系列活动，严格执行“三会一课”制度。学校党支部成员按照各自分工各尽其责，目标明确，党建工作有条不紊。建立党务公开制度、民主生活会制度、党员廉政建设制度、支部“三会一课”制度等。积极发挥共产党员先锋模范带头作用，密切党群关系。党员干部做表率，切实做到尽职尽责，并团结带领全体教职工积极、主动、开拓性地开展工作。做好组织发展工作，多方位考察预备党员和入党积极分子，对预备党员和积极分子进行综合考评工作。

（白玛单增）

9月23日，措美县中学师生为建国70周年献歌

措美镇小学

【概况】措美镇小学始建于1990年，有30年的办学历史。现有17个教学班，461名学生，教职工56名，其中本科33人，大专22人，中专1人，学历合格率达100%；党员30人，占教师总数的57.7%，从职称来看，一级教师17人，二级教师31人，未聘教师9人；市级学科带头人1名，骨干教师3人。校园总占地面积53亩，建筑面积10677.6平方米，教育均衡验收期间上级投入大量资金，改善措美镇小学的硬件建设，现建有阶梯教室、风雨操场、学生澡堂、实验室、多媒体教室、音乐室、舞蹈室、美术室、阅览室、书法室、直录播室等各种教学辅助功能室，优越办学条件满足全校各项活动开展需求。2019年，措美镇小学秉承“为师生终身发展奠基”的办学理念，以“精细化管理，内涵式发展”为办学思路，办学水平得到上级领导和社会各界的肯定和认可，学校先后获得“平安校园”“示范学校”“教育质量先进学校”“文明单位”等光荣称号，成为措美县教育的窗口学校、示范学校。

【德育工作】2019年，措美镇小学始终把德育工作摆在首要位置，以头等大事来抓。在学校德育室负责人的领导下，按照自治区教育厅要求在现有德育资源前提下增加八大板块内容安排学生不定期参观德育室了解掌握德育室文化，德育室的利用在全校范围内起到“以德育人、立德树人”至关重要的作用。社会主义核心价值观培育和践行活动以及为贯彻落实习近平新时代中国特色社会主义思想和中共十九大精神以及喜迎建国70周年、西藏民主改革

5月19日，措美镇小学实施第一次素质教育市级评估验收

60周年的重要举措作为当前德育工作的重点内容。加强学生的思想道德教育和养成教育，丰富德育活动促进养成教育。认真学习贯彻《小学生守则》《小学生日常行为规范》。同时深入开展文明礼仪教育、法制教育、安全教育等。加强班级文化建设。要求班主任积极思考，加强班级制度建设、班风和学风建设，营造良好的班级氛围。各班的学习园地布置精美，纪律之星、礼仪之星、好人好事都有记录。加强后进生的教育与转化。教务处要求各班对后进生转化工作做到有计划，有措施，并比较及时地了解掌握有关情况，协助班主任做好个别学生的帮教工作。做好德育教学工作计划，拓宽德育渠道，发挥“三结合”教育优势。办好家长学校，增进家校联系。并坚持定期召开家长会，丰富家校活动。同时，坚持通过电话联系、家访、经常性地与家长沟通，充分利用有效的教育资源，推进家校联系，提高家教水平。少先队工作，在2019年，不但保证升旗的时间，而且做到结合节假日，有目的性地开展主题教育活动，使主题升旗仪式更鲜活，在民主改革纪念日、党的生日、国庆节、世界读书日等主题升旗仪式，学生从中受到教育，达到良好的教育效果。特色工作，开展丰富多彩的主题

教育活动。围绕建国70周年和西藏民主改革60周年等重要节庆日，开展《学习雷锋精神》大扫除活动，“黑板报”评比活动，“手抄报”评比活动，“3·28”开展“校园传唱红歌”准备“七一”开展“童心向党歌咏活动”“十一”“向国旗敬礼”等多种形式活动，同时，组织小学生参观爱国主义教育基地、新旧西藏对比展厅等场所，深入开展革命传统和民族精神教育。促使学生成为“培育和践行社会主义核心价值观及争做“四讲四爱”的好少年。利用好校外实践基地。组织小学生参加农业生产劳动、校园卫生保洁、绿植养护和种植养殖等实践和生态保护活动，培养学生热爱劳动、乐于奉献的精神。每周各班召开以多种体裁为主题班会。重视养成教育，文明礼仪教育，校园安全教育。

【教育教学】出台教育教学评估办法、教学质量评价体系，完善各项检查制度，实行校长例会制度、教代会机制、教师业务实绩考评制度等。狠抓教学常规落实。2019年，学校制定科学的措施，狠抓教学管理，突出抓好教师备课、课堂教学、作业批改、课后辅导、教学反思、学困生转化等重要环节。深化课堂教学改革，引导教师确立师生互动、民主课堂的理念，努力提高课堂教学效益。开展“优质课评比”和“结对帮扶”等活动。学校每月对教学常规检查一次，做到有记录、有反馈、有措施、有考核、有整改。学校开足开全全部课程，规范办学行为。狠抓教研教改工作。学校制定教研工作实施方案，注重教研活动的过程与效果，鼓励教研组创新管理、规范活动、积极实践，提高活动实效性。每次活动都要有明确的主题，做到目标明确、形式多样、人人参与、讲求实效。

措美镇小学始终坚持教师发展专业化为基准，坚持拓宽教师职业发展空间，搭建教师发展的平台，开展系列教研活动、青蓝工程、党员示范课、新增教师汇报课，每周一讲、每种一练、且激励教师参与国培、区培、市培、县培、校本等五级培训形式，积极开展教师能力提升培训，认真组织听课评课、集体备课、公开示范课、经验交流等教研活动，促使提升教师的专业水平和实践能力。以学科带头人、骨干教师为核心的师资队伍，目前有市级学科带头人1名，市级骨干教师2名，县级骨干教师2名。

【校园安全管理】组织师生，全员参与，营造安全氛围。学校领导高度重视，认真学习上级有关安全教育精神，成立安全工作领导小组，制定《学校安全工作实施方案》，制定和完善相关安全制度，实行安全工作责任制和安全工作追究制。与每位教师签订安全管理责任书、私家车安全协议书，明确责任意识和岗位意识。利用国旗下的讲话，进行安全教育。班主任利用社会实践课和班会进行安全教育，党建带少队每学期安全教育为主题开学第一堂课，广泛宣传。通过学校宣传栏、班级黑板报、校周报、集会、校园广播等途径进行广泛宣传教育，并向每一位学生家长签订学生往返交通安全责任书。家校联合，共同推进学生的法治意识和安全意识。建立健全安全管理制度和突发事件处置工作应警预案体系，制定安全工作应急预案，根据应急预案实施演练，建立畅通的信息传输渠道和严格的信息上报制度。关注师生心理健康，规范心理咨询心理辅导，加强心理健康教育队伍建设，营造心理健康教育的良好氛围，通过家长学校开展家庭心理健康教育，积极配合学校开展心理健康教育，构建家校互动的心理健康教育平台。重视学生和老师的法制教育，卫生纪律教育，行为养成教育，学校聘请法制副校长，每学期邀请法制副校长进行法制教育和卫生健康教育讲座。加强安保。加强门卫值班、教师值班和护校队巡逻力度，维护校园周边安全，保护学生安全。经常性地进行治安防范检查和安全隐患排查。狠抓队伍，强化责任。做好学校安全工作，确保学校平安稳定，是各级教育行政部门领导和学校校长首要的政治责任。落实学校安全维稳主体责任和学校每个岗位的“一岗双责”的安全维稳责任，构建责任体系，做到人人心中有责、事事有人负责。校领导带班和教师值班实行责任追究制。带班领导要对教师值班情况随时进行督查，并做好相应的情况记录。课间管理好学生在走廊、楼梯等容易出现安全事故的防范工作，晚读自习期间、抓好学生上下楼梯安全工作、若出现一些严重问题追究值班人员及带班领导的直接责任。双休日值班要协助生活老师搞好住校生卫生，并抓好周末学生安全工作，因工作上失职造成学生安全问题，学校将追究值班、带班以及生活老师责任。值班期间一旦发生突发事件或不安全事故，值班人员采取有效措施予以处理。同时第一时间向学校领导报告，并做好详细情况记录。明确职责，建章立制。安全工作的主要任务是宣传贯彻国家有关安全管理工作的方针政策和法律法规，建立健全学校安全管理工作的规章制度，对师生进行安全教育，预防学校安全事故的发生。

（琼 达）

12 月 5 日，措美镇小学开展“好家风，好家训”进校园讲座

哲古镇小学

【概况】措美县哲古镇小学，位于措美县北部 50 公里，平均海拔 4600 米以上，属于高寒地带，气候十分恶劣，是一所牧区学校。学校前身为哲古中心小学，始建于 1960 年，为改善学校的办学条件，国家先后进行搬迁三次，改扩建五次。目前学校占地面积为 41140.74 平方米，建有教学区、功能区、学生宿舍区、运动区、师生餐厅等，小学入学达率 100%，现有专任教师 28 名，其中本科学历 22 名，大专 6 名，学历合格率 100%；全校在校生 206 名，党支部 1 个，正式党员 16 名，比例为 59%；配齐配全学校领导班子现有正校长 1 名，校长 3 名，持证上岗率 100%；近年来学校认真贯彻党的教育方针，大力推行素质教育，全面实施精细化管理，坚持办学理念求新，治学治教求严，教学绩效求实，努力创建“平安、书香、文明、人文”校园，努力创办人民满意的学校。

学校始终秉承“以德为本，用爱育爱”的校训，坚持“关注每一名学生，为学生的现代、未来负责”的办学理念，“团结、勤奋、和谐、互爱”的校风；“爱岗、敬业、爱生、创新”的教风；“会学、好问、勤奋、刻苦”的学风，为社会培养有用之才。积极落实自主、合作、探究的学习方式，加大本校教研力度，创新课堂教学策略，提升教学的有效性。注重学校育人文化建设，通过班级文化加强学生心理健康教育建设，营造“温馨”的育人氛围，为学生从小养成自强不息提供“平和”的成长空间。

【德育管理】哲古镇小学紧紧围绕“以德为本，用爱育爱”的校训，坚持以教育教学工作为中心，以促进学生全面的发展为目标，打造以德促智、以文化育人，建立健全全员育人、管理育人、服务育人系统，促进学生健康和谐成长。从学生一年级入学开始，即以“感恩”教育为切入点，全面实施“学子修身行动”，即“感恩、公德、责任、文明、爱心、诚信”六大序列化主题教育活动，旨在吸取中华优秀传统和现代文明精髓，促进学生个体的完善，培育学生现代公民意识，激发学生内在潜力。通过班会上写心得、谈感悟，给学生算好感恩账；学校让学生和家长唱主角，交流如何密切亲子关系，很好地解决学生感恩意识和学习原动力缺乏的问题。

【教师队伍素质】学校现有自治区优秀教师 2 名，市优秀教师 2 名，市级“优秀班主任” 2 名。要办一所学校必须要有教师，要办好一所学校必须有一支高素质的教师队伍，一所学校的教育层次很多程度上取决于该校教师教素质的水平和层次。

6 月 18 日，哲古镇安婕妤阳光小学竣工仪式在哲古小学举行。团市委书记拉宗（右二）、广州安婕妤生物科技有限公司高管黎思彤（中）、县人大常委会副主任、哲古镇党委书记达瓦（左二）、哲古小学校长巴桑罗布（左一）出席仪式

加强教师师德作风建设。从思想上真正认识到爱岗敬业的重要性，对老同志要晓之以理、动之以情，去做内心的思想工作；对年轻教师除了加强制度管理和约束，更多的需要正面引导。

努力提升教师业务能力水平。加强校本教研，整体提升教师素质，哲古镇小学从去年加强校本教研活动，每周二下午组织教师们进行研讨，在研讨中我们以怎样备课，怎样上课，怎样批改作业，怎样当好班主任等方面展开，学校还安装网络，老师们可以上网查阅资料，浏览网页，为备课，上课等提供有力的保障。

青年教师和老教师师徒对结，青年教师是学校的希望和未来，有知识但经验不足，需要师德水平高的老师传、帮、带，老教师对现行的新的教学理念和模式难以接受，需年轻教师指导和帮助，通过老、中、青的结合，大大提高教学质量。

创造条件，促使教师不断自我完善，对青年教师我们要大胆地让他们独立进行循环教学，从低年级到高年级一直往上带，逐渐掌握不同年龄段学生的规律。对青年教师开展评优活动，要多让他们走出去，接受新知识，要多培训，多进修，让他们把外面好的东西学回来，达到学以致用的目的，对中年教师要从岗位上加以重任，让他们有一种成就感，对老教师在教学中要给一定的压力，把他们推到带动青年教师和兼职教研的地位，让他们能自觉强化自身，拓宽知识，学习新的理论，掌握新的教学模式。

关心教师生活和教师精神状态，生活中我们要尽量为教师多着想，让他们感到工作中没有一点后顾之忧，时刻掌握教师的精神动态，努力把他们培养成一支作风过硬，业务精湛的高素质教师团队。

【学校管理】坚持“依法治校、依法治教、依法执教”的管理体制。通过法律法规的学习，学科教学渗透法制教育、写心得体会、办主题班刊、手抄报等多种形式将法律知识引入校园，提高师生学法、知法、守法、用法的法制意识。不断地完善学校各项规章制度，做好党务、政务、校务公开，实现民主管理、民主决策。努力打造和谐校园、平安校园。

在学校管理中体现用情管理，以情动人。教师生病去看一看，老师家中有困难去问一问，同事教学上有困难去帮一帮，处处体现人文的关怀。学校教师少，工作任务重，常常需要老师们加班加点地工作。这就需要做好教师的思想工作，用真情去感化，换位去思考，用亲身去说服。不断调动教师的工作积极性，引导他们爱岗敬业，改革创新，关爱学生。

开齐课程开足课时，严格监管学校教师的教育教学活动。要求教师严格按课表上课。严格转入、转出、休学、复学等学生变动管理。建立科学合理的学生评价制度，从多个方面对学生开展评价，结合学生实际，因材施教，让不同学习程度的学生都得到培养和提高。积极进行家校互动，共同抓好学生的思想教育工作，做好小升初的整班移交工作。

【校园安全】加强组织领导，健全安全管理组织机构。成立哲古小学安全工作领导小组，形成安全工作校长亲自抓部署，分管领导具体抓落实的良好局面。

层层落实安全责任。每学年都要修订完善《学校安全事故应急处理预案》，进一步明确安全工作的责任和工作的具体要求。学校坚持安全工作责任到人，按照“谁主管，谁负责”的原则。学校同教师签订《安全目标责任书》，班主任同学生、家长签订《安全管理责任书》，给学生下发《学生安全公约》。学校安全工作真正做到学校、班级、学生、家长职责明确，齐抓共管。

强化安全教育。始终把安全工作放在学校工作的首位，安全教育做到时时讲，天天讲，常抓不懈。利用教师例会、升国旗、学生集会等时间及时将安全工作会议精神、安全工作文件精神传达到全体师生心中，学校按规定开设健康安全教育课。充分利用专题讲座、校园广播、黑板报、宣传专栏、图片等媒体资源，给师生重温防震、防火、防病、防食物中毒、防交通事故等安全常识和逃生技能。

重视安全防范，把安全隐患消除在萌芽状态。每月对学校的围墙、校舍、电路、宿舍、食堂等领域进行一次拉网式安全排查，及时整改安全隐患。及时消除学生中的安全隐患，每周定期或不定期排查收缴学生携带的危险物品，加强值班领导和值班教师巡查制度，确保及时消除安全隐患。多次组织地震逃生演练、消防安全演练活动。

坚持家校联系制度，向家长宣传安全工作的重要性，取得家长的支持和配合。每学期都要向家长发放《告家长一封信》，提醒家长注意学生的安全。

（巴桑罗布）

扎扎小学

【概况】扎扎小学位于措美县北部，离县城 90 多千米，学校始建于 1993 年，平均海拔 4527 米，属于高寒偏远乡村牧区学校。2019 年，扎扎小学教师核定编制 16 人，实有人数 27 人（包括扎扎幼儿园教师），义务教育阶段在校生 156 名，学前教育 64 名，设立 8 个教学班级，入学入园率 100%；学校在职教职工 35 人，其中专任教师 27 名，中共党员 16 名，教师学历合格率达 100%。

2019 年，学校的办学环境、办学设施、办学条件等发生巨大的改善。扎扎小学始终坚持党对教育事业的领导，不折不扣地落实上级党委、政府和教育行政部门的决策部署和指示要求，通过自身的努力，学校各领域取得长足的发展，主要以“六个更加”（注释：政治更加坚定，思想更加成熟，业务更加专业，行为更加规范，心理更加和谐，身体更加健康。）工作成效，向“办人民满意教育”宏伟目标迈出坚实的一步。

【常规管理】作为校级班子不仅是学校的领导者，更是学校的管理者执行者，全面增强岗位意识、大局意识、责任意识、质量意识，始终把学校工作放在第一位，强化自我管理意识，以高度的责任感，不折不扣地落实学校的每一项工作，同时加大与学校其他班子成员的管理和沟通交流，全面营造和保持良好的工作风气。在选配中始终“坚持以德为先、德才兼备”的教师优先充实到中层岗位上，有力推动和运转学校各项工作。同时加大沟通交流，通过各种“座谈会”“讨论会”“教研会”“生活会”等形式，采用不同渠道，不同措施，不同方法，使他们之间架起情感关系的桥梁，并以制定一系列科学合理的管理制度，使学校各处室工作运转

3 月 20 日，扎扎小学召开教研工作例会

有章可循、有序可依，增强整个中层干部队伍的凝聚力、感召力和战斗力。2019 年，学校高度重视制度的建立完善和更新工作，坚持定期召开党支部会议、校务会议、教职工全体会议等方式，积极研究和完善符合学校实情的新办法，废止和废除不符合学校科学发展的规章制度，及时制定出台管用、务实、高效、科学的制度，并实际工作中严格执行落实，一切由制度来工作，推动工作，切实做到用制度管人管事。通过完善制度和严格的落实，2019 年，未发生过一起安全责任事故。

【师德师风】2019 年，度学校党支部召开各种专题会议部署学校师德师风建设专项工作。以全面提高教育教学质量为核心，以推动广大教师爱岗敬业、关爱学生、刻苦钻研、勇于创新、淡泊名利，自觉履行教书育人的神圣职责为重点，通过召开座谈、演讲比赛、撰写心得体会，引导广大教职员工努力做到“四有好老师”“四个自觉”①，2019 年，成立和充实由校长、党支部书记作为组长的学校师德师风建设考核领导小组，并结合实际，完善师德师风考核细则，严格对每一名教师进行考核考评，建立扎扎小学师德师风建设责任追究制度，建立较为规范的师德档案，教师从教行为规范，不体罚或变相体罚学生，学校办学规范，学校整体形象提升，各项工作持续稳定健康发展。2019 年，学校党支部定期组织教职工特别是党员教师，通过“三会一课”“不忘初心，牢记使命”“四讲四爱”等专项学习教育活动，认真学习习近平总书记系列重要讲话，学习《中华人民共和国教师法》《中华人民共和国中小学教师职业道德规范》等法律法规，学习各类重要文件会议精神及业务知识内容，进一步坚定理想信念，增强党性观念，提高业务水平，从而全面提高教师师德师风和个人综合素养，为学生的全面发展和培养树立良好的形象和榜样。

【生态校园】扎扎小学属于高寒牧区学校，平均海拔 4527 米，植树存活率基本为零，鉴于实际情况，扎扎小学以教育均衡发展为契机，投入大量资金新建 9 所阳光暖廊场地，包括教室、寝室、各功能室等，学校也及时抓住阳光暖廊的优势，将空余部分改设为种植园，园内种植各种花草树木，已有桃树、松树、白杨树等 13 种树木，还有青稞、小麦、油菜、豆子等各类农作物。种植面积多达 900 多平方米，切实打造美观、环保、绿色、迷人的高寒学校独有的生态环境。其中最独特的是“学生亲自种植农作物，体会粮食的艰难成长过程，做到珍惜粮食节约粮食文明就餐”。扎扎小学属于纯牧区，学生不懂粮食的来源，鉴于这一情况，2019 年学校组织学生在阳光暖廊内种植青稞、油菜、小麦等，学生亲自动手，参与土壤梳理、撒播种子、浇水、除去杂草等全过程。通过实践活动，谈体会等方式学生全面了解青稞、油菜等粮食的来历，引导和教育学生热爱劳动，珍惜粮食节约粮食，从身边的一滴水、一粒米开始做起。

【校园活动】2008 年 6 月，“扎扎服饰”被国务院

①“四个自觉”：即自觉做到敬业爱教，献身人民教育事业；自觉做到廉洁从教，塑造教师良好形象；自觉做到文明执教，树立崇高师德风尚；自觉做到优质施教，提升教书育人能力。

公布为第二批国家级非物质文化遗产，其特点就是“反穿花氆氇”，一种独具民族特色的服饰。为传承和发扬民族文化，扎扎小学先后从县教育局争取资金，制定服饰，并定期不定期邀请当地村民，向学生讲解有关历史文化，引导学生、传承非物质文化，亲身体验非物质文化遗产的独特魅力，促进民族文化的传播和传承。

【校园文化】2019 年，学校设立民族文化历史暖廊、党政重教暖廊、德育教育暖廊、安全知识暖廊、行为养成教育暖廊等的文化建设专栏和展区，并结合知识文化内容，经常性地组织师生开展思想教育、德育教育、养成教育、安全教育等，进一步提高师生的综合素养，成效明显。

【教学质量】2019 年，扎扎小学始终把提升教学质量放在学校的中心工作，多措并举，积极提高教学质量。

充实校本教研队伍，充分发挥自身“造血功能”。目前学校设立教研室，充实教研队伍，明确职责分工，通过经常性地开展“研讨会”“专题会”等方式，定期研究学校教学工作，分析存在的问题困难，积极总结成果经验，又不断探索新的办法和新的教学模式，切实为发展学校教学工作提供坚强的保障和平台。

多举措积极提高教师业务水平。学校经常举办教师教学工作研讨会，校本师资培训，通过邀请县域内外兄弟学校骨干教师到校讲课授课，学习经验做法，互相交流，取长补短，扎实提高教师个人业务水平。每年定期召开质量分析会议，及时分析和查找不足，总结好的方法，并大力坚持和推行，以每年“六一”儿童节为契机，召开教学激励表彰会议，亲子携手参加，会上家长代表和学生分别作交流发言，并在大会上落实奖励机制。

6月1日，扎扎小学党员教师开展“党员结对帮扶，情暖贫困学生”活动

【兴趣小组】2019 年，扎扎小学高度重视学生的全面发展，经常性地开展各类思想教育工作，结合义务教育均衡，全面建立和完善各功能室，大力发展组件兴趣小组工作，2019 年，学校设立德育室、自然实验室、美术室、音乐室、形体室、图书阅览室、藏文书法兴趣小组、写作兴趣小组、数学兴趣小组、传统民族游戏室等十余种功能室和兴趣小组。功能室设备齐全，制度健全，利用率高，切实为提高学生的综合素养提供坚实的基础。

【党建工作】学习党的理论知识，国家法律法规，上级文件精神、先进的教育理念和教学手段。坚持集中学习和自主学习相结合，坚持理论学习与实践提高相结合，坚持外出培训与校本培训相结合。通过学习培训，提高党员教师的党性修养和服务意识及服务教育教学的能力。扎杂村属于纯牧区，扎扎小学始终高度重视留守儿童的关心关爱，积极构建学校、家庭和社会共同关爱农牧区留守儿童服务体系，优先满足留守学生寄宿需求，每年以“六一”儿童节和学生生日为契机，定期组织，开展集体过生日、集体庆节日等系列特殊关爱活动。确保困难学生得到充分的关爱。2019 年，扎扎小学制定《扎扎小学关爱困难学生帮扶工作实施方案》，通过积极汇报协调有关单位争取和落实帮扶资金，尤其是通过精准扶贫，扎扎小学教师采取一帮一和一帮多的帮扶措施，坚持定期了解困难学生的思想和学习动态，及时为他们送去困难帮扶资金和物资，扎扎小学各教师累计送去 5 万余元帮扶资金。

（平措顿珠）

财政·税务

财政·税务

财 政

【概况】2019年，措美县财政局核定编制人数7名。其中，行政编制4名，事业编制3名，实有人数10名。措美县总财力达到67340万元，同比增长14%。措美县一般公共预算支出总计67340万元。政府性基金预算支出594万元。2019年，措美县一般公共预算收入3127万元，同比增加28万元，增长0.9%。政府性基金预算收入3160万元，同比增加3150万元，增长99%。完成年初预算146%。其中，税收收入1372万元，占地方公共财政预算收入的44%；非税收收入1755万元，占地方公共财政预算收入的56%。

【财政支出】2019年，措美县财政总支出67934万元。其中，一般公共预算支出67340万元，同比增长14%，其中，财政八项支出为44155万元，占总支出的65.6%。政府性基金支出594万元。措美县主要支出项目执行情况，一般公共服务支出14283万元，公共安全支出5132万元，教育支出7095万元，科学技术支出68万元，文化旅游体育与传媒支出1047万元，社会保障和就业支出6419万元，卫生健康支出5924万元，节能环保支出1625万元，城乡社区支出3608万元，农林水支出17828万元，交通运输支出890万元，资源勘探信息等支出84万元，自然资源海洋气象等支出882万元，住房保障支出2321万元，灾害防治及应急管理支出134万元。

【工资支出】2019年，措美县工资支出24839万元。其中基本工资15819万元，津贴补贴73万元，伙食补助227万元，机关事业单位养老保险3590万元，职业年金532万元，职工基本医疗保险1392万元，公务员医疗补助193万元，其他社会保险350万元，住房公积金2293万元，医疗费19万元，其他工资351万元。

【民生支出】2019年，措美县民生支出37266万元。主要用于脱贫攻坚成效巩固、教育事业、社会保障、医疗卫生、农业农村、住房保障等方面。重点投入到教育事业7095万元，主要用于义务教育“三包”、农村义务教育“营养改善计划”等；社会保障事业支出6419万元，主要用于城乡居民基本

3月18日，县财政局局长刘志斌主持召开脱贫攻坚专题培训暨培训效果测试会

医疗保险、促进就业、困难群众救助等；医疗卫生事业支出 5924 万元，主要用于基本公共卫生服务、重大公共卫生专项、医疗救助等；农业农村工作支出 17828 万元，主要用于脱贫攻坚成效巩固、农林水事务、厕所革命、综改事业及兑现惠民政策等。

【农业支出】2019 年，落实农业支出资金 7484 万元，其中行政运行 2546 万元，事业运行 545 万元，农业生产支持补贴 426 万元，农业资源保护修复与利用 2240 万元，防灾救灾 130 万元，统计监测与信息服务 3 万元，其他农业支出 1594 万元。

【重点工作支出】投入 1536 万元支持县达当组棚户区改造建设项目，投入 500 万元支持县基础设施建设。

【脱贫攻坚】2019 年，整合涉农扶贫资金 6721.97 万元，其中，中央涉农整合扶贫资金 5238.09 万元，自治区涉农整合扶贫资金 1112 万元，县级涉农整合扶贫资金 371.88 万元。安排脱贫攻坚专项工作经费 50 万元。同时，统筹存量资金 2169 万元，用于脱贫攻坚产业、发展生产等。

【公费支出】2019 年，措美县“三公”[①]经费支出 725 万元，比上年减少 42 万元，同比下降 5.5%。其中，公务接待费 96 万元，比上年减少 37 万元，下降 28%，公务用车运行维护费 479 万元，比上年减少 5 万元，减少 1%，公车购置 150 万元。

【财政改革】持续全面推行预决算公开，按时在政府门户网站和西藏新闻网公开预决算信息，措美县所有预算单位（涉密单位除外）在规定时限内公开部门预（决）算信息，公开率为 100%。深化国库管理制度改革，进一步推进国库集中支付，进一步规范措美县会计核算工作，财政账务 U8 系统已升级为 C6 财务系统。加强政府性债务管控，积极开展地方政府违规融资担保清理，规范政府举债行为。严格落实减税降费政策和税收优惠政策，规范企业所得税优惠政策，加大个人所得税优惠力度，根据授权严格执行小微企业税收减免政策，降低增值税税率，降低社保费率，进一步减轻企业负担。2019 年，措美县财政局收回县本级一般公共预算、部门预算、财政专户等结转结余资金共计 6215 万元，重点用于脱贫攻坚产业发展、村级组织活动场所标准化建设、城镇功能提升等保障民生和提供基本公共服务领域，进一步提高财政存量资金使用效益。资金监管力度进一步加大，促进财政资金规范化管理，确保资金安全高效运行。建立人大、纪委监委、财政部门联动协查机制，积极配合市审计、县纪委监委、县巡察加大对扶贫和涉农资金等重点领域和关键环节的监督检查，确保形成监管合力，进一步提升监管成效。

（扎西曲珍）

①“三公”：政府部门公务出国经费，公务用车购置及运行费，公务接待费用。

税务

【概况】2019年，国家税务总局措美县税务局核定编制7名，1名正科、2名副科、4名科员，年末实有人数9人，其中，中共党员7人、共青团员2人。主要负责辖区内各项税收、社会保险费和有关非税收入的政策落实、组织实施、征收管理和检查、服务体系建设、发票管理及票证管理等工作。2019年，深入贯彻落实全市税务工作会议精神和县委经济工作会议精神，坚决做到“两个维护”，全面落实减税降费，切实抓好组织收入，深入推进税收改革，统筹规划社保征收，扎实开展主题教育，着力推进税收现代化建设，服务地方经济发展大局。

【政治建设】2019年，措美县税务局落实新形势下管党治党工作新要求，充分发挥党建引领作用。建成标准化党员活动室、青年文明号文化室，打造党建团建工作新阵地。2019年，措美县税务局落实“三会一课”、民主生活会等党内政治生活制度。结合“不忘初心、牢记使命”主题教育，积极开展中共十九大专题学习研讨，中共十九届四中全会精神学习，落实党建任务清单。围绕“党建带团建，团建促党建”“青春税务”“加强民族团结，夯实群众基础”等工作抓出特色亮点，打造党建品牌。开展慰问环卫工人与贫困老人、共度端午节、党建引领减税降费、青年志愿者活动、“保护母亲河”等主题党日活动。

【平安创建】2019年，措美县税务局坚持“稳定压倒一切”的工作方针，确保维稳工作“三不出”①。学习卓嘎央宗姐妹先进事迹，学习习近平总书记治边稳藏重要战略思想，宣传贯彻中共十九大精神，做到维护核心、忠诚担当，为推动西藏长足发展和长治久安、全面建成小康社会、谱写好“中国梦”的西藏篇章贡献力量。

【组织收入】2019年，措美县税务局坚持依法征税原则不动摇，提升核心征管数据质量，做好数据整理工作，跟踪政策执行效果，开展政策效应综合分析。增值税改革效应明显，个人所得税改革全面铺开，自然人税收管理系统扣缴客户端推广任务100%完成。在税收任务目标和减税降费双重压力下，挖掘税收潜力，培植固定税源。2019年共组织收入2819.84万元。其中，中央级收入1343.58万元、地方级收入1413.66元。社会保险费和非税收收入征管职责划转有序进行，2019年完成机关事业单位社保费征收和城乡居民养老保险征收工作，入库金额

3月15日，税务局办税大厅内纳税人次旺顿珠（右一）向税务干部献锦旗

① “三不出”：大事不出、中事不出、小事不出

6094.17 万元。

【减税降费】2019 年，措美县税务局全面聚焦纳税人和缴费人的幸福感、获得感，严格执行小微企业普惠性税收减免政策、增值税小规模纳税人地方税种和相关附加减征等政策。成立领导小组、印发工作方案、开展宣传辅导、汇报工作争取支持、组织退税、落实督导整改等工作。2 次向措美县委常委、纪委汇报减费降税工作。通过报送减税降费退税台账，让地方政府第一时间了解县内税收收入减税规模。2019 年共开展减税降费宣传辅导培训 11 次、发放宣传资料 900 余份、播放宣传音视频时长 400 余小时。2019 年新增减税降费 246.88 万元，涉及享受优惠政策 1256 户人次。其中，新增减税 200.38 万元（小微企业普惠性减税 89.15 万元、个人所得税专项附加扣除 27.15 万元、深化增值税改革 71.12 万元），社保费降费 46.5 万元，纳税人税负率明显降低。

【纳税服务】2019 年，措美县税务局积极配合开展县委、县政府招商引资工作，落实县委、县政府发展战略。全面推进“互联网 + 政府”平台服务，不断深化电子税务局服务办税水平。全面落实“一次性告知”“一窗通办”“预约服务”“延时服务”“最多跑一次”等服务制度，发挥好办税服务厅小微企业优惠政策落实咨询服务岗作用，确保广大纳税人涉税诉求有处提、疑惑有人解、事项有人办。持续推进办税服务厅标准化建设，大力开展“便民办税春风行动”，推行“一机双屏”和“POS”机刷卡缴税、办税预约服务和建立纳税服务微信群等一系列纳税服务措施，充分发挥办税服务厅职能，为纳税人提供方便快捷的纳税服务。深入开展税收管理服务创新工作，通过优化纳税服务，真正在税企之间构建和谐、合作、互信、相融的新型征纳关系。

【行政运行】2019 年，措美县税务局抓好绩效责任制和考评结果运用，认真落实税务总局绩效管理制度，充分利用数字人事带队伍，财务管理、信访保密、后勤保障等工作规范有序。日常开展干部谈心谈话活动、积极组织“三八”妇女节活动，“五四”青年节活动，组织落实各类竞赛考试，进一步加强干部因私出国（境）管理工作，组织对新进人员开展保密、人事制度、党风廉政纪律学习。开展藏历新年、春节、中秋节慰问贫困户活动。切实做好结对帮扶精准扶贫工作，传达减税降费等党的惠民政策，解决帮扶户困难问题。

【普法工作】2019 年，措美县税务局积极贯彻落实好山南市“七五”普法规划，推动“谁执法、谁普法”“谁管理谁普法”“谁服务谁普法”普法责任制有效落实。推动国家公职人员旁听庭审活动常态化、制度化，把旁听庭审活动作为学法的重要形式，保证国家公职人员每年至少旁听庭审一次。到措美县人民法院开展现场旁听活动，组织干部旁听“措美县人民法院审理故意伤害罪一案”庭审。采取网上观看庭审视频为主，观看最高人民法院、司法部、全国普法办在中国庭审公开网、中国普法网、中国法律服务网专栏上发布的适合国家公职人员学习的视频。

【扫黑除恶】2019 年，措美县税务局强化扫黑除恶专班力量，配备 2 名人员，专职从事扫黑除恶工作。积极组织全体干部开展对于扫黑除恶文件的学习培训以及相关法律知识的学习，提高广大干部对扫黑除恶工作的认识，坚持把扫黑除恶与反腐败斗争结合起来，全面排查税务干部特别是党员干部有无涉黑涉恶问题，深挖黑恶势力背后“保护伞”。配合农行开展“打财断血”活动，开展“打虚打骗”税收专项行动，提高纳税人的税法遵从度，积极联动工商、公安等部门，形成预防和打击黑恶势力犯罪的合力。

【青年风采】注重精神文明建设，5 月，获得自治区级青年文明号称号，努力打造局内“改革开放青观察”图片作品、“新时代青年说”宣传作品、“品牌建设青之见”板块。在青年文明号开放周期间，措美县税务局积极组织青年职工观看共青团中央微博发布的《青年文明号向祖国报告》直播节目，并参与话题讨论。

【从严治党】2019 年，措美县税务局充分发挥领导核心和战斗堡垒作用，推动“两个责任”全面落实。落实中央八项规定精神、自治区“约法十章”及“九项要求”，深入开展形式主义、官僚主义突出问题集中整治，防止“四风”问题反弹回潮，扎实开展关于公务用车管理、办公用房有关规定执行情况自查自纠工作。联合中共措美县纪委监委对局内办公用房开展面积测量。纪检组长在局务会议通报行政审批、会计凭证、税收业务资料的检查情况。大力推进内控机制建设，全面推广内控监督平台，纪检组长带领全体税务干部认真学习内控监督平台操作资料，每日跟踪系统推送的监督任务，不断提升内部监督质效。积极开展党风廉政宣传教育，加强理论政策学习、党纪教育和业务技能学习。

（刘 漫）

医疗卫生

医疗卫生

卫生服务中心

【概况】2019年8月，安徽省第六批援藏项目建设措美县卫生服务中心医技综合楼、中心血库、职工食堂竣工。设有临床科室：内科、外科、妇产科、儿科、五官科（眼、耳鼻咽喉、口腔）、藏医科、急诊科、麻醉科；医技科室：B超、放射科、检验科、心电图室；其他职能科室：院办、医务科、住院部、护理部、药械科、质控科、医疗投诉办公室、财务科、供应室。

【业务工作】2019年，实现医疗总收入1522102.00元，同比下降3.4%，其中门诊收入885111.38元，住院收入636990.62元，药品收入698644.18元，药占比45.9%。门诊20429人次，同比下降5.4%，急诊1325人次，同比增长7.4%，住院239人次，出院239人次，同比下降24.6%，2019年开展手术4例，同比下降55.5%，孕产妇死亡率为0。2019年完成措美县城乡居民和僧尼健康体检工作，完成措美县包虫病、先心病、两癌、三病调查及筛查工作，先后为县特困人员集中供养中心、乃西乡定巴村、恰杂村、古堆乡帕仓村分别开展免费送医送药活动，为特困人员集中供养中心老人和偏远山村的困难老百姓送去价值7000多元的药品和医疗上门服务，建立健康档案123份。2019年10月先后在定巴和恰杂村开展“守医者初心、担健康使命”主题教育实践活动，一定程度上解决就医困难的实际问题。

【医疗服务】2019年，措美县医疗工作继续坚持“以病人为中心，以提高医疗服务质量”为原则的医疗管理理念，完善15项医疗核心制度，严格执行每月两次“三基三严”[①]培训、考核，加大对重要部门和重要环节的管理督导和考核，进行医疗查房

6月22日，自治区党委宣传部舆情处负责人、区“四讲四爱”活动办文秘督导组副组长扎西一行工作组到措美县调研“四讲四爱”群众教育实践活动开展情况。图为扎西（左二）在措美县农户家中了解“四讲四爱”群众教育实践活动知晓情况由市委宣传部副部长索朗德吉（右二），县人大常委会副主任、哲古镇党委书记达瓦（右一），县政协副主席尼玛江村（左一）陪同

①“三基三严”：基本理论、基本知识、基本技能，严格要求、严谨态度、严肃作风

60余次，覆盖所有临床科室及护理部。2019年，措美县卫生服务中心基础护理、危重患者护理达标率93.2%，整体护理、病房管理达标率95.4%，各种护理技术操作、制度执行达标率100%，2019年，组织护理及临床业务培训学习12次，护理业务考试6次，临床医生考核4次，护理人员对护理工作规章制度、岗位职责、应急预案掌握合格率96%，护理核心制度落实率96%。2019年，措美县卫生服务中心派往上级医院长期及短期学习、培训医护人员20人次。8月措美县卫生服务中心在援藏专家带领、指导下，开展新手术项目腹腔镜胆囊切除术。

【医患关系】2019年，措美县卫生服务中心在门诊推行一站式服务，开展比速度、比质量、比服务、看考评结果的“三比一看”活动，提高“三好一满意”质量，优化服务流程；严格执行国家药品价格政策和医疗服务收费标准，做到“因病施治、合理检查、合理用药、合理收费”，让病人感受到公开透明、诚信服务。

【医药惠民】2019年，措美县卫生服务中心认真贯彻医疗改革，继续全面取消药品加成销售，继续实行农牧民先住院后结算；2019年，措美县卫生服务中心继续开展农牧民、城乡居民和寺庙僧尼免费健康体检工作，农牧民、城乡居民及寺庙僧尼体检率均达100%；2019年，措美县卫生服务中心向社会开展顺产、单纯性阑尾炎切除术、乳腺包块切除术、输卵管结扎术、胆囊结石取出术、腹腔镜胆囊切除术、白内障摘除术等手术。积极开展“五下乡”免费送医送药5次，不定期到乡村义诊、发放宣传单向群众进行健康预防知识指导宣传，开展义诊活动10次，免费发放价值5万余元的药品。

【藏医工作】2019年，县藏医院年接诊量达到3588人次，住院70人次。平均每天接诊10人次，开展药浴、针灸、放血、按摩推拿、火灸、拔罐、药浴等200人次，开展放血34个穴位，火灸、针灸、艾灸、推拿疗法等共341人，药房内藏药品种达到283种，县藏医院制剂室研制藏药成药品50种。2019年，制药12种，其中八味帝达咔擦丸1644袋，药浴粉863盒、雪莲花50盒，其他各种常用药共计2050袋，藏成药总计制剂价值91459.80元的。

【援藏工作】2019年，西藏自治区藏医院、山南市藏医院及淮南市卫计委继续帮扶措美县卫生服务中心。1月，措美县人民政府与淮南市卫计委签订三级医院对口帮扶贫困县县级医院协议书。6月，安徽省淮南市卫计委选派4名专家医疗队（普外科、麻醉科、护理部、B超）援助措美县卫生服务中心。2019年在淮南市医疗队指导下，措美县卫生服务中心开展有史以来第1次腹腔镜下胆囊切除。援藏医疗队到乡村、寺庙开展医疗巡诊免费送药等6次。

（胡成祥）

卫生和健康

【概况】2019年，措美县卫健委核定编制5人，1名正科，2名副科，1名主任科员（长期病假），1名副主任科员，实际在岗人数4人。措美县有19家医疗卫生单位，县卫生服务中心有医务人员67人（县卫生服务中心47人、县藏医院10人、疾控中心6人、妇幼保健站2人），其中副高级职称4人、中级职称13人、初级职称39人，通过县支援乡村的有效途径，4个乡镇卫生院在编共有30名医务工作者，村卫生室持续保证“一村两医”配置，均持有“乡村医生执业证书”。5月17日，召开2019年度卫生健康暨党风廉政工作会议，总结2018年工作、安排部署2019年重点工作。2019年，在县委、县政府的坚强领导和上级业务主管部门的指导下，医药卫生体制改革不断深化，医疗质量管理显著增强，人才队伍建设稳步提升，医疗服务水平大幅提高，初步建立覆盖措美县的基本医疗保障制度，公共卫生服务逐步实现均等化。

【健康扶贫】2019年，完善大病救治机制，推动基层首诊，将肺癌、乳腺癌、宫颈癌、尘肺病、儿童肿瘤等病种纳入集中救治范围。对28名大病贫困患者实施分类救治。精准服务完善贫困人口慢性病签约服务制度，落实签约服务人员和经费，着力解决有签约无服务和服务不实问题，签约服务率达到100%。1月19日，卫健委组织县、乡、村三级签约服务家庭医生入户开展签约服务。1月21日，山南市“五下乡”活动启动仪式在哲古镇扎杂村举行。1月29日，卫健委为乃西乡、措美镇2名麻风病患者送去大米、食用油、砖茶、护理等慰问品。

【基层卫生建设】2019年，县人民医院援藏项目完成投资3000万元，新建医技楼、血库，完善门诊、住院、传染病防治等功能布局，改善就医环境、提升群众满意度和服务保障能力。2019年，县藏医院正式挂牌成立，并确立领导编制及人员编制数，实现乡镇卫生院藏医馆全覆盖，配齐常用医疗设备，可开展10余种藏医适宜诊疗服务；投入120万元新建乃西乡卫生院；为哲古镇卫生院配备28万元设施设备，为古堆乡卫生院配备25万元设施设备。

【疾病预防】2019年，措美县共设免疫规划5个固定接种点、12个流动接种点，分别为县卫生服务中心及4个乡镇卫生院、12个村卫生室。取消县疾控中心接种点，儿童免疫规划建卡、建证率持续保持100%。“单苗”接种率达到95%以上，“十苗”全程接种率达到90%以上，“六苗”12月龄接种率96%以上，做到疫苗温度有记录，运输温度有记录，除霜保养有记录并按要求开展疫苗分类标记储存，建立健全疫苗出入库记录和冷链设备档案，确保疫苗的安全使用，完成麻疹、AFP、AEFI等疾病监测任务。2019年措美县AFP监测737人次，AEFI监测异常反应数为1例。开展全民健康生活宣传活动

5月28日–31日，措美县卫健委统一安排部署，措美县疾控中心和县卫生服务中心组成工作组到两镇两乡，走村入户、为患者进行包虫病免费筛查工作

10余次，发放宣传资料4000余份。按时按量完成2019年食品风险监测样品送检工作，共送样6份，样品合格率达到100%。2019年8月9日起，利用5天时间开展鼠疫应急演练，通过演练与实际结合及时调整充实鼠疫应急队伍，完善应急预案及防治方案，并联系实际重新组建鼠疫防治应急处理机动队，配备相应的鼠疫疫情处置装备及应急药物。开展各类地方病防治宣传10余次，发放宣传资料3000余份，开展常规碘盐监测300份，未发现不合格碘盐。开展8~12岁儿童氟斑牙调查，共调查学生40余人、氟斑牙检出率为0%。对措美县15个行政村采集砖茶样品160余份，送往市疾控中心进行检测，筛查氟骨症患者5600余人，共发现疑似阳性病人10人。

【妇幼卫生】2019年，在县委、县政府的领导下，在上级主管部门的高度重视、支持下，从规范各项妇幼保健常规业务管理工作着手，在做好常规妇幼保健业务管理的基础上，严格按照各项妇幼保健工作规范和制度的要求，结合措美县实际，加强措美县妇幼保健业务管理工作，以“两降一升”工作为重点，加强措美县孕产妇系统管理和儿童系统管理，提高住院分娩率，努力完成上级下达的各项任务指标：2019年，共有产妇176人，进行产前检查176人，孕产妇保健覆盖率为100%，系统管理率为76.7%。发现孕妇55人。2019年，共发现高危孕产妇23人，高危管理23人，高危管理率为100%，高危产妇住院分娩14人，高危产妇住院分娩率为100%。孕产妇死亡率为0。2019年，活产数有177人，共孕产妇176人住院分娩，住院分娩率为100%。2019年，7岁以下儿童1487人，5岁以下儿童1051人，3岁以下儿童625人，2019年，对7岁以下儿童健康体检1487人，儿童保健覆盖率为100%；0~3岁系统管理599人，系统管理率95.8%；高危和体弱儿童27人，体弱儿管理率为100%。2019年，5岁以下儿童死亡、婴儿死亡、新生儿死亡0例。母乳喂养实查人数177人，母乳喂养177人，纯母乳喂养138人。对措美县孕产妇进行免费检测，筛查176人，发现5例乙肝孕产妇，其中3人已产（接种2例乙肝免疫球蛋白，1人因早产未能接种疫苗）。“增补叶酸预防神经管缺陷”项目，孕妇232人，产妇176人，发放叶酸108人，发放叶酸数量为290盒，覆盖率61%。积极开展6~36月龄儿童营养改善项目的实施工作，2019年入库3180盒，0~36月龄544人，营养包发放2008盒，覆盖率35%。积极收集农牧民住院分娩奖励相关材料，兑现2019年1月~9月农牧民妇女群众住院分娩奖励补助共90人，村医护送24人，金额共232620元。2019年，农村妇女“两癌”筛查筛查人数2005人，其中宫颈癌1505人，乳腺癌1500人，HPV阴性1368人，生殖道感染总数260人，HPV阳性137人，其中16、18型22人，16型+TCT阳性2人，TCT阳性6人，阴道镜及活检15人，拒查15人，慢性宫颈炎15人，CIN2级1人，CIN1级2人，乳腺癌筛查1616人，钼靶检查人数26人，拒查12人，乳腺浸润性癌2人。与4个乡镇卫生院、各村卫生室建立联系，从而全面掌握措美县境内孕产妇基本情况。

【优生优育】2019年5月15日，县计生办在县城中心广场开展以“人人健康、家家幸福”为主题的第26个国际家庭日宣传纪念活动。2019年7月7-8日通过直通车形式兑现优生优育独生子女伤残扶助3.78万元（9人）、兑现优生优育独生子女死亡扶助31.32万元（58人），共计兑现扶助资金81.47

万元；7 月 12 日对措美县宾馆、药店、诊所等场所开展免费避孕药具流入市场情况清理清查工作，在措美县内未发现免费避孕药具流入市场的情况；向农牧民免收各种优生优育技术服务经费达到 10438.7 元、享受免费技术服务达 110 人次；开展出生缺陷干预项目，免费孕前检查项目农牧民目标人数为 150 对，完成 145 对，完成率为 96.7%，城镇目标人数为 30 对，完成 20 对，完成率为 66.7％。开展 2019 年计生协会救助贫困母亲活动，为当许（社区）贫困母亲送去 3000 元慰问金。共办理生育证 37 本。

（次仁曲培）

医疗保障

【概况】 措美县医保局 2019 年因机构改革，3 月 22 日单独挂牌成立，医保局核定编制 3 名， 2019 年上半年实有人数 1 名，下半年实有人数 2 名。按照山南市委市政府、县委县政府要求稳步推进各项工作，稳步提高工作效率，强化管理和服务，进一步巩固医疗保障成果。负责干部职工、城镇居民、农牧民医疗报销、医疗救助、大病救助、药品估价监督、大型医疗机械购买监督等工作，落实山南市医疗保险市级统筹政策，落实城乡居民医保筹资机制，努力实现人人享有基本医疗保障权益。2019 年，参保人数为城镇居民 1589 人，农牧民 13172 人。

【医疗救助工作】 2019 年 7 月 1 日，从民政局职责划转交接后，以健全社会救助体系、保障困难群众基本医疗权益为目标，进一步健全医疗救助工作机制，完善政策措施，强化规范管理，加强统筹衔接，全面开展重特大疾病救助及一般救助工作，医疗救助应当遵循托住底线、统筹衔接、公开公正、高效便捷的原则。充分发挥医疗救助在精准扶贫工作中的重要作用，最大限度减轻困难群众医疗支出负担。医疗救助对象分为重点救助对象、一般救助对象、大病救助基金救助对象等。医疗救助报销比列为，重点救助对象全额救助，一般救助对象为 70%，2019 年，大病救助共 0 人次，资金 0 元。一般救助共 147 人次，资金 585000 万元。

【其他工作】 新农合大病统筹医疗报销，每人每年筹资 20 元为参保费，中央自治区每人每年 510 元，市级财政每人每年 3 元，县级每人每年 2 元。持有措美县农牧民户口的村民享受新农合医疗报销，每人每年 6 万封顶线，以 116 号主席令为依据，报销比列分三个档次，乡级：建档立卡户 95%，非建档立卡及 5 岁以上儿童 90%，五岁以下及生育报销 100%，县级：建档立卡户 90%，非建档立卡及 5 岁以上儿童 85%，五岁以下及生育报销 100%，县级以上：建档立卡户 75%，非建档立卡及 5 岁以上儿童 70%，五岁以下及生育报销 100%，2019 年新农合大病医疗报销共 1173 人次，资金 897.94 万元，凡是属于 22 中特大疾病，可以进行特殊门诊医疗报销 70%。干部职工及城镇居民医疗报销，措美县所有干部职工及凡持有措美县城镇户口居民，职工参保每月一交，居民参保每人每年 60 元，按 2017 年药品目录，凡例等对照及依据，按起付线不同，报销比列也不同，2019 年，城镇职工及居民医疗报销共 74 人次，资金 91.94 万元。

（米 玛）

农牧业

农牧业

农业农村

【概况】措美县属高原温带半干旱季风气候区。年日照时数为2800小时，年无霜期90天。年平均气温为8.2℃，极端最低气温 -18.2℃，极端最高气温30.0℃。年降水量300~400毫米。措美县农牧局辖科协、科技局、局办公室、项目办、农牧综合服务中心、草奖办等部门。农业农村局工作包括农牧和科技两大部分，另外还兼有一部分气象部门的职能，且分管产业办的相关工作。

2019年3月22日，因机构改革，县农牧局更名为措美县农业农村局，增加措美县乡村产业发展局，县农业农村局共46人，包括行政编制9人、事业编制29人，其中高级职称1人、中级6人、初级15人、员级4人、事业管理员3人。另外有援藏干部1人，公益性岗位1人，临时工1人，国有牧场4人。

【粮食生产】2019年，措美县总耕地面积14107.95亩，其中粮食作物播种面积11006.55亩，产量任务目标3130吨，总产量3203.14吨，比上期增加73.14吨，增速达到2.35%，完成任务目标。2019年冬小麦播种面积1882.65亩，比2018年增加402.6亩，总产量712.21，比上期增加321.88吨，增速达到82.46%。青稞播种面积8905.95亩，比2018年减少207.15亩，总产量2463.4吨，比同期减少250.94吨，减速9.24%。杂粮作物（豌豆）213亩，总产量27.53吨，比同期增加3.53吨，增速达到14.71%。经济作物播种面积2101.5亩，其中油菜播种面积1522.2亩，比2018年减少324.9亩，2019年总产量209.53吨，比同期减少83.97吨，减速28.61%。蔬菜播种面积579.3亩，比同期减少207.45亩，总产量869.02吨，比同期减少325.24吨，减速27.23%。饲料作物播种面积999.75亩，比同期增加186亩，总产量1119.93吨，比同期增加588.14吨，增速达到110.6%。2019年品种播种分别为：藏青2000、喜拉22号、黑青稞、藏青320、13—6927、12—10556、山青9号；协调上级业务部门调运化肥131.64吨、资料来源均为群众自筹、各类农药0.723吨；协调自治区农科院农业研究所在高海拔项目中解决青稞种子16042.5千克、土地租用费195000

6月19日，措美县农业农村局组织人员到哲古镇5个村（社区）、放牧点，检查草场长势、牲畜疾病、防灾物资储备等情况

元；从措美县农业农村局支农资金中为措美镇解决黑青稞种子款 23544 元。

【接羔育幼】2019 年，措美县牲畜存栏 194687 头（只、匹），适龄母畜 79315 头（只、匹），新生仔畜 59633 头（只、匹），其中牦牛 16361 头、新生 7445 头、犏牛 15 头、新生 15 头；黄牛 2851 头、新生 1880 头、绵羊 53527 只、新生 47692 只、山羊 4214、新生 2675 只、驴、马 90（头、匹）、新生 16（头、匹）、家禽 2628 只。新生仔畜死亡率 2.75%，牲畜出栏率 5.49%。牛肉产量 76.12 吨、羊肉产量 125.88 吨、猪肉产量 0.8 吨、鸡蛋产量 1.07 吨、奶类产品 1550 吨。

【黄牛改良】措美镇 4 个行政村 11 个黄改点成活 890 头，乃西乡 2 个行政村 4 个黄改点成活 426 头。措美县 15 个黄改点成活犊牛共计 1316 头。母牛受胎率占 85%，成活率占 91%，措美县犊牛耳标佩戴工作全部完成。2019 年，措美县共有 15 个黄改点及 2 个黄改合作社，上级下达黄改任务 1500 头，实际完成黄牛冻配 1632 头，配种率 108.8%，复配 306 头，复配率 18%，超额完成年初目标任务。

6 月 24 日，措美县农业农村局组织学习《区（中）直单位认真贯彻落实区党委农村工作暨脱贫攻坚工作会议精神》，中共西藏自治区委员会印发《关于开展“不忘初心、牢记使命”主题教育的实施方案》的通知精神，会议由农牧综合服务中心技术员卓嘎（中间）主持

【项目建设】2019 年，农牧业复工项目 5 个，总投资 2102.604 万元，全部为国家投资。措美县人工种草与天然草场改良建设项目，总投资 600 万元，全部为国家投资，该项目 2017 年底开工，完成项目总投资 95%，预计 2020 年初完工（因 2019 年已过播种期）。措美县退耕还草建设项目，总投资 142.604 万元，建设退耕还草总面积为 1426.04 亩，草种子补贴 150 元 / 亩，退耕还草补贴 850/ 亩。目前完成草种子发放及第一年补贴兑现工作。措美县乃西乡农牧业防抗灾物资储备库建设项目，总投资 100 万元，建设 300 平方米乡镇农牧业防抗灾物资储备库 1 座，该项目 2018 年 6 月初开工，已竣工。措美县退牧还草工程建设项目，总投资 1020 万元，建设休牧围栏 20 万亩，人工饲草地 0.2 万亩，舍饲棚圈 200 户。该项目于 2018 年 11 月开工，目前完成总投资的 88%，预计 2020 年年终完工。措美县人工种草与天然草地改良建设项目，总投资 240 万元，主要建 2000 亩人工种草，该项目目前已完工。

2019 年，新建项目 1 个，措美县高标准农田建设项目，总投资 299 万元，主要建设内容为建设 0.1 万亩高标准农田，土地平整客土改良、增加实施有机肥、机耕道及小型水利设施配套工程，该项目已进入招标程序。

【草原生态保护】措美县 2 乡 2 镇、15 个行政村、85 个自然村，参加草奖户数 3401 户，13000 人。措美县天然草场总面积 556.67 万亩，其中，可利用草场面积 543.98 万亩，承包到户 536.3 万亩（除去部队牧场 5.91 万亩、牧道 1.77 万亩），草畜平衡 366.3

万元，人工种草面积0.7万亩，建档立卡草原监督员824人，非建档立卡草原监督员156人（哲古和古堆）。2019年，措美县已经实现草畜平衡的乡镇4个，占乡镇总数77%，行政村12个，占行政村总数的73%，2579户，占措美县总数的75%。为保障草原生态补奖机制落实顺利进行，认真开展牧民基础信息采集工作，2019年度共计录入牧民信息3401户，涉及草场面积509.73万亩，牲畜17.26万只绵羊。2019年度措美县共减畜3465.1只绵羊。

措美镇、古堆乡共兑现资金591.13万元，其中，禁牧312.62万元，草畜平衡119.17万元（限高0.67万元），生态岗位工资137.20万元，天然草原监督员22.14万元（古堆），全部以“一卡折通”形式兑现到户。哲古镇、乃西乡已兑现生态岗位工资151.20万元，其余2019年草奖资金乡镇上报表格后陆续拨付。2019年兑现草补奖资金共计1568.56万元，11月底全部兑现到户。

【农业机械化】为农牧民群众更安全、更方便购置农机具，措美县农业农村局于2019年6月按照西藏自治区农业农村厅农机化科要求，邀请上级指定的山南市东升农机销售有限公司、西藏农牧业生产资料集团有限公司、西藏日喀则市珠峰农机销售有限公司山南分公司，在县城内现场销售拖拉机、手扶拖拉机、联合收割机、背负式收割机、翻转犁、脱离机等农用机械。2019年兑现2018年农机具补贴资金33.529万元，其中国家补贴28.699万元、省级补贴4.83万元，收益农户172户、购置农机具196台。

【重大动物疫病免疫】2019年，措美县农业农村局重大动物疫病防控工作，春秋两季牲畜实免数，牛43620头、羊124120只、猪158头、鸡2818羽，措美县重大动物疫病及非洲猪瘟防控工作免疫率为100%。免疫抗体效价75%以上，常规疫苗接种及牲畜驱虫等工作免疫效价也达到100%。

犏牛工作。为深入推进措美县产业脱贫项目，努力开创肉业发展的新局面，增加农牧民收入，上级高度重视犏牛杂交工作，上级给措美县农业农村局下达任务32头，实际完成23头。

兽药储备情况。措美县共储备约319吨、乡级储备270吨、村级储备230吨、组级储备430余吨、户级储备1100余吨，发放药品50多种，价值31.5930万元，为疫情防控、接羔育幼工作奠定坚实的基础。

【农牧业灾害】**牧业方面。**牲畜死亡数共计264头（只、匹）。主要以自然灾害、野生动物肇事等。为此进一步加强暖圈、放牧人员住房、羔宫的建设和维修。特别是做好接羔育幼的各项物资准备，进一步做好重大动物疫病和其他疫情的监测以及防疫注射等管控工作，加强饲草料的调配和储运工作。**农业方面。**2019年，因措美县农业农村局境内不降或少降雨，加之受持续高温干旱天气影响，部分农村水源枯竭，致使措美县农业农村局境内部分油菜、青稞等作物受灾、干枯等。农作物受灾面积为473.8亩，其中油菜61亩，青稞412.8亩。为受灾农户解决40吨尿素，2020年春播之前同意解决一定比例种子。

【防抗灾工作】高度重视，加强领导。市农牧业防抗灾工作会议结束后，措美县及时召开今冬明春农牧业防抗灾部署会议，成立政府主要领导为组长的防抗灾工作领导小组，研究制定农牧业防抗灾工作应急预案，明确目标、落实责任、制定措施。

动员部署，强化物资储备。饲草料储备是防灾保畜的物质基础。今冬明春期间投入支农资金 140 万元，购买 363 吨饲料和 40 吨饲草，从上级业务部门争取 150 吨饲料和 40 吨饲草。2019 年措美县防抗灾物资储备饲料 402 吨、饲草 175.56 吨，防汛抗旱资金 35 万元。

【自身建设】推进农业产业振兴。抓好粮食生产发展。以改善品质、提高单产、增加总产量为突破口，增加优质粮种面积。积极争取政策支持，完善政策落实办法，确保粮食直补、综合补贴、良种补贴等惠农补贴资金到位；抓好绿色增产增效推广项目；深化农业产业结构调整。按照“八要素”①和“五步工作法”②要求，以现代农业设施化、科技化、标准化、产业化发展为目标，进一步深化结构调整，加大水利灌溉设施、机耕道、运输道路等基础设施建设。

推进人居环境整治。继续开展村庄清洁行动，切实做到持续干净整洁；结合小康村建设，同步推进硬化、亮化、美化等各项工作，有效提高村容村貌；以厕所革命为抓手，积极改新建公共厕所及户厕，切实做到干净卫生的要求；全力巩固消除“三无”③工作，大力开展高海拔试种造林和国土绿化行动。

抓好科技与培训。加快农业科技创新体系和现代农业产业技术体系建设，稳定和壮大农业科技人才队伍，加强农业技术推广普及，开展农民技术培训，为现代农业发展提供强大的科技支撑和智力支持。加强病虫害监测预警、预测预报，加快农村人才培养，结合新型职业农民培育实施，不断创新培训方式，拓宽培训内容，围绕主导产业和农民需求，培训农民 2000 人次。

强化动物疫病防控。认真落实各项防控措施，做好口蹄疫、高致病性禽流感、小反刍兽疫、猪瘟、包虫病等动物疫病防控工作，加大包虫病人、畜、兽共患病防控力度，继续做好非洲猪瘟防控，有效预防、控制动物疫病的发生与流行。

加快深化农村改革。巩固和完善农村土地确权工作，建立信息登记平台，全面完成农村集体清产核资工作，继续推进牧业改革工作。

加强干部队伍建设。不断加强措美县农业农村局机关党员干部的党风廉政学习，始终保持清醒的头脑，与时俱进，恪尽职守，廉洁自律，影响和带动措美县农业农村局干部职工共同营造清正廉洁、奋发向上的工作环境，不断完善单位党风廉政建设责任目标和各项规章制度，确保党风廉政建设工作的落实。厉行节约，制止奢侈浪费。严格落实上级有关制度规定，加强管理，节约开支，把有限的经费用于保运转、促发展。大力推进文明素质提升工程，不断加强社会公德、职业道德、家庭美德、个人品德教育，培育知荣辱、讲正气、作奉献、促和谐的良好风尚。

（白玛央珍）

① “八要素”：产业选择、培训农民、技术服务、资金筹措、组织形式、产销对接、利益联结、基层党建。
② “五步工作法”：抓政策设计、抓工作部署、抓干部培训、抓监督检查、抓追责问责。
③ “三无”：无卫生死角、无白色垃圾、无污水横流。

水利

【概况】2019年，措美县水利局共有10个工作人员，其中正科级3人、副科级1人、专技人员3人、工人1个、公益性岗位2人。措美县水利局共实施水利项目6个，分别为措美县古堆乡帕仓村水土流失综合治理工程、措美县当许（社区）卡里拉水塘工程、措美县古堆乡帕仓组扎玛布沟堤防工程、措美县哲古水库工程、措美县2019年“脱贫攻坚”农村人饮工程、措美县扎杂村农村饮水工程，项目投资分别为1400万元、127万元、100万元、2190.12万元、314.24万元、309.42万元。

【水系】措美县共有大小河流18条，大小湖泊38个，泉水15处，措美县水域面积19.97万亩，其中河流水面2.57平方千米，湖泊水面124.54平方千米，泉水面积6平方千米，最大的湖泊哲古湖约66平方千米，属内流湖，补给水源主要靠冰雪融化水及水泉，夏秋退缩。县内有4条外流河，其中最大的是洛扎雄曲，流经当许、乃西、定巴出境，县境内长约90千米，发源于县境西北部的高山冰川。据措美县电站测定，最大流量在7月份，为6～8立方米/秒，最小流量在1月份，为0.6～0.8立方米/秒。

【自然灾害】2019年，措美县防汛抗旱指挥部领导及县水利局领导班子成员带队到各乡（镇）进行隐患督查排查，对措美县境内的渠道、堤防、水库等度汛工程进行逐一排查，对检查中发现的度汛隐患及时进行维修加固。2019年措美县共出现3次灾情。

【饮水工程】2019年，措美县水利局共实施饮水工程2项，分别为措美县2019年“脱贫攻坚”农村人饮工程，总投资314.24万元；措美县扎杂村农村饮水工程，总投资309.42万元，2019年底全部完工投入运行。

【蓄水工程】2019年，措美县水利局共实施蓄水工程2项，分别为措美县当许（社区）卡里拉水塘工程，总投资127万元，该项目已完工；措美县哲古水库工程，总投资2190.12万元，该项目已完成工程进度55%。措美县水利局围绕安全度汛、水利设施工程建设等重点领域和重点时段，按照“排查要认真、整治要坚决、成果要巩固、杜绝新隐患”的要求，确定隐患治理目标任务、措施要求，加大工作力度，确保各项措施任务顺利完成。县水利局长带队到“2乡2镇”进行水利安全生产隐患督查排查，对措美县范围内波嘎水库和措龙水库主要河流的重点河段、隐患较大的冲沟、在建水利工程、山洪灾害非工程措施设施进行大排查。

【防洪防汛】2019年6月13日，以县政府办名义通过党政信息网给各乡镇及成员单位发放《措美县人民政府办公室关于印发〈措美县调整充实防汛抗

7月18日，县水利局局长聂智生（左二）主持召开巡察组反馈立行立改问题整改工作部署会，局干部职工参加会议

6月3日至4日，措美县水利局工作人员在哲古镇和古堆乡组织开展为期2天的山洪灾害知识培训及应急演练

旱工作领导小组〉的通知》《措美县人民政府办公室关于印发〈措美县防汛抗旱应急预案〉的通知》文件，同时措美县水利局印发《关于切实做好防汛抗旱值班值守工作的通知》文件，要求各乡（镇）及成员单位严格落实防汛抗旱24小时值班带班制度，确保遇汛情、灾情时能够及时上报、迅速处理。及时调整充实措美县防汛抗旱指挥部领导小组成员，巩固完善成员单位会商协调机制，进一步严肃防汛纪律，坚决杜绝各类玩忽职守、失职渎职行为。对《水库防汛抢险应急预案》《水库蓄水调动预案》《水库大坝安全应急预案》及各乡镇防洪抢险应急预案、水库调度运用方案等进行修改完善。为确保防汛工作万无一失、安全渡汛。5月27~30日，由措美县水利局局长带队的工作组到4个乡镇汛前检查水利工程现状，对措龙水库、波嘎水库、六个电站、山洪灾害防治项目运行进行汛前安全大检查，对查出的隐患和现象进行就地整改。

县委、县政府高度重视，年初本级财政安排35万元作为2019年防汛防旱专项资金，措美县水利局经请示县政府采购防汛抗旱物资，研究同意20万元购买物资，剩余15万元预留大灾应急专用及民工工资，储备1950条防汛编制袋、10圈铁丝、270卷铅丝笼、PE315管材1000米、PE32管材900米、PE63管材2800米及潜水泵1台、软水管10卷、汽油发电机1台等。

【水利管理】为加强对水利工程的建设、管理和保护，保障水利工程安全、正常运行，发挥水利工程的综合效益，适应国民经济和社会发展需要，根据《中华人民共和国水法》，结合措美县实际，措美县水利局制定水利管理体制。2019年措美县水利局建设项目多、规模大、范围广。认真贯彻落实自治区、市、县有关水利工程质量管理的规定，切实履行政府对水利工程实行质量监督的职能，认真抓好措美县水利工程质量监督管理工作，较好地完成年初确定的各项目标任务。

【水电站】2019年，措美县共有6个水电站，分别为当巴电站、当巴一级电站、下藏电站、卡珠电站、古堆电站、当许电站，已全部停运。

（次吉尼玛）

林 草

【概况】2019年，措美县林草局坚持以习近平新时代中国特色社会主义思想为指导，深入贯彻落实中共十九大精神以及习近平总书记系列重要讲话精神，强化思想理论，加强党的作风建设，提高工作水平，持续推进林草各项工作。2010年11月，单独成立县林草局，措美县林草局编制3人，在职职工5人，领导职数3名，局长1名和2名副局长，专技人员2名（从农牧综合服务中心借调）。

【造林绿化】义务植树活动开展情况。按照《中华人民共和国森林法》，义务植树活动由县人民政府主办，县林草局具体承办，相关单位和群体协办。活动本着“人人参与，人人共建，人人共享”的原则，按照区域、团体、责任进行任务分配，工作分包到人，确保活动有序、有力开展。发动党员干部职工、农牧民党员群众1300余人次，植树1.1万余株，新增党建林、先锋林、公益林等主题林600余亩。组织有条件的村（社区）全面开展“三无”巩固活动，种植0.1万株树木，新增造林面积500余亩。在组织部、检察院等县直各单位院内，种植桃树、本地柳、雪松、云杉等800余株左右，新增造林面积8余亩。

县城绿化开展情况。集中开展道路两旁、体育活动中心、廉政广场周边等区域绿化带和苗木补栽工作。种植本地柳、云杉、雪松共300株左右。整治政府院子及皖美广场、小公园、种植云杉、雪松、本地柳200株左右，并开展后期管护工作，做到三分造、七分管。针对体育活动中心，廉政广场、街道两旁等区域做好美化提升工作。主要采取修剪树木、清除杂草、统一粉刷等，提升美化效果。

消除“三无”工作开展情况措美县正面临交通干线网络的大建设、大升级阶段，通县、通乡、通村道路正在施工（除县城至波嘎村、县城至雪热村、县城至乃西乡道路外，3条路段已在义务植树中安排），不适宜开展植树造林活动。消除“无树村”活动，按照海拔4300米为基准线，措美镇、乃西乡全境开展专项活动，活动由乡镇人民政府组织实施。消除“无树户”活动，按照“宜种则种，宜栽则栽”的原则，由农牧民以户为单位自行实施，由乡镇人民政府负责统计核查，对来年成活的苗木进行现金补助，原则上按照10元/株的标准，每户不超过5株。2018年新一轮退耕还林工程。（2019年实施）涉及2个乡镇4个行政村，共7个作业区，造林面积共500亩，工程总投资80万元，其中农户补贴60万元，占总投资75%，营造林生产费用20万元，占总投资25%。具体地点在措美镇玉麦村龙种撒52.4亩、措美镇当许（社区）达当29亩、措美镇波嘎村嘎堆104.9亩、乃西乡具巴村苏人113.1亩、乃西乡具巴村甘登200.6亩。该项目涉及的费用均已兑现。

5月30日，山南市林业和草原局党组书记、副局长刘敬峰（右二）率工作组到措美县检查指导2019年度义务植树、造林项目、县城绿化、扶贫苗圃和经济林等工作

【林政管理】2019年，重点区域生态公益林（森林生态效益）补偿人员有232人，并与县林草局签订工作职责，对措美县范围内动植物保护、森林病虫害防治工作、森林防火以及野生动物栖息地进行巡逻检查，2019年，未发生特大森林火灾以及滥杀野生动物等林政案件现象。

【森林防火】2019年，措美县林草局严格贯彻落实区、市森林防火会议的指示和要求，坚持“防字当头、无火是功”的理念，以及“预防为主、积极消灭”的森林防火工作方针。结合县实际，预防上积极主动、宣传上形式多样、管理上责权利结合，采取层层落实防火责任、狠抓防火宣传攻势、严格控制野外用火、重点部位严防死守、加大防火督察力度等工作方法，切实完成森林防火工作。

【野生动植物保护】为搞好措美县野生动物保护工作以及疫源疫病的监测工作，完成自治区、市林草部门对野生动物保护及疫源疫病监测站的工作要求，组织召开野生动物保护及疫源疫病监测工作专题会议，会议强调野生动物保护及疫源疫病监测工作的重要性和紧迫性，并成立以局长为组长、副局长为副组长；工作人员为成员的领导小组，结合实际，成立副局长和哲古镇2名监测人员的监测队伍4个乡镇共有438名野保员。2019年，通过保护及监测，在整个措美县区域无滥杀野生动物及鸟类异常死亡的现象，野生动物疫病情况发生。

【林草有害生物防治】2019年，措美县实行谁管护、谁负责病虫害防治的工作目标，使病虫害防治工作有人做、有人管，形成齐抓共管的局面，确保面积巩固提升。并通过各种宣传媒体，采取不同方式做好防治宣传工作，进一步提高广大农牧民群众对春尺蠖和其他有害生物的危害性及防治的重要性、必要性的认识，真正做到群防群治的防治效果。2019年，措美县未发生重大森林病虫害情况。

【党风廉政建设】2019年，措美县林草局认真贯彻落实自治区、市和县委、县政府党风廉政建设工作的相关会议精神，不断加强党风廉政建设各项规章。

措美县林草局把党风廉政建设和反腐败工作纳入2019年林草事业发展和党的建设中，统筹安排，全面推进，形成反腐败领导体制和工作机制。措美县林草局始终把廉洁自律意识摆在突出位置，深入开展反腐倡廉宣传教育，引导党员干部特别是领导干部树立马克思主义的世界观、人生观、价值观和正确的权力观、地位观、利益观，发扬艰苦奋斗、廉洁奉公的精神，在增强教育的针对性和实效性上下功夫，夯实思想根基，促进领导干部廉洁从政。坚持从自身做起，从点滴做起，不断增强执行中央八项规定的主动性和自觉性，切实在践行为民服务宗旨、改进工作作风、加强廉洁自律方面做好表率。

【党建工作建设】2019年，措美县林草局坚持党要管党、全面从严治党，以加强党的长期执政能力建设、先进性和纯洁性建设为主线，以党的政治建设为统领，以坚定理想信念宗旨为根基，以调动全党积极性、主动性、创造性为着力点，全面推进党的政治建设、思想建设、组织建设、作风建设、纪律建设，同时着力优化美好环境，增强党组织的引领力、影响力。

（卓 嘎）

电力供应

【概况】措美县供电公司于2015年8月挂牌成立，性质为国有独立企业，实行独立核算，自负盈亏。由山南供电公司实施代管。公司设置综合管理部、运维检修部、经营销售部（下设供电营业厅）等3个职能部室。干部职工共22人，男职工19人，女职工3人，其中党员16人，国网帮扶人员2人。

【经营指标情况】2019年，公司累计完成购网电量1393.768万千瓦时，同比减少5.48%；完成售电量1115.01万千瓦时，同比减少6.05%；完成综合线损20%，同比下降2.2个百分点。完成电费回收率100%。

【电网建设情况】2019年，措美县三区三州工程涉及2项，措美县乃西35千伏输变电工程总投资3159万元。新建乃西35千伏变电站一座，容量为1*2兆伏安，35千伏线路长度33.2千米。开工时间为2019年8月4日。措美县10千伏及以下中低压配电工程总投资17.3821万元，涉及措美县措美镇、古堆乡、乃西乡。新建及改造10千伏线路长度13.70千米，新建及改造10千伏配变22台，容量4400千伏安，户表改造981户。新建及改造0.4千伏及以下线路长度43.76千米。开工时间为2019年11月4日。

【供电服务提升】紧紧围绕“优质服务和经营效益”的工作本质，以市场为导向，强化客户为中心，认真落实好公司决策部署，在严格贯彻电力法律法规的前提下，从多个角度来衡量客户需求，制定相应的服务标准。完善内部管理。加强内部协调，提高办事效率，确保首问责任制、限时办结制、服务承诺制等供电服务保证机制落到实处。

【供电保障】充分利用新媒体搭建与百姓沟通交流平台，网格内的台区用电村在微信群里公布联系方式，推出“微信＋电话”线上问诊服务，提供大棚用电技术支持。通过各村微信群和朋友圈，对表后线断线、漏电保护器故障等常见的停电原因及故障排除方法，进行宣传普及，提供坚强的电力保障，真正把便农、惠农服务落到实处。服务地方政府，完成重大活动保电任务。在哲古牧人节、中共十九大、物交会等重要活动举办过程中，措美县供电公司均提前谋划，超前部署。制定安全供电和优质服务应急预案，组织精干力量建立保电服务队，加强对开幕式、节庆活动、住宿帐篷以及新闻媒体的供电线路进行技术维护。2019年哲古牧人节及措美物交会的保电工作受到县委、县政府的高度肯定。

（拉巴欧珠）

城建·环保

城建·环保

生态环境保护

【概况】 山南市生态环境局措美县分局于 2019 年 3 月正式挂牌成立，下设事业单位有措美县环境监测站、措美县环境监察大队，核定编制总数为 7 人。截至年底，措美县环境保护局实有干部职工 9 人，局领导 3 名，科员 4 名，专业技术人员 2 名。

【美丽措美建设】 县委、县政府高度重视环保工作，出台《中共措美县委办公室 措美县人民政府办公室印发〈关于贯彻落实关于建设美丽措美的意见的任务分工方案〉的通知》，将具体工作任务分解到各乡（镇）各部门。

高起点规划设计。县委、县政府高度重视生态环境保护功能区划定工作，投入资金 30 多万元编制出台《山南市措美县生态文明建设规划（2017 至 2020 年）》，内容涉及筑牢生态安全屏障、产业、城镇、农业等十二个篇章。

【生态安全屏障】 2019 年，县委、县政府学习和研究部署生态文明建设工作 8 次。利用措美县党政信息网、网信措美、县电视台等平台，在主要公路沿线和县城干道设立宣传牌，将生态文明理念融入“不忘初心、牢记使命”主题教育活动中，以“6・5”世界环境日等节点为重点，进一步加大宣传报道力度，在措美县范围内营造人人重视、人人参与环境保护的浓厚氛围。

【环境质量监测】 县城空气环境质量保持良好，县城共设置环境空气监测点位 1 处，每季度开展 1 次人工检测，环境质量达标比例 100%，按照《环境空气质量标准》（GB3095 至 1996）评价要求，措美县大气环境质量达标或优于Ⅱ类。县域地表水环境质量保持优良，县城共设置主要河流水质监测点位 2 处，每月开展一次人工检测，措美县辖区内的主要河流水质优良（达到或优于Ⅱ类）比例均达到 100%。县城共设置集中式饮用水监测点位 3 处，每季度开展 1 次人工检测，主要城镇集中式饮用水水源水质全部达到或优于Ⅱ类。

【环境监察执法】 生态环境局措美县分局与县公安局、自然资源局、应急管理局等部门组成联合工作

9 月 18 日，生态环境局措美县分局局长索朗江村（中）召集各乡（镇）、各村（居）环保监督员进行培训

组，定期对矿山企业及重点道路建设项目开展监察工作，加强重点道路建设项目的全程监管，确保环保各项措施落到实处。对县域内加油站、汽修厂、垃圾填埋场、国道 G560、G219 等施工企业现场检查并下发环境监察记录 22 次，下发责令整改通知单 3 份，同时联合县农业农村局、林草局等多个部门，加强对生态环境隐患的排查，2019 年，辖区内无盗伐、滥伐森林或其他毁林现象，无非法捕杀野生动物行为，无非法开垦草原、破坏草场植被行为发生。

【责任落实】压实主体责任。严格贯彻落实《西藏自治区各级党委政府及有关部门环境保护工作职责规定》，县政府定期对各乡（镇），各部门履职环境保护责任进行督导检查、确保工作职责落到实处，对责任落实不到位的，严格按照《党政领导干部生态环境损害责任追究办法（试行）》进行责任追究。要求县直各部门每年按照环境保护“党政同责、一岗双责”要求，将各自工作开展情况定期报送县生态文明领导小组办公室。各部门将生态文明建设和环境保护作为行业发展规划的重要任务进行全面统筹安排，制定环境保护年度计划，出台突发环境事件应急预案，坚持行业主管和属地管理相结合，确保环境保护职责落到实处。

【生态红线制度】县委、县政府高度重视生态红线划定工作，采取积极有效措施，高标准制定印发《措美县人民政府关于印发措美县生态保护红线划定工作方案的通知》，成立由县委副书记、政府县长任组长，县直各有关部门和各乡（镇）主要负责人为成员的措美县生态红线划定工作领导小组。深入实地进行数据测量，统筹辖区职责范围内规划等内容与生态保护红线的协调性，做到短期计划与长期规划并重，生态保护与经济发展并行，为重大建设项目、公共服务项目预留出适当空间，确保保护与开发同步规划，生态红线的划定符合措美县经济发展实际。经多次与上级部门衔接沟通，生态红线数据已基本收集整理完成，待上级部门批复。

【普查工作】严格执行普查工作的内容、标准和要求，重点把握动员、培训、清查、入户调查、系统录入、数据核算、数据汇总各环节工作，经过成立机构、制定方案、选聘普查员、普查指导员、选定第三方技术支撑单位等一系列工作，完成措美县 52 家普查单位的普查表格填写、审核、系统数据录入、数据核算及核定数据库等工作。

【禁白工作】县政府办公室制定并下发《措美县人民政府办公室关于印发“白色污染”治理攻坚战行动实施方案的通知》，并多次开展“禁白”活动，在措美县范围内形成各部门、各乡镇联动治理、共同治理的工作格局，使环境卫生状况得到极大的改善。

【环境综合整治】环境综合整治是措美县工作的重点和难点问题，事关群众的切身利益，针对农村基础设施建设薄弱的问题，2019 年重点实施四项工作，加强组织领导。成立以县委副书记、政府县长任组长，分管副县长任副组长，各相关单位为成员的环境综合整治领导小组。所有村（社区）以户为单位配置垃圾桶（已为村（社区）配置 1300 个垃圾桶，资金投入 32 万元）。开展恰杂、卓德人居环境整治工作。为深入贯彻落实山南市创建国家卫生城市暨迎接新中国成立 70 周年八项环境整治工作部署会议精神，制定出台《生态环境局措美县分局关于迎接新中国成立 70 周年八项环境整治工作实施方案》，共出动垃圾车23台次，动员农牧民党员清理垃圾13次，参与人数达到500人次，清理垃圾8吨左右。

【项目管理】强化环保工作队伍建设，促使其熟练掌握环评手续办理程序，积极引导项目建设单位网上办理环评手续，进一步加强项目环保手续的审查工作，严厉查处未批先建等违法行为。2019年措美县网上环评备案项目52个，未发生“未批先建”违规项目。

【环保重点项目】实施措美县雅砻河源头生态功能区项目，项目总投资2000万元，新建哲古生态监测站，面积1119.48平方米，对卡珠、宗宗村道路、给排水、电气进行综合整治，对哲古湖周围草场网围栏2425米，散播草种75876平方米，对生态环境和生物多样性进行调研以及购置相关设备。该项目的实施有效解决宗宗、卡珠两村环境整治工作难题。实施措美县2019年恰杂村水源点保护工程，项目已竣工，项目总投资100万元，该项目的实施保证农村饮水安全。措美县垃圾临时堆场综合治理项目，有效探索解决土壤污染治理问题，总投资488万元。

【督察反馈问题整改】为做好中央环保督察、自治区环保督察反馈意见整改工作，措美县高度重视，采取积极有效措施，不走形式、不走过场，高标准、严要求，不折不扣做好相关整改工作。组织领导到位。县委、县政府领导高度重视，成立以县委书记为组长的领导小组，设立8个专项组，制定整改工作方案，定期召开环保督察反馈意见整改工作专题会，对工作推进情况进行研究部署，突出问题导向，积极开展“回头看”，推进整改落实。全面梳理到位。按照中共山南市委办公室、山南市人民政府办公室印发的《关于中央第六环境保护督察组反馈意见问题整改工作的紧急通知》文件要求，结合措美县实际情况，共梳理出共性问题26个大项，65个小项。按照自治区环保督察整改要求，共梳理问题9大项22小项。2019年，已完成中央环保督察整改任务53小项，完成自治区环保督察整改任务17小项。剩余未完成整改任务，按序时进度进行整改。整改落实到位。对涉及的企业及单位进行全面排查，认真梳理，做好文件档案材料的收集、补充完善、分类整改。县政府督查室定期对环保督察整改工作进展情况进行督办，对发现的新问题及时进行整改。

【环保考核】2019年，措美县对照西藏自治区环保考核《县（区）考核指标计分方法》三大项27条指标，逐条核对，27条指标全部完成。为确保环保考核落到实处，9月中旬，成立以县委副书记、政府县长为组长，县委常委、政府副县长为副组长，各相关单位、乡镇主要负责人为成员的领导小组。10月初，召开2019年环保考核工作动员部署会，安排部署2019年环保考核目标任务。并为提高广大群众生态环境意识，结合“不忘初心、牢记使命”主题教育活动，着重宣传环保考核重点工作。同时全县上下认真贯彻落实国务院、区、市关于环保系列文件精神，突出重点、落实责任，扎扎实实做好上级部门部署的环境保护各项任务落实。

2019年，措美县顺利通过西藏自治区环境保护考核，被评定为优秀等次。

（旦增德色）

住房和城乡建设

【概况】措美县住房和城乡建设局是措美县人民政府组成部门，内设办公室、房改办办公室、工程质量监督站。2019 年，住建局实有在岗人员 13 人，其中局长 1 名，副局长 3 名，工作人员 9 人（行政 4 名，参照公务员 5 名）

【安居惠民】措美县 2019 年无危房改造工作任务；措美县措美镇当许路片区棚户区（达当点）改造项目，总投资为 7868.42 万元，建设内容为居民住宅改造 92 户，人数 322 人（均为框架结构）及附属设施，总建筑面积 16503.69 平方米，涉及征地拆迁共 277.968 亩，该项目委托山南市城市投资公司代建，项目于 2019 年 4 月 1 日正式复工，主体结构全部已完成，居民已于 2019 年 12 月全部入住，措美县乃西乡鲁麦村村落改造项目，该项目总投资 299.81 万元，资金来源为国家财政，建设内容为新建厕所 2 座，路灯安装、道路硬化及排水沟等附属设施，项目于 2019 年 10 月开工建设。

【保障性住房】2019 年，公租房建设项目总投资 889.53 万元，新建公租房 48 套及附属设施建设，项目于 2019 年 10 月开工建设，2019 年累计完成投资 306 万元。

【市政功能】措美县纬四路建设项目，总投资 2800 万元，建设规模道路总长 1.6 千米，宽 15 米及附属设施建设。2019 年已完成总工程量的 85%，预计 2020 年 7 月竣工。2018 年棚户区改造项目，该项目建设总投资为 1346.6 万元，项目于 2019 年 7 月开工，主要对措美镇当许片区居住地进行道路硬化、石板路铺设、给排水管网、太阳能路灯安装等，总建筑面积 15613 平方米，2019 年已完成总量 40%，预计 2020 年 9 月竣工投入使用；措美县哲古镇人居环境整治及城镇功能提升工程（一期）建设项目，该项目建设总投资为 1817.55 万元，建设内容为综合楼 A 栋，建筑面积 1486.34 平方米，综合楼 B 栋，建筑面积 1438.03 平方米，景观及附属工程 1 项。项目于 2020 年 5 月正式动工，截至 2019 年，已完成固定投资 545 万元；措美县 2019 年县城绿化项目，项目建设总投资为 145.09 万元，建设内容为对县城周边、入城广场、步行街、巴尔林路等地与进行草树种植工程，总绿化面积 8938 平方米；措美县住宅区院落整治工程，项目建设总投资为 99.91 万元，建设内容为对县城各住宿小区进行草树种植、修筑三水、挡土墙、花岗石道牙、透水彩砖等附属设施工程，总建筑面积 10137.8 平方米；措美县生态园建设项目，该项目总投资为 364.18 万元，建设内容为修建生态园一座，建筑面积为 633.1 平方米及地面硬化、安徽宾馆外立面改造、绿化等附属设施，总建筑用地面积为 922.7 平方米，项目于 2019 年 10 月竣工验收。措美县步行街市政建设项目，项目建设总投资为 389.39 万元，建设内容

7 月 12 日，措美县住建局局长孙先林（左）在增嘎棚户区指导建设项目工作

为修建水厕1座，建筑面积为20.3平方米及铺设页岩石、实心围墙、路灯、道路硬化、绿化等附属设施。总建筑用地面积为4298.9平方米。

【援藏项目】措美·淮河大道改造项目，由安徽省淮南市援建，位于措美县城，总投资890万元，建筑规模对增嘎路现混凝土路面加铺沥青混凝土，新建人行道、文化墙等，总建筑面积13875平方米。皋城·措美入城广场项目，由安徽省六安市援建，位于措美县县城，总投资950万元，建设规模硬化28903.29平方米，绿化9428.8平方米，雕塑1座，停车位6个，公厕及管理用房93.75平方米及景观照明等。

【地方政府投资项目】措美县措美镇当许路片区棚户区达当点改造项目，其中本级配套设施5452.72万元；措美县2019年公租房建设项目总投资889.53万元，其中本级配套资金460万元，新建公租房48套及附属设施建设，项目于2019年10月开工建设，2019年累计完成投资306万元，预计2020年12月竣工并投入使用；措美县保障性住房厨房厕所维修项目，项目县级配套总投资为119.68万元，建设内容为对县城保障性住房厨房厕所进行防水重做、涂漆等附属工程，总建筑面积2146平方米；措美县卓德村人居环境综合整治项目，项目县级配套总投资为45万元，建设内容为10立方米水池1座，人工场地平整、梯步、种植云杉及生活垃圾治理等；措美县棚户区改造达当点供水工程，项目建设总投资为335.60万元，建设内容为供水管网6617米，蓄水池等附属设施建设；措美县拉顶寺寺管会住房建设项目，项目总投资129.98万元，建设内容有新建住房砖混二层及附属设施建设，总建筑面积352.42平方米，项目于2019年10月竣工验收；措美县便民服务中心改造项目，项目县级配套总投资为41.91万元，属改扩建项目，建设内容为对原便民服务中心进行改造、装饰、安装等工程，总建筑面积328.9平方米。

11月15日，山南市住建局党组副书记、局长谭修生（左二）检查措美县垃圾填埋场工作

【城乡规划管理】措美县住房和城乡建设局加大工作管理力度，严格按照县城总体规划，进行项目审批报建，规范“两证一书”[①]，截至2017年12月，措美县《措美县县城总体规划（2017至2030）》《哲古风景名胜区总体规划》已完成，2019年自治区、市审查委员会正式审查通过。乃西乡与古堆乡乡（镇）建设规划编制工作已完成，待县委、县政府审查。

【党建工作】措美县住房和城乡建设局，2019年在县委、县政府的正确领导下，始终坚持党要管

① “两证一书”：用地规划许可证、工程规划许可证，选址意见书

党、从严治党的方针，在习近平新时代中国特色社会主义思想指导下，全面贯彻落实中共十九大报告精神，以为人民群众服务为核心、以提升党员整体素质为主线，扎实推进机关党建工作，同时以“不忘初心、牢记使命”主题教育实践活动为契机，加强局党支部自身建设，组织从严管理，个人严于律己，打造让党中央放心、让群众高度信赖的队伍。

【质量安全生产检查】2019 年，县委、县政府以及县应急管理局，组织召开一系列安全生产会议，每次会议后，住房和城乡建设局都及时召开建筑企业各个层次的会议，进行专题传达、专题部署，从而不断提高建筑行业干部职工的安全生产意识，并成立以住建局主要领导、分管领导和有关职能单位领导、专业技术人员的建筑工程安全生产检查组，明确分工，强调执法检查的责任，要求每一个检查组成员做到认识到位、责任到位、督查到位。同时县住建局以“安全生产月”“安全生产山南行”“安全生产大检查”等活动为契机，对措美县所有在建项目进行全覆盖式检查 10 余次，项目验收 60 余次，下达停工通知书 4 起，整改通知 23 起。县住房与城乡建设局坚持围绕“加强安全检查，保障社会环境”，全力打造良好的施工环境。

【住房公积金缴存】2019 年，措美县住房和城乡建设局住房制度改革办公室办理住房公积金缴存 3865.36 万元，同比增长 0.22%。

【租赁补贴发放】2019 年，措美县住房和城乡建设局住房制度改革办公室发放城镇低保户租赁补贴 48 户，81 人，涉及资金 24.79 万元。

（吕　鹏）

交通·通信

交通·通信

交通运输

【概况】2002 年 7 月，县政府成立交通局，隶属县发改和计划委员会，为二级机构，副科级建制。2010 年 3 月，升格为正科级建制，单位名称变更为措美县交通运输局，核定行政编制 3 人，机关其他编制 1 人，领导职数 4 人，实有 5 人。下设公路管理站，事业编制 1 人。2019 年完成固定资产投资 2.1907 亿元，完成计划的 74.8%。

【固定资产投资】措美县交通路网主要以 G560、G219 为主线贯穿县域路网，国道改建工程于 2018 年 3 月开工续建，截至 2019 年底，G560 琼措公路 2019 年底完成县域道路投资 15129 万元。G219（16 标）改建工程 2019 年底完成县域道路投资 16886 万元。G219（17 标）改建工程 2019 年底完成县域道路投资 9100 万元。两条国道交安标完成投资 6000 万元。在抓好农村公路建设、管理、养护的基础上，充分发挥道路在引领经济发展作用，成立措美县兴安客运有限责任公司，并完成收集班线客运车辆的基本信息、车辆转让费核算培训工作，签订车辆转让协议书、拟定客运公司章程、明确公司法人代表、执行董事、总经理等人选，兑现各车辆转让费及政策奖励资金。2019 年，本级财政分 3 批次投入客运改革资金，9 月，县政府投入 85 万元，对县客运公司进行改建，完善安检机、监控等设备，确保为措美县农牧民群众、工作人员以及旅游人员提供一个良好、安全、全面的客运环境。投入已完成 4 个乡（镇）综合运输服务站前置手续，总投资 240 万元（60 万元 / 个），预计年底 10 月开工建设。

【公路工程】2019 年，措美县境内农村公路工程续建项目共 3 个，其中，措美县卡珠村至卡珠村放牧点公路总投资 1668 万元，扎杂组公路总投资 1705 万元，雪热村至洛扎县贡祖公路总投资 8565 万元。2019 年 11 月，共投资 11938 万元。措美县江拉放牧点至达日放牧场公路项目总投资 550 万元，2019 年已完工，资金已兑现；措美县 S511 至兰宗放牧点公路项目总投资 604 万元，验收通过后兑现资金。措美县 3 条扶贫公路项目总投资 720 万元，已基本完工，拨付资金 92%。

【公路管理养护】2019 年，措美县乡镇公路通畅率 100%，所属行政村通畅率 87.5%，通达率 100%。坚持“三分建设，七分养护”的公路养护理念，不断强化养护工作管理，切实提高养护管理质量，真正实现“有路必养”。2019 年 1—10 月，及时对乃西乡恰杂村、哲古镇卓德村、乃西乡具巴村等道路进行管养维护，管养里程约 100 千米，管养范围内公路平均好路率均达到 80% 以上，公路路况水平明显改善。建立健全《措美县养护工程施工单位评定方案》等农村公路养护管理机制，签订养护人员管理责任书，在4个乡（镇）安排扶贫生态养护岗位129名，实现措美县农村公路养护全时段全覆盖。

【自身建设】狠抓党的建设不放松。交通运输党支部始终把党风廉政建设摆在重要位置，坚持逢会必讲，有警必示，并按照要求，在与分管县长签订党风廉政建设责任书的基础上，由单位一把手与班子成员，班子成员与普通干部，层层签订党风廉政建设责任书，防止责任层层递减的现象。局领导高度重视党风廉政建设工作，认真履行党风廉政建设“一岗双责”，时常教育干部，牢记为民服务宗旨，守住纪律红线、法律底线，确保业务工作与廉政工作两手抓、两手硬、两促进。2019年1–10月，共组织党风廉政建设专题学习会5次，学习区内外典型违纪违法案例20余份。特别是重大节假日前夕，专门对纪律要求进行严明，确保廉洁过节。规范“三公”经费支出，严格按照上级文件精神以及中央八项规定精神及其实施细则执行，坚决杜绝顶风违纪问题发生。狠抓主题教育不放松。根据县委、县政府关于“不忘初心、牢记使命”主题教育部署要求，县交通运输党支部紧紧围绕“守初心、担使命，找差距、抓落实”目标任务，坚持以人民为中心的发展思想，知民情、聚民智、解民忧，着力解决群众的操心事、烦心事、揪心事，有的放矢解决好生产生活中群众最关心最直接最现实的利益问题。自“不忘初心、牢记使命”主题教育开展以来，县交通运输局党支部共召开动员会议1次，组织专题学习3次，开展“四好农村路”专题调研1次，形成调研报告1篇，解决群众热点难点问题6件。

3月27日，措美县分管交通运输局县长刘建伟（右二），了解定巴村公路使用情况

【公路运输】全力推进交通基础设施建设，做好交通建设发展规划，抓好项目争取和储备，把推进城乡一体化进程、建设社会主义新农村作为交通工作的重点来抓。组织实施好农村公路续建、新建项目，推进农村公路建设示范工程，抓好农村公路项目前期准备工作，开工建设一批农村公路和村道硬化项目，进一步提高农村道路等级和运行能力，为建设社会主义新农村创造良好的交通环境。

【行业管理】狠抓沟通协调不放松。积极配合县人大代表完成对县重大交通项目开展视察工作。收到县政协提案5件，并对政协委员作正式回复，得到其“满意”认可，回复意见已向县政协办回复。积极发挥沟通协调推动项目建设作用，积极回应群众的诉求。2019年1–10月，共协调劳务纠纷、经济纠纷、群众诉求等事宜52件。次马龙至恰杂村公路、扎杂村至扎囊县纱布村公路等公路建设，已完成前置手续。积极协助县旅发局开展国道观景台选址工作，已选址4个，并协调交通沿线施工单位做好平整工作。加强日常管理工作。继续抓好扫黑除恶工作，严厉打击交通运输领域违法生产经营和建设行为，特别是群众反映强烈的热点难点问题，进一步提高社会治安综合治理工作整体水平。进一步加大“四好农村路”宣传工作力度，多渠道、多形式，广泛宣传农村公路相关法律法规和有关政策，提高农牧民群众的知晓率、参与度。多方面收集群众在“四好农村路”建设方面反映的热点、难点、焦点问题，并解决好、处理好、安抚好。

（平措罗丹）

电信

【概况】中国电信山南分公司措美电信局，共有员工4人，外聘人员14人，其中大专学历1人，中共党员3人，员工平均年龄37岁。

【业务发展】2019年，措美电信局共发展移动新用户2160个，移动用户数达到7150户，移动市场份额达到56.29%以上，在山南排名第一、在全区排名进入前三名。在存量方面中高端拍照用户上面做足工作，同时在客户服务部的安排下在每个季度完成存量客户维系和中高端客户的维系，收入完成710万元。移动业务出账率达到94%以上，移动收入完成2019年目标的103%，宽带业务出账率达到90%以上，基本完成2019年的收入。

【重大事项】2019年5–7月，开通措美镇雪热村次马龙村、岗松村、小扎扎村、切姆村、江久林村、恰堆村、波嘎村、白玛村、真巴村等9个自然村及乃西乡台吧村、达琼村2个自然村、古堆乡玛尼当村、古堆新村、斜队村3个自然村共开通14个自然村光纤宽带。截至2019年，措美县乡镇以下光纤宽通达率达到98%以上。2020年12月，建成和开通措美县便民服务大厅的外网和内网及固定电话。

（普布顿珠）

移动

【概况】措美县移动公司在市公司领导和社会各界的大力支持下，始终秉承“正德厚生，臻于至善”的核心价值观，致力于业务发展，扎实工作，强化狠抓对内坚持求真务实，埋头苦干的工作作风，强化生产经营管理。对外发扬艰苦奋斗的创业精神，努力开拓市场空间。员工有7人、县城渠道2家、乡镇渠道5家、直销员2名。

【业务经营】2019年，措美县移动公司活动用户数4210户，份额49.80%，年薪占53.23%，4G客户参透率65.28%，家宽到达数1356户。集团信息化收入40.24万元，集团单位发展至105家，成员数达到1213户。

措美县移动公司坚决执行新入网新业务承载，购买低价值礼品赠送新入网客户，提高新入网用户新业务承载率。做好各类营销活动的新业务捆绑工作，确保新业务客户保持增长与收入指标持续稳健增长的目的。对客户主动推荐新业务及家庭宽带业务，保有客户。通过对分公司下发的存量客户明细进行筛选，按月按人下达分解指标，并进行考核，通过持续外呼、前台主动推荐等方式通过营销活动捆绑用户，提高客户离网门槛，降低客户离网率，持续开展外来务工人员的发展工作，及时开展驻点服务。通过组建亲情网、聚类聚位集团等，新增和保有客户，从而提升整体收入。

3月2日，措美县移动公司领导及员工召开晨会汇报工作及工作计划

【基站建设】中国移动措美县分公司成立以来，一直坚持“网络质量是通信企业的生命线”的理念，大力加大移动通信网的建设，全面支撑客户需求和市场发展，确保客户的网络满意度持续改善。通过网络建设维护人员的不懈努力，基站共计68个，措美县网络和信号覆盖率达99%以上。

【服务质量】提升服务水平。优化营业员业务培训和考核制度，做好基础服务工作，及时处理客户投诉，套餐、活动推荐量身定制，套餐优势区别宣传，提升营业厅服务水平。积极树立“客户第一”的服务意识，加大重点集团驻点服务力度，提高客户感知。

（旦增巴桑）

金融

金 融

农 行

【概况】2019 年，农行措美县支行在山南分行党委、措美县委、县政府的正确领导下，支行始终谨记“面向三农、服务城乡”的历史使命，秉承“心系三农扎实工作服务群众奉献社会”的工作理念，积极贯彻落实自治区、市两级农行重要工作会议，措美县经济工作会议主要精神，通过全面强化党建工作力度，提升“三农”金融服务品质，督促各项业务实现科学发展的同时，积极贯彻落实党和国家进一步推动精准扶贫的工作要求，开展一系列结对帮扶及强基惠民的公益活动，以实际行动承担国有大型商业银行的社会责任。2019 年，核定编制人数共 23 名，其中 1 名行长，2 名副行长，综合岗 2 名，信贷岗 2 名，营业室 7 名，乃西营业所 3 名，哲古营业所 3 名，保卫人员 1 名，跟班学习 2 名。

【党建工作】重视党建工作，切实强化作风建设，围绕经济抓党建，抓好党建促发展。农行措美县支行在抓好新时代基层支行党建工作基础上坚持“以最好党建引领最好银行建设”，认真贯彻新发展理念，不断增强农行措美县支行员工政治意识、大局意识、核心意识、看齐意识，突出管干部聚人才、抓班子带队伍、抓基层强基础，持续推进思想、组织、作风、廉政和制度建设，全面提升农行措美县支行党建水平。农行措美县支行把党建工作摆上重要议事日程，细化党建工作目标，对党建工作和业务经营实行“双百分”考核，在对各部门、营业所下达目标计划时，与“不忘初心、牢记使命”主题教育结合起来，充分发挥党支部的核心作用和党员的带头作用，并依据工作实际，制定出科学的考核办法，使党建工作和业务经营相互促进，同轨运行。农行措美县支行先后开展“讲党性，感党恩”“一个党员一面旗”等活动，极大地调动全员爱岗敬业、无私奉献的主动性和创造性，形成一种团结进取、蓬勃向上的工作氛围，促进各项金融业务的超常规发展，有力地支持措美县经济的快速发展。

【经营发展】支行党支部领导班子组织农行措美县支行干部员工，通过召开“三线一网格”①管理模式推进会，确保农行措美县支行干部员工在思想上高度重视，行动上履职尽责的同时，通过及时登录“三线一网格”系统进行履职勾选与员工行为排查等具体工作对支行“三线一网格”管理模式在前期培训的基础上，进行再强调、再培训。就支行营业所网

① “三线一网格”：党建线、纪检线、运营线；员工行为管理网格化责任体系。

3月6日，农业银行措美县支行客户经理朗萨曲珍（左一）等一行到措美镇玉美村进行三农助农金融点的资料收集和巡检

格化管理提出：要结合当地纪委等政府部门，对营业所员工进行外部监督，深入村委会、农牧民群众家中，通过开展员工行为排查与“一杜绝四整治”① 工作，从源头上解决基层营业所员工“天高皇帝远”的案防工作侥幸思想。结合营业所员工较少的现实问题，将营业所员工纳入支行营业室网格，由支行运营主管统一进行管理，加强内部监督，避免出现内部矛盾，从而维护集体团结。

【精准扶贫】为做好精准扶贫，更好满足农牧民生产经营的资金需求。农行措美县支行与县委、县政府以及当地乡镇政府交流合作。已完成4个乡镇、15个行政村全部的信用乡（镇）、村的评定工作。将全部农户的铜、银、金、一星、二星、三星钻石卡贷款额度分别提升至6万元、7万元、8万元、15万元、20万元和30万元，满足广大农牧民日常生活及生产的需要。信用乡（镇）、村“AAA级信用县”的评定工作已完成并正式执行。2019年，农行措美县支行在措美县农牧民群众中大力推广“惠农e贷”“惠农e商”“掌上银行”“农行聚合码下乡”等子产品，不断加大社保卡实体卡与电子社保卡的发放与激活和创建。让广大农牧民群众进一步懂得使用银行电子产品。为推进农行互联网产品，在观念上、意识上与社会发展、时代发展同步打下基础。获得2019年度山南市精准扶贫工作考核“最佳县域金融机构”和“先进个人”奖。

【领导重视】以区分行党委、副行长李磊、山南市分行行长李建军为主的领导小组及各部门工作小组。多次到农行措美县支行，进行工作调研督导。了解措美县老百姓的生产经营情况和农行措美县支行“三农”服务工作的开展情况。要求农行措美县支行要以措美县广大农牧民群众为主来开展工作，并随时随地与措美县委、县政府交流沟通。得到县委、县政府的支持，进一步开展做好措美县的“三农”服务工作，帮助广大农牧民脱贫致富。

【网点服务】履行历史使命，做实做强“三农”业务。为切实增强农行措美县支行金融服务“三农”工作的责任感和使命感，2019年，农行措美县支行全面贯彻落实中央赋予西藏的各项特殊金融优惠政策。积极鼓励农牧民用活用足现有特殊优惠政策。在农行山南分行的正确领导和县委、县政府的高度重视和大力支持下，农行措美县支行以“农户贷款证”钻、金、银、铜“四卡”为载体，加大宣传农行措美县支行金融服务“三农”的特殊优惠政策，

①“一杜绝四整治”：杜绝一切运营风险隐患操作行为，做好形式主义、官僚主义、享乐主义、奢靡之风的整治管理。

积极组织乡镇营业所开展下乡流动金融服务。在基层营业所每月开展下乡流动金融服务过程中，农行措美县支行工作人员以分类宣讲、贴近群众、讲求实效为原则，就群众最关心的人民币存贷款利率调整问题，如何申请涉农贷款等热点问题，以通俗易懂的语言现场讲解相关业务管理办法的同时，对于有信贷资金需求的农牧民群众，足不出户，在其家门口办理农户小额信用贷款，并现场发放贷款资金。

（洛松晋美）

邮 政

【概况】2019 年，中国邮政集团公司西藏自治区措美县分公司（以下简称措美县邮政局），全县邮政营业网点 4 个，1 个城市网点，坐落在措美县县城增嘎路 27 号，乡镇营业网点 3 个，分别为哲古镇营业所、乃西乡营业所，古堆乡营业所，2019 年，已实现建成的 12 个村邮站发挥作用，措美邮政分公司普遍服务全面满足农牧民群众用邮需求。2019 年，措美县邮政局员工 14 人，其中，AB 类员工 4 人，C 类员工 3 人，外包员工 1 人，乡邮营业员 3 人，乡镇投递员 3 人。

【经营发展】2019 年，措美县邮政分公司以深入贯彻习近平新时代中国特色社会主义思想、党的十九大和十九届二中、三中、四中全会精神、县经济工作会议精神和 2019 年区市两级工作会议精神，和“十个坚持”的要求“夯实基础、精准管理、协同创新、转型升级”为主基调，积极构建“一核双擎，协同共赢”的发展方略，认真贯彻落实区分公司及市分公司工作会议精神，坚持普服为“根”、客户为“本”的观念；全面加强党的建设、做好基础管理工作、做好金融业务发展工作、做好邮务业务转型工作、加强包快业务发展、提升服务质量、提升服务能力、提升客户体验、提升客户满意度，带领措美县分公司全体员工凝心聚力促发展，为实现措美邮政分公司 2019 年各项经营指标而努力奋斗，更好的为措美县人民服务。全年收入共 72 万元，截至年底，累计完成收入 77.04 万元，完成年计划的 107%。

【业务工作】2019 年，新增金融资产 1076 万元，代理储蓄实现收入 21.1 万元，同比增幅 0.71%，代理保险累计销售 173.5 万元，快递业务实现收入 9.37 万元，函件实现收入 2.39 万元，发放贷款 379 万元，办理信用卡 41 张，根据《2019 年度报刊大收订工作的通知》文件精神，联合县宣传部、组织部对报刊收订工作进行早安排、早部署、早落实，由邮政局进行全面收订和上门揽收。全面完成报刊征订工作。

【代理金融业务发展】措美县邮政分公司全体员工上下一条心，齐心协力，紧紧围绕“大干金融，日子不穷”的理念，加大宣传造势，改善窗口服务。

12 月 20 日，邮政局工作人员集体合影

2019年，措美县邮政分公司全体员工紧抓经营不放松，主动争取县里的支撑，把分销、报刊、政务图书、信用卡、贷款业务作为工作重心，提高邮政知名度和邮政形象。精准管理不放松，着重在基础管理上下功夫，各岗位员工各尽其职，把责任扛在肩上，把指标放在心上，把执行落实在行动上。在劝储方面，做好商户客户走访工作，以“余额涨不涨，就看你怎样访”作为走访成效的标准，每一位员工对县城所有商户真情式的走访，亲情式的宣传，以达到成功劝储。利用有利优势、发动乡邮队伍，通过乡邮介绍主动上门劝储，攻占农村市场。以俯下身心做事的态度，以攻坚克难的毅力，以“四千四万的精神”做好邮政工作。

【邮政服务与乡镇网点】2019年，措美县邮政以服务为中心，做好各乡镇网点普遍服务，将党报，党刊及时投至各乡镇，各寺庙、各驻村，起着上传下达的工作职能，同时，各乡镇网点满足当地农民群众的用邮需求。利用村邮站的便利，实现农牧民群众的用邮提升，增强邮件到达时限，从市到县天天有邮车，县城报刊达到次日见报，增加乡邮频次及乡邮工作时长，目前各乡邮频次县到乡到达周五班、乡到村达到周三班、乡邮营业时长到达每周五天、每天六小时。

【安全生产方面】措美县邮政分公司始终坚持“安全第一，预防为主”的安全意识，把安全生产放在经济工作的首要位置来抓，牢固树立安全意识，杜绝安全隐患及安全事故，措美县邮政分公司加强消防安全培训，“安全无小事”公司以全年不出安全事故为工作目标，专门成立安全生产检查小组，建立健全各项安全管理制度及安全管理档案，认真抓好安全生产各项措施的落实工作，严格执行安全生产的相关规章制度，每月对本公司消防设施、办公场所职工住宅的用电用气进行定期的安全生产及消防检查。利用LED屏进行宣传“和谐措美、平安措美”把“平安措美”活动和治安防控体系结合起来，严格落实各项规章制度，强化内部管理，做到检查监督常态化。

（蒙泽民）

乡 镇

乡 镇

措美镇

【概况】措美镇位于县城驻地，距市政府所在地130千米，平均海拔4200米左右，以农业为主，农牧业相结合的镇，下辖4个村（社区），19个村民小组，1254户4140人，总面积782.6平方千米，其中耕地面积6357.972亩。2019年，完成农村经济总收入为9257.6万元，增长率13%，农牧民人均可支配收入达13378.91元，增长1170.52元，增长率9.85%，农牧民人均现金收入达到7443.63元，增长667.2元，增长率9.85%。措美镇共有建档立卡贫困户253户782人，其中一般贫困户197户654人，低保户37户109人，五保户19户19人，2019年脱贫12户35人。

【村（社区）基本情况】措美镇当许社区位于措美县城驻地，属于农业为主，牧业为辅的农牧结合社区，下辖5个村民小组（索巴组、真巴组、拉玛组、达当组、增嘎组），全社区共有461户1409人（其中劳动力651人，男324人、女327人），牲畜存栏数为2724头（只、匹）。全社区共有1个党委，5个党支部，2个“两新”党支部，共有党员156人，致富能手党员5人。

全社区总耕地面积1963.368亩，农作物以青稞、油菜为主，畜牧业以黄牛、牦牛、绵羊和山羊为主。2019年，国民经济总收入2856.6万元，人均收入约11840.16元，现金收入6748.89元，经济收入主要以农业耕种、放牧从业和外出务工为主。全社区建档立卡户84户，242人，其中低保户19户49人，一般贫困户54户182人，五保户11户11人，分散五保户12户12人，2019年生态岗位共116人，其中建档立卡户73人，非建档立卡户43人。（包括护林员37人、野保员35人、湿地保护员1人、草原监督员21人、水管员2人、公路养护员7人、旅游厕所保洁员8人、城镇保洁员4人、地质灾害群防群测员1人）。

措美镇波嘎村位于措美县城东南9千米处，海拔4300米左右，共281户875人，耕地面积1651.076亩，牲畜总头数4561头（只、匹），2019年人均纯收入为13931.96元，其中现金收入7941.21元，是典型的半农半牧村。该村建有1个

4月16日，县委书记牛堃（右一）带领县委办、措美镇相关人员到县城、增嘎易地搬迁点及当许片区棚户区改造项目施工现场进行督导检查

党支部，正式党员101人，预备党员8人，村“两委”班子成员6人。共有4座寺庙，持证僧人16人。波嘎村共有建档立卡贫困户73户229人，其中一般贫困户64户213人，低保户5户12人，特困供养贫困户4户4人。致贫因素中，缺劳力致贫25户，占比34.2%；缺技术致贫25户、占比34.2%，因病致贫10户、占比13.6%；缺土地致贫的5户，占比6.8%，因残致贫4户，占比5.5%；自身发展动力不足4户，占比5.5%。

措美镇玉美村位于县城东部6千米处，平均海拔4300米，属半农半牧行政村。全村共210户755人，玉美村人均收入13988.02元，其中现金收入7973.17元。玉美村耕地面积968.05亩，草场面积7.28万亩，林地面积86亩。全村共有牲畜7000头（只、匹），其中牛460头、牦牛425只、羊5966只、山羊83只、马50匹、驴16匹。2019年，粮食总产量17.4万千克，农牧产品产量3.94万千克，经济作物总产量13.85万千克。全村农田灌溉保证率达95%，机械化率80%，牲畜免疫注射率100%，牲畜存栏率79.72%，牲畜出栏率20.28%。

措美镇雪热村位于措美县城西部，离泽当135千米，海拔4300米，全村共有302户，1101人，辖设6个村民小组（分别为白玛组、雪热组、岗苏组、次玛龙组、小扎扎组、切姆组），耕地面积共有1775.478亩，其中人均标准亩耕地有1.6亩，全村牲畜共有10530头（只、匹），种类为牛、羊、马、驴为主，其中牦牛1032头、黄牛482头，羊8975只、马29匹、驴12匹。2019年计划增长13%、达到14890764元，主要支撑措施为外出务工，全村生活支出4146137.1元，生产支出1776915.9元；储蓄情况户均存款3万余元，整村存款1000余万元，负债总计78户524万元。该村

1月30日，措美镇机关党支部党员干部在清扫街道

自然资源较为丰富，其中优势资源由藏野葱、矿、水、沙等。耕地面积共有1775.478亩，其中人均标准亩耕地有1.6亩，全村牲畜总计共有10530头。2019年，村（社区）卫生室场所已建立健全，一村两医及基本医疗配置设施等均已配齐配全，运转正常。

【经济发展】2019年，完成农村经济总收入9257.6万元，增长13%，农牧民人均可支配收入达13378.91元，增长1170.52元，增长率9.85%，农牧民人均现金收入达到7443.63元，增长667.2元，增长率9.85%。2019年措美镇农作物种植面积为6357.972亩，其中青稞5016.378亩，小麦播种面积为70亩，蔬菜317.898亩，油菜籽826.536亩，青饲料127.16亩，粮食作物总产量为1751.01吨。油菜产量476.85吨，肉类产量322.05吨，奶产量612.2吨。新生仔畜成活数4780只，成活率达95.1%，动物免疫率达到100%。牲畜存栏24815头（只、匹）。

【农业发展】2019年，青稞种植面积为5016.378亩，小麦播种面积为70亩，油菜籽播种面积为826.536亩，蔬菜播种面积为317.898亩，青饲料

127.16亩。同时2019年镇4个村（社区）范围内顺利推广青稞新品种“13-6927”235亩，“12-10556”273亩；（其中黑青稞2730、喜马拉雅22号47亩、藏青“320”202亩、新品种13-10556和12-10556试点推广508亩，当地青稞1635亩）。2019年向当许社区、雪热村兑现推广青稞新品种农田租赁费152400元。

【牧业发展】2019年，措美镇牲畜存栏数24815头（只、匹），出栏数达到37%，草原生态保护补助奖励机制资金181.15万元，措美镇新生仔畜成活4780头（只、匹），仔畜成活率95.1%。坚持“预防为主”的方针，加强领导，依靠科学，依法防治，群防群控，果断处置的要求，进一步明确责任，“六不漏”的要求确保免疫密度，春季免疫率达到100%。

【教育事业】措美镇继续巩固提升义务教育均衡发展成果，落实控辍保学责任，不让一个孩子因贫失学、因困辍学，加强宣传教育各项惠民政策，全面落实十五年免费教育政策，强化教师资源配备。2019措美镇小学教师共56名，在校生446名，3所教学点（其中种努组、恰美组、雪热组），6名正式教师，11名代课教师，措美镇在校大学生27名，其中贫困大学生6名，落实大学生资助金共计19.4万元。

【医疗卫生】2019年，措美镇加强贫困人口基本医疗保障体系建设，有效遏制因病返贫，继续实施家庭医生签约服务，落实县医院90%、镇卫生院95%的报销比例，2019年，落实合作医疗报销资金15.2万元，解决困难群众临时救助资金10.2万元，改善村卫生室的医疗条件，新建波嘎村卫生室，为雪热村配备村医1名，措美镇共医务人员14名（其中，镇卫生院6名、波嘎村2名、雪热村4名、玉美村2名）。

【社会保障】严格落实社保兜底政策，2019年，措美镇落实低保、五保、残疾补助资金90.514万元。其中残疾人员189人，落实残疾补贴资金63.32万元。享受低保政策人员102人，兑现低保资金16.514万元，分散五保户20人，兑现五保资金10.68万元。

【公共文化服务】2019年，措美镇综合文化服务中心结合“四讲四爱”群众教育实践活动要求，开展庆祝“三八”国际妇女节组织巾帼志愿者开展环境卫生整治活动。开展主体党日＋爱护地球、保卫国家义务植树活动和主体党日＋关爱老人孝老爱幼打扫卫生活动；为纪念“3·28”西藏百万农奴解放纪念日暨西藏民主改革60周年，开展新旧西藏对比展览活动及文艺演出活动。开展青春心向党建功新时代五四青年节主题活动。开展庆祝五四运动100周年扶贫知识竞赛活动等。2019年4月，措美镇团委获2018年度“西藏五四红旗团委”称号。2019年，措美镇综合文化服务中心为喜迎祖国70华诞，庆祝改革开放40周年，结合“不忘初心、牢记使命”主题教育，开展一系列庆祝活动。2019年，共开展各类活动16场次，受益群众达到8000余人次。

【项目建设】2019年，强基惠民经费共计77.6万元整合起来在县城所在地修建一家超市，发展异地村集体经济，超市租金为村集体经济收入，4个村（社区）按照比例进行收入分配，每个村（社区）每年增加 3-5 万元村集体收入，工程主体已完工。措美镇 4 个村（社区）投资 500 万元，改善村组硬化道路，解决农牧民出行难的问题。在继续完善农村安全饮水保障全天通水工作，2019 年，措美镇衔接人饮工程资金 300 余万元，补齐措美镇所有安全饮水工程短板，巩固人饮工程，解决四季通水难题。

【脱贫增收】加强产业扶持，创新利益联结机制。扎实推进产业扶贫巩固提升工作，充分发挥产业扶贫对贫困群众增收作用，创新产业扶贫利益联结机制，切实保障建档立卡贫困群众利益。措美镇享受机械租赁公司产业项目分红有 84 人，其中，入股分红 21 人，每人分红 1000 元；劳务补助人员 44 人，每人岗位工资 1500 元；以奖代补 19 人，以奖代补奖励资金每人 1500 元；波嘎雪菊带动 9 人，每人劳务分红 4000 元；增嘎温室带动 27 人，每人分红 800 元；多糖地养殖项目带动 9 人，每人劳务分红 24000 元；当许黑青稞项目带动 6 人，每人劳务分红 14100 元；增嘎黑青稞项目带动 26 人，每人劳务分红 21000 元。

围绕转移就业，抓好劳务输出工作。巩固脱贫成效，重点是要解决贫困户增收问题，结合措美镇实际，转移就业是当前见效最快的增收途径，2019 年，措美镇贫困户劳务输出 678 人，实现建档立卡户技能培训 107 人。精准清洗数据、扎实开展动态调整。依据自治区扶贫办通知要求，先后几轮动态调整，2019 年，措美镇建档立卡贫困户有 253 户 786 人，其中一般户 198 户 667 人，低保户 36 户 100 人，五保贫困户 19 户 19 人。

【优化环境】通过采取退耕还林、植树造林等切实可行的措施，加快绿色生态的发展，截至 2019 年，措美镇累计造林绿化 2435.61 亩。完成各村（社区）

4 月 19 日，措美镇开展 2019 年“爱护地球、保卫家园”义务植树活动

公路沿线绿化植树造林任务。同时采取集中整治和分散整理相结合的方式，协调县生态环保局购买垃圾手推车、洒水车、铁锹、扫把等基本工具，清扫沿线道路。共出动挖机 50 余台，投入劳动力 3000 余人次，清理垃圾 600 余吨，打造出宜居的生活环境。

【平安创建】2019 年，措美镇党委、政府高度重视，牢固树立“抓治安、保稳定、促发展”的工作思路，以创建“平安措美”和构建“和谐措美”为目标，深入开展各项维稳任务。措美镇利用周例会开展学习和践行“枫桥经验”，化解和妥善处理各类矛盾纠纷 40 余件，排查调处草场、婚姻等矛盾纠纷 10 余件，切实把安全隐患消除在萌芽状态、矛盾纠纷在一线化解、问题冲突在一线解决，确保全村局势持续和谐稳定。深入开展“扫黑除恶、打非治乱”专项斗争线索摸排行动 36 次，镇扫黑办开展线索摸排行动 27 次。共出动人员 350 余人、车辆 20 车次，摸排施工工地 8 处，组织人员对辖区进行线索摸排 28 次。镇党委、政府和“创先争优、强基惠民”驻村工作队及村委，结合实际、因地制宜，帮助指导联户单位选准选好致富项目，为各自联户单位分享施工工程需求农民工信息，帮助联户积极参与扶贫、水利、交通、农村基础设施建设，使联户解决增收问题。

【党建工作】2019 年，紧紧围绕“123”党建工作总体思路，扎实推动党建工作。

结合县委“两基两化”①活动要求，为充分发挥基层党组织在推动发展、服务群众、凝聚力量、促进和谐中的政治优势，镇党委同各村（社区）“两委”商议，及时完善党员活动室硬件设施，已基本完成。以建党 98 周年、中华人民共和国成立 70 周年为契机，于 7 月 1 日召开庆祝建党 98 周年暨“七一”表彰大会。会上对措美镇 2 个先进党支部、3 名优秀党务工作者、6 名优秀共产党员进行表彰。开展一系列庆祝建党 98 周年宣传横幅、标语、党务公开宣传栏、墙报等形式活动，大力宣传改革开放 40 周年措美镇翻天覆地的变化。

结合结对帮扶活动，组织全体干部、党员深入联系点，开展走访慰问，重点对老党员和生活困难党员进行走访慰问，从而加深党和群众的关系，巩固党的执政基础，增强党的凝聚力和号召力。

（尊追旺姆）

哲古镇

【概况】哲古，藏语意为“弯刀”，以其所邻近湖的形状而命名，距县城 50 千米，距泽当 75 千米。哲古镇属于高原湖谷区，牧业为当地居民主要生活支柱。哲古镇总面积 410.2 万亩，平均海拔 4580 米，属于高原山地高寒半干旱气候，年平均气温 -6℃，最低气温 -26℃，镇政府驻地哲古社区，海拔 4650 米。位于措美县城以北 50 千米处的哲古湖畔，距泽当 80 千米。哲古镇辖 5 个行政村（社区），包括哲古社区、宗宗村、扎杂村、卡珠村和卓德村，共 1304 户 5404 人，其中劳动力 3085 人，共有党员 322 人，其中机关党员 46 人，哲古社区 71 人，扎杂村 80 人，卡珠村 37 人，宗宗村 46 人，卓德村 42 人。哲古镇拥有草场面积 302.63 万亩（禁牧 80 万亩），各类牲畜仔畜量 74049 头（只、匹），其中大牲畜 16535 头，羊 57514 只。截至 2019 年，哲古镇肉产量达到 1480.93 吨，奶产量 2623.06 吨，其中牛奶产量 2380.35 吨。据 2019 年国民经济统计，哲古镇经济总收入达到 11258.12 万元，人均可支配收入 12291.43 元；劳务输出 1808 人，共计 4385 人次，总收入达到 864.84 万元，人均收入 4783.4 元。总播种面积为 335 亩，其中青稞 150 亩，油菜籽 170 亩，青饲料 15 亩，分别占总播种面积的 44.78%、50.74%、4.48%；青稞产量 25.4 吨，油菜籽产量 8.9 吨，青饲料 7.97 吨。

【社会发展】哲古镇辖 530 户 1995 人、15 个村民小组，劳动力 1062 人（男 509 人、女 553 人），2019 年转移就业人数 234 人。社区属纯牧业大村，草场面积 164 万亩（禁牧 42.9 万亩），2019 年国民经济总收入 3952.6983 万元，人均可支配收入 11689.68 元，现金收入 6663.12 元。2019 年牲畜总头数 33609（头、只），牦牛 2542 头、羊 31067 只。奶类产量 943.52 吨 / 年、肉产量 617.21 吨 / 年。哲古社区建

① “两基两化”：从基层抓起，推动基层党组织建设标准化，从基础做起，推动基层党建工作规范化）。

5月14日，措美县委副书记、政府县长巴桑欧珠（左四）一行到哲古镇宗宗村视察工作

有党组支部1个，下设3个党支部（朗爱支部、那孔支部、非公支部），共用69名正式党员。社区共有建档立卡贫困户有94户、374人（一般贫困91户363人、低保3户11人）2019年脱贫1户2人。安排生态岗位219人。

【经济发展】2019年，国民经济统计，哲古镇农村经济总收入完成11258.12万元，比2018年增加536.1万元，增长率4.9%。其中，第一产业收入7092.62万元比2018年增加597.34万元，增长率9.2%；第二产业收入766.05万元，比2018年增加24.28万元，增长率3.2%；第三产业收入3399.46万元，比2018年减少85.51万元；2019年哲古镇劳务输出1808人，劳务创收864.84万元。农牧民人均纯收入12291.43元，比2018年增加563.6元，增长率4.8%。人均现金收入7006.12元，比2018年增加321.26元，增长率4.8%。

【农业发展】2019年，哲古镇总播种面积为335亩，其中青稞150亩，油菜籽170亩，青饲料15亩，分别占总播种面积的44.78%、50.74%、4.48%；2019年哲古镇青稞产量25.4吨，与2018年持平；油菜籽产量8.9吨，比2018年增加0.7吨，增长率8.5%。青饲料7.97吨。

【牧业发展】2019年，哲古镇牲畜总数74049头（只、匹），牲畜出栏总数39067头（只、匹）。奶类产量2623.06吨，比2018年增加247.15吨。肉类产量1480.93吨，比2018年增加82.35吨，增长率5.9%。哲古镇储备防抗灾饲草602吨，饲料2395吨（其中群众自己储备饲草582吨，饲料2335吨，县、镇储备饲草80吨，饲料80吨）。针对4-5月牲畜膘情差，草场青黄不接现状，积极为群众解决饲料100多吨。为认真抓好牲畜防疫工作，确保哲古镇畜牧业健康发展，年初与各村签订防治“W”病目标责任书，层层落实责任，并对防疫工作进行加强监督指导，哲古镇牲畜疫苗接种率达到100%，为及时处置和杜绝出现各类牲畜疫情做好全面的预防工作。

【脱贫攻坚】哲古镇全体职工齐心协力，入户实干，以“六个精准”①为依据，扎实开展各项工作。

精准开展政策宣传。组织相关人员学习中央及自治区、山南市、措美县关于精准扶贫相关政策，奔赴县、区学习好的做法和经验。五个村（社区）第一书记和镇扶贫工作人员深入群众家中讲解政策。采取多样化措施抓落实。

精准识别贫困对象。严格程序，精准摸清贫困底子。按照建档立卡初选人员产生流程，严格入

①“六个精准”：扶贫对象精准、项目安排精准、资金使用精准、措施到户精准、因村派人精准、脱贫成效精准。

户调查、民主评议、公示公告三个关键环节，对哲古镇贫困人口进行对比调查摸底，精准识别。完善贫困户建档立卡信息，做到底数清、问题清、对策清、责任清、任务清；有镇存档案、有需求清单、有镇级规划、有领导联系、有单位帮扶、有增收计划、有脱贫时限。做到户表上墙、户卡上墙、台账上墙、户主和帮扶责任人照片上墙。

精准细化目标任务。根据镇级和贫困户的需求，制作扶贫攻坚作战图，包括镇基本情况、生态补偿、就业援助、发展教育、脱贫任务时序进度表、组织机构和结对帮扶花名册，根据时间节点细化工作任务，实行“倒逼”法，时间倒排程序，目标倒排进度，任务倒排时限，做到各项工作任务一目了然，推进不拖延，扶贫见成效。

精准制定脱贫措施。哲古镇牦牛肉初加工、深加工及配套项目。总投资7300万元，实现22人稳定就业，人均月增收2600元以上。哲古居纯羊毛床上用品加工建设项目。总投资100万元，覆盖15人，脱贫10人，计划产业脱贫增收年人均2000元。有22名贫困户入股形式享受措美县机械租赁公司的分红，每人每年至少1000元以上，入股资金每人5000元。机械租赁公司以奖代补的形式为21名贫困户补助每人每年1500元，对具有劳力而无法外出务工的46名贫困户就近就便以劳务补助的形式进行每人每年1500元补助。

10月2日，哲古镇开展庆祝中华人民共和国成立70周年系列活动，镇党委书记达瓦致辞

哲古镇涉及易地搬迁共180户809人。其中扎杂集中搬迁安置点161户755人，该项目正在建设；山南市公寓楼8户15人（哲古（社区）搬迁户1户2人，卓德村搬迁1户2人，扎杂村6户11人）已搬迁完毕。2019年新增易地搬迁11户39人，其中县城外2户5人，县城内9户34人。

【社会综治】**传达上级精神、扎实开展工作**。哲古镇认真贯彻落实中央、自治区、山南市关于切实做好春节、疫情、藏历新年以及平安创建工作部署要求，确保局势持续和谐稳定，安排部署平安创建工作，及时深入到村（社区）、寺管会、学校及各单位进行专项督查。

提升政治高度，重视维护稳定。哲古镇全面落实党政一把手平安创建工作第一责任制度，针对近期两大节日、疫情期间、结合哲古镇实际，制定平安创建工作方案，应急预案及各类台账，建立健全平安创建各项工作制度。

积极安排部署，深入落实到位。哲古镇及时组织各村（社区）支部书记、第一书记、驻村工作队、寺管会、学校、派出所相关负责人及哲古镇干部职工参加镇平安创建动员部署会议，要求各村（社区）认真制定应急工作方案、预案，及时部署各项工作，全面确保实现平安创建工作“三不出”目标。

哲古镇及时组织各村（社区）支部书记、第一书记、驻村工作队、寺管会、学校、派出所相关负责人及哲古镇干部职工参加镇维稳动员部署会议，会上深入传达上级有关会议精神，同时在七十大庆期间，要求各村（社区）认真制定应急工作方案、预案，及时部署各项工作，全面确保实现维稳工作

“三不出”目标。全面做好哲古镇值班备勤工作，严格落实请销假制度，认真安排带班值班工作，制定值班表，认真执行落实24小时值班制度，安排1名带班领导、1名值班人员及1名保安，认真执行“零报告”制度。

为进一步完善哲古镇反分裂斗争和维稳工作长效机制，扎实推进反分裂斗争和大庆期间维稳各项工作，确保哲古镇大庆期间社会局势持续和谐稳定。充分发挥村（社区）“两委”班子、四护队、红袖标、“双联户”等群防群治队伍在维护社会稳定中的重要作用，形成广大干部职工构筑维护稳定钢铁长城的强大阵势，确保哲古镇社会局势持续和谐稳定。哲古镇共巡逻93次，发动人次400余人次，排查矛盾纠纷75次，发动225人次，未发现不稳定因素。

大力开展安全生产排查整治工作。镇、村（社区）、派出所深入开展集中整治学校、加油站、商店等的地区对食品安全检查、道路交通、消防安全检查及周边治安秩序专项行动，加大对校园食品安全及周边治安秩序的整治力度；同时督促整改各类安全隐患，杜绝火灾、建筑物倒塌和食物中毒等各类安全事故的发生，确保大庆期间的安全稳定。安全隐患排查11次，未发生安全隐患事故。加大对散装成品油的管理，根据有关工作要求，9月19日，哲古镇停止对散装成品油的审批工作，严禁农牧民群众填加成品散装油，用油随车随加，如有特殊情况，必须经过镇主要领导、派出所负责人审批签字。

增强村（社区）人员力量。为加强对5个村（社区）的管理力度，增强人员力量，9月24日，哲古镇下沉5名科级领导，对村（社区）工作进行协助督导，督促5个村（社区）严格落实各项工作要求，将工作有效有序开展。

7月28日，哲古镇卡珠村舞蹈演员在措美哲古牧人节上表演舞蹈

发挥派出所作用，促进治安工作开展。认真贯彻落实卡点工作制度，了解过往车辆动态，坚决杜绝出现“三超一疲劳”、无证驾驶、饮酒醉酒驾驶，携带危险物品等情况。加强巡逻力度，每日车辆巡逻次数不少于2次。针对哲古镇娱乐场所，人员密集地方，排查是否存在黄赌毒现象，营造良好的治安环境。

认真落实“属地管理，分级负责，谁管理、谁负责”的原则，强化刑满释放安置帮教人员等人员的教育转化工作，结合哲古镇工作实际，开展矛盾纠纷大排查、大调解、大走访活动，按照深入基层、走村入户、全面覆盖的原则，了解动态20次，确保不发生漏管现象。

【新型农牧区综合体】镇党委、政府成立哲古镇卡珠村“新型农牧区综合体”工作领导小组，深入开展“新型农牧区综合体”各项工作。成立卡珠村新型农牧区综合体办公室，有专门工作人员，分工明确，责任落实；通过各种方式，深入宣传“新型农牧区综合体”工作重大意义、工作目标、相关惠民政策、主要举措及工作计划等。

【产业发展】北控风电项目。哲古宗宗村实施的20兆瓦北控风电项目2018年已兑现当地群众土地流转费41.97万元，项目正式投入运行后，每年至少扶持125人，年人均增收3000元左右。曼琪食品加工厂。牦牛肉初深加工项目2018年开工建设，建设期间54名建档立卡贫困群众务工创收8万余元，人均增收1522元，该项目土地租赁40亩，每亩850元，已落实资金27.2万元，全村445人，人均增收611余元，项目于2019年6月已投入运行，解决22人贫困群众就业，月工资2600元以上。

（黄玉元）

乃西乡

【概况】乃西乡位于措美县西南部，距县城15千米，平均海拔3800米，乃西乡总面积744.5平方千米，乡政府驻地乃西村，海拔3920米。乃西乡以农业为主、牧业为辅，耕地面积369.33公顷，农作物主要以青稞、小麦、油菜为主。乃西乡草场面积3.4万公顷，畜牧业主要以黄牛、牦牛、山羊、绵羊为主。乃西乡辖5个行政村（乃西村、具巴村、鲁麦村、定巴村、恰杂村），20个村民小组，共有660户2085人，劳动力991人。乃西乡机关编制42人，2019年实有35人。乃西乡共有8个党总支（支部），共有党员335人。乡卫生院1所，医务人员6人，医生4人，护士2人，医疗点5个。乃西乡共有2座寺庙、5座拉康。

【经济发展】2019年，乃西乡农村经济总收入3615.6万元，其中第一产业总收入1096.9万元、第二产业总收入807.65万元、第三产业总收入1711.07万元。农牧民人均可支配收入10127.2元。2019年乃西乡劳务输出816人，创收513.1万元。

【农牧业发展】2019年，乃西乡总播种面积5543亩，其中粮食播种面积3714亩，粮食总产值1262吨。肉类产量116.54吨、奶类产量269.5吨、油菜籽产量47.06吨。2019年，牲畜存栏量11974头（匹、只）。

9月23日，组织乃西乡干部职工参加措美县庆祝中华人民共和国成立70周年文艺演出活动

【社会保障】2019 年，新型农村养老保险、新型农村合作医疗寺庙僧人医疗及养老保险、参保率均达到 100%。加强“控辍保学”力度，2019 年，乃西乡适龄儿童入学率达到 100%，巩固“两基”教育成果。农家书屋覆盖乃西乡 5 个行政村。2019 年，乃西乡未发生各类重大传染病。

【新农村建设】2019 年，乃西乡始终把投资拉动作为带动经济社会发展和改善民生的出发点，改善农村人居环境状况，夯实基础设施建设。2019 年，山南市人居环境整治工作会议在乃西乡恰杂村召开，进一步推进乃西乡“十项提升”工作。水、电、路、讯、网等基础设施建设均达到 100%，切实改善乃西乡群众生产生活条件，确保实现科学发展、改善民生、和谐稳定、安居乐业的目标。

【产业发展】围绕全乡畜牧业、特色种植业、藏医药业等具有优势和开发潜力的产业项目，以“产业促增收”为目标，培育和加快乃西乡特色优势产业发展。结合实际，重点扶持乃西村砂石厂、具巴村绵羊短期育肥基地、乃西村苗圃基地等优质产业，发展藏鸡养殖业与黑青稞种植业，切实增加农牧民群众的现金收入。在县城商业街购买铺面出租，发展异地产业，推动各村集体经济发展，带动贫困人口增收。

【平安创建】以自治区、市、县关于社会治安综合治理和“双联户”服务管理工作为中心点，认真完成各项平安创建工作任务。严格落实社会综合治理的各项措施，完善和落实社会治安综合治理目标责任制，积极发动和组织群众参与社会治安工作，确保社会局势的持续稳定。坚持防打并举，针对性地开展“严打”工作，对群众反映强烈的突出问题，进行专项治理。深入开展“扫黑除恶打非治乱”“七五”普法等各项工作。

【项目拉动】2019 年，国道 219 项目乃西乡路段修建工作顺利进行。修建垃圾转运站，进一步改善群众人居环境卫生。修建职工住宿楼，缓解乡干部职工住宿压力。以上项目均雇佣乃西乡车队、群众修建，带动增加乃西乡群众现金收入。

（史东东）

古堆乡

【概况】古堆乡位于措美县东部，距县城 53 千米，平均海拔 4500 米，面积为 532.36 平方千米，与隆子县毗邻，是以牧业为主农业为辅的农牧结合乡。古堆乡总草场面积为 77.2 万亩（其中可利用面积为 75.6 万亩）、禁牧面积 35.0 万亩、人工种草面积 0.21 万亩，下辖 2 个行政村（扎西松村、帕仓村），8 个村民小组（日若一组、日若二组、日若

3 月 28 日，古堆乡举行庆祝中华人民共和国成立 70 周年文艺演出

3月28日，在县级红歌比赛中，古堆乡"撸起袖子加油干"舞蹈荣获第一名

三组、西如堆组、西如麦组、玛尼当组、帕仓组、前当组）。古堆乡共有429户，1457人（其中男740、女717、劳动力824，建档立卡户219户761人各占古堆乡的58.2%、54%，贫困户188户660人，低保户26户73人）。

古堆乡共有干部职工44名，行政干部17名，事业干部15名，后勤工作人员4名，公益性2名。

古堆乡共有党员166名（预备党员24名），其中农牧民党员137名（预备党员25名），机关党员29名（预备党员8名），古堆乡入党积极分子23名，其中农牧民积极分子21名。

古堆乡有1所卫生院，卫生院编制8人，实有7人，均事业编制。公益性岗位1人，村级卫生室4座，医务人员5人。

古堆乡有2座寺庙（拉顶寺、让仲寺），寺庙占地面积790平方米，建筑面积480平方米，寺管会编制共有5人，实有人数5人，其中行政编制4人，工人1人。

【经济发展】2019年，全乡实现农村经济总收入2982.51万元；第一产业收入801.93万元，第二产业收入772.46万元，第三产业收入1408.12万元；外出务工590人，创收394.92万元；总费用1240.72万元；农牧民人均可支配收入达11476.42元，其中现金收入6814.12元。

【农牧业生产】2019年，古堆乡耕地面积为1871.4亩（其中黑青稞面积为1177亩、油菜面积112亩、青饲料面积582.4亩），青稞总产量164.7吨；油菜总产量2.47吨，青饲料产量281.8吨；古堆乡牲畜总头数为13625头（只、匹），其中大畜3006头，小畜10619只（山羊473只、绵羊10146只）。2019年，出售和自宰的牲畜头数5957头，牲畜出栏率43.7%，肉类产量为232.24吨，奶类产量为408.37吨。

【项目建设】2019年，总投资66万元的村（社区）标准化提升建设项目；总投资1400万元的古堆乡帕仓村水土流失治理工程项目；总投资50万元的古堆乡五人制足球场项目；总投资41万元的古堆乡西如麦大桥项目；总投资20万元的古堆乡光伏发电项目，总投资600万元的古堆乡扎西松多村日若组人工种草灌溉项目。总投资407万元的古堆乡派出所改扩建项目，总投资2000余万元的古堆河综合治理工程全面完工并通过山南市水利局验收；古堆乡道路硬化村与村、组与组、户与户全覆盖；贯穿古堆乡的国道219、560段已完成通车。

【产业建设】扎西松多村转型的利民砂石厂占地面积20亩，公开投标后由村委会致富带头人组织运营，目前7名边缘户群众提供长期就业岗位，2019年，村委会净利润25万元，其中为建档立卡户48户48人分红，户均分红不少于1000元，共计58800元。

【增收工作】古堆乡共有3个村集体经济，分别是扎西松多村千只绵羊繁育、帕仓村装载机租赁、帕仓村民族手工业，扎西松多村千只绵羊繁育、帕仓村装载机租赁2个村集体经济基础相对薄弱，2019年投入强基惠民资金38.92万元，购买和繁殖绵羊共1336只；2019年投入强基惠民资金18万元，为帕仓村加购1辆装载机；古堆乡每个村集体经济收入超过5万元。乡党委、政府高度重视富余劳动力的转移输出力度，不断加大劳务人员的技能培训，拓宽增收渠道，切实增加农牧民群众的现金收入。2019年古堆乡外出务工人数约590人次，劳务创收394.92万元。

【扶贫工作】在保障好农牧民群众“两不愁、三保障”[①]的前提下，多措并举稳步提升群众的获得感、幸福感、安全感。加快推进易地搬迁工程古堆乡严格按照“搬得出、稳得住、可发展、能致富”的要求，坚持公平、公开、民主、自愿的原则，鼓励引导脱贫难度大的群众加入到易地搬迁队伍。2019年，古堆乡搬入市公寓楼7户15人，搬入贡嘎县昌果乡61户217人，已全面完成。落实社保兜底资金：对贫困对象中符合农村低保、医疗救助、临时救助等条件的群众，及时落实相关政策，给予相应补助救助。共落实低保资金25.59万元，落实临时救助资金2.9万元，落实残疾人补助资金28.99万元；大病应保尽保，2019年，共落实医疗报销41.73万元；继续推进教育扶贫工程。2019年，古堆乡适龄学生入学率达100%，资助大学生38名，共落实17.80万元，金融扶贫：截至2019年，古堆乡共有28名群众进行小额信贷，贷款额度达239万元，分别用于购买农机具、运输车辆、家畜以及经商等；继续巩固生态脱贫工程。结合古堆乡生态状况，鼓励有劳动能力贫困人口就地转成草监员、护林员、湿地保护员、野保员等生态岗位人员，促进贫困群众稳定增收，2019年，古堆乡共安排生态岗位354个，兑现岗位资金123.90万元。草原生态奖励资金：按照草畜平衡与不平衡来确定奖励资金，草畜平衡1.5元/亩，2019年，古堆乡330户兑现资金249.84万元。

【平安创建】2019年，乡党委、政府高度重视，把维护社会稳定工作纳入乡党委、政府年度工作的重要议事日程当中，与经济社会发展工作同安排、同部署、同考核、同奖惩，并进一步调整充实乡维护稳定工作领导小组，年初与各村、寺管会、小学和卫生院、派出所层层签订综治工作责任书。配齐各个村（社区）、乡维稳值班室、寺管会、小学、卫生院的应急处突装备，制定下发《古堆乡维稳工作应急预案》《古堆乡2019年维稳工作应急预案》，严格按照党政“一把手”总带班，一名副职两名值班人员全天值班的要求，严格执行24小时带班值班和零报告制度。

【教育实践活动】根据自治区、市、县关于开展学习《“讲党恩爱核心、讲团结爱祖国、讲贡献爱家园、讲文明爱生活”群众教育实践活动实施方案》文件精神，古堆乡高度重视，及时调整充实“四讲四爱”活动领导小组，研究制定古堆乡开展“四讲

①“两不愁、三保障”：不愁吃、不愁穿；住房保障、医疗保障、教育保障。

12 月 31 日，古堆乡召开“四讲四爱”群众教育实践第四节点总结暨回头讲安排部署会

四爱”群众教育实践活动实施方案，组织古堆乡各单位、驻村工作队召开动员大会，对古堆乡开展“四讲四爱”宣讲工作进行动员部署，古堆乡上下协同、齐头并进，切实把工作抓在手上，把责任扛在肩上，推动群众教育实践活动高标准开展、高质量推进，实现活动开展不间断、不脱节、不掉队。

古堆乡通过入户宣讲、集中宣讲、放牧点上宣讲、田间地头宣讲新旧西藏对比展、知识竞赛、讲述典型、文艺演出等宣讲方式，教育引导群众思想认识有改变，精神面貌有改变，生活观念有改变，团结意识有改变，让广大群众珍惜来之不易的幸福生活并能知党恩、感党恩、报党恩。增进群众爱戴核心，向核心看齐意识。2019 年宣讲共 89 场次，开展实践活动 9 场，发放宣传手册 250 册，宣传单 1450 余张，各类宣传标语 150 余幅，悬挂横幅 45 条。各个阶段宣讲受众均达到 1300 余人次，宣讲覆盖率达 100%。

【农村集体资产清产核资】根据《中共措美县委办公室措美县人民政府办公室关于印发〈措美县农村集体资产清查工作方案〉的通知》文件精神以及县农业农村集体资产清产核资领导小组工作要求，在乡党委的领导下，古堆乡专人负责并成立乡、村、组为单位的各级领导小组，各领导小组成员在组织实施、宣传发动、问题处置等方面全程参与。在清查过程中，工作人员认真做到“以账查物，以物查账，见物就点”，古堆乡 2 个行政村 8 个党小组全部清查完毕，确保清查面达 100%。对在清查过程中发现的问题，督促各有关单位及时纠正，做到固定资产责任到人、账实相符、管理到位，确保清查的数据真实有效。通过清查，对古堆乡固定资产实物量及价值量信息等有较全面的了解，并对实物资产“一物一卡一代码”录入信息系统进行动态管理，建立固定资产管理基础数据库，充实单位国有资产管理信息系统，为加强资产管理，确保固定资产的完整，提供数据支撑。

【民生保障】义务教育均衡发展。以义务教育均衡发展为契机，将教育工作纳入古堆乡社会经济发展的总体规划放在优先发展的战略位置，切实加大控辍保学力度。古堆乡设置3个学前点、1所小学，适龄学生入学率达100%，享受三包学生共115名，落实三包经费424116元。医疗条件明显改善。古堆乡卫生院1座，村级卫生室4座。认真落实“双降一升”①目标任务，2019年古堆乡共有孕产妇31人，住院分娩19人，新生儿20人，新生儿死亡0人。文化生活有声有色。古堆乡文化基础设施体系已基本完善，建成乡级综合文化站1座，村级文化活动室2座，村级文化广场3个，各村均组建业余文化宣传队，并参加重大节日演出，群众文化生活得到明显改善，文化氛围更加浓厚，促进古堆文化的弘扬与发展。新农保工作有新进展。为确保老有所依基本目标，古堆乡进一步加大对新型农村养老保险的宣传力度，多次深入各村、组宣传新农保，确保参保率，古堆乡2019年有824人（其中实际参保人数683人，收缴金额6.99万元）参加新型农村养老保险，参保率达到82.9%。年底共发放养老金153人，31.58万元。全面实行新型农村合作医疗。古堆乡农村合作医疗工作指定专人负责，认真做好参合金的收缴及登记办理工作，参加合作医疗人员1429人，参合率达100%；2019年落实医疗报销417345元。落实民政各项资金。2019年以来，古堆乡高度重视民生资金的落实工作，安排专人负责民生资金的核对落实工作，2019年共落实低保资金25.59万元，落实临时救助资金2.90万元，落实残疾人补助资金28.99万元；落实寿星老人49人，共落实资金2.76万元。

【党风廉政建设】古堆乡把党风廉政建设和反腐败工作纳入2019年重点工作，统筹安排，全面推进。成立反腐倡廉工作领导小组，及时与古堆乡干部职工签订《党风廉政建设目标责任书》，进一步明确领导责任和干部职工责任。组织干部职工认真学习《中国共产党党内监督条例（试行）》《中国共产党纪律处分条例》《中国共产党领导干部从政若干准则》，乡纪委牵头，不定期下到各村组督导检查反腐败工作，充分利用村务监督委员，监督排查腐败工作，并制定月报制度，观看警示教育片，切实增强全体干部职工及村组干部的廉政意识。

（李秀杰）

---

①“双降一升”：孕产妇死亡率、婴儿死亡率、提高住院分娩率。

附 录

附 录

组织机构及负责人名录

中共措美县委员会

县委书记　牛　　堃

县委副书记、政府县长

巴桑欧珠（藏）

县委副书记、人大常委会主任

洛桑次仁（藏）

县委常务副书记

孙建华（援藏干部，7月免）

张亚东（援藏干部，7月任）

县委副书记

杜祝涛

县委常委、统战部部长、民宗局局长

普　琼（藏）

县委常委、政府常务副县长

谭修生（4月免）

县委常委、政府副县长

赵孙恕

张志胜（援藏干部，7月免）

张　乐（援藏干部，7月任）

县委常委、纪委书记

次仁罗布（藏，4月免）

李胜军（4月任）

县委常委、组织部部长

洛　旦（藏，5月免）

冉启仕（5月任）

县委常委、宣传部部长

扎　桑（女，藏，6月免）

占　堆（藏，12月任）

县委常委、政法委书记、公安局局长兼督察长

曹龙堂（12月免）

黄　军（12月任）

中共措美县委办公室

县委办公室主任

邓先圣

县档案馆馆长

仓　决（女，藏，12月任）

县机关工委书记

格桑曲珍（女，藏，4月免）

县委办公室副主任、县委保密委员会办公室主任、县国家保密局局长

朱　遵（4月任）

县委办公室副主任、县档案局局长

白玛次仁（藏，4月任）

县委办公室副主任、县机要局（国家密码管理局）局长　次扎西（藏，4月任）

县档案馆副馆长（副科）

次仁德吉（女，藏，12月任）

九届委员会第三次委员

中共措美县第九届委员会书记

牛　　堃

中共措美县第九届委员会副书记

巴桑欧珠
洛桑次仁
孙 建 华（常务，7 月免）
杜 祝 涛

中共措美县第九届委员会常委

牛 堃
巴桑欧珠
洛桑次仁
孙 建 华（7 月免）
杜 祝 涛
普 琼
曹 龙 堂（12 月免）
扎 桑（6 月免）
谭 修 生（4 月免）
赵 孙 恕
次仁罗布（藏，4 月免）
洛 旦（藏，5 月免）
张 志 胜（7 月免）

中共措美县第九届委员会委员（按姓氏笔画为序）

土登桑珠
牛 堃
巴桑欧珠
占 堆（12 月任）
冉 启 仕（5 月任）
达 瓦
次 仁
刘 志 斌
杜 祝 涛
杨 东 林
李 胜 军（4 月任）
张 亚 东（7 月任）
张 乐（7 月任）
拉巴卓玛
赵 孙 恕
洛桑次仁
索朗欧珠
索朗德吉
朗 嘎
黄 军（12 月任）
彭 仕 成
普 琼
群 宗
潘 可 欣

中共措美县第九届委员会候补委员（按姓氏笔画为序）

王 福 昆
尼玛次仁（乃西乡党委副书记、乡长）
白玛格桑
阿旺朗杰

措美县第九届纪律检查委员会委员（按姓氏笔画为序）

丁 军
次仁罗布
多吉平措
达 娃
刘 志 斌
索朗德吉
高 原
潘 可 欣
魏 森 鹏

措美县委组织部

县委常委、组织部部长、措美县直属机关工委书记

洛 旦（藏，5 月免）
冉 启 仕（5 月任）

常务副部长

白玛格桑（藏）

副部长、县委机构编制委员会办公室主任

潘 可 欣（女，4 月免）

吴　林　科（4月任）

副部长、老干部局局长

阿旺朗杰（藏）

副部长、公务员局局长

普布桑珠（藏）

副部长　聂　智　生（4月免）

蒲　　婷（女，4月任）

县电子政务服务中心主任

刘　　丹（女）

措美县委宣传部

县委常委、宣传部部长

扎　　桑（女，藏，6月免）

占　　堆（藏，12月任）

副部长（正科）

尼玛旦增（藏，4月免）

常务副部长（正科）

次仁罗布（藏，4月免）

副部长、网信办主任（正科）

次仁罗布（藏，4月任）

副部长、网信办主任、广播电视局局长（正科）

尼　　多（藏，4月任）

文化执法大队大队长

土旦昂毛（女，藏）

副部长（副科）

熊　永　川（藏，4月免）

副部长、县政府新闻办公室主任（副科）

旦增顿珠（藏，4月任）

副部长、县新闻出版局局长（副科）

祁　闫　庆（女，4月任）

文化综合执法大队副队长（副科）

易　汉　楠（蒙古，4月任）

措美县委统战部

县委常委、统战部部长、民宗局局长

普　　琼（藏）

副部长　索朗扎西（藏，4月免）

常务副部长

向　　涛（4月任）

副部长　白玛曲珍（女，藏）

县委巡察工作领导小组办公室

主　任　普　　珍（女，藏，2月任）

副主任　刘　鸿　莲（女，2月任）

县委巡察组

组　长　罗布顿珠（藏，4月任）

副组长　丁　　军（4月任）

中共措美县委国家安全委员会办公室

主　任　中　巴　旦（藏，4月任）

副主任　次　多　吉（藏，4月任）

黄　海　涛（4月任）

李　　亚（4月任）

措美县信访局

局　长　索朗扎西（藏，4月任）

副局长　阿旺德吉（藏，4月任）

邓　政　义（壮，4月任）

措美县人民代表大会常务委员会

县委副书记、人大常委会主任

洛桑次仁（藏）

副主任、哲古镇党委书记

达　　瓦（藏）

副主任　洛桑次仁（藏）

次　　仁（藏）

张　小　武

措美县人民代表大会常委会办公室

主　任　　尼　　多（藏，4月免）
　　　　　杨 伟 涛（4月任）
副主任　　其米卓嘎（女，藏）

措美县人民代表大会三个专门委员会

措美县人民代表大会
财政经济农牧城建环境委员会主任委员
　　　　　洛桑多吉（藏）
措美县人民代表大会
法制司法民族宗教委员会主任委员
　　　　　杨 伟 涛（4月免）
　　　　　尼玛顿珠（藏，4月任）
措美县人民代表大会
教育科学文化卫生委员会主任委员
　　　　　次仁美朵（女，藏，4月免）
　　　　　嘎玛多吉（藏，4月任）

措美县人民政府

县委副书记、政府县长
　　　　　巴桑欧珠（藏）
县委常委、政府常务副县长
　　　　　谭 修 生（5月免）
县委常委、政府副县长
　　　　　赵 孙 恕
　　　　　张 志 胜（援藏干部、7月免）
　　　　　张　　乐（援藏干部、7月任）
政府副县长
　　　　　朗　　嘎（藏）
　　　　　刘 建 伟
　　　　　王 建 红
　　　　　边巴次仁（藏）
　　　　　达娃顿珠（藏、5月免）
　　　　　夏　　猛（5月任）
　　　　　普布扎西（藏，5月任）

措美县人民政府办公室（法制办、外事办）

主　任　　彭 仕 成（白）
副主任　　云旦顿珠（藏，5月免）
　　　　　卡　　珍（藏，4月免）

措美县人民政府办公室（措美县外事办公室）

主　任　　彭 仕 成（白）
副主任　　格桑曲珍（女，藏，4月任）
　　　　　旦增崔成（藏，4月任）
政务服务中心主任
　　　　　谢　　臻

措美县扶贫开发办公室

主　任　　益西拉旺（藏，3月任）
副主任　　普 扎 西（藏）
　　　　　巴　　贵（藏，4月任）
　　　　　张 法 宝（5月任）

措美县创先争优强基础惠民生活动办公室

主　任　　洛　　旦（藏，5月免）
　　　　　冉 启 仕（5月任）
副主任　　吴 仕 辉

措美县机关后勤服务中心

主　任　　尼玛次仁（藏，5月任）
副主任　　尼玛次仁（藏，5月免）
　　　　　洛桑达瓦（藏）
　　　　　丁 运 哲（5月任）

措美县藏语文工作委员会办公室（编译局）

藏语委办主任、编译局局长
　　　　　洛桑罗布（藏）

中国人民政治协商会议措美县委员会

主　席　　索朗欧珠（藏）

副主席　　郝　高　君
　　　　　尼玛江村（藏）
　　　　　扎西尼玛（藏）
副主席、措美镇党委书记
　　　　　杨　东　林

政协措美县委员会办公室

主　任　　桑旦曲珍（女，藏）
副主任　　益西卓玛（女，藏）

政协综合委员会

主　任　　谢　武　铭（12 月任）

措美县纪委监委

县委常委、纪委书记、监委主任
　　　　　次仁罗布（藏，4 月免）
　　　　　李　胜　军（4 月任）
副书记、副主任
　　　　　索朗德吉（女，藏）
　　　　　高　　原（4 月免）
　　　　　徐　　浩（4 月任）
纪委常委　韩　　超（12 月任）
监委委员　央　　金（女，藏）
综合办公室主任
　　　　　古桑次仁（藏，5 月任）
党风廉政监督室主任
　　　　　朱　刘　庆
监督检查室主任
　　　　　周　尚　前

措美县总工会

主　席　　拉巴央金（女，藏，4 月免）
　　　　　扎西平措（藏，4 月任）
副主席　　张　贵　侠（女）

共青团西藏措美县委员会

书　记　　米玛罗布（藏，4 月免）
　　　　　次仁曲珍（女，藏，4 月任）
团县委副书记
　　　　　巴　　贵（藏，4 月免）
　　　　　刘　韵　韵（女，4 月任）

西藏措美县妇女联合会

妇联主席　扎西拉姆（女，藏）
妇联副主席　黄　夏　艳（女，苗，4 月任）

措美县工商联

主　席　　平　　措（藏）
副主席　　张　蒙　蒙（4 月任）

措美县政法委

县委常委、政法委书记、公安局局长兼督察长
　　　　　曹　龙　堂（12 月免）
　　　　　黄　　军（12 月任）
措美县政法委副书记（正科）
　　　　　何　开　军
措美县政法委副书记
　　　　　熊　　月（4 月免）
措美县政法委副书记（副科）
　　　　　德　　吉（女，藏）
　　　　　杨　　凯（4 月任）

措美县公安局

县委常委、政法委书记、公安局局长
　　　　　曹　龙　堂（12 月免）
　　　　　黄　　军（12 月任）
政　委　　单增罗布（藏）
副局长　　马　文　超
　　　　　漆　家　豪（5 月任）

措美县人民检察院

党组书记、检察长

洛　　桑（藏）

党组副书记、副检察长

达　　娃（女，藏）

党组成员、公诉科科长

旦　　增（藏）

措美县人民法院

院长　　桑珠次仁（藏）

副院长　　旦增曲珍（女，藏）

办公室负责人

强巴加措（藏）

执行局局长（副科）

洛桑江村（藏）

刑事庭庭长（副科）

扎西旦增（藏）

民事庭庭长（副科）

巴桑卓嘎（女，藏）

行政庭庭长（副科）

益西拉姆（女，藏）

立案庭庭长（副科）

土旦加措（藏）

措美县司法局

局　长　　罗布仁增（藏，4月免）

尼玛旦增（藏，4月任）

副局长　　次仁群培（藏，4月任）

德　　吉（女，藏）

孙　海　楠（女）

哲古镇司法所所长

洛桑曲珍（女，藏，6月任）

措美镇司法所所长

巴桑群旦（藏，6月任）

古堆乡司法所所长

拉巴岗组（藏，6月任）

乃西乡司法所所长

洛　　桑（藏，6月任）

措美县人武部

部　长　　许　　勇

政治委员　　张　　军

副部长　　费　锡　波（9月免）

中国人民武装警察部队山南支队执勤一大队措美中队

中队长　　左　　宁（4月免）

多吉加布（藏，4月任）

政治指导员

多吉加布（藏，4月免）

李　德　斌（4月任）

援藏工作措美县第六、七批安徽对口援藏工作队

县委常务副书记

孙　建　华（安徽淮南援藏、7月免）

张　亚　东（安徽合肥援藏、7月任）

县委常委、政府副县长

张　志　胜（安徽六安援藏、7月免）

张　　乐（安徽合肥援藏、7月任）

发改委副主任

李　　亮（安徽合肥援藏、7月任）

县教育局副局长

张　　毅（安徽淮南援藏、7月免）

住建局副局长

李　和　敏（安徽六安援藏、7月免）

时　钟　金（安徽合肥援藏、7月任）

农业农村局副局长

彭　观　勤（安徽六安援藏、7月免）

许　仁　忠（安徽合肥援藏、7月任）

县卫生服务中心副主任

王　德　瑞（安徽淮南援藏、7月免）

程　大　义（安徽合肥援藏、7月任）

发展和改革委员会（经信局、粮食局）

主任（局长）

加央群培（藏，4月免）

副主任（副局长）

次仁卓玛（女，藏）

朱　正　云（4月任）

措美县文化局

局　长　米玛罗布（藏，4月任）

副局长　拉　　宗（女，藏）

吴　永　宽（藏，4月任）

电视台副台长

次仁央宗（女，藏，4月免）

洛桑旺姆（女，藏，4月任）

措美县市场监督管理局

局　长　边巴扎西（藏，4月任）

副局长　达娃扎巴（藏，4月任）

尼玛卓玛（女，藏，4月任）

高　志　富（4月任）

措美县商务局

局　长　达瓦平措（藏）

副局长　央　　宗（女，藏）

旦增顿珠（藏，4月免）

杨　　斌（5月任）

措美县旅发局

局　长　次仁单增（藏，4月免）

杨　　莉（女，4月任）

副局长　扎西多吉（藏，4月免）

阿旺拉姆（女，藏，4月任）

达　　珍（女，藏）

自然资源局

局　长　嘎玛旦增（藏，5月免）

仁增多吉（藏，12月任）

副局长　旦增平措（藏）

格桑曲珍（女，藏）

郝　国　强（6月任）

措美县统计局

局　长　云旦顿珠（藏，5月任）

副局长　刘　佳　昕（女，蒙古）

措美县民政局

局　长　卓玛拉姆（女，藏，4月免）

拉巴央金（女，藏，4月任）

副局长　谢　武　洺（女，藏，12月免）

洛桑江村（藏）

温　群　英（女，藏，12月任）

残疾人联合理事会理事长

索朗央宗（女，藏）

退役军人事务局

局　长　卓玛拉姆（女，藏，4月任）

副局长　措吉拉珍（女，藏，4月任）

陈　玉　康（4月任）

县退役军人服务中心主任、卓德村第一书记

顿珠次仁（藏）

措美县人力资源和社会保障局

（措美县劳动保障监察大队）

局长（大队长）

拉巴卓玛（女，藏）

副局长　阿旺拉姆（女，藏，4月免）

朱　佳　龙（藏，4月免）

次仁曲宗（女，藏，4月免）

元旦加措（藏，4月任）

梁 玉 博（4月任）

措美县科技局

局 长　布 阿 南（藏，12月任）

措美县行审便民局

局 长　何 斌（4月任）

副局长　次仁拉姆（藏，4月任）

普布卓玛（藏，4月任）

措美县安全生产监督管理局（措美县应急管理局）

局 长　何 斌（4月免）

罗布仁增（藏，4月任）

副局长　次仁群培（藏，4月免）

白 玛（女，藏）

次 多 吉（藏，4月免）

黄 维（5月任）

土登伦珠（藏，5月任）

措美县消防救援大队

负责人　泽仁平措（藏）

副教导员　白玛参培（藏）

参 谋　吴 燕 晨

王 鹏 山

措美县民宗局

县委常委、统战部部长、民宗局局长

普 琼（藏，4月任）

县政协副主席、民宗局局长

扎西尼玛（藏，4月免）

副局长　索朗次仁（藏）

阿旺德吉（女，藏，4月免）

觉康拉康寺管理委员会

党支部书记、主任

旺 扎（藏，4月任，12月免）

巴 桑（藏，12月任）

副书记，副主任

洛桑顿珠（藏）

拉顶寺管理委员会

寺管会主任，党支部书记

索朗明久（藏，3月免）

洛桑旺㺹（藏，3月任）

玛悟觉寺管理委员会

寺管会主任

扎西旦达（藏，4月免）

桑珠次仁（藏，4月任）

乃西寺管理委员会

党支部书记，寺管会主任

巴 桑（藏，12月免）

白玛曲珍（女，藏，12月任）

扎西曲林寺管理委员会

寺管会主任

桑珠次仁（藏，4月免）

扎西旦达（藏，4月任）

措美县教育体育局

局 长　格桑达瓦（藏）

副局长　达 珍（女，藏）

张 毅（7月免）

邓 政 义（壮，4月免）

熊 永 川（4月任）

德吉曲珍（女，藏，5月任）

措美县中学

校　长　　白玛旦增（藏）
副校长　　赵　　昊
　　　　　边巴次仁（藏，10月免）
　　　　　强　　巴（藏）
党支部书记
　　　　　莫　　林

扎杂小学

校　长　　群　　培（藏）
副校长　　旦　　增（藏）
　　　　　旦增杰布（藏）
　　　　　扎西多吉（藏）

措美镇小学

校　长　　次仁加措（藏）
副书记　　央　　珍（女，藏）
副校长　　琼　　达（藏）
　　　　　吉米桑珠（藏）

哲古小学

校　长　　巴桑罗布（藏）
副书记　　德吉白姆（女，藏）
副校长　　索朗曲杰（藏）

措美县财政局

局　长　　刘志斌
副局长　　旺　　扎（藏，4月免）
　　　　　扎西曲珍（女，藏，4月任）
　　　　　次仁曲宗（女，藏，4月任）
　　　　　次旺单增（藏，6月任）

国家税务总局措美县税务局

局　长　　拉巴次仁（藏）
纪检组长　李会慧（女）
副局长　　阿　　曲（女，藏，7月任）

措美县卫生服务中心

主　任　　阿旺加措（藏）
副主任　　益西顿珠（藏）
　　　　　胡成祥
　　　　　程大义（安徽援藏，7月任）
藏医院副院长
　　　　　顿旦罗布（藏）

措美县卫生和健康委员会

主　任　　多吉平措（藏）
副主任　　索朗拉姆（女，藏）
　　　　　陈　　兴

措美县医保局

局　长　　潘可欣（女，12月任）
副局长　　巴登多吉（藏，3月任）
　　　　　米　　玛（女，藏，5月任）

措美县农业农村局

负责人　　仁增多吉（藏，12月免）
局　长　　布阿南（藏，12月任）
副局长　　旦巴益西（藏）
　　　　　郭长栋（4月任）
　　　　　卡　　珍（藏，4月任）
　　　　　彭观勤（安徽六安援藏，7月免）
　　　　　许仁忠（安徽六安援藏，7月任）

措美县农牧局综合服务中心

主　任　　伍金龙多（藏，4月任）
副主任　　杨国强
　　　　　李　　蒙（5月任）

措美县水利局

局　长　　布　阿　南（藏，3月免）
　　　　　聂　智　生（5月任）
副局长　　向　　　涛（4月免）
　　　　　次吉尼玛（女，藏）
　　　　　肖　治　明（5月任）

措美县林业局

局　长　　李　新　苗
副局长　　德吉曲珍（女，藏）
　　　　　卓　　　玛（藏，4月任）

措美县供电有限责任公司

经　理　　单增群培（藏）
副经理　　旺　　　久（藏）

山南市生态环境局措美县分局

局　长　　索朗江村（藏）
副局长　　赵　立　成
　　　　　巴桑央宗（女，藏）

措美县住房和城乡建设局

局　长　　孙　先　林
副局长　　宗　　　吉（女，藏）
　　　　　索朗坚参（藏，4月任）
　　　　　索朗旦增（藏，4月免）
　　　　　李　和　敏（安徽六安援藏，7月免）
　　　　　时　钟　金（安徽合肥援藏，7月任）

措美县交通运输局

局　长　　益西拉旺（藏，3月免）
　　　　　高　　　原（4月任）
副局长　　汪　　　凯
　　　　　巴桑卓玛（女，藏）

措美县电信局

局　长　　普布顿珠（藏）
客户经理　西　　　洛（女，藏）

措美县移动公司

经　理　　次仁卓嘎（女，藏）

中国农业银行股份有限公司措美县支行

党支部书记、行长
　　　　　尼玛次仁（藏）
副行长、纪检委员
　　　　　旦　木　真（藏）
副行长　　次仁罗珍（女，藏）

措美县邮政局

分公司经理
　　　　　蒙　泽　民

古堆乡

乡党委书记
　　　　　土旦桑珠（藏）
乡党委副书记、乡长
　　　　　周　宝　成
乡党委副书记、乡人大主席
　　　　　赤列罗布（藏）
党委副书记
　　　　　张　飞　熊
党委委员、武装部部长
　　　　　次　　　仁（藏）
党委委员、纪委书记、监察室主任
　　　　　普布卓玛（女，藏，4月免）
　　　　　朱　佳　龙（藏，4月任）
党委委员、组织委员
　　　　　扎西顿珠（藏）

党委委员、宣传委员、副乡长

尼玛玉珍（女，藏）

党委委员、政法委员

周　可

党委党委、统战委员、乡人大副主任

其米次仁（藏，4 月任）

党委党委、统战委员、副乡长

周梦佳（4 月任）

乃西乡

乡党委书记

蒲芝顺

乡党委副书记、政府乡长

尼玛次仁（藏）

党委副书记、人大主席

嘎玛多吉（藏，4 月免）

扎西多吉（藏，4 月任）

党委副书记

丹增达瓦（藏）

党委委员、政法委员

范辉志

党委委员、武装部部长

阿旺次珍（女，藏）

党委委员、统战委员

丹增罗布（藏）

组织委员

史东东

宣传委员

丹增朗杰（藏）

党委委员、纪委书记

雷　威（4 月任）

副乡长　嘎玛群宗（女，藏，5 月任）

哲古镇

县人大常委会副主任、镇党委书记

达　瓦（藏）

镇党委副书记、镇长

王福昆

镇党委副书记、人大主席

白玛格桑（藏）

镇党委委员、派出所所长

次仁曲达（藏）

镇党委副书记

达娃曲珍（女，藏，4 月任）

镇党委委员、纪委书记

熊　月（4 月任）

镇党委委员、政法委员

达娃卓玛（女，藏）

镇党委委员、人武部部长

仁青次旺（藏，4 月任）

镇党委委员、宣传委员

尼玛顿珠（藏）

镇党委委员、统战委员

任景印

镇党委组织委员

马栋梁（4 月任）

镇副镇长

次仁拉姆（女，藏）

镇司法所所长

洛桑曲珍（女，藏，4 月任）

镇农牧综合服务中心主任

多吉次仁（藏，4 月任）

镇后勤服务中心主任

益西珠巴（藏）

镇文化综合服务中心主任

索朗建才（藏，12 月任）

措美镇

县政协副主席、镇党委书记

杨 东 林

镇党委副书记、镇长

多　　吉（藏）

镇党委副书记、人大主席

尼玛顿珠（藏，4月免）

次仁单增（藏，4月任）

镇党委委员、派出所所长

达瓦次仁（藏，4月任）

镇党委副书记

阿旺多吉（藏，12月任）

镇党委委员、纪委书记

魏 森 鹏（藏）

镇党委委员、政法委员

尹 国 强

镇党委宣传委员 、副镇长

益西拉珍（女，藏，5月任）

镇党委委员、统战委员

曲尼旺姆（女，藏）

镇党委组织委员

武　　强

镇副镇长　宗　　吉（女，藏）

土登格桑（藏）

注：

凡文中月份前未写年份，即为2019年。

先进名录

措美县2019年荣获县级以上先进集体表彰一览表

表1

获奖单位	奖项名称	颁奖单位	获得时间
措美县工商联	被评为全国工商联2019年民营企业调查点工作示范单位	全国工商联办公厅	2019年11月
民政局（集中供养服务中心）	中央电视台夕阳红	中央电视台	2019年9月
中共措美县委员会、措美县人民政府	2019年西藏自治区民族团结进步模范集体	西藏自治区党委、西藏自治区人民政府	2019年9月
措美县税务局	2017–2018年度自治区级青年文明号	共青团西藏自治区委员会	2019年05月
西藏措美县人民政府	西藏自治区级生态县	西藏自治区生态环境厅	2019年11月
措美县妇联	2019年全区维护妇女儿童权益先进集体	西藏自治区妇联	2019年12月
措美县人民法院	2019年全区维护妇女儿童权益先进集体	西藏自治区妇联	2019年12月
觉康拉康寺庙管理委员会	市、县两级“遵行四条标准，争做先进僧尼”教育实践活动先进组织单位	中共山南市委员会、山南人民政府	2019年12月
拉顶寺庙管理委员会	2019年上半年和谐模范寺庙	山南市委、市人民政府	2019年12月
拉顶寺庙管理委员会	遵行四条标准表彰寺庙	山南市委、市人民政府	2019年12月
措美县扶贫办	山南市脱贫攻坚成效综合评价优秀	山南市委、市人民政府	2019年04月
措美县商务局	山南市第39届雅砻物资交流先进县	山南市人民政府	2019年12月
乃西乡恰杂村	民族团结进步模范集体	山南市人民政府	2019年12月

续表 1

获奖单位	奖项名称	颁奖单位	获得时间
措美县 卫生服务中心	青年文明号	中国共青团 西藏山南市委员会	2019 年 12 月
交警大队	集体嘉奖	山南市公安局	2019 年 12 月
措美镇派出所	集体三等功	山南市公安局	2019 年 12 月
政协办公室	2019 年措美县民族团结进步模范集体	中共措美县委员会、 县人民政府	2019 年 12 月
交警大队	民族团结进步先进集体	中共措美县委员会、 县人民政府	2019 年 12 月
措美县人力资源和 社会保障局	优秀组织单位	中共措美县委员会、 县人民政府	2019 年 12 月
觉康拉康寺庙 管理委员会	全县“遵行四条标准、争做先进僧尼”实践活动优秀组织单位	中共措美县委员会、 县人民政府	2019 年 12 月
措美县中学	2019 年度措美县“四讲四爱”群众教育实践活动先进集体	中共措美县委员会、 县人民政府	2019 年 12 月
古堆乡	措美县纪念地方人大设立常委会 40 周年知识竞赛一等、二等、三等奖	措美县人民代表大会 常务委员会	2019 年 7 月
政协办公室	2018 年度“新闻信息报送”	中共措美县委宣传部	2019 年 4 月
古堆乡	措美县迎接中华人民共和国成立 70 周年 庆祝“3·28”百万农奴解放纪念日暨 西藏民主改革 60 周年 “唱红歌、感党恩”文艺汇演	中共措美县委宣传部	2019 年 3 月
哲古镇	哲古镇人民政府：被评为 2018 年度“新闻信息报送”先进单位	中共西藏措美县委宣传部	2019 年 4 月
哲古镇	措美县“四讲四爱”群众教育实践活动 先进集体	中共措美县委员会、 措美县人民政府	2019 年 1 月

表 2

措美县 2019 年荣获县级以上表彰的先进个人名录

姓名	性别	民族	工作单位	获奖名称	授予单位	获奖时间
仓　　决	女	藏族	措美县档案馆	全国党政系统机要密码工作先进工作者	中共中央办公厅	2019 年 12 月
吾　　金	男	藏族	措美县人力资源和社会保障局	全国人力资源社会保障系 2017–2019 年度优质服务先进个人	国人力资源和社会保障部	2019 年 13 月
索朗达瓦	男	藏族	措美县公安局刑警	平台之星	公安部	2019 年 1 月
桑旦曲珍	女	藏族	政协办公室	被评为全区政协系统 2018 年度社情民意信息工作先进个人	政协西藏自治区委员会办公室厅	2019 年 1 月
巴桑罗卜	男	藏族	乃西寺管会	西藏自治区被评为 2018 年度优秀驻寺干部	西藏自治区党委、区人民政府	2019 年 12 月
蒋　　星	女	汉族	措美县创先争优强基础惠民生活动办公室	西藏自治区创先争优强基础惠民生活动第八批先进工作者	西藏自治区党委、区人民政府	2019 年 12 月
洛桑旺旦	男	藏族	措美县拉项寺管会	全区第 6 期驻寺干部培训班优秀学员	自治区统战部	2019 年 12 月
巴　　贵	男	藏族	措美县团委	自治区级优秀驻村团干部	西藏自治区团委	2019 年 5 月
木莎吴伯良	男	回族	措美县公安局	个人嘉奖	西藏自治区公安厅	2019 年 9 月
扎西旦增	男	藏族	措美县公安局	先进个人奖	西藏自治区公安厅	2019 年 12 月
单增罗布	男	藏族	措美县公安局	个人嘉奖	西藏自治区公安厅	2019 年 12 月
贡觉曲旺	男	藏族	古堆乡派出所	个人嘉奖	西藏自治区公安厅	2019 年 9 月
达娃群宗	女	藏族	措美县农业农村局	农村土地确权登记办证工作先进个人奖	西藏自治区农业农村厅	2019 年 12 月
仁增旺姆	女	藏族	市监局	2019 年三等功	自治区组织部	2019 年 12 月
洛桑旺旦	男	藏族	措美县拉项寺管会	优秀驻寺干部	山南市委、市人民政府	2019 年 12 月
普布顿珠	男	藏族	玛悟觉寺管会	优秀驻寺干部	山南市委、市人民政府	2019 年 12 月
普布扎西	男	藏族	措美县委统战部	优秀宗教工作者	山南市委、市人民政府	2019 年 12 月

续表 2

姓名	性别	民族	工作单位	获奖名称	授予单位	获奖时间
巴桑罗卜	男	藏族	乃西寺管会	山南市被评为 2019 年度优秀驻寺干部	山南市委、市人民政府	2019 年 12 月
洛桑崔成	男	藏族	措美县中学教师	山南市三名教师	山南市人民政府	2019 年 9 月
巴　贵	男	藏族	措美县团委副书记	山南市优秀驻村团干部	山南市团委	2019 年 12 月
达　娃	女	藏族	措美县人民检察院	2018 年公益诉讼工作中成绩突出记个人三等功一次	山南市人民检察院党组	2019 年 3 月
杨　凯	男	汉族	措美县政法委副书记	山南市综治工作先进个人	山南市委政法委	2019 年 8 月
单增罗布	男	藏族	措美县公安局	个人三等功	山南市公安局	2019 年 12 月
旦真加措	男	藏族	措美县公安局	个人三等功	山南市公安局	2019 年 12 月
马文超	男	汉族	措美县公安局	个人嘉奖	山南市公安局	2019 年 12 月
刘　云	男	汉族	措美县公安局	个人嘉奖	山南市公安局	2019 年 12 月
强巴尊珠	男	藏族	措美县公安局	个人嘉奖	山南市公安局	2019 年 12 月
次仁加措	男	藏族	措美县公安局	个人嘉奖	山南市公安局	2019 年 12 月
尹义晁	男	汉族	哲古镇派出所	个人嘉奖	山南市公安局	2019 年 12 月
全兴强	男	汉族	措美县公安局	个人嘉奖	山南市公安局	2019 年 12 月
洛桑克珠	男	藏族	措美县公安局	个人嘉奖	山南市公安局	2019 年 12 月
普布扎西	男	藏族	措美县公安局	先进个人奖	山南市公安局	2019 年 12 月
德　珍	女	藏族	措美县移动公司员工	年度优秀员工	山南市移动公司	2019 年 12 月
邓先圣	男	汉族	县委办	优秀公务员	中共措美县委员会、措美县人民政府	2019 年 12 月
朱　遵	男	汉族	县委办	优秀公务员	中共措美县委员会、措美县人民政府	2019 年 12 月
次仁德吉	女	藏族	县委办	措美县民族团结进步模范个人	中共措美县委员会、措美县人民政府	2019 年 12 月

续表 2

姓名	性别	民族	工作单位	获奖名称	授予单位	获奖时间
杨伟涛	男	汉族	人大办	优秀公务员	中共措美县委员会、措美县人民政府	2019 年 12 月
次仁	女	藏族	人大办	优秀公务员	中共措美县委员会、措美县人民政府	2019 年 12 月
李胜军	男	汉族	措美县纪委监委	优秀公务员	中共措美县委员会、措美县人民政府	2019 年 12 月
旦增曲珍	女	藏族	措美县纪委监委	优秀公务员	中共措美县委员会、措美县人民政府	2019 年 12 月
巴桑次仁	男	藏族	措美县纪委监委	优秀公务员	中共措美县委员会、措美县人民政府	2019 年 12 月
徐浩	男	汉族	措美县纪委监委	优秀公务员	中共措美县委员会、措美县人民政府	2019 年 12 月
朱刘庆	男	汉族	措美县纪委监委	优秀公务员	中共措美县委员会、措美县人民政府	2019 年 12 月
德吉	女	藏族	措美县司法局	优秀公务员	中共措美县委员会、措美县人民政府	2019 年 12 月
德吉	女	藏族	措美县司法局	优秀党员	中共措美县委员会、措美县人民政府	2019 年 7 月
边巴扎西	男	藏族	措美县市监局	优秀公务员	中共措美县委员会、措美县人民政府	2019 年 12 月
仁增旺姆	女	藏族	措美县市监局	优秀公务员	中共措美县委员会、措美县人民政府	2019 年 12 月
达娃普赤	女	藏族	措美县市监局	优秀工作人员	措美县人社会局	2019 年 12 月
次旺单增	男	藏族	财政局	优秀公务员	中共措美县委员会、措美县人民政府	2019 年 12 月
次曲	女	藏族	财政局	优秀公务员	中共措美县委员会、措美县人民政府	2019 年 12 月
格桑群宗	女	藏族	财政局	优秀公务员	中共措美县委员会、措美县人民政府	2019 年 12 月
扎桑	女	藏族	财政局	优秀工勤人员	县人社局	2019 年 12 月
卓玛	女	藏族	林草局	优秀公务员	中共措美县委员会、措美县人民政府	2019 年 12 月
黄海涛	男	汉族	国安办	优秀公务员	中共措美县委员会、措美县人民政府	2019 年 12 月
土旦卓玛	女	藏族	国安办	优秀公务员	中共措美县委员会、措美县人民政府	2019 年 12 月
索朗坚参	男	藏族	措美县住建局	优秀公务员	中共措美县委员会、措美县人民政府	2019 年 12 月

续表 2

姓名	性别	民族	工作单位	获奖名称	授予单位	获奖时间
宗　　吉	女	藏族	措美县住建局	优秀公务员	中共措美县委员会、措美县人民政府	2019 年 12 月
洛桑曲珍	女	藏族	措美县住建局	优秀公务员	中共措美县委员会、措美县人民政府	2019 年 12 月
云旦顿珠	男	藏族	措美县统计局	优秀公务员	中共措美县委员会、措美县人民政府	2019 年 12 月
洛桑江村	男	藏族	措美县民政局	优秀公务员	中共措美县委员会、措美县人民政府	2019 年 12 月
索朗央宗	女	藏族	措美县民政局	优秀公务员	中共措美县委员会、措美县人民政府	2019 年 12 月
央　　拉	女	藏族	措美县民政局	优秀事业干部	县人社局	2019 年 12 月
白玛曲珍	女	藏族	措美县委统战部	优秀公务员	中共措美县委员会、措美县人民政府	2019 年 12 月
巴　　贵	男	藏族	措美县扶贫办	优秀公务员	中共措美县委员会、措美县人民政府	2019 年 12 月
唐　　成	男	汉族	措美县扶贫办	优秀公务员	中共措美县委员会、措美县人民政府	2019 年 12 月
索朗扎西	男	藏族	措美县信访局	优秀公务员	中共措美县委员会、措美县人民政府	2019 年 12 月
旦增平措	男	藏族	自然资源局	优秀公务员	中共措美县委员会、措美县人民政府	2019 年 12 月
白玛拉珍	女	藏族	自然资源局	优秀事业干部	中共措美县委员会、措美县人民政府	2019 年 12 月
洛　　桑	男	藏族	检察院	2019 年措美县民族团结进步模范个人	中共措美县委员会、措美县人民政府	2019 年 8 月
旦增加措	男	藏族	措美县公安局	优秀驻村队长	中共措美县委员会、措美县人民政府	2019 年 12 月
曹福刚	男	汉族	措美县公安局	优秀驻村队长	中共措美县委员会、措美县人民政府	2019 年 12 月
刘　　云	男	汉族	措美县公安局	优秀公务员三等功	中共措美县委员会、措美县人民政府	2019 年 12 月
刘　　云	男	汉族	措美县公安局	优秀公务员	中共措美县委员会、措美县人民政府	2019 年 12 月
漆家豪	男	汉族	措美县公安局	优秀公务员	中共措美县委员会、措美县人民政府	2019 年 12 月
尼玛扎西	男	藏族	措美县公安局	优秀公务员	中共措美县委员会、措美县人民政府	2019 年 12 月
程　　鹏	男	汉族	措美县公安局	优秀公务员	中共措美县委员会、措美县人民政府	2019 年 12 月

续表 2

姓名	性别	民族	工作单位	获奖名称	授予单位	获奖时间
冯　　洁	男	汉族	措美县公安局	优秀公务员	中共措美县委员会、措美县人民政府	2019 年 12 月
张　　建	男	汉族	措美县公安局	优秀公务员	中共措美县委员会、措美县人民政府	2019 年 12 月
周 佳 勇	男	汉族	措美县公安局	优秀公务员	中共措美县委员会、措美县人民政府	2019 年 12 月
李 军 威	男	汉族	措美县公安局	优秀公务员	中共措美县委员会、措美县人民政府	2019 年 12 月
洛桑次真	男	藏族	措美县公安局	民族团结进步模范个人	中共措美县委员会、措美县人民政府	2019 年 12 月
李　　政	男	汉族	措美县公安局	优秀公务员	中共措美县委员会、措美县人民政府	2019 年 12 月
普　　珍	女	藏族	措美镇派出所	优秀公务员	中共措美县委员会、措美县人民政府	2019 年 12 月
米　　玛		藏族	措美镇派出所	优秀公务员	中共措美县委员会、措美县人民政府	2019 年 12 月
次仁加措	男	藏族	乃西乡派出所	优秀公务员	中共措美县委员会、措美县人民政府	2019 年 12 月
尼　　琼	男	藏族	乃西乡派出所	优秀公务员	中共措美县委员会、措美县人民政府	2019 年 12 月
其米旺杰	男	藏族	措美镇派出所	优秀公务员	中共措美县委员会、措美县人民政府	2019 年 12 月
胡　　飞	男	汉族	措美镇派出所	优秀公务员	中共措美县委员会、措美县人民政府	2019 年 12 月
罗　　璇	男	汉族	哲古镇派出所	优秀公务员	中共措美县委员会、措美县人民政府	2019 年 12 月
次仁曲达	男	藏族	哲古镇派出所	优秀公务员	中共措美县委员会、措美县人民政府	2019 年 12 月
旦增罗布	男	藏族	古堆乡派出所	优秀公务员	中共措美县委员会、措美县人民政府	2019 年 12 月
王　　文		汉族	古堆乡派出所	优秀公务员	中共措美县委员会、措美县人民政府	2019 年 12 月
史 东 东	男	汉族	乃西乡	优秀公务员	中共措美县委员会、措美县人民政府	2019 年 12 月
嘎玛群宗	女	藏族	乃西乡	优秀公务员	中共措美县委员会、措美县人民政府	2019 年 12 月
索朗白措	女	藏族	乃西乡	优秀公务员	中共措美县委员会、措美县人民政府	2019 年 12 月
邓 祥 晶	男	汉族	乃西乡	优秀公务员	中共措美县委员会、措美县人民政府	2019 年 12 月

续表 2

姓名	性别	民族	工作单位	获奖名称	授予单位	获奖时间
洪　　杰	男	汉族	乃西乡	优秀事业干部	措美县人社局	2019 年 12 月
嘎　　西	女	藏族	乃西乡	优秀事业干部	措美县人社局	2019 年 12 月
周 景 发	男	汉族	乃西乡	优秀事业干部	措美县人社局	2019 年 12 月
次仁拉姆	女	藏族	行审便民居	优秀公务员	中共措美县委员会、措美县人民政府	2019 年 12 月
洛桑旺旦	男	藏族	措美县拉顶寺管会	优秀驻寺干部	中共措美县委员会、措美县人民政府	2019 年 12 月
洛桑旺旦	男	藏族	措美县拉顶寺管会	优秀公务员	中共措美县委员会、措美县人民政府	2019 年 12 月
索朗罗吉	男	藏族	乃西寺管会	优秀公务员	中共措美县委员会、措美县人民政府	2019 年 12 月
巴桑罗卜	男	藏族	乃西寺管会	民族团结进步模范个人	中共措美县委员会、措美县人民政府	2019 年 12 月
巴桑罗卜	男	藏族	乃西寺管会	优秀驻寺干部	中共措美县委员会、措美县人民政府	2019 年 12 月
白玛曲珍	女	藏族	措美县中学	2019 年度措美县四讲四爱优秀宣讲员	中共措美县委员会、措美县人民政府	2019 年 12 月
尼玛顿珠	男	藏族	措美县哲古镇	优秀公务员	中共措美县委员会、措美县人民政府	2019 年 12 月
马 栋 梁	男	汉族	措美县哲古镇	优秀公务员	中共措美县委员会、措美县人民政府	2019 年 12 月
胡　　果	男	汉族	措美县哲古镇	优秀公务员	中共措美县委员会、措美县人民政府	2019 年 12 月
黄 玉 元	男	汉族	措美县哲古镇	优秀公务员	中共措美县委员会、措美县人民政府	2019 年 12 月
次 仁 吉	女	藏族	措美县税务局	优秀公务员	中共措美县委员会、措美县人民政府	2019 年 12 月
郑　　鑫	女	汉族	措美县税务局	优秀公务员	中共措美县委员会、措美县人民政府	2019 年 12 月

统计资料

耕地面积（表一）

表 3

指标	计算单位	绝对值	2018 年	2019 年	措美镇 2018	措美镇 2019	哲古镇 2018	哲古镇 2019
耕地面积情况								
一、年初耕地总资源	公顷	–35.82	982.77	946.95	466.08	430.26	22.39	22.39
二、年内增加	公顷	–0.62	1.44	0.82	1.44	0.82		
其中：新开荒地	公顷	–0.62	1.44	0.82	1.44	0.82		
园地改为耕地	公顷	0.00	0.00	0.00				
三、年内减少	公顷	–29.68	37.26	7.58	37.26	7.22		
其中：国家基建占地	公顷	–29.68	37.26	7.58	37.26	7.22		
其它基建占地	公顷	0.00		0.00				
退耕还林还草占地	公顷	0.00		0.00				
耕地改为园地	公顷	0.00		0.00				
四、年末耕地总资源	公顷	–6.76	946.95	940.19	430.26	423.86	22.39	22.39
（一）常用耕面积	公顷	–6.76	946.95	940.19	430.26	423.86	22.39	22.39
其中：水田	公顷	0.00	0.00	0.00				
水浇地	公顷	–6.77	946.96	940.19	430.27	423.86	22.39	22.39

耕地面积（表二）

表 4

指标	计算单位	绝对值	2018 年	2019 年	乃西乡 2018	乃西乡 2019	古堆乡 2018	古堆乡 2019
耕地面积情况								
一、年初耕地总资源	公顷	–35.82	982.77	946.95	369.54	369.54	124.76	124.76
二、年内增加	公顷	–0.62	1.44	0.82				
其中：新开荒地	公顷	–0.62	1.44	0.82				
园地改为耕地	公顷	0.00	0.00	0.00				
三、年内减少	公顷	–29.68	37.26	7.58				0.36
其中：国家基建占地	公顷	–29.68	37.26	7.58				0.36
其它基建占地	公顷	0.00		0.00				

续表 4

指标	计算单位	绝对值	2018 年	2019 年	乃西乡 2018	乃西乡 2019	古堆乡 2018	古堆乡 2019
退耕还林还草占地	公顷	0.00		0.00				
耕地改为园地	公顷	0.00		0.00				
四、年末耕地总资源	公顷	–6.76	946.95	940.19	369.54	369.54	124.76	124.40
（一）常用耕面积	公顷	–6.76	946.95	940.19	369.54	369.54	124.76	124.40
其中：水田	公顷	0.00	0.00	0.00				
水浇地	公顷	–6.77	946.96	940.19	369.54	369.54	124.76	124.40

草场建设情况（表一）

表 5

指标	计算单位	绝对值	2018 年	2019 年	措美镇 2018	措美镇 2019	哲古镇 2018	哲古镇 2019	全民
总草场面积	公顷	0.00	357535.90	357535.90	53248.28	53248.28	202112.09	202112.09	17718.20
其中：可利用草场面积	公顷	0.00	357536.90	357536.90	53248.28	53248.28	202112.09	202112.09	17719.20
其中：已利用草场面积	公顷	0.00	357537.90	357537.90	53248.28	53248.28	202112.09	202112.09	17720.20
围草场面积	公顷	0.00	236815.89	236815.89	77.27	77.27	202112.09	202112.09	
其中：网围栏面积	公顷	0.00	22558.27	22558.27			21104.40	21104.40	
当年禁牧面积	公顷	0.00	59333.21	59333.21	16666.67	16666.67	5333.33	5333.33	
草场灌溉面积	公顷	0.00	74635.30	74635.30			25700.00	25700.00	
人工种草面积	公顷	0.00	1289.63	1289.63	233.56	233.56	762.87	762.87	

草场建设情况（表二）

表 6

指标	计算单位	绝对值	2018 年	2019 年	措美镇 2018	措美镇 2019	哲古镇 2018	哲古镇 2019	全民
总草场面积	公顷	0.00	357535.90	357535.90	34039.33	34039.33	50418	50418	17718.20
其中：可利用草场面积	公顷	0.00	357536.90	357536.90	34039.33	34039.33	50418	50418	17719.20
其中：已利用草场面积	公顷	0.00	357537.90	357537.90	34039.33	34039.33	50418	50418	17720.20
围草场面积	公顷	0.00	236815.89	236815.89	34039.33	34039.33	587.2	587.2	

续表 6

指标	计算单位	绝对值	2018 年	2019 年	措美镇 2018	措美镇 2019	哲古镇 2018	哲古镇 2019	全民
其中：网围栏面积	公顷	0.00	22558.27	22558.27	866.67	866.67	587.2	587.2	
当年禁牧面积	公顷	0.00	59333.21	59333.21	14000.00	14000.00	23333.21	23333.21	
草场灌溉面积	公顷	0.00	74635.30	74635.30	233.30	233.30	48702	48702	
人工种草面积	公顷	0.00	1289.63	1289.63	233.30	233.30	59.9	59.9	

农林牧渔业特色产业情况表（表一）

表 7

指标	计量单位	代码	绝对值	2018 年	2019 年	措美镇 2018	措美镇 2019	哲古镇 2018	哲古镇 2019
一、特色产业项目情况表			-46.00	66	20	34	19	1	
1、农业	个	01	-12.00	17	5	7	5		
2、林业	个	02	1.00		1	0	1		
3、牧业	个	03	-4.00	7	3	4	3		
4、渔业	个	04	0.00		0				
5、其他	个	05	-31.00	42	11	23	10	1	
二、特色产业项目覆盖范围			-1809.00	4149	2340	2908	2119	108	
1、农业项目受益户数	户	06	-988.00	1608	620	1257	620		
2、林业项目受益户数	户	07	120.00	0	120		120		
3、牧业项目受益户数	户	08	-323.00	448	125	394	125		
4、渔业项目受益户数	户	09	0.00	0	0				
5、其他项目受益户数	户	10	-618.00	2093	1475	1257	1254	108	
三、特色产业项目收益情况				4075000	4970000	1770000	3470000	270000	0
1、从农业项目中获得的收入	元	11	1040000.00	460000	1500000	120000	1500000		
2、从林业项目中获得的收入	元	12	250000.00	0	250000	0	250000		
3、从牧业项目中获得的收入	元	13	-10000.00	130000	120000	90000	120000		

续表 7

指标	计量单位	代码	绝对值	2018 年	2019 年	措美镇 2018	措美镇 2019	哲古镇 2018	哲古镇 2019
4、从渔业项目中获得的收入	元	14	0.00	0	0				
5、从其他行业项目中获得的收入	元	15	-385000.00	3485000	3100000	1560000	1600000	270000	
四、当年新增项目投入情况			-844.50	1029.5	185	799	45	27	
1、农业	万元	16	-69.00	69	0	35			
2、林业	万元	17	45.00	0	45		45		
3、牧业	万元	18	-26.00	26	0	22			
4、渔业	万元	19	0.00	0	0				
5、其他	万元	20	-794.50	934.5	140	742		27	

农林牧渔业特色产业情况表（表二）

表 8

指标	计量单位	代码	绝对值	2018 年	2019 年	乃西乡 2018	乃西乡 2019	古堆乡 2018	古堆乡 2019
一、特色产业项目情况表			-46.00	66	20	30		1	1
1、农业	个	01	-12.00	17	5	10		0	
2、林业	个	02	1.00		1	0		0	
3、牧业	个	03	-4.00	7	3	3		0	
4、渔业	个	04	0.00		0				
5、其他	个	05	-31.00	42	11	17		1	1
二、特色产业项目覆盖范围			-1809.00	4149	2340	912		221	221
1、农业项目受益户数	户	06	-988.00	1608	620	351		0	
2、林业项目受益户数	户	07	120.00	0	120			0	
3、牧业项目受益户数	户	08	-323.00	448	125	54		0	
4、渔业项目受益户数	户	09	0.00	0	0				
5、其他项目受益户数	户	10	-618.00	2093	1475	507		221	221

续表 8

指标	计量单位	代码	绝对值	2018 年	2019 年	乃西乡 2018	乃西乡 2019	古堆乡 2018	古堆乡 2019
三、特色产业项目收益情况				4075000	4970000	535000	0	1500000	1500000
1、从农业项目中获得的收入	元	11	1040000.00	460000	1500000	340000			
2、从林业项目中获得的收入	元	12	250000.00	0	250000				
3、从牧业项目中获得的收入	元	13	-10000.00	130000	120000	40000			
4、从渔业项目中获得的收入	元	14	0.00	0	0				
5、从其他行业项目中获得的收入	元	15	-385000.00	3485000	3100000	155000		1500000	1500000
四、当年新增项目投入情况			-844.50	1029.5	185	53.5		150	140
1、农业	万元	16	-69.00	69	0	34			
2、林业	万元	17	45.00	0	45	0			
3、牧业	万元	18	-26.00	26	0	4			
4、渔业	万元	19	0.00	0	0				
5、其他	万元	20	-794.50	934.5	140	15.5		150	140

农民人均收入水平按乡分组统计表（表一）

表 9

指标	绝对值	2018 年	2019 年	措美镇 2018	措美镇 2019	哲古镇 2018	哲古镇 2019
一、乡数（个）		4	4				
汇入本表的乡（个）		2	2				
1、625 元以下的乡（含 625 元）							
2、625 元—684 元							
3、685 元—944 元							
4、945 元—1300 元							
5、1301 元—1500 元							
6、1501 元—1700 元							

续表 9

指标	绝对值	2018 年	2019 年	乃西乡 2018	乃西乡 2019	古堆乡 2018	古堆乡 2019
7、1701—2000 元							
8、2001 以上的乡（不含 2001 元）		4	4	1	1	1	1
二、人口（人）	–70	13156	13086	4151	4140	5394	5404
汇入本表的人口（人）	–70	13156	13086	4151	4140	5394	5404
1、625 元以下的人口（含 625 元）							
2、625 元—684 元							
3、685 元—944 元							
4、945 元—1300 元							
5、1301 元—1500 元							
6、1501 元—1700 元							
7、1701—2000 元							
8、2001 元以上的人口（不含 2001 元）	–70	13156	13086	4151	4140	5394	5404
尚未得到的收入	元	20	0				
外出务工人均收入	元	21	7057.99	11241.7	4188.09	4416.95	5169.11

农民人均收入水平按乡分组统计表（表二）

表 10

指标	绝对值	2018 年	2019 年	乃西乡 2018	乃西乡 2019	古堆乡 2018	古堆乡 2019
一、乡数（个）		4	4				
汇入本表的乡（个）		2	2	1	1	1	1
1、625 元以下的乡（含 625 元）							
2、625 元—684 元							
3、685 元—944 元							
4、945 元—1300 元							
5、1301 元—1500 元							

续表 10

指标	绝对值	2018 年	2019 年	乃西乡 2018	乃西乡 2019	古堆乡 2018	古堆乡 2019
6、1501 元—1700 元							
7、1701—2000 元							
8、2001 以上的乡（不含 2001 元）		4	4	1	1	1	1
二、人口（人）	-70	13156	13086	2150	2085	1461	1457
汇入本表的人口（人）	-70	13156	13086	2150	2085	1461	1457
1、625 元以下的人口（含 625 元）							
2、625 元—684 元							
3、685 元—944 元							
4、945 元—1300 元							
5、1301 元—1500 元							
6、1501 元—1700 元							
7、1701—2000 元							
8、2001 元以上的人口（不含 2001 元）	-70	13156	13086	2150	2085	1461	1457
尚未得到的收入	元	20	0				
外出务工人均收入	元	21	7057.99				

农林牧渔业总产值计算表（表一）

表 11　　单位：吨

指　标	绝对值	2018 年	2019 年	措美镇 2018	措美镇 2019	哲古镇 2018	哲古镇 2019
一、粮食总产量	74.45	3128.69	3203.14	1739.76	1751.01	16.43	25.40
自食	184.30	2600.46	2784.76	1537.40	1575.28	14.29	22.10
出售	-38.31	125.93	87.62	34.02	15.13		
其中：交换	0.00	0.00	0.00				
种籽	-7.74	249.41	241.67	145.21	143.05	2.14	3.30
饲料	-64.80	152.89	88.09	23.13	17.55		

续表 11

单位：吨

指 标	绝对值	2018 年	2019 年	措美镇 2018	措美镇 2019	哲古镇 2018	哲古镇 2019
其他用粮	0.00	0.00	0.00				
二、油菜籽产量	−83.97	293.50	209.53	125.90	151.06	23.30	8.94
自食	−64.21	261.02	196.81	125.90	151.06	8.00	3.04
出售	−16.54	25.48	8.94			8.30	2.12
其中：交换	0.00	0.00	0.00				
种籽	−3.22	7.00	3.78			7.00	3.78
其他	0.00	0.00	0.00				
三、牛奶产量	−155.60	4057.75	3902.15	1065.00	601.20	2252.67	2623.06
自食	−390.89	2420.82	2029.93	1063.79	601.20	762.40	891.84
出售	235.29	1636.93	1872.22	1.21		1490.27	1731.22
其中：交换	0.00	0.00	0.00				
四、羊奶产量	−1144.98	1387.69	242.71	1065.00		245.06	242.71
自食	−56.45	153.53	97.08			99.19	97.08
出售	−23.53	169.16	145.63			145.87	145.63
其中：交换	0.00	0.00	0.00				
五、牛肉产量	160.82	1303.31	1464.13	6.00	235.95	1012.95	994.35
自食	2.63	655.42	658.05	158.65	199.95	303.88	298.31
出售	−152.46	958.54	806.09	158.00	36.00	709.07	696.05
其中：交换	0.00	0.00	0.00				
六、绵羊肉产量	117.50	534.61	652.11	0.32	92.25	368.30	465.80
自食	−10.02	264.69	254.68	43.65	46.13	110.45	139.74
出售	44.19	353.25	397.44	40.00	46.13	257.85	326.06
其中：交换	0.00	0.00	0.00				
七、山羊肉产量	−108.21	153.04	44.83	96.44	3.66	17.28	20.78

续表 11　　　　单位：吨

指　标	绝对值	2018 年	2019 年	措美镇 2018	措美镇 2019	哲古镇 2018	哲古镇 2019
自食	-9.43	34.91	25.48	2.79	2.78	6.2430	6.2340
出售	-5.14	24.48	19.35		0.88	11.033	14.546
其中：交换	0.00	0.00	0.00				
八、绵羊毛产量	-28.85	158.33	129.48	26.60	25.02	117.44	91.29
自用	-15.13	97.04	81.92	26.35	25.02	58.72	45.65
出售	-13.47	61.04	47.57			58.72	45.65
其中：交换	0.00	0.00	0.00				
九、山羊毛产量	-25.76	35.20	9.44	26.35	0.40	6.58	7.08
自用	0.01	5.19	5.20	0.20	0.32	3.29	3.54
出售	0.33	3.91	4.24	0.05	0.08	3.29	3.54
其中：交换	0.00	0.00	0.00				
十、牛毛产量	22.02	31.41	53.43	0.20	30.53	28.90	19.70
自用	22.08	20.71	42.79	4.46	30.53	14.45	9.85
出售	-4.32	14.96	10.64			14.45	9.85
其中：交换	0.00	0.00	0.00				
十一、奶渣产量	-25.29	166.71	141.42	27.71	20.04	105.80	106.70
自食	-19.16	82.78	63.62	27.71	20.04	34.87	32.01
出售	-6.13	83.93	77.80			70.93	74.69
其中：交换	0.00		0.00				

农林牧渔业总产值计算表（表二）

表 12　　　　单位：吨

指　标	绝对值	2018 年	2019 年	乃西乡 2018	乃西乡 2019	古堆乡 2018	古堆乡 2019
一、粮食总产量	74.45	3128.69	3203.14	1225.20	1261.96	147.30	164.77
自食	184.30	2600.46	2784.76	945.66	1063.88	103.11	123.50

续表 12

单位：吨

指 标	绝对值	2018 年	2019 年	乃西乡 2018	乃西乡 2019	古堆乡 2018	古堆乡 2019
出售	–38.31	125.93	87.62	47.72	32.22	44.19	40.27
其中：交换	0.00	0.00	0.00				
种籽	–7.74	249.41	241.67	102.06	95.32		
饲料	–64.80	152.89	88.09	129.76	70.54		
其他用粮	0.00	0.00	0.00				
二、油菜籽产量	–83.97	293.50	209.53	51.60	47.06	21.30	2.47
自食	–64.21	261.02	196.81	40.81	40.98	14.91	1.73
出售	–16.54	25.48	8.94	10.79	6.08	6.39	0.74
其中：交换	0.00	0.00	0.00				
种籽	–3.22	7.00	3.78				
其他	0.00	0.00	0.00				
三、牛奶产量	–155.60	4057.75	3902.15	339.24	269.52	400.84	408.37
自食	–390.89	2420.82	2029.93	314.04	251.03	280.59	285.86
出售	235.29	1636.93	1872.22	25.20	18.49	120.25	122.51
其中：交换	0.00	0.00	0.00				
四、羊奶产量	–1144.98	1387.69	242.71	0.00	0.00	77.63	
自食	–56.45	153.53	97.08	0.00	0.00	54.34	
出售	–23.53	169.16	145.63			23.29	
其中：交换	0.00	0.00	0.00				
五、牛肉产量	160.82	1303.31	1464.13	107.12	76.05	177.24	157.78
自食	2.63	655.42	658.05	68.82	49.35	124.07	110.44
出售	–152.46	958.54	806.09	38.30	26.70	53.17	47.34
其中：交换	0.00	0.00	0.00				
六、绵羊肉产量	117.50	534.61	652.11	44.69	23.94	121.30	70.12

续表 12

单位：吨

指　标	绝对值	2018 年	2019 年	乃西乡 2018	乃西乡 2019	古堆乡 2018	古堆乡 2019
自食	−10.02	264.69	254.68	25.68	19.73	84.91	49.08
出售	44.19	353.25	397.44	19.01	4.21	36.39	21.04
其中：交换	0.00	0.00	0.00				
七、山羊肉产量	−108.21	153.04	44.83	27.68	16.05	11.65	4.34
自食	−9.43	34.91	25.48	17.72	13.43	8.16	3.04
出售	−5.14	24.48	19.35	9.96	2.62	3.49	1.30
其中：交换	0.00	0.00	0.00				
八、绵羊毛产量	−28.85	158.33	129.48	6.56	6.78	7.73	6.39
自用	−15.13	97.04	81.92	6.56	6.78	5.41	4.47
出售	−13.47	61.04	47.57			2.32	1.92
其中：交换	0.00	0.00	0.00				
九、山羊毛产量	−25.76	35.20	9.44	1.94	1.53	0.33	0.43
自用	0.01	5.19	5.20	1.47	1.04	0.23	0.30
出售	0.33	3.91	4.24	0.47	0.49	0.10	0.13
其中：交换	0.00	0.00	0.00				
一、牛毛产量	22.02	31.41	53.43	0.60	0.58	1.71	2.62
自用	22.08	20.71	42.79	0.60	0.58	1.20	1.83
出售	−4.32	14.96	10.64			0.51	0.79
其中：交换	0.00	0.00	0.00				
十一、奶渣产量	−25.29	166.71	141.42	23.06	8.93	10.14	5.75
自食	−19.16	82.78	63.62	13.10	7.54	7.10	4.03
出售	−6.13	83.93	77.80	9.96	1.39	3.04	1.72
其中：交换	0.00		0.00				

勘误表

勘误表

《措美年鉴（2019）》勘误表

页数	位置	误	正	备注
第四页《措美年鉴》编纂委员会	第三行副主任	赵孙怒	赵孙恕	

索引

索引

说明

1、本索引为综合性主题索引；

2、索引条目按汉语拼音顺序（同音节按声调）排列；

3、条目后的阿拉伯数字表示内容所在页码。

A

B

C

D

E

F

G

H

J

K

L

M

N

P

Q

R

S

T

W

X

Y

Z